UNDERVALUED STOCKS

B L U E   C H I P

쌀 때 사 서
비 쌀 때 파 는

저평가
우량주
투자지도

UNDERVALUED STOCKS
BLUE CHIP

| 한국비즈니스정보 · KOREA BIZ INFO 지음 |

어바웃어북

타이밍을 놓친 뒤
타임머신을 회상하는
당신에게

삼성전자의 시가총액은 무려 482조3,584억 원, 상장주식수는 5,969,783,000주다 (2021년 7월 15일 기준). 헤아리기조차 어려울 만큼 어마무시한 수치다. 거래규모만 보면 마치 모든 한국인이, 아니 전 세계인이 삼성전자 주식 한두 주씩은 가지고 있을 것 같다.

모름지기 한국에서 주식 투자를 하면 삼성전자를 비롯한 대장주 몇 십 주씩은 갖고 있어야 한다고 여기는 투자자들이 적지 않다. 하지만 대장주를 쥐고 있다고 해서 반드시 '투자수익'을 누리는 건 아니다. 또 대장주라고 해서 꼭 '안정적'이라고 할 수도 없다. 전 세계 전기차 배터리 시장을 주도하는 LG화학의 주당 52주 최고가는 일백만 원을 훌쩍 넘어섰지만, 반대로 52주 최저가는 오십만 원 남짓이다. 미래성장성 높은 전기차 배터리 대장주라는 이유만으로 투자했다가 큰 손실을 볼수도 있다는 얘기다. 이것은 비단 LG화학에 국한하지 않는다. 이른바 '대장주의 함정'이다.

이 책에서 선정한 100가지 종목에는 반도체 대장주 삼성전자도, 통신 대장주 SK 텔레콤도, 심지어 빅테크 공룡 네이버와 카카오도 찾아볼 수 없다. 코로나19 수혜주이자 바이오 대표 기업인 셀트리온과 삼성바이오로직스도 빠졌다. BTS의 하이브도, 게임업계를 이끄는 엔씨소프트도 마찬가지다.

그렇다고 이 책의 목차만 훑어보고 마치 '앙꼬 없는 찐빵'으로 여기며 책을 덮는다면 가까운 미래에 퍽 아쉬워할 날이 올지도 모르겠다. 세계적으로 큰 화제를 모았던 '테슬라네어' 기사를 읽다가 십여 년 전으로 되돌아가고 싶은 마음에 타임머신을 떠올렸다면 말이다. 2010년 경 테슬라 상장 초기에 5,000달러(한화 약 570만 원)

어치 테슬라 주식을 사두었다면 당신은 지금 1,000만 달러(한화 약 114억 원)를 지닌 백만장자, 즉 테슬라네어가 되었을 것이다. 반면, 그때나 지금이나 여전히 빤한 대장주들만 처다 보고 있다면 당신의 자산 상태는 크게 달라지지 않았을 것이다.

다행스러운 건 바로 지금 당신 곁에 타임머신 대신 이 책이 있다는 사실이다. 이 책이 선정한 100개의 저평가 우량주는, (비록 지금 당장은) 삼성전자의 시가총액에 한참 못 미치지만, '성장성'을 포함한 미래 투자가치만큼은 결코 뒤지지 않는다. 십여 년 전 테슬라처럼 말이다.

그렇다. 이 책에서 강조하는 첫 번째 투자포인트는 바로 '성장성'이다. 기업과 시장은 성장을 멈추는 순간 투자가치를 논할 실익이 사라지고 만다. 성장하지 않는 기업과 시장에는 미래가 없기 때문이다.

다만 성장성이 높다고 해서 기업의 실적과 주가가 무조건 오르는 건 아니다. 주식시장에는 성장가치가 높게 평가되지만 지금 당장 적자구조에서 헤어 나오지 못하거나 주가가 바닥을 치는 종목들이 적지 않다. 성장성은 현재가 아니라 미래의 가치이기 때문이다. 기업이 연구개발과 설비투자에 막대한 자금을 쏟아 부으면 재무구조는 취약해질 수밖에 없고, 치솟는 부채비율을 확인하고 나면 투자를 꺼리게 마련이다. 이 책이 강조하는 또 다른 투자포인트로 '재무건전성'을 꼽는 이유다.

성장성과 재무건전성을 동시에 갖춘 기업은 당연히 좋은 종목이다. 여기에 증시 분위기와 업황까지 호조라면 곧바로 매수에 들어가야 할까? 아니다. 한 가지 더 체크할 것이 있다. 투자적 관점에서의 매력, 즉 투자매력이다. 성장성과 재무건전성에 견실한 실적까지 겸비했지만, 주당 수십만 원이 넘는 종목들은 지갑을 열기가 쉽지 않다. 그런 종목은 이미 성장가치가 주가에 충분히 반영되었다고 볼 수 있다. 앞으로 주가가 더 오를 가능성이 떨어질 수밖에 없다. 이른바 '고평가 주식'이다.

한편, 증시에서 '저평가 주식'이란 주당 가치기준으로 보았을 때 기업의 가치보다 낮은 시장가격으로 거래되는 주식을 말한다. 이를테면 미래 성장가치 등은 뛰어나지만 현재의 실적이 저조한 탓에 해당 기업의 주가가 업종 내 경쟁사들의 주가에 비해 합당한 평가를 받지 못하는 경우가 여기에 해당된다.

이 책에서 선정한 100개의 기업은, 같은 업종의 경쟁사들에 비해 저평가되어 현재의 주가가 높지 않은 종목들이다. 1주당 가격이 1만 원 미만인 것에서 2~3만 원 안팎을 형성하는 것들로, 주식 투자에 처음 나선 사람들이 큰 부담 없이 실전 경험을 쌓을 수 있는 종목들이다. 저가주임에도 불구하고 주력 사업의 비전과 기술력 및 업력 등을 들여다보면 결코 무시할 수 없는 알토란 종목들이다. 국내 시장에서는 물론이고 글로벌 경쟁력까지 갖춘 기업들이다. 이 책의 제호에서 알 수 있듯이 현재는 '저평가주'에 머물러 있지만, 머지않아 곧 '우량주'가 될 가능성이 매우 큰 '성장주'인 것이다.

이 책은 현재 국내 증시에서 가장 뜨거운 테마를 5개 장으로 나누었다. 첫 번째 장에서는 흔히 '소부장'이라 불리는 소재·부품·장비에 해당하는 25개 종목을 선별·수록했다. 전 세계적으로 엄청난 호황을 누리고 있는 반도체부터 디스플레이, 스마트폰, 통신(5G) 등에 없어서는 안 될 핵심 소부장을 주력 사업으로 하는 회사들이다.

반도체 업황이 아무리 슈퍼사이클이라 하더라도 삼성전자와 SK하이닉스 두 회사만 바라봐서는 곤란하다. 이들 대장주는 주가가 비쌀 뿐 아니라 이미 오를 만큼 올랐기 때문이다. 투자적 관점에서는 성장가치가 높으면서도 저평가된 소부장 종목을 눈여겨봐야 한다. 이를테면 자동차용 반도체의 핵심 소재인 리드프레임(lead frame) 국내 시장점유율 1위 회사인 해성디에스, 반도체 후공정 전체를 턴키로 소화하는 하나마이크론, 반도체의 CMP 장비와 Slurry 소재의 국산화에 성공해 삼성전자와 국민연금이 지분투자한 케이씨텍, 애플 '아이폰'과 현대차 '아이오닉5'에 쓰이는 OLED용 부품 연성회로기판(FPCB)을 공급하는 비에이치(국내 시장점유율 1위) 등 소부장 종목들의 투자포인트를 이 책에서 일목요연하게 확인할 수 있다.

두 번째 장에서는 배터리, 수소/전기차, 우주항공, 풍력/탄소/폐기물 등 친환경을 주력 사업으로 하는 저평가 우량 기업들을 'K-뉴딜'이란 이름으로 묶어 다뤘다. 코스모신소재, 후성, 브이원텍 등 전기차용 배터리 핵심 소부장 종목에서부터 한화시스템 같은 우주항공주는 물론, 수소연료전지 최선호주인 에스퓨얼셀 그리고 씨에스베어링(풍력), 휴켐스(탄소중립), 그린플러스(스마트팜) 등 친환경 종목에 이르기까지 가까운 미래에 엄청난 성장이 예상되는 산업군에서 '숨겨진 우량주

(히든 블루칩)'를 찾아 분석했다.

이 책의 3장과 4장, 5장에서는 4차 산업혁명을 이끄는 신기술 기업들이 코로나19로 촉발된 비대면 비즈니스에서 어떻게 거대한 시장을 창출하며 세상을 바꿔나가고 있는지를 분석했다. 3장에서는 핀테크, 이커머스, 클라우드, 데이터, AI, 로봇, 자율주행 등에 해당하는 강소기업(스몰 자이언트)들을 꼽아 '언택트'라는 키워드로 조명했다. 4장 바이오에서는 의료기기, 백신, 세포치료제, 의료정보, 코스메슈티컬 등 의료시장의 핵심 테마들을 주력 사업으로 영위하는 기업들을 선별해 분석했다. 끝으로 5장에서는 웹툰, OTT, VFX, 메타버스, 온라인광고, 음원, 에듀테크 등을 'K-콘텐츠'라는 이름으로 한데 묶어 유망종목들을 일별했다.

주식 투자의 성패는 타이밍에 달렸다. 쌀 때 사서 비쌀 때 파는 타이밍 말이다. 비록 지금은 싸지만(저평가주) 앞으로 비싸질 종목(우량주)을 찾아 최고의 수익을 내는 최적의 시점에 팔아야만 한다. 지금까지 줄곧 타이밍을 놓친 뒤 아쉬운 마음에 타임머신을 회상해온 모든 투자자에게 이 책 『저평가 우량주 투자지도』를 권한다.

■ 일 러 두 기 ▶▶▶

▶ 시가총액/순위, 상장주식수, 수익률, 외국인보유비율은 책의 집필 시기인 2021년 1분기 중 한 기간을 기준으로 했기 때문에 책이 출간된 이후 수치가 변할 수 있다.

▶ 목표주가는 해당 기업의 실적, 기업가치, 수주현황, 재무구조, 사업 성장성 등을 종합적으로 평가하여 제시했다.

▶ 최근 3년간 주가 추이는 2021년 7월 8일을 기점으로 하여 나타난 주가 추이를 반영한 것이다.

▶ 경영실적/지표에서 미발표 수치는 '–'로 표시하였고, 2021년 실적은 증권사의 컨센서스 추정치를 기준으로 하였기 때문에, 책이 출간된 이후 추정치가 변할 수 있다.

▶ 기업의 지분율은 2020년 12월 말을 기준으로 하였고, 경우에 따라 이후 지분율 기준일을 명기하였다.

▶ 경영실적/지표 및 데이터분석에서 E는 잠정치, F는 전망치이므로, 훗날 확정치와 다를 수 있다.

▶ 회사법인 형태를 나타내는 주식회사, 유한회사 등의 표기는 대부분 생략했다.

▶ 다음 표기는 아이콘으로 대신했다.
KOSPI(유가증권시장) → **KP**   KOSDAQ(코스닥시장) → **KQ**

▶ 일부 국가명은 외래어표기법을 따르지 않고, 간략하고 익숙한 표기법을 따랐다.
예) 타이완 → 대만, 오스트레일리아 → 호주, 타일랜드 → 태국

▶ 외화 단위 표기 가운데 달러는 별도 표기가 없으면 미국 달러(USD)를 뜻한다.

CONTENTS

Chapter 3

언택트

[핀테크, 이커머스, 클라우드, 데이터, AI, 로봇, 자율주행]

Chapter 4	바이오
	[의료기기, 백신, 세포치료제, 의료정보, 코스메슈티컬]

Chapter 5

K-콘텐츠
[웹툰, OTT, VFX, 메타버스, 온라인광고, 음원, 에듀테크]

Chapter 1

소재 · 부품 · 장비

반   도   체
디   스   플   레   이
스   마   트   폰
통   신   (5   G   )

하나마이크론
KQ
067310

17.9% ——— 최창호
6.1% ——— 하나머티리얼즈[KQ] ——— 32.8%
13.9% ——— Tokyo Electron

설립/상장	2001.08/2005.10
시가총액/순위	4,630억 원/코스닥 193위
상장주식수	31,931,879주
수익률(3/6/12개월)	+32.91/+38.77/+242.39
목표주가	22,000원
외국인보유비율	3.65%
주요 사업	반도체 패키징 및 테스트(OSAT)

경영실적/지표

연도별	2018	2019	2020	2021E
매출액(억 원)	4,799	4,982	5,395	6,726
영업이익(억 원)	534	453	510	872
당기순이익(억 원)	216	145	36	454
영업이익률(%)	11.13	9.08	9.46	12.96
ROE(%)	1.05	-1.7	-11.81	-
부채비율(%)	193.28	198.87	209.97	-
EPS(원)	62	-95	-560	443
PER(배)	61.45	-58.67	-20.26	35.07
BPS(원)	6,037	5,342	4,577	-
PBR(배)	0.63	1.05	2.48	-
주당배당금(원)	60	50	-	-

최근 3년간 주가 추이

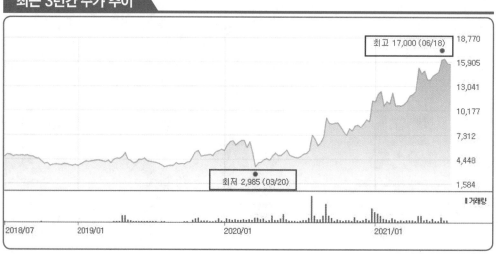

최고 17,000 (06/18)

최저 2,985 (03/20)

거래량

18,770
15,905
13,041
10,177
7,312
4,448
1,584

2018/07　　2019/01　　2020/01　　2021/01

데이터 분석 1   증가하는 비메모리 비중 및 자회사 하나WLS 실적 주목

▶ **비메모리 vs. 메모리 매출 비중 추이** (단위: %)

▶ **자회사 하나WLS 실적**   ■ 매출   ■ 웨이퍼 CAPA

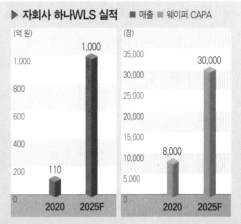

- 비메모리 제품인 AP, RFIC, PMIC향 완제품 테스트 물량이 증가하면서 2020년에 비메모리 매출 비중이 메모리를 넘어섬.
- 주 고객사인 삼성전자(고객사향 매출 비중 41%)가 2021년 이후 메모리와 비메모리 모두 대규모 설비 투자에 나설 것으로 예상됨에 따라 양쪽에서 수혜 기대.
- 신사업으로 2020년부터 서버 D램 플립칩 패키징 수주에 성공했고, 삼성전자 LSI 제품의 파이널 테스트 비즈니스도 시작.
- Bump과 Probe 테스트 공정의 전문성 강화를 위해 물적분할 신설법인 '하나WLS' 설립 주목 → 세계 최초 Thick RDL 양산 가능 업체(특허 보유). Thick RDL은 배선을 두껍게 구현하는 기술로, 배선이 두꺼워질수록 전류를 상승시켜 충전력을 높이게 됨.

데이터 분석 2   경쟁사 대비 높은 영업이익률

▶ **국내 반도체 패키지 경쟁업체 영업이익률 비교**

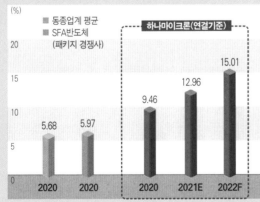

▶ **사업부문별 매출 비중** (단위: %)

- 하나마이크론의 연결기준 영업이익률이 반도체 패키지 경쟁사인 SFA반도체 및 후공정 업체 평균 영업이익률에 비해 높은 점에 주목.
- 2021년 및 2022년 영업이익률이 큰 폭으로 상승하면서 증권사마다 목표주가 상향 조정.
- 다만, 하나마이크론의 별도기준 영업이익률이 0.5%(2020년 기준)인 점을 감안하건대, 하나머티리얼즈와 해외법인(브라질, 베트남) 등의 높은 실적 비중이 매우 중요함.

반도체 후공정 전체를 턴키로 소화

투자포인트 01 자회사 하나머티리얼즈가 중요한 이유

하나마이크론은 반도체 후공정 분야인 반도체 조립 및 테스트에 주력하는 반도체 패키징 전문업체로, 2001년에 설립했다. 오랜 기간 삼성전자 및 SK하이닉스와 돈독한 거래관계를 유지하며 반도체 패키징을 공급하고 있다. 뿐만 아니라 코스닥 상장 자회사 하나머티리얼즈를 통해 삼성전자와 Tokyo Electron Ltd., Applied Materials, Inc. 등에 반도체 재료를 공급하고 있다.

하나머티리얼즈는 하나마이크론의 전체 매출 비중에서 30% 가까이 차지할 정도로 존재감이 크다. 하나마이크론의 2021년 별도기준 매출액은 3,690억 원, 영업이익은 230억 원이 예상되는데, 종속계열사 하나머티리얼즈의 실적을 반영한 연결기준 예상 영업이익은 930억 원까지 올라간다.

투자포인트 02 삼성전자 LSI향 이익 실현으로 영업이익률 큰 폭 반등

증권가에서는 하나마이크론의 체질 개선에 주목하고 있다. 2019년까지 하나마이크론은 주로 모바일향 메모리와 저가 비메모리 제품의 패키징 사업에 주력했지만, 2020년부터는 서버 D램 플립칩 패키징과 삼성전자 시스템반도체(LSI, 비메모리반도체)의 최종 테스트 공정에 힘을 쏟고 있다.

체질 개선 효과는 바로 나타날 전망이다. 2021년부터 삼성전자 LSI향 매출이 본격적으로 발생하면서 이익 실현에 기여할 것으로 예상된다. 무엇보다 신규 사업에서의 영업이익률이 20% 안팎으로 높게 추산된다는 점이 중요하다. 이로써 하나마이크론의

별도기준 영업이익률은 기존 0.5% 남짓에서 4%대까지 큰 폭으로 상승할 전망이다.

투자포인트 03 👉 여전한 캐시카우, 모바일 메모리 사업

하나마이크론이 단행한 체질 개선의 가장 큰 특징은, 실적의 무게중심이 메모리에서 비메모리로 옮겨갔다는 사실이다. 실제로 하나마이크론의 2020년 매출 비중을 살펴보면 비메모리가 60%를 넘어섰다. 하나마이크론은 비메모리 설비투자에 450억 원을 쏟아 부으면서 시장의 변화에 발 빠르게 대응했다.

하지만 하나마이크론이 메모리 사업을 접은 건 아니다. 최근 메모리향 패키징 가동률이 회복됨에 따라 하나마이크론의 2021년 메모리 패키징 매출액이 전년 대비 50% 가까이 반등할 전망이다. 미·중 무역분쟁 여파로 중국 화웨이향 모바일 메모리 출하가 중단되면서 2020년 2분기에 메모리 어셈블리 가동률은 30%까지 떨어졌었다. 다행히 메모리 업황의 슈퍼 사이클이 지속되는데다 새롭게 시작한 서버 D램 패키징 수요가 더해지면서 가동률이 70%까지 상승할 것으로 예상된다.

투자포인트 04 👉 물적분할 자회사 하나WLS의 실적 기여

반도체 후공정은 크게 범핑-어셈블리(패키징)-파이널 테스트 등으로 나뉜다. 범핑은 반도체를 기판에 연결해주는 전도성 돌기인 범프를 만드는 작업이다. 이를 외부 충격으로부터 보호하기 위해 포장하는 단계가 패키징, 완제품 작동 여부를 최종 점검하는 것이 파이널 테스트다. 하나마이크론은 이제 후공정 전체를 턴키로 소화할 수 있게 됐다. 하나마이크론은 그동안 비중이 작았던 범핑 사업부문을 강화하기 위해 신설법인 '하나WLS'를 물적분할해 설립했다. 하나WLS의 범핑 사업은 특허를 보유한 'Thick RDL(레이어 재배치)' 기술이 핵심이다. 배선 두께를 20마이크로미터(μm)로 늘려 전기적 저항을 최소화한 것이다.

증권가에서는 하나마이크론이 자회사 하나WLS의 실적 기여 등에 힘입어 2021년 연결기준 매출액 6,726억 원, 영업이익 872억 원에 이를 것으로 전망한다. 영업이익률은 12%를 웃돌 것으로 예상된다.

텔레칩스
KQ
054450

22.7% → 이장규

34.5% → 칩스앤미디어[KQ]
반도체 설계자산(IP) 업체

설립/상장	1999.10/2004.12
시가총액/순위	2,120억 원/코스닥 492위
상장주식수	13,505,911주
수익률(3/6/12개월)	+12.92/+41.15/+141.45
목표주가	23,000원
외국인보유비율	0.81%
주요 사업	자동차에 들어가는 AP를 주력으로 차량용 반도체 설계(팹리스 기업)

경영실적/지표

연도별	2018	2019	2020	2021E
매출액(억 원)	1,261	1,322	1,007	1,369
영업이익(억 원)	82	76	−85	102
당기순이익(억 원)	92	83	−94	89
영업이익률(%)	6.47	5.78	−8.41	7.45
ROE(%)	10.30	8.32	−9.63	9.15
부채비율(%)	42.21	51.24	79.60	−
EPS(원)	683	616	−697	659
PER(배)	12.60	17.13	−18.65	20.76
BPS(원)	7,763	8,210	7,373	8,106
PBR(배)	1.11	1.28	1.76	1.94
주당배당금(원)	120	120	−	60

최근 3년간 주가 추이

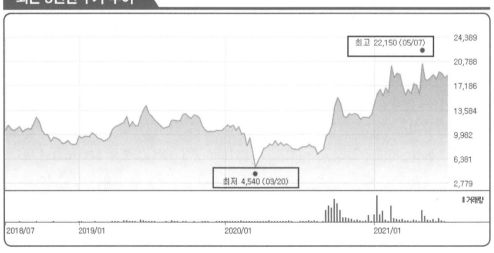

최고 22,150 (05/07)

최저 4,540 (03/20)

거래량

2018/07   2019/01   2020/01   2021/01

24,389
20,788
17,186
13,584
9,982
6,381
2,779

▶ 현대차+기아차 합산 매출액 추이

- 텔레칩스의 주 고객사는 현대차그룹으로, 텔레칩스 매출액의 약 70%가 현대·기아차에서 발생.
- 텔레칩스는 현대·기아차 내 AP 점유율 80% 내외를 차지(거의 독점적 지위) → 프리미엄 모델을 제외한 모든 차종에 텔레칩스의 AP가 적용됨.
- 텔레칩스의 주가와 실적은 현대·기아차의 실적에 절대적인 영향을 받음 → 2021년 현대·기아차의 합산 매출액이 전년 대비 12% 이상 상승할 것으로 예상됨에 따라 텔레칩스의 주가 및 실적도 동반 상승 기대.

▶ 텔레칩스 차량용 반도체 적용 애플리케이션

- 차량용 반도체 가운데 적용되는 애플리케이션(AP)이 AVN, 클러스터(계기판), HUD, 블랙박스 등으로 갈수록 적용 범위가 넓어지는 추세 → 자동차의 디지털화 및 전기차 생산량 증가로 인해 차량용 반도체 수요 급증.
- 최근 완성차 업체마다 중저가 차량들에까지 디지털 AVN 탑재 → 클러스터(계기판)의 경우 글로벌 기준 차량 채택률이 2020년 16.5%에서 2026년 34.1%까지 2배 상승.
- 전기차는 AVN, 클러스터, HUD 등 거의 모든 애플리케이션이 디지털로 작동함에 따라, 증권가에서는 텔레칩스와 같은 차량용 반도체 기업들을 전기차 수혜주로 꼽음.

현대·기아차 실적 상승에 따른 수혜주

투자포인트 01 👉 현대·기아차 내 AP 점유율 80% 차지

1999년에 설립한 텔레칩스는 차량용 반도체를 설계하는 팹리스 기업으로써, 자동차에 적용되는 애플리케이션(AP)용 핵심 부품(chip)과 솔루션 개발을 주요 사업으로 영위하고 있다. 팹리스(fabless)란 반도체를 생산하는 공장(fab)을 두지 않고(less), 반도체 칩 회로의 설계만을 전문으로 하는 회사를 말한다. 팹리스는 설계 데이터를 바탕으로 반도체 칩 '생산'만을 전문으로 하는 파운드리(foundry) 회사와 함께 반도체 전공정 분야의 핵심을 이룬다.

텔레칩스는 지난 2015년부터 현대기아차그룹의 5세대 플랫폼에 AP를 공급하면서 실적이 큰 폭으로 성장했다. 이후 텔레칩스는 현대·기아차 내 AP 점유율이 80% 내외를 차지하며 거의 독점적인 공급업체로서의 지위를 누리고 있다. 최근 현대·기아차는 프리미엄급 모델을 제외한 모든 차종에 텔레칩스의 AP를 채택하고 있다.

투자포인트 02 👉 차량용 반도체 공급 부족에 따른 반사이익

최근 전 세계적으로 차량용 반도체 수요가 급증하면서 반도체 슈퍼 사이클을 더욱 키우고 있다. 자동차에 디지털 시스템 적용이 크게 늘어나면서 차량용 반도체 공급이 수요를 따라가지 못하게 된 것이다. 여기에 전기차 시장의 성장도 차량용 반도체 공급 부족을 부채질했다. 전기차에는 화석연료차에 비해 훨씬 더 많은 반도체가 필요하기 때문이다. 아울러 반도체 생산업체마다 마진율이 높은 모바일과 서버에 필요한 반도체를 생산하는 데 힘을 쏟으면서 상대적으로 차량용 반도체 공급이 감소하고 말았

다. 업계에서는 빠른 시일 안에 차량용 반도체 수급 문제가 정상화되기는 어려울 것으로 보고 있다. 차량용 반도체 공급 부족은 국내에 국한하지 않고 전 세계가 겪고 있는 문제다. 따라서 텔레칩스처럼 차량용 반도체의 핵심 기술을 보유한 기업들이 제법 긴 시간동안 적지 않은 호재를 누릴 것으로 예상된다.

투자포인트 03 ☞ 전기차 보급률 높아질수록 실적 급상승

자동차에 적용되는 AP는 AVN, 클러스터(계기판), HUD, 블랙박스 등인데, 갈수록 적용 범위가 넓어지는 추세다. 실제로 완성차 업체마다 중저가 차량들에까지 디지털 AVN 탑재를 늘리고 있다. 예를 들어 클러스터(계기판)의 경우 전 세계 차량 채택률이 2020년 16.5%에서 2026년 34.1%까지 2배 이상 상승했다. 특히 전기차는 거의 모든 모듈이 디지털화되어 있기 때문에 더 많은 반도체를 필요로 하는 것이다. 텔레칩스는 매출의 96%가 차량용 AP에서 발생하는 만큼 향후 전기차 보급률이 높아질수록 실적이 큰 폭으로 오를 전망이다.

투자포인트 04 ☞ 창사 이래 최대 실적에도 저평가 주목

텔레칩스는 2020년에 셋톱박스 사업 정리에 따른 일시적인 영업비용 상승으로 85억 원의 영업손실을 내며 적자전환했다. 증권가에서는 텔레칩스가 2021년에 곧바로 흑자전환할 수 있을 것으로 보고 있다. 심지어 매출액이 1,369억 원(+37.2% yoy. 증권사 컨센서스 기준)으로 창사 이래 최대 실적을 기록할 전망이다.

텔레칩스는 높은 실적이 예상됨에도 불구하고 글로벌 경쟁사들에 비해 기업가치가 현저하게 저평가되어 있다. 심지어 글로벌 경쟁사들의 차량용 반도체 매출 비중이 40% 남짓인데 반해, 텔레칩스의 차량용 반도체 매출 비중은 90%를 웃도는 데도 말이다. 실제로 텔레칩스의 2021년 예상 PER(주가수익비율)이 20배 내외로, 글로벌 경쟁사들의 평균 PER(26배)에 비해 낮게 책정돼 왔었다. 증권가에서는 텔레칩스의 기업가치에 대한 재평가가 이뤄져야 한다고 주장하는 동시에, 투자매력이 높은 저평가주로서 목표주가를 상향 조정하고 있다.

[투자 해시태그] #차량용반도체 #리드프레임 #구리가격

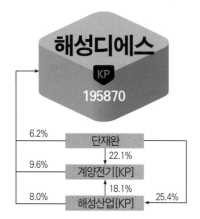

해성디에스
KP
195870

6.2%
9.6%
8.0%

단재완
22.1%
계양전기[KP]
18.1%
해성산업[KP]
25.4%

설립/상장	2014.03/2016.06
시가총액/순위	5,772억 원/코스피 320위
상장주식수	17,000,000주
수익률(3/6/12개월)	+22.90/+68.24/+176.43
목표주가	46,500원
외국인보유비율	2.03%
주요 사업	반도체 패키징용 재료 제조 · 판매

경영실적/지표

연도별	2018	2019	2020	2021E
매출액(억 원)	3,633	3,814	4,587	5,729
영업이익(억 원)	268	270	435	538
당기순이익(억 원)	207	182	300	399
영업이익률(%)	7.37	7.09	9.49	9.10
ROE(%)	11.05	9.06	13.62	16.04
부채비율(%)	55.96	56.61	65.29	64.33
EPS(원)	1,226	1,078	1,764	2,338
PER(배)	10.56	14.65	13.83	14.93
BPS(원)	11,549	12,267	13,638	15,521
PBR(배)	1.12	1.29	1.79	2.25
주당배당금(원)	300	350	450	518

최근 3년간 주가 추이

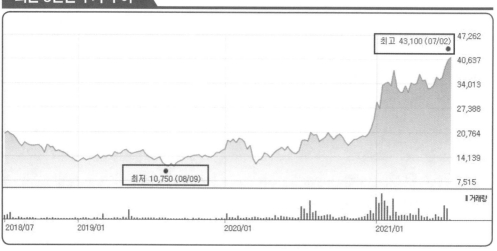

최고 43,100 (07/02)
최저 10,750 (08/09)

47,262
40,637
34,013
27,388
20,764
14,139
7,515

거래량

2018/07　2019/01　2020/01　2021/01

자동차용 반도체 핵심 소재 '리드프레임' 세계 6위

▶ **리드프레임(ELF) 글로벌 시장점유율** (단위: %)

▶ **리드프레임(SLF) 글로벌 시장점유율** (단위: %)

- 리드프레임은 제품의 성형 방식에 따라 **SLF**(Stamped IC Lead Frame)와 **ELF**(Etched IC Lead Frame)로 나뉘는데, 해성디에스는 독보적인 도금 기술로 글로벌 경쟁력 갖춤.
- 해성디에스는 ELF 부문에서 2017년부터 세계 1위에 올라있고, 리드프레임 전체 글로벌 시장점유율은 7.4%로 6위권 영위.

전기차 및 언택트 확산으로 '리드프레임' 수요 급증

▶ **제품부문별 매출 추이** (연결기준)

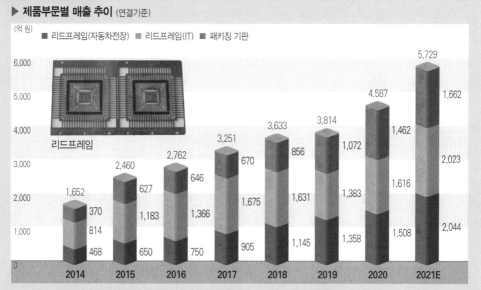

- 자동차의 전장화 가속, 메모리 탑재 고용량화, 전기차와 자율주행차 성장 등으로 차량용 반도체 수요가 급증하면서 해성디에스의 실적에 호재로 작용.
- 해성디에스의 전체 매출에서 리드프레임이 약 70%를 차지하는 바, 차량용 반도체 및 언택트 수요가 급증함에 따라 2021년에 이어 2022년에도 어닝서프라이즈 기대.

리드프레임 가격 상승에
주가도 실적도 청신호

투자포인트 01   자동차용 반도체의 핵심 소재 리드프레임 1위 회사

2014년 설립한 해성디에스는 반도체 후공정 패키징 재료 가운데 반도체 칩을 설치하는 기판(substrate)을 생산하는 회사다. 반도체 기판은 리드프레임(lead frame)과 패키지(package)로 나뉘는데, 리드프레임은 반도체 칩을 올려 부착하는 금속 기판을 가리킨다. 반도체 칩과 외부 회로를 연결시켜 주는 전선(lead) 역할과 반도체 패키지를 전자회로 기판에 고정시켜주는 버팀대(frame) 역할을 한다.

최근 리드프레임이 자동차용 반도체의 핵심 소재로 사용되면서 이를 주력으로 생산하는 해성디에스가 주목받고 있다. 해성디에스는 리드프레임 글로벌 시장점유율 7.4%로 6위권에 오를 정도로 기술력을 인정받고 있다(국내 시장 1위). 리드프레임 중에서 ELF 제품의 경우에는 독보적인 도금 기술로 해당 부문 세계 1위에 올라있다.

투자포인트 02   자동차용 반도체 수급 불균형에 따른 호재

자동차에는 반도체가 200~300개 들어가지만, 반도체 1개당 가격은 2달러가 채 되지 않는다. 자동차 1대당 들어가는 반도체를 모두 합한 비용이 400~600달러 수준인데, 이는 차량 평균 가격 대비 3% 정도에 불과하다. 반도체 업체 입장에서는 자동차용 반도체가 스마트폰이나 서버용 반도체보다 마진율이 낮아 늘 후순위로 미뤄놓았던 게 사실이다.

그런데 전기차는 얘기가 달라진다. 전기차는 거의 모든 장치가 디지털화되어 있어서 내연기관보다 2배 이상 반도체가 소요된다. 또한 주로 고사양 제품이 쓰이므로 전기차 1대당 필요한 반도체 가격이 3,000달러에 이른다. 여기에 자율주행 기능까지 탑재될 경우 반도체의 질과 양은 훨씬 더 올라간다. 최근 차량용 반도체 공급이 수요를 따라가지 못하면서 전 세계적으로 수급 불균형에 봉착한 원인이 여기에 있다. 자동차 업황은 부족한 반도체 때문에 곤경에 빠졌지만, 자동차용 반도체 업체들로서는 호재가 아닐 수 없다.

투자포인트 03 🖐 주가가 70% 이상 급등

증권가에서는 해성디에스의 실적이 2020년에 이어 2021년에도 고공행진을 이어갈 것으로 예상하고 있다. 자동차용 반도체 수급난이 지속될수록 핵심 소재인 리드프레임의 가격이 올라가면서 해성디에스의 매출이 상승한다는 것이다. 시장에서 공급이 부족할 경우 공급사가 우월한 지위에서 가격결정권을 쥐게 되기 때문이다.

해성디에스의 주가 상승에도 청신호가 켜졌다. 실제로 전 세계적으로 자동차용 반도체 공급 부족 사태가 부각되던 2020년 10월부터 2021년 3월까지 해성디에스의 주가가 70% 급등했다. 증권가에서는 자동차용 반도체 업황을 고려해 해성디에스의 주가가 좀 더 오를 것으로 전망한다.

체크포인트 🖐 오르는 구리 가격마저 상쇄

리드프레임은 구리와 니켈 등을 주원료로 하기 때문에, 해성디에스 입장에서는 환율과 원자재 가격을 예의주시해야만 한다. 최근 들어 구리 가격이 오르고 있고, 원-달러 환율은 하락하고 있기 때문에 2021년 상반기에는 오르는 매출만큼 이익률이 오르지 못할 전망이다. 하지만 구리 가격 상승 등에 따른 부담이 2021년 하반기로 갈수록 어느 정도 해소될 것으로 예상된다. 치솟는 리드프레임의 가격이 구리 가격 상승분을 상쇄할 수 있기 때문이다. 고객사 입장에서는 가격과 상관없이 리드프레임 물량 확보에 사활을 걸어야 하므로, 해성디에스 입장에서는 오르는 구리 가격을 리드프레임 가격에 전가시킬 가능성이 높다는 얘기다. 증권사마다 해성디에스의 목표주가를 상향 조정하는 이유다.

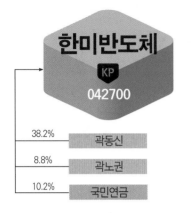

한미반도체

KP
042700

38.2%	곽동신	
8.8%	곽노권	
10.2%	국민연금	

설립/상장	1980.12/2005.07
시가총액/순위	1조7,039억 원/코스피 159위
상장주식수	49,459,877주
수익률(3/6/12개월)	+30.90/+88.40/+358.95
목표주가	39,500원
외국인보유비율	6.30%
주요 사업	반도체 장비 개발 및 제조, 공급

경영실적/지표

연도별	2018	2019	2020	2021E
매출액(억 원)	2,171	1,204	2,574	3,298
영업이익(억 원)	568	137	666	913
당기순이익(억 원)	493	193	501	726
영업이익률(%)	26.16	11.4	25.9	27.69
ROE(%)	23.37	8.85	21.03	25.39
부채비율(%)	14.14	17.19	27.18	–
EPS(원)	805	337	965	1,440
PER(배)	9.66	24.06	18.76	23.93
BPS(원)	4,287	4,373	5,228	6,499
PBR(배)	1.81	1.85	3.46	5.3
주당배당금(원)	250	100	400	448

최근 3년간 주가 추이

데이터 분석 1 　글로벌 파운드리 업체들의 설비투자 증가로 수주 급증

▶ **한미반도체 글로벌 수주계약 체결 현황** (2021년 1~4월 기준, 단위: 억 원)

계약발주업체(국적)	계약금액	계약(수주)일	계약완료일
ASE(대만)	340	2021.04.29	2021.12.30
마이크론 메모리(말레이시아)	28	2021.04.13	2021.10.08
화천과기(중국)	20	2021.04.08	2021.11.15
ASE Electronics(말레이시아)	30	2021.04.01	2021.12.01
JCET(중국)	27	2021.03.31	2021.12.31
ASE(Weihai, 중국)	59	2021.03.29	2021.12.31
UNIMICRON(대만)	23	2021.03.15	2021.10.29
Quliang Electronics(중국)	15	2021.03.15	2022.02.01
Nan Ya PCB(대만)	32	2021.03.12	2021.10.30
SK하이닉스(한국)	118	2021.03.10	2021.11.30
SPIL(중국)	56	2021.03.09	2021.11.30
Forehope Electronic(Ningbo, 중국)	41	2021.03.08	2021.12.31
ASE(대만)	22	2021.02.23	2021.06.30
NXP(대만)	14	2021.02.17	2021.09.30
ASE(대만)	18	2021.02.10	2021.07.16
Quliang Electronics(중국)	40	2021.02.05	2021.12.31
Luxshare Precision(베트남)	43	2021.01.28	2021.10.31
ASE(대만)	21	2021.01.22	2021.05.31
화천과기(중국)	24	2021.01.20	2021.10.22
화천과기(중국)	42	2021.01.20	2021.10.15
앰코테크놀로지코리아(한국)	126	2021.01.19	2021.05.30
화천과기(중국)	36	2021.01.11	2021.07.13
화천과기(중국)	68	2021.01.11	2021.08.27
OSE(대만)	22	2021.01.08	2021.05.14
SPIL(대만)	33	2021.01.08	2021.03.30
ASE(대만)	39	2021.01.07	2021.04.09
계	1,337		

- 한미반도체는 2021년 들어 수주계약의 급격한 증가와 함께 리드타임(Lead Time, 물품의 발주일부터 그 물품이 입고되어 사용할 수 있을 때까지)이 2020년 수주분 평균 2.8개월에서 2021년 평균 6.4개월로 빠르게 늘고 있음.
- 최근 TSMC와 삼성전자 등 글로벌 파운드리 업체들의 투자 증가가 OSAT 업체들의 설비 증설을 유도함으로써 한미반도체의 주력 제품인 반도체 필수장비 수요가 급증하고 있음.

데이터 분석 2 　갈수록 규모가 커지는 글로벌 OSAT들의 CAPEX

▶ **TSMC 및 글로벌 OSAT 업체들 CAPEX 추이 및 전망**

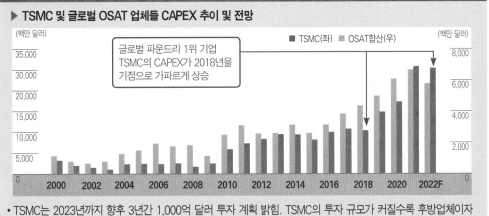

- TSMC는 2023년까지 향후 3년간 1,000억 달러 투자 계획 밝힘. TSMC의 투자 규모가 커질수록 후방업체이자 한미반도체의 주 고객사인 OSAT들이 설비를 늘릴 수밖에 없는 데, 이는 결국 한미반도체의 수주 증가로 이어짐.

TSMC의 대표적인 수혜주

투자포인트 01 👉 **해외 매출 비중이 높은 글로벌 반도체 장비업체**

한미반도체는 1980년 설립된 반도체 후공정 장비업체로, 지난 40년 넘게 반도체 장비 국산화의 외길을 걸어온 기업이다. 주요 전방산업은 비메모리 반도체 시장이다. TSMC, UMC 등 글로벌 파운드리 업체로부터 전공정이 완료된 웨이퍼를 받아 후공정을 진행하는 ASE, Amkor, JCET 등 OSAT(반도체 조립·테스트 외주업체)에 후공정 장비를 공급한다. 2020년 기준 국내외 매출 비중은 해외 71%, 국내 29%로, 여타 국내 반도체 장비업체와 달리 글로벌 반도체 업체들을 주 고객사로 두고 있다. 특히 중국 33%, 대만 17%로 두 나라에서 전체 매출의 50%가 발생한다.

투자포인트 02 👉 **압도적인 글로벌 시장점유율 1위**

한미반도체의 주력 장비 가운데 하나인 Vision Placement(매출 비중 40%)는 반도체 패키지의 절단(sawing), 세척, 건조, 비전검사, 선별, 적재 등에 활용되는 대표적인 반도체 후공정 장비 가운데 하나다. 한미반도체는 Vision Placement 사업에서 글로벌 시장점유율 80%로 독점적인 지위를 영위하고 있다.

증권가에서는 한미반도체가 2016년부터 공급해온 또 다른 주력 장비 EMI Shield(전자기파 차폐)에 주목한다. EMI Shield는 반도체 칩에서 방사된 전자파가 주변 반도체에 흡수되거나 영향을 주어 오작동을 발생시키는 것을 방지하는 장치다. EMI Shield는 최근 적용영역이 스마트기기에서 자율주행차 등 차량용 반도체 칩으로까지 확장되면서 시장이 급성장하고 있다. 2020년 67억 달러에서 2025년 92억 달러로 연평균 성장률이 13.4%에 이를 전망이다. 한미반도체는 Vision Placement에 이어 EMI Shield 부문에서도 글로벌 시장점유율 1위를 차지하는 것으로 업계는 추정하고 있다. 한미반도체의 EMI Shield 부문 매출액은 2020년 721억 원에서 2021년 919억 원(예상)으로 꾸준한 성장을 이어가고 있다.

투자포인트 03 👉 **2020년 사상 최대 실적에 이어 2021년에도 고공행진**

한미반도체는 2020년 사상 최대 실적을 경신했다. 연결기준 매출액이 전년(1,204억 원) 대비 2배 이상 늘어난 2,574억 원, 영업이익은 같은 기간 137억 원에서 666억 원으로 무려 386% 급증했다. 영업이익률은 26%를 기록했다. 실적 고공행진은 2021년에도 이어질 전망이다.

업계에서는 한미반도체를 비메모리 반도체 파운드리 글로벌 1위 회사인 TSMC의 국내 몇 안 되는 수혜 기업으로 평가한다. TSMC는 오는 2023년까지 향후 3년간 1,000억 달러를 투자하겠다고 밝힌 바 있다. 과거 5년 평균 128억 달러, 2020년 174억 달러에 7배 이상 큰 투자 규모다. TSMC와 삼성전자 간에 글로벌 파운드리 제패를 위한 경쟁이 치열할수록 한미반도체의 주 고객사인 OSAT들이 설비를 늘릴 수밖에 없는 데, 이는 결국 한미반도체의 수주 증가로 이어지게 된다. 따라서 투자적 관점에서 한미반도체의 실적과 주가가 TSMC의 실적과 투자계획에 가장 큰 영향을 받게 됨을 기억해 둘 필요가 있다.

투자포인트 04 👉 **설비투자 끝내고 본격적으로 이익 실현**

한미반도체는 반도체 호황기를 대비해 2019년 제4공장을 준공했다. 이로써 기존 1,2,3공장에 더해 신규 공장까지 모두 합해 1만2,300평 규모의 생산설비 라인을 보유하게 됐다. 이미 설비투자를 마친 상태로 당분간 대규모 투자는 없다는 게 한미반도체의 입장이다. 제4공장 건립을 위해 2018년과 2019년 지출이 각각 246억 원, 193원으로 비교적 많았지만 2020년에는 78억 원 정도에 그쳤다. 2021년에 지출이 큰 폭으로 줄어드는 만큼 이익이 더욱 늘어날 전망이다.

[투자 해시태그] #쿼츠 #반도체소재 #모멘티브

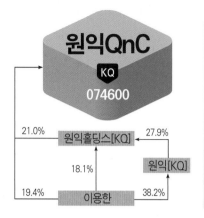

원익QnC
KQ
074600

21.0% → 원익홀딩스[KQ] ← 27.9%
18.1% ↓ 원익[KQ]
19.4% → 이용한 ← 38.2%

설립/상장	2003.11/2003.12※
시가총액/순위	7,203억 원/코스닥 98위
상장주식수	26,288,000주
수익률(3/6/12개월)	+23.60/+40.47/+118.68
목표주가	33,000원
외국인보유비율	2.24%
주요 사업	반도체 제조용 석영제품(쿼츠) 및 반도체, 디스플레이 등의 세라믹제품 생산

※2003.11 원익에서 기업분할 이후 설립해 코스닥 재상장

경영실적/지표

연도별	2018	2019	2020	2021E
매출액(억 원)	2,665	2,631	5,256	5,832
영업이익(억 원)	412	274	412	739
당기순이익(억 원)	412	36	155	539
영업이익률(%)	15.46	10.4	7.84	12.67
ROE(%)	21.25	1.23	11.44	22.34
부채비율(%)	62.57	123.19	145.55	–
EPS(원)	1,541	99	982	2,220
PER(배)	6.49	157.36	21.64	12.52
BPS(원)	8,003	8,103	9,070	10,809
PBR(배)	1.25	1.93	2.34	2.81
주당배당금(원)	–	–	–	–

최근 3년간 주가 추이

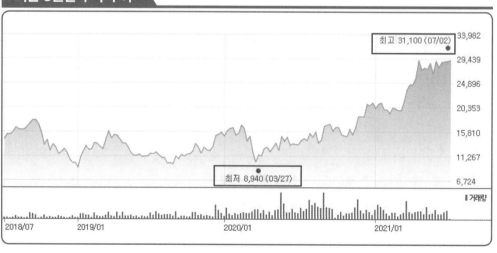

최고 31,100 (07/02)
최저 8,940 (03/27)
거래량

33,982
29,439
24,896
20,353
15,810
11,267
6,724

2018/07　2019/01　2020/01　2021/01

반도체 소부장 수직계열화로 상승 효과

▶ 반도체/디스플레이 대표 소부장 기업 원익의 지배구조도

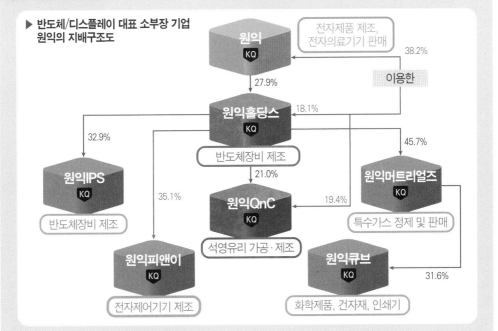

• [원익] → [원익홀딩스] → [원익IPS. 원익머트리얼즈, 원익QnC]로 이어지는 반도체/디스플레이 소부장 수직계열화를 통해 제품 포트폴리오의 경쟁력 갖춤.

쿼츠 소재 국내 1위로 반도체 호황 수혜

▶ **글로벌 쿼츠 시장점유율** (단위: %)   ▶ **국내 쿼츠 시장점유율** (단위: %)

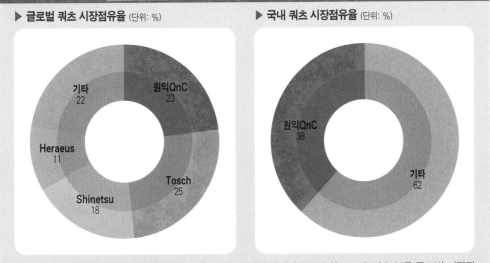

• 원익QnC는 성공적인 인수합병을 통해 경쟁력을 갖춘 해외 자회사를 보유함으로써, 쿼츠 부문 글로벌 시장점유율 23%로 선두권 진입.
• 원익QnC의 국내 쿼츠 시장점유율은 38% 내외로 수년간 독보적 1위를 영위함에 따라, 삼성전자와 SK하이닉스, LG디스플레이 등 대형 반도체/디스플레이 기업들의 생산 증대에 따른 최대 수혜주로 꼽힘.

성공적인 해외법인 인수합병으로 실적 고공행진

투자포인트 01 반도체용 핵심 소재 '쿼츠' 국내 시장점유율 1위

원익QnC는 반도체 제조용 쿼츠 국내 시장점유율 1위 업체로, 주요 사업부문은 2020년 매출 비중 기준 쿼츠(88%), 세정(11%), 세라믹(4%)으로 구성되어 있다. 주요 거래처는 삼성전자, SK하이닉스, LG디스플레이, TEL(Tokyo Electron), 페어차일드코리아, 실트론, 매그나칩반도체, 동부하이텍 등 국내외 유수의 반도체 및 디스플레이 기업들이다.

투자포인트 02 반도체 슈퍼 사이클로 호재 즐비

원익QnC의 주력 제품인 쿼츠(Quartz Ware)는 반도체용 석영유리를 뜻한다. 쿼츠는 반도체 제조공정 중 산화, 확산, 식각, 이온주입, 화학증착공정에서 웨이퍼를 불순물로부터 보호하거나 이송하는 용기로 사용된다. 쿼츠 제품의 교체 수요는 2~3개월마다 주기적으로 발생한다.

쿼츠 업황은 반도체 슈퍼 사이클에 힘입어 삼성전자와 SK하이닉스 등 고객사들의 대규모 투자가 이뤄지면서 당분간 호황을 이어갈 전망이다. 최근 대형 반도체 회사마다 신규 CPU 출시와 5G 스마트폰 침투율 상승, 기존 DDR4 메모리에서(DRAM) DDR5로의 전환 등 쿼츠 수요를 견인하는 투자 이슈들을 쏟아내고 있다. 무엇보다 원익QnC는 3D NAND와 파운드리 에칭(Etching) 장비 분야에서 독보적인 TEL(Tokyo Electron)과 Lam Research를 주력 고객사로 확보하고 있다. 증권가에서 반도체 소재 부문 최대 수혜주로 원익QnC를 꼽는 이유다.

원익QnC는 코로나19 여파에도 인수합병을 통해 견조한 성과를 이룬 전형적인 케이스에 해당한다. 2020년 1월 미국 Momentive Performance Materials(이하 '모멘티브')의 쿼츠·세라믹 부문 4개 회사를 인수한 효과로, 2020년 연결기준 매출액 5,256억 원, 영업이익 412억 원, 당기순이익 155억 원을 달성했다. 이는 2019년 매출액(2,631억 원), 영업이익(274억 원)의 약 2배 수준이다.

원익QnC의 실적 상승세는 2021년에도 이어질 전망이다. 무엇보다 2021년 예상 영업이익률이 12%를 상회할 것으로 예상된다. 이는 인수합병으로 인한 투자비용 부담에서 벗어나 이익 실현에 진입함을 의미한다. 인수합병으로 인한 재무적 부담이 오래갈 경우 장기적으로 실적 악화 및 주가 하락을 초래하는 경우가 적지 않은데, 원익QnC는 다행히도 빠른 시간에 정상화에 이른 것이다.

▶ W.Q.I.(미국) : 1997년 10월 미국 원익쿼츠 합작법인(WONIK QUARTZ GROUP CO.,LTD.)을 설립하여 영업을 개시했다. 미국법인 설립 이후 프랑스 Saint-Gobain사의 QI 사업부를 인수했다. 미국 현지에서 인텔과 마이크론 등을 거래처로 두고 있다.

▶ W.Q.T.(대만) : 1996년 3월 대만 원익석영 합작법인(WONIK TAIWAN QUARTZ CO.,LTD)을 설립하여 영업을 개시했다. 대만 현지에서 TSMC와 UMC 등을 거래처로 두고 있다.

▶ W.Q.E.(독일) : ST MICRO 및 ASM 등 글로벌 태양광 기업들을 주요 거래처로 두고 있다.

▶ MOMQ Holding Company(미국) : 2019년 5월 미국의 쿼츠/실리콘 원재료 제조사인 모멘티브의 쿼츠 사업부문을 인수하기 위해 설립한 지분 보유 특수목적법인으로, 2020년 1월에 모멘티브의 쿼츠 사업부문 4개 업체 인수를 완료했다. 업계에서는 2021년부터 모멘티브의 실적 정상화를 전망하고 있다. 모멘티브의 2021년 예상 매출액은 2,120억 원(+4% yoy), 영업이익은 20억 원(흑자전환)이다.

▶ 원익우시(중국) : 2020년 9월 30일에 설립했으며, 향후 중국 반도체용 쿼츠 시장 진출을 위해 제조시설 건설 및 고객사 인증을 준비하고 있다.

케이씨텍
KP
083310

20.6%	케이씨[KP]
13.7%	고석태
9.2%	국민연금
4.9%	삼성전자

삼성전자 지분투자 소부장 종목

설립/상장	2017.11.1※/2017.12.5
시가총액/순위	6,269억 원/코스피 306위
상장주식수	20,861,556주
수익률(3/6/12개월)	+9.24/-1.95/+35.81
목표주가	38,000원
외국인보유비율	11.19%
주요 사업	반도체용 소재·장비 제조 및 판매

※케이씨로부터 인적분할 설립

경영실적/지표(IFRS 별도)

연도별	2018	2019	2020	2021E
매출액(억 원)	3,573	2,653	3,199	3,856
영업이익(억 원)	670	491	561	703
당기순이익(억 원)	544	369	426	571
영업이익률(%)	18.76	18.49	17.55	18.23
ROE(%)	23.54	13.52	13.39	14.81
부채비율(%)	22.01	17.01	17.10	–
EPS(원)	2,741	1,858	2,133	2,732
PER(배)	3.46	12.57	14.42	10.08
BPS(원)	12,956	14,544	16,676	19,178
PBR(배)	0.73	1.61	1.84	1.44
주당배당금(원)	270	200	220	300

최근 3년간 주가 추이

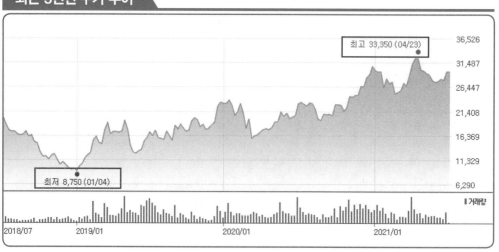

최고 33,350 (04/23)

최저 8,750 (01/04)

■거래량

반도체 소재 · 장비 매출 비중 커질수록 이익 증가

▶ 사업부문별 매출 비중 추이 및 전망

▶ 영업이익(률) 추이 및 전망

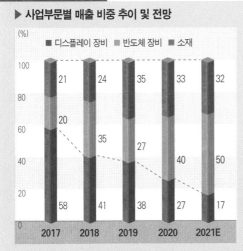

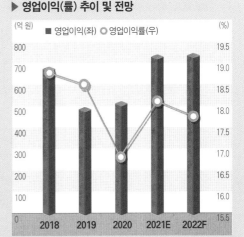

- 케이씨텍의 매출에서 반도체 소재·장비 비중이 커질수록 영업이익(률) 상승 → 반도체 활황으로 수주 규모 커질수록 이익도 큰 폭으로 증가.
- 케이씨텍의 주력 제품인 반도체 CMP 장비 및 Slurry는 웨이퍼 위에 성막한 재료를 화학적 반응과 기계적 마찰에 의해 연마하여 평탄화하는 데 필수.
- CMP 장비의 주요 경쟁사는 Applied Materials(미국), Ebara(일본)가 있으며, 케이씨텍은 고객사 내 점유율 약 15%로 세 번째 벤더 차지. Slurry의 경쟁사에는 Cabot(미국), Hitachi Chemical(일본) 등 포진.

삼성전자가 지분투자한 소부장 기업

▶ 삼성전자 메모리 반도체 CAPEX 추이

(조 원)

■ DRAM ■ NAND

연도	DRAM	NAND
2016	4.5	6.0
2017	7.8	13.0
2018	12.5	7.8
2019	7.8	8.2
2020	9.5	10.5
2021E	13.0	12.5

- 반도체 슈퍼 사이클로 삼성전자의 메모리 반도체 CAPEX 꾸준히 상승.
- 특히 SK하이닉스가 인텔 NAND 사업부를 인수함에 따라 삼성전자는 NAND CAPEX에 보다 힘을 쏟음으로써 시장점유율 방어에 나섬.
- 케이씨텍은 소부장 국산화의 수혜주로 꼽히는 바, 주요 고객사인 삼성전자는 케이씨텍에 제3자 배정 유상증자를 통해 지분투자(4.9%) 중 → 삼성전자 내 점유율 상승 예상.

삼성전자와 국민연금이 지분투자한 소부장주

투자포인트 01 👉 반도체 소재·장비 국산화 수혜주

케이씨텍은 2017년 케이씨로부터 인적분할된 반도체 및 디스플레이 소재·장비 전문 업체다. 주력 제품은 반도체 CMP 장비 및 Slurry 소재로, 웨이퍼 위에 성막한 재료를 화학적 반응과 기계적 마찰에 의해 연마하여 평탄화하는 데 사용된다. 주 고객사는 삼성전자와 SK하이닉스, LG디스플레이 등으로, 반도체가 매출 비중의 약 70%를 차지하고, 디스플레이 부분이 나머지 30%를 커버한다.

증권가에서 케이씨텍은 대표적인 소재·부품·장비(소부장) 국산화 수혜주로 꼽힌다. 케이씨텍이 주력으로 하는 CMP 장비와 Slurry 소재의 주요 경쟁사가 Ebara, Hitachi Chemical 등 주로 일본 업체들이기 때문이다. 삼성전자가 케이씨텍 지분 4.9%을 취득한 것도 이와 무관하지 않다. 삼성전자로서는 소부장 국산화에 대한 정부 차원의 지원 및 국민적 공감대를 무시할 수 없기 때문이다. 아울러 반도체 장비 국산화를 위한 장기적인 투자 일환으로 대표기업인 케이씨텍을 선택한 것으로 해석할 수 있다. 덕분에 케이씨텍은 삼성전자 지분투자 종목이라는 프리미엄과 소부장 국산화 수혜주라는 호재를 동시에 누리게 됐다.

투자포인트 02 👉 2021년에도 실적 고공행진이 계속되는 이유

케이씨텍의 주요 제품은 반도체 공정에 사용되는 CMP 장비와 Slurry 소재로, 삼성전자와 SK하이닉스 등 반도체 회사들의 설비투자 및 생산능력 증감에 막대한 영향을 받는다. 실제로 케이씨텍의 주가와 실적은 삼성전자의 반도체 실적에 직접적으로 반응한다.

반도체 업황이 슈퍼 사이클로 진입하면서 삼성전자와 SK하이닉스를 비롯한 글로벌 반도체 회사들이 생산량을 최대한 끌어올리고 있다. 이로써 대표적인 소부장 기업인 케이씨텍의 실적에도 청신호가 켜졌다. 케이씨텍은 2020년 4분기에 창사 이래 최고 분기실적을 경신했고, 2021년 1분기에도 호실적을 이어갔다. 1분기 영업이익이 증권 가의 추정치에 비해 다소 떨어졌지만, 이는 일회성 비용인 재고자산 충당금이 반영됐 기 때문이라는 분석이다.

케이씨텍의 실적 고공행진은 2021년은 물론 2022년에도 계속될 전망이다. 증권가에 서는 케이씨텍의 2021년 실적 추정치로 매출액 3,856억 원, 영업이익 703억 원을 예 상하고 있다(컨센서스 기준). 반도체 호황으로 CMP 장비 매출이 전년 대비 무려 50% 이상 급증하고 소재 역시 전년 대비 16%까지 오르면서 실적 상승을 이끌 전망이다. 심지어 삼성전자 평택 3공장 발주가 연내로 앞당겨질 경우 케이씨텍의 실적은 좀 더 상향 조정될 여지가 있다.

투자포인트 03 ☞ 동종 업계 경쟁사 대비 저평가 매력

국민연금은 케이씨텍의 지분 9.92%를 보유하고 있다(2021년 1분기 말 기준). 국민연금 은 한때 케이씨텍의 지분을 12.09%까지 보유했었다(2019년 12월 말 기준). 이에 대해 증권가에서는 국내 대표적인 기관투자사인 국민연금이 소부장 국산화 수혜주로서 케이씨텍에 대한 투자가치를 확인한 것으로 보고 있다.

투자적 관점에서 한 가지 더 주목할 부분은, 케이씨텍의 기업가치가 동종 업계 경쟁 사들에 비해 저평가되었다는 사실이다. 동종 업계 평균 PER(주가수익비율)이 14배를 웃도는 것에 비해 케이씨텍의 2021년 PER은 10.08배 수준으로 예상된다.

케이씨텍의 주력 사업이 업황이 좋은 반도체 분야로 무게중심을 옮겨가고 있는 만 큼 증권사마다 기업가치에 대한 재평가가 이뤄져야 한다는 주장이 제기되고 있다. 동종 업계에서 '삼성전자 지분투자' 및 '소부장 국산화' 프리미엄을 동시에 갖춘 기 업은 흔하지 않다. 증권사마다 케이씨텍의 목표주가를 상향 조정하고 있는 것도 같 은 이유다.

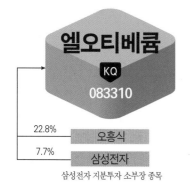

엘오티베큠
KQ
083310

22.8% 오흥식
7.7% 삼성전자

삼성전자 지분투자 소부장 종목

설립/상장	2002.2.23./2005.10.5
시가총액/순위	2,917억 원/코스닥 340위
상장주식수	17,810,033주
수익률(3/6/12개월)	−2.07/−12.89/+39.66
목표주가	23,000원
외국인보유비율	1.59%
주요 사업	반도체용 장비인 건식진공펌프의 제조 · 판매 · 유지보수 등

경영실적/지표

연도별	2018	2019	2020	2021E
매출액(억 원)	1,693	1,502	1,712	2,452
영업이익(억 원)	190	−10	42	296
당기순이익(억 원)	168	19	40	264
영업이익률(%)	11.19	−0.69	2.43	12.07
ROE(%)	14.45	1.51	2.39	15.22
부채비율(%)	42.25	65.97	40.48	–
EPS(원)	1,218	138	242	1,504
PER(배)	5.47	68.97	78.67	10.64
BPS(원)	9,280	9,630	10,105	10,924
PBR(배)	0.72	0.99	1.88	1.46
주당배당금(원)	29	–	50	50

최근 3년간 주가 추이

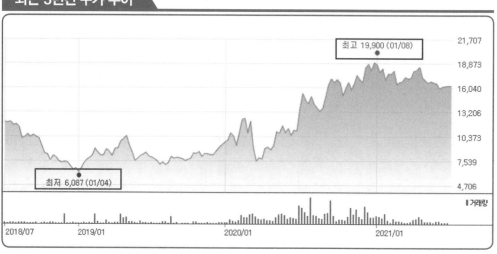

최고 19,900 (01/08)

최저 6,087 (01/04)

거래량

삼성전자 반도체 내 진공펌프 점유율 증가

▶ **국내 진공펌프 시장점유율** (단위:%)

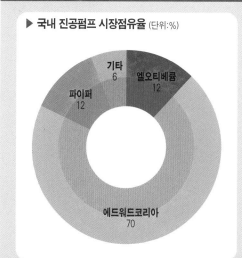

기타 6
엘오티베큠 12
파이퍼 12
에드워드코리아 70

▶ **삼성전자 반도체 내 진공펌프 점유율** (단위:%)

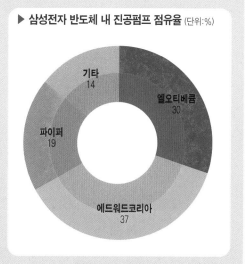

기타 14
엘오티베큠 30
파이퍼 19
에드워드코리아 37

- 진공펌프는 소부장 국산화에 가장 적합한 사업으로, 국내 유일의 건식 진공펌프 제조업체인 엘오티베큠이 외국계 회사인 국내 진공펌프 시장 1위 기업 에드워드코리아의 점유율을 잠식해나감.
- 엘오티베큠은 삼성전자로부터 7.7% 지분투자를 받고 있기 때문에 삼성전자 내 점유율이 올라갈 가능성이 높음.
- 엘오티베큠의 매출 비중은 건식진공펌프 64%, 유지보수 28%로, 전체 매출의 70% 이상이 삼성전자에서 발생함 → 삼성전자 CVD 공정에서 사용되는 대부분의 진공펌프는 엘오티베큠이 공급.

전체 매출의 30%를 차지하는 유지보수 수익

▶ **유지보수 매출 추이 및 전망**

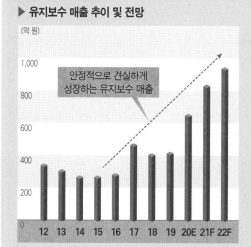

(억 원)

안정적으로 견실하게 성장하는 유지보수 매출

1,000
800
600
400
200
0

12 13 14 15 16 17 18 19 20E 21F 22F

▶ **유지보수 매출 비중 추이 및 전망**

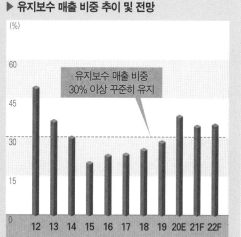

(%)

유지보수 매출 비중 30% 이상 꾸준히 유지

60
45
30
15
0

12 13 14 15 16 17 18 19 20E 21F 22F

- 엘오티베큠의 안정적인 유지보수 매출에 주목 → 엘오티베큠의 진공펌프는 스크류 타입으로, 장비 내 스크류 회전체가 1분에 6,300회 회전함에 따라 마모가 발생하고 CVD 공정상의 부산물에 의해 장비 유지보수가 빈번히 요구됨. 따라서 6년마다 신규 장비로 교체해야 하며, 회전체도 매년 교체해줘야 하므로 유지보수 매출이 전체 매출의 30%를 웃돌 정도로 높은 비중을 차지함에 따라 다른 장비업체에 비해 매출이 안정.
- 펌프가 많이 공급될수록 유지보수 매출도 함께 증가하는 선순환 구조.

반도체용 진공펌프
국산화 최선호주

투자포인트 01 🖐 **국내 유일의 건식 진공펌프 기업**

엘오티베큠은 국내 유일의 건식 진공펌프를 제조하는 업체다. 2002년 세계 최초 진공펌프 회사인 독일 Leybold Vakuum의 건식펌프 사업을 인수하면서 설립했다. 건식 진공펌프는 반도체 제조과정에서 발생하는 부산물을 제거하는데 활용되는 필수장비로, 반도체 제품의 수율과 직결되는 중요한 설비다. 범용성이 넓어 반도체 제조의 모든 공정에서 사용되지만, 특히 고도의 진공 환경이 요구되는 식각과 증착 공정에서 활용도가 높다.

투자포인트 02 🖐 **높은 유지보수 매출로 실적 안정화**

엘오티베큠의 사업부문별 매출 비중에서 주목해야 할 사항은 건식펌프의 유지보수에서 발생하는 매출이 30% 이상으로, 전체 매출의 3분의 1 가까이 차지하고 있다는 점이다. 즉 건식펌프를 제조해 판매하는 것에 그치지 않고, 일정기간 관리와 보수를 통해 적지 않은 매출을 올리는 것이다. 이로써 엘오티베큠은 다른 반도체 장비업체들에 비해서 실적 안정성이 높은 편이다.

엘오티베큠의 진공펌프는 스크류 타입으로, 장비 내 스크류 회전체가 1분에 6,300회 회전함에 따라 마모가 발생하고, CVD 공정상의 부산물로 인해 장비의 잦은 유지보수가 요구된다. 따라서 6년마다 신규 장비로 교체해야 하며, 회전체도 해마다 교체해줘야 한다. 진공펌프 공급량이 늘어날수록 자연스럽게 유지보수 매출도 증가하는 선순환 구조다.

투자포인트 03 🔊 **주가와 실적이 삼성전자 반도체 사업에 막대한 영향**

엘오티베큠은 전체 매출의 70% 이상이 삼성전자 반도체 생산라인에서 발생한다. 특히 삼성전자의 CVD 공정에서 사용되는 대부분의 진공펌프는 엘오티베큠이 공급하는 것이다. 엘오티베큠의 주가와 실적은 삼성전자의 반도체 투자 규모와 같은 흐름을 보이고 있다고 해도 지나치지 않다. 엘오티베큠의 투자자들이 삼성전자의 반도체 CAPEX 및 실적을 주의 깊게 살펴봐야 하는 이유다.

투자포인트 04 🔊 **삼성전자가 7.7% 지분투자**

엘오티베큠은 삼성전자 반도체 사업부, 삼성디스플레이, SK하이닉스, LG디스플레이 등 국내 반도체/디스플레이 핵심 기업들에 건식 진공펌프를 꾸준히 공급해왔기 때문에 소재·부품·장비의 국산화 수급 분위기가 확산될수록 높은 수혜가 예상된다.

국내 진공펌프 시장점유율은 영국기업 에드워드코리아가 70% 넘게 차지하고 있고, 엘오티베큠은 12% 정도로 한참 뒤져 있다. 국내에서 가장 큰 수요처인 삼성전자에서의 엘오티베큠의 점유율도 30% 정도로 역시 에드워드코리아(37%)에 미치지 못한다. SK하이닉스에서도 에드워드코리아가 50% 이상 점유하는 데 비해 엘오티베큠은 10%를 웃도는 수준이다. 심지어 디스플레이 시장에서는 에드워드코리아가 거의 독식하고 있다. 이러한 시장 상황은 엘오티베큠에게 오히려 호재다. 성장 여력이 충분하기 때문이다. 실제로 엘오티베큠은 삼성전자로부터 7.7% 지분투자를 받고 있기 때문에 삼성전자 내 점유율이 올라갈 가능성이 높다는 게 업계의 평가다.

투자포인트 05 🔊 **글로벌 경쟁사 대비 기업가치 저평가 매력**

글로벌 진공펌프 경쟁사(peer)들의 2021년 예상 PER(주가수익비율)은 평균 23.9배에 형성되어 있다. 반면 엘오티베큠의 2021년 예상 PER은 10배 안팎으로 글로벌 경쟁사에 비해 현저히 저평가되어 있음을 알 수 있다. 물론 글로벌 경쟁사보다 생산능력 등에서 부족하지만, 향후 국산화 분위기가 확산된다면 저평가 기술주로서 투자 매력이 높다는 게 증권가의 분석이다.

008

[투자 해시태그] #테스트핸들러 #마이크론 #DDR5

테크윙
KQ
089030

12.6% 나윤성
8.8% 전인구
9.3% 국민연금

설립/상장	2002.07/2011.11
시가총액/순위	4,905억 원/코스닥 177위
상장주식수	19,388,368주
수익률(3/6/12개월)	+21.38/+11.63/+48.73
목표주가	33,000원
외국인보유비율	4.55%
주요 사업	반도체 시험 · 검사 장비의 제조 · 판매

경영실적/지표

연도별	2018	2019	2020	2021E
매출액(억 원)	1,937	1,869	2,282	3,042
영업이익(억 원)	251	244	379	596
당기순이익(억 원)	186	113	329	498
영업이익률(%)	12.95	13.06	16.62	19.58
ROE(%)	12.77	6.41	16.97	21.59
부채비율(%)	105.24	101.16	92.32	–
EPS(원)	1,072	566	1,659	2,500
PER(배)	8.55	24.55	14.25	10.12
BPS(원)	9,004	9,365	10,812	13,119
PBR(배)	1.02	1.48	2.19	1.93
주당배당금(원)	230	230	230	260

최근 3년간 주가 추이

최고 29,150 (04/23)

최저 8,100 (08/09)

거래량

2018/07　2019/01　2020/01　2021/01

▶ **글로벌 테스트 핸들러 시장 규모 추이 및 전망**

(백만 달러)

연도	금액
2012	399
2013	343
2014	382.9
2015	381.6
2016	417.4
2017	546.1
2018	542.6
2019	450.5
2020	439.8
2021E	464.4

- 글로벌 테스트 핸들러 시장은 2012년 3억9,900만 달러에서 2021년에 약 4억6,440만 달러로, 지난 10년 동안 꾸준히 성장해옴(연평균 2.16%).
- 2021년 하반기부터 북미지역 고객사의 모듈/SSD 공정 자동화 장비 도입이 본격화될 경우, 핸들러의 수요도 함께 늘어남에 따라 테크윙 수혜 주목. 테크윙의 매출처 중에서 미국 반도체 업체인 마이크론(Micron)의 비율이 가장 높은 만큼(38.2%), 투자적 관점에서 북미의 반도체 업황 주목.

▶ **테크윙 사업부문별 매출처 비중**   ▶ **테크윙 핸들러 매출 추이 및 전망** [( )안은 매출 비중(%)]

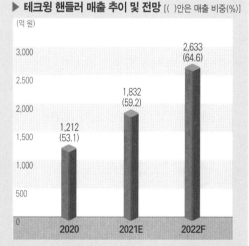

[단위: %, ( )안은 매출액(억 원)]

총 매출액 2,282

마이크론(미국) 38.2(873)
기타 42.7(974)
SK 하이닉스 10.7(244)
삼성 디스플레이 8.4(191)

(억 원)

연도	매출(비중)
2020	1,212 (53.1)
2021E	1,832 (59.2)
2022F	2,633 (64.6)

- 테크윙의 주 고객사인 마이크론을 포함한 메모리반도체 업체의 경우, 2021년 하반기부터 'DDR5 D램'으로 전환하면서 핸들러 교체 수요가 큰 폭으로 늘어나고, 고부가가치 부품(Change Over Kit)의 판매도 증가할 것으로 예상.
- DDR5는 이전모델인 DDR4보다 데이터 처리속도가 최대 2배 이상 빠른 초고속 대용량 D램으로, 빅데이터와 자율주행 기술에 매우 유용함.

북미시장 테스트 핸들러 수주 증가에 따른 수혜

투자포인트 01 반도체 후공정 장비 '테스트 핸들러' 세계 1위

테크윙은 반도체 후공정 자동화 장비 및 주변기기의 제조·판매를 목적으로 2002년에 설립했다. 주력 제품은 반도체 테스트를 통해 불량제품을 추출하는 '핸들러'(매출비중 50% 이상)로, 후공정 최종 검사 및 모듈/SSD 검사 단계에서 핵심 장비로 쓰인다. 증권가에서는 테크윙이 핸들러 부문 세계 1위 기업이라는 점을 주목한다(시장점유율 60% 내외). 종속 계열사 이엔씨테크놀로지(비상장)가 디스플레이 검사장비, 트루텍(비상장)이 PCB 설계 등의 사업을 영위함으로써 사업다각화에도 힘을 쏟고 있다.

투자포인트 02 핸들러의 시장 진입장벽이 높은 이유

핸들러는 반도체 후공정 중에서 전기적인 기능과 온도 내구성을 테스트하는 최종 단계에서 제품을 시험장비까지 운송하는 기계이다. 과거에는 직접 수작업으로 했지만, 핸들러가 보편화되면서 칩과 모듈 등 섬세함이 요구되는 부품들을 신속하고 정확하게 운송함으로써 테스트 단계를 단축시켰을 뿐 아니라 운송상의 사고로 인한 불량률을 큰 폭으로 줄였다. 그럼에도 불구하고 여전히 반도체 제조사의 최대 관심사는 공정의 자동화를 늘려 사람의 수작업에 따른 사고를 최소화하는 것이다. 핸들러는 고도의 기술력이 뒷받침되어야 하는 고부가가치 제품으로, 제조사마다 품질의 차이가 크다. 고객사 입장에서는 가격보다는 공신력 있는 회사의 제품을 선호할 수밖에 없다. 특히 장비 제조를 위한 설계 및 개발 기간이 길고 제조원가 부담이 큰 만큼 시장의 진입장벽이 높다. 테크윙이 '세계 1위'라는 프리미엄을 톡톡히 누리는 이유가 여기에 있다.

최근 반도체 제조공정이 자동화되고 세밀화됨에 따라 장비의 교체 주기가 점점 짧아지고 있다. 핸들러와 같은 테스트 장비의 교체 주기도 마찬가지다. 핸들러의 교체 주기가 짧아질수록 수요가 늘어나는 건 인지상정이다.

업계에서는 특히 북미지역 고객사들의 제조공정 자동화에 주목한다. 빠르면 2021년 하반기부터 반도체 모듈/SSD 공정 자동화 장비 도입이 본격화될 경우, 테스트 핸들러의 수요도 함께 증가하게 된다. 테크윙의 주 고객사인 마이크론(Micron, 미국)의 경우, 'DDR5 D램'으로 전환하면서 당장 2021년 하반기부터 핸들러 교체 수요가 큰 폭으로 늘어날 전망이다. DDR5은 이전모델인 DDR4보다 데이터 처리속도가 최대 2배 이상 빠른 초고속 대용량 D램으로, 빅데이터와 자율주행 기술에 매우 유용하다.

체크포인트 자회사의 아쉬운 실적 부진

테크윙은 2020년 연결기준 매출액이 2,282억 원으로 전년 대비 22% 증가했고, 같은 기간 영업이익은 379억 원으로 전년 대비 55.4% 올랐다. 심지어 당기순이익은 329억 원으로 전년 대비 무려 190% 상승했다. 하지만 2021년 1분기에는 성장세를 이어가지 못했다. 테크윙의 1분기 매출액과 영업이익이 각각 389억 원(-21% qoq, -28% yoy), 20억 원(-36% qoq, -79% yoy)으로 급감한 것이다. 핸들러 사업은 예상대로 좋았지만, 자회사인 이엔씨테크놀로지가 부진했다. 이엔씨테크놀로지의 1분기 매출액이 18억 원에 그쳤는데, 전년 동기 133억 원에 비해 크게 준 것이다.

증권가에서는 테크윙이 자회사의 부진에도 불구하고 반도체 슈퍼 사이클 호황에 힘입어 2021년에 연매출 3,000억 원을 달성할 것으로 보고 있다. 미국을 포함한 글로벌 반도체 파운드리 업체들의 투자 확대로 비메모리 핸들러 수주 증가가 예상되기 때문이다. 2022년부터 SK하이닉스향 DRAM(DDR5) 투자 재개로 인한 수혜도 기대된다. 하지만 자회사의 실적 부진이 투자자들의 불안한 심리를 자극해 주가에 악재로 작용할 수 있음을 기억해 둘 필요가 있다. 오르는 실적만큼 주가에 반영되지 못하는 경우가 발생할 수도 있다는 얘기다.

009

유니셈
KQ
036200

13.1% 김형균
6.8% 천정현

설립/상장	1988.11/1999.12
시가총액/순위	4,278억 원/코스닥 215위
상장주식수	30,664,223주
수익률(3/6/12개월)	+7.28/+63.36/+131.40
목표주가	17,800원
외국인보유비율	6.08%
주요 사업	반도체 및 LCD 제조장비의 제작·판매

경영실적/지표

연도별	2018	2019	2020	2021E
매출액(억 원)	2,143	1,790	2,151	2,616
영업이익(억 원)	261	240	322	451
당기순이익(억 원)	206	213	205	367
영업이익률(%)	12.18	13.4	14.98	17.25
ROE(%)	22.72	18.57	15.25	21.77
부채비율(%)	35.53	35.5	33.97	–
EPS(원)	732	718	686	1,167
PER(배)	4.42	7.56	12.49	11.22
BPS(원)	3,686	4,376	5,003	6,180
PBR(배)	0.88	1.24	1.71	2.12
주당배당금(원)	60	50	80	80

최근 3년간 주가 추이

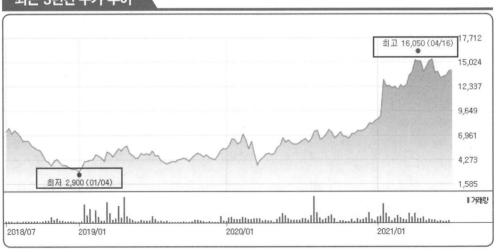

최고 16,050 (04/16)

최저 2,900 (01/04)

17,712
15,024
12,337
9,649
6,961
4,273
1,585

거래량

2018/07　2019/01　2020/01　2021/01

영업이익률 올라갈수록 주가 상승

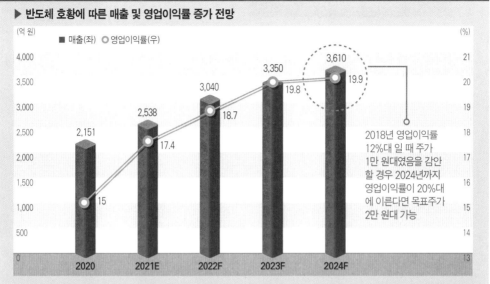

▶ 반도체 호황에 따른 매출 및 영업이익률 증가 전망

(억 원) ■ 매출(좌) ○ 영업이익률(우) (%)

- 유니셈의 주력 제품인 반도체/디스플레이용 장비 '스크러버'와 '칠러'에서 각각 국내 시장점유율 50%와 40%로 1위 영위.
- 반도체 업황 호조에 힘입어 주 고객사인 삼성전자 D램 및 낸드, SK하이닉스 3D 낸드 투자 확대로 스크러버, 칠러 모두 호실적 예상.

스크러버, 친환경 장비로서 ESG 프리미엄

▶ 반도체/디스플레이 소부장 동종기업 2021년 초 대비 주가수익률 비교

(%)

반도체 스크러버 사업 경쟁사
ESG 관련주 일수록 주가수익률 호조

유니셈(KQ)	KST(KQ)	AMAT(KQ)	유진테크(KQ)	원익IPS(KQ)	에프에스티(KQ)
55.2	36	34.9	24.9	14.6	12.6

- 스크러버는 반도체·LCD 제조 공정상 발생하는 유해가스 정화장치이고, 칠러는 안정된 공정을 위해 온도를 일정하게 유지해주는 온도조절장치.
- 스크러버와 칠러는 메모리 뿐 아니라 비메모리 반도체에도 필수적이며, 특히 스크러버는 온실가스 배출을 줄이는 친환경 장비로써 ESG 테마와 연계해 주가 상승 견인.

반도체 장비 국산화 및 ESG 수혜주

투자포인트 01 📢 **반도체 장비 스크러버, 칠러 국내 1위 기업**

유니셈은 반도체와 디스플레이용 제조장비인 스크러버(gas scrubber)와 칠러(chiller unit)를 주력으로 생산하는 기업이다. 반도체 장비용 스크러버와 칠러의 경우 각각 국내 시장점유율 50%와 40%로 1위를 영위하고 있다.

유니셈은 국내 최초로 스크러버를 개발한 회사로, 자체 기술을 보유하고 있다. 반도체 소재·부품·장비 업체로서 자체 기술을 지니고 있다는 사실은, 증시에서 이른바 '소부장 국산화 수혜주'로서 든든한 주가 상승 모멘텀을 갖추고 있음을 의미한다. 정부 차원에서 소부장 국산화에 대한 의지가 강하기 때문에 다양한 지원 혜택도 누릴 수 있다.

투자포인트 02 📢 **소부장 기업 중 드문 ESG 테마종목**

스크러버는 반도체·LCD 제조 공정상 발생되는 유해가스 정화장치이고, 칠러는 안정된 공정이 가능하도록 온도를 일정하게 유지해주는 온도조절 장치다. 두 가지 모두 친환경 설비이기 때문에 증권가에서 유니셈을 ESG 테마 종목으로 연계해 주목하고 있다. ESG는 환경(Environment), 사회(Social), 지배구조(Governance)의 이니셜로, 기업이 환경 등 공익에 얼마나 친화적인지를 가늠하는 비재무적 투자요소다. 최근 글로벌 자본시장이 ESG의 투자가치를 높게 평가하면서, 증시에서도 ESG가 중요한 모멘텀으로 작용하고 있다.

실제로 2021년 초에 유니셈의 주가는 친환경에 적합한 반도체 장비 수요 증가 기대감이 ESG 테마와 맞물려 급등했다. 반도체와 디스플레이 소부장 동종 기업들의 연초 대비 주가수익률을 살펴보면, ESG 관련 종목으로 꼽히는 유니셈의 경우 55%를 훌쩍 넘겼다. 증시에서 ESG 이슈가 불거질수록 유니셈의 주가 상승이 기대되는 대목이다.

투자포인트 03 🖐️ **제조공정의 연속성을 보장하는 기술력**

반도체와 디스플레이 산업은 공정의 연속성이 중요한 요인으로 작용한다. 반도체와 디스플레이의 제조공정상 연속성이 길게 유지될수록 생산성이 높아지기 때문이다. 반도체 제조의 핵심 장비인 가스 스크러버의 경우, 스크러버가 흡수한 가스 파우더를 비워주는 주기가 길수록 장비 가동 일수가 늘어난다. 유니셈에서 제조한 스크러버는 평균 가동일수가 110일로, 경쟁사 제품에 비해 길기 때문에 제조공정의 연속성을 보장하는 데 유리하다는 게 업계의 평가다. 유니셈의 스크러버가 시장에서 경쟁력을 갖는 이유다.

투자포인트 04 🖐️ **증권사의 컨센서스 전망치를 뛰어넘는 실적 예상**

유니셈은 2020년 매출액 2,151억 원, 영업이익 322억 원으로, 각각 전년 대비 20%, 36% 이상 증가한 호실적을 달성했다. 영업이익만 놓고 봤을 때는 창사 이래 최대 실적이다. 삼성전자가 평택 2공장, 중국 시안 2공장 등에 35조 원을 투자하면서 장비 수요가 크게 증가한 수혜를 톡톡히 누린 것이다. 디스플레이 분야에서는 중국 BOE의 충칭 B12 라인에 150억 원 규모의 칠러를 공급한 것이 주효했다.

반도체 슈퍼 사이클이 이어지면서 유니셈의 2021년 실적 전망이 더욱 밝아졌다. 우선 2021년 1분기 실적이 사상 최대치를 달성했다. 연결기준 매출액이 전년 동기 대비 34.7% 늘어난 776억 원을 기록했고, 영업이익은 41.7% 증가한 136억 원을 달성했다. 순이익은 무려 71.6% 올라 127억 원의 실적을 냈다. 1분기 동안 들어온 장비 주문량을 감안했을 때 일회성 실적이 아닌 것으로 분석된다. 이런 속도라면 증권가에서 예상하는 유니셈의 2021년 실적(매출액 2,616억 원, 영업이익 451억 원, 컨센서스 기준)을 훌쩍 뛰어넘을 것으로 보인다.

010

[투자 해시태그] #PCB #FC-BGA기판 #비메모리반도체

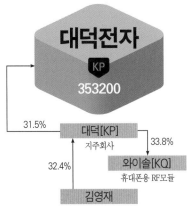

대덕전자
KP
353200

설립/상장	2020.05/2020.05※
시가총액/순위	7,487억 원/코스피 276위
상장주식수	49,416,925주
수익률(3/6/12개월)	+10.80/+26.19/+100.76
목표주가	18,300원
외국인보유비율	7.67%
주요 사업	인쇄회로기판(PCB) 제조 및 판매

31.5%

대덕[KP]
지주회사

33.8%

32.4%

와이솔[KQ]
휴대폰용 RF모듈

김영재

※2020.05 대덕(옛 대덕전자)에서 인적분할로 신규 설립 및 유가증권 시장에 재상장

경영실적/지표

연도별	2018※	2019※	2020	2021E
매출액(억 원)	-	-	6,206	9,852
영업이익(억 원)	-	-	27	366
당기순이익(억 원)	-	-	-87	309
영업이익률(%)	-	-	0.43	3.72
ROE(%)	-	-	-	4.8
부채비율(%)	-	-	26.87	-
EPS(원)	-	-	-253	602
PER(배)	-	-	-49.71	26.84
BPS(원)	-	-	12,381	12,686
PBR(배)	-	-	1.02	1.27
주당배당금(원)	-	-	300	150

※2018년, 2019년은 인적분할 전으로 지표 미수록

최근 3년간 주가 추이

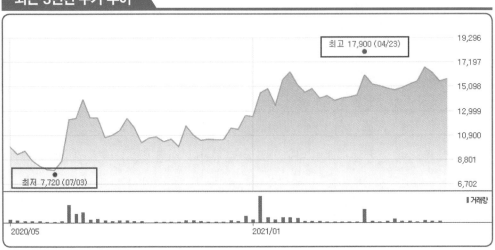

최고 17,900 (04/23)
최저 7,720 (07/03)
거래량
2020/05　2021/01

FC-BGA기판, 수요 급증으로 가격 큰 폭 인상

▶ FC-BGA기판 글로벌 수요 공급 현황 및 전망

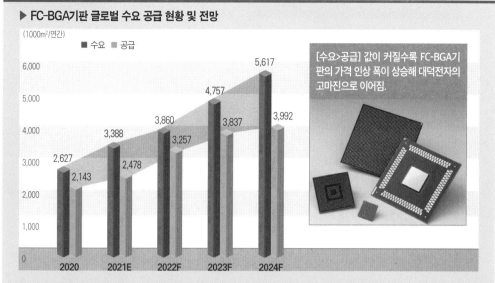

(1000m²/연간) ■ 수요 ■ 공급

연도	수요	공급
2020	2,627	2,143
2021E	3,388	2,478
2022F	3,860	3,257
2023F	4,757	3,837
2024F	5,617	3,992

[수요>공급] 값이 커질수록 FC-BGA기판의 가격 인상 폭이 상승해 대덕전자의 고마진으로 이어짐.

- 대덕전자는 글로벌 반도체 업계에 PCB 품귀현상이 심화됨에 따라 공격적인 대응에 나섬 → 플립칩 – 볼그리드어레이(FC-BGA) 생산능력 강화를 위해 2020년 900억 원 규모 증설 투자에 이어 2021년에도 700억 원 추가 투자 → 2022년부터 FC-BGA 생산능력 증대에 따른 매출 2,000억 원 추가 상승 예상.
- FC-BGA기판은 주로 PC, 서버, 자율주행차, 데이터센터, AI 등에 탑재되는 비메모리반도체의 핵심 부품으로, 반도체 호황으로 수요가 급증하면서 가격 인상 폭이 커져 대덕전자의 고부가가치 사업으로 자리매김.

FC-BGA기판, 국산화 수혜

▶ FC-BGA기판 글로벌 제조사 생산능력 현황

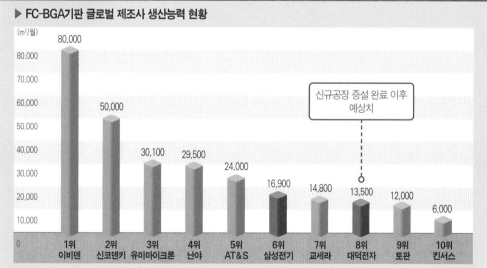

(m²/월)

순위	제조사	생산능력
1위	이비덴	80,000
2위	신코덴키	50,000
3위	유미마이크론	30,100
4위	난야	29,500
5위	AT&S	24,000
6위	삼성전기	16,900
7위	교세라	14,800
8위	대덕전자	13,500
9위	토판	12,000
10위	킨서스	6,000

신규공장 증설 완료 이후 예상치

- 글로벌 FC-BGA기판 시장에서는 일본의 이비덴과 신코덴키가 선두권을 형성하고, 국내에서는 유일하게 삼성전기가 제조해오다 2022년부터 대덕전자가 양산 대열에 합류.
- LG이노텍도 사내 테스크포스팀을 꾸려 FC-BGA기판 시장 진입을 면밀히 검토 중.

FC-BGA기판
수요 급증에 따른 실적 반등

투자포인트 01 👉 **2020년 인적분할로 투자와 사업 분리**

대덕전자의 시작은 1972년에 설립한 한국우라하마전자공업에서 비롯됐다. 창업자인 故김정식 회장은 전자제품의 기초인 인쇄회로기판(PCB) 시장을 개척한 선구자로 평가받는다. 1974년에 대덕전자로 상호를 변경했다.

대덕전자는 사업의 효율성을 기리기 위해 2018년에 대덕GDS을 흡수합병하여 중복 사업을 정리했다. 이어 안정적인 경영권 승계작업을 위해 지주회사인 대덕과 사업자회사인 대덕전자로 인적분할해 투자와 사업을 분리했다. 2017년에는 대덕GDS가 휴대폰용 RF모듈 사업을 영위하는 와이솔의 지분 33.8%를 소유해 계열사로 편입하면서 대덕전자와 와이솔은 형제회사가 됐다.

투자포인트 02 👉 **거의 모든 전자기기에 들어가는 PCB**

대덕전자의 사업부문별 매출 비중은 패키징 57%, 모바일 28%, MLB 15%다. 패키징 매출 중에서 메모리용 PCB의 비중이 85%로 대부분을 차지한다. 주 고객사는 물론 삼성전자다. 대덕전자는 글로벌 선두업체인 이비덴, 신코, 삼성전기 등이 영위해온 하이엔드급 반도체 PCB인 FC-BGA 시장에 진출했다.

PCB는 반도체 후공정인 패키징 작업에 필요한 핵심 부품 중 하나다. 일반적으로 PCB는 넓은 절연판 위에 회로를 형성하고, 그 위에 장착(실장)한 부품들을 전기적으로 연결한다. 이를테면 인체의 신경망 같은 역할을 하는 것이다. 따라서 PCB는 거의 모든 전자기기에 기본적으로 들어간다고 봐도 무방하다.

투자포인트 03 👉 **PCB 중 특히 FC-BGA가 돈이 되는 이유**

PCB는 용도에 따라 몇 가지로 나뉘는데, 반도체를 얹는 PCB의 경우 모바일용 반도체에서 활용되는 플립칩-칩스케일패키징(FC-CSP)과 PC용 반도체에서 주로 쓰이는 FC-BGA로 구분한다. FC-CSP는 작은 모바일기기에 들어가는 만큼 칩과 기판의 크기가 거의 비슷하지만, 중앙처리장치(CPU)·그래픽처리장치(GPU)처럼 전기 신호 교환이 많은 반도체를 장착하는 FC-BGA의 경우에는 칩보다 기판의 크기를 크게 만들어야 한다. 반도체 시장 호황으로 품귀현상이 나타나고 있는 기판이 바로 이 FC-BGA다.

투자포인트 04 👉 **FC-BGA, 품귀현상으로 부르는 게 값**

코로나19 사태로 비대면 비즈니스가 보편화되자 처리해야 할 정보량이 기하급수적으로 증가하면서 FC-BGA 수요가 폭증하고 있다. 늘어난 수요로 인해 FC-BGA 생산 기업들은 가격을 크게 올렸다. 업계는 최대 40% 가까이 가격이 급등한 것으로 보고 있다. 하지만 값을 올려 지불해도 물건을 구할 수 없는 실정이다. FC-BGA를 주문해 공급받는 리드타임은 종전의 6배 수준인 24주가 소요된다. 이처럼 FC-BGA는 FC-CSP와 비교해 기술적 난이도가 높은 만큼 수익성이 월등하다. 최근 LG이노텍 같은 FC-CSP 전문기업들이 FC-BGA으로 눈을 돌리는 이유다.

투자포인트 05 👉 **FC-BGA 메이커에 합류한 대덕전자**

국내 FC-BGA 생산 기업으로는 삼성전기가 유일했다. 삼성전기는 월 1만6,900m²의 생산능력을 보유하고 있다. 글로벌 시장에서는 일본 이비덴과 신코덴키의 시장지배력이 압도적이다. 이비덴의 월 생산량은 8만m², 신코덴키는 5만m²다. 대만의 난야 역시 2만9,500m²의 생산능력을 지니고 있다. 이들을 포함해 전 세계에서 FC-BGA를 만드는 기업은 10여 개 뿐이다. 여기에 대덕전자가 합류하게 되는 것이다. 대덕전자의 경우, 2020년 900억 원, 2021년 700억 원을 들여 FC-BGA 생산라인을 구축하고 있다. 2021년 6월 1공장(5,000m²/월)에 이어 하반기에 2공장(7,500m²/월)이 완공될 예정이다. 대덕전자는 2022년부터 FC-BGA향 매출액 2,000억 원이 추가될 전망이다.

비에이치
KQ
090460

21.7% 이경환
26.7% 디케이티[KQ]

스마트폰용 FPCB 모듈 제조·판매

설립/상장	1999.05/2007.01
시가총액/순위	5,559억 원/코스닥 147위
상장주식수	33,692,688주
수익률(3/6/12개월)	+15.00/−5.69/+6.15
목표주가	26,000원
외국인보유비율	9.41%
주요 사업	연성인쇄회로기판(FPCB) 제조·판매

경영실적/지표

연도별	2018	2019	2020	2021E
매출액(억 원)	7,679	6,549	7,214	8,571
영업이익(억 원)	910	626	340	449
당기순이익(억 원)	839	566	259	457
영업이익률(%)	11.86	9.55	4.72	5.82
ROE(%)	49.27	24.22	8.69	13.70
부채비율(%)	149.99	71.03	77.02	77.6
EPS(원)	2,682	1,770	782	1,359
PER(배)	6.26	12.4	28.08	13.84
BPS(원)	6,526	9,286	10,263	11,270
PBR(배)	2.57	2.36	2.14	1.67
주당배당금(원)	–	–	250	262

최근 3년간 주가 추이

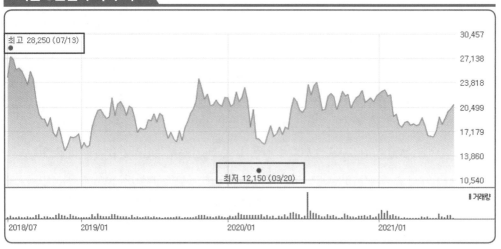

최고 28,250 (07/13)

최저 12,150 (03/20)

거래량

2018/07　　2019/01　　2020/01　　2021/01

30,457
27,138
23,818
20,499
17,179
13,860
10,540

애플향 매출 비중 증가

▶ **사업부문별 매출 추이 및 전망** (단위: 억 원)

사업부문/연도	2020	2021E
애플향 디스플레이용	4,532	5,492
삼성전자/국내향 디스플레이용	1,706	1,584
삼성전자(Key-PBA & 5G케이블)	164	521
삼성SDI(배터리)	474	335
LG전자	93	98
전기차(BMS 케이블)	–	300
기타 해외향	165	163
자동차용 및 기타	79	180

비에이치의 주 고객사 비중은 북미 애플(61%)과 국내 삼성전자(27%)가 대부분을 차지함. 특히 2020년 하반기에 애플이 신규 출시한 아이폰 라인업 4개 모델 모두에 비에이치의 FPCB가 적용된 OLED를 탑재하면서 애플 수혜주로 등극.

데이터 분석 2 전기차, 5G 수혜 종목 등극

▶ **신사업 매출 비중 추이 및 전망**

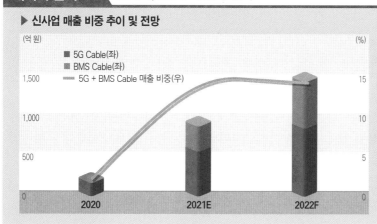

최근 전기차(아이오닉5) 및 5G(MPI FPCB 케이블) 등으로 FPCB의 활용 폭이 넓어지면서, 비에이치가 증시에서 스마트폰 부품 뿐 아니라 전기차와 5G 유망종목으로도 주목.

데이터 분석 3 2022년 매출 1조 원 클럽 가입 예상

▶ **비에이치 실적 전망**

증권가에서는 비에이치의 실적이 애플향 수주 및 전기차와 배터리, 5G 등에서 괄목할 만한 성과가 나오는 2021년 이후에 급상승할 것으로 전망 → 2022년 매출 1조 원 달성 예상.

애플, 5G, 전기차, 배터리 등 주가 상승 모멘텀 풍부

투자포인트 01 👉 **휴대폰 부품 FPCB 국내 1위이자 애플의 벤더**

비에이치는 연성회로기판(FPCB) 분야 국내 1위 기업이다. 특히 휴대폰 OLED 디스플레이용 FPCB에서 탁월한 기술력을 보유하고 있다. 우리말로 '인쇄회로기판'을 뜻하는 PCB는, 전자부품들을 전기적 신호로 연결하기 위해 도체를 형성시킨 기판으로 우리 몸의 신경계에 해당한다. 그리고 FPCB는 유연하게 구부러지는 동박을 입힌 PCB를 가리킨다.

비에이치의 FPCB는 삼성전자 휴대폰에 채택되면서 품질을 인정받았고, 애플에 공급하기 시작하면서 FPCB 분야 정상을 차지했다. 비에이치의 주 고객사 비중은 북미 애플(61%), 삼성전자(27%)가 대부분을 차지한다. 특히 2020년 하반기에 애플이 신규 출시한 아이폰 라인업 4개 모델 모두에 비에이치의 FPCB가 적용된 OLED를 탑재하면서 애플 수혜주로 등극했다.

투자포인트 02 👉 **2021년 상반기 저조, 하반기 이후 반등**

비에이치의 2021년 상반기 실적은 보급형 스마트폰 부품 주문이 크게 늘고 수익성이 낮은 저가형 FPCB 공급으로 이어지면서 기대보다 저조했다. 다행히 하반기 이후에는 매출을 회복할 전망이다. 애플이 2021년형 모델에 저전력 LTPO 디스플레이를 도입할 것으로 예상되기 때문이다. 이 경우 비에이치의 주 고객사인 삼성디스플레이가 저전력 LTPO 디스플레이 채용 모델을 독점 공급하게 되는데, 이는 곧 비에이치에게 낙수 효과로 이어지게 된다. 아울러 경쟁사의 FPCB 사업부 매각이 예상됨에 따라 고객사 내에서 비에이치의 점유율이 증가할 것으로 보인다.

투자포인트 03 ⚡ 전기차와 5G로까지 FPCB 활용 폭 확대

최근 FPCB가 전기차(아이오닉5) 및 5G(MPI FPCB 케이블) 등으로 활용 폭이 넓어지면서, 비에이치는 휴대폰 부품을 넘어서 전기차와 5G 유망종목으로까지 주목받고 있다. 비에이치가 개발한 5G 안테나 모듈용 MPI FPCB 케이블은 2021년 매출액이 1,000억 원에 달할 전망이다. 이것은 mmWave 5G 스마트폰 안테나 모듈에 사용되던 기존 동박선 케이블을 폴리이미드 소재로 국산화해 대체한 부품이다. 비에이치가 FPCB를 생산하고 자회사 디케이티가 모듈을 만들어 공급하게 된다.

투자포인트 04 ⚡ 전기차 및 배터리 수혜주

비에이치의 사업 중에서 특히 주목을 끄는 건 전기차 부문이다. 비에이치는 OLED 디스플레이용 FPCB 기술력을 자동차 전장 시장으로 확대하고 있다. 그 첫 단추로 현대자동차에서 출시한 전기차 '아이오닉5'의 OLED 디스플레이에 비에이치의 FPCB가 채용되면서 주목을 끌었다. OLED 디스플레이는 전기차 뿐 아니라 내연기관 자동차에까지 채용될 가능성이 높아, 비에이치의 실적에 호재로 작용할 전망이다.

전기차용 배터리셀 연결 케이블도 주목거리다. 비에이치는 배터리 시스템에서 결함을 일으키는 주된 원인 중 하나인 케이블을 국내 최초로 FPCB 케이블로 대체 개발했다. 비에이치는 전기차의 안전성과 경량화에 기여했다는 평가가 이어지면서 배터리 시장 수혜주라는 프리미엄까지 얻게 되었다.

현대자동차 '아이오닉5'의 사이드미러용 OLED 디스플레이에 비에이치의 FPCB가 적용. '아이오닉5'에는 사이드미러가 없는 대신 얇은 카메라가 설치돼 있고, 운전자는 실내에 설치된 OLED 디스플레이를 통해 사각지대 없이 후측방 교통상황을 확인할 수 있음.

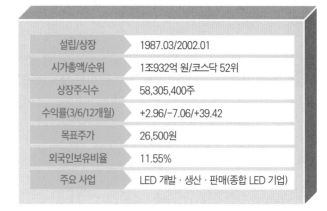

설립/상장	1987.03/2002.01
시가총액/순위	1조932억 원/코스닥 52위
상장주식수	58,305,400주
수익률(3/6/12개월)	+2.96/-7.06/+39.42
목표주가	26,500원
외국인보유비율	11.55%
주요 사업	LED 개발·생산·판매(종합 LED 기업)

13.6% 이정훈
42.4% 서울바이오시스[KQ]
반도체 소자 제조

경영실적/지표

연도별	2018	2019	2020	2021E
매출액(억 원)	11,942	11,299	11,531	13,565
영업이익(억 원)	949	495	597	974
당기순이익(억 원)	626	358	290	716
영업이익률(%)	7.95	4.38	5.17	7.18
ROE(%)	10.1	5.27	2.64	9.09
부채비율(%)	78.39	77.3	68.21	–
EPS(원)	1,077	592	305	1,105
PER(배)	17.97	27.47	67.45	17.10
BPS(원)	11,298	11,517	12,057	12,979
PBR(배)	1.71	1.41	1.7	1.46
주당배당금(원)	284	156	157	353

최근 3년간 주가 추이

데이터 분석 1　OLED-TV에서 미니LED-TV로 대세 전환

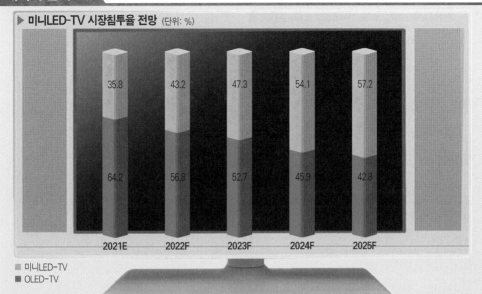

▶ **미니LED-TV 시장침투율 전망** (단위: %)

	2021E	2022F	2023F	2024F	2025F
미니LED-TV	35.8	43.2	47.3	54.1	57.2
OLED-TV	64.2	56.8	52.7	45.9	42.8

■ 미니LED-TV
■ OLED-TV

- OLED-TV의 번인(burn-in) 문제 등 기술적 한계를 틈타 미니LED-TV가 2024년부터 OLED-TV 점유율을 역전할 것으로 예상.
- 서울반도체는 미니LED의 핵심 부품인 초소형칩 'Wicop' 및 렌즈가 필요 없는 블랙홀 기술을 보유해 종속회사인 서울바이오시스와 함께 미니LED-TV 최대 수혜주로 부상.

데이터 분석 2　서울반도체, 글로벌 LED '빅3' 등극

▶ **서울반도체 글로벌 LED 시장점유율 변화** (단위: 백만 달러, %)

	2012년					2020년			
순위	업체	국적	매출액	점유율	순위	업체	국적	매출액	점유율
1	Nichia	일본	1,943	16.5	1	Nichia	일본	1,766	13.8
2	Osram	독일	1,119	9.5	2	Osram	독일	1,171	9.2
3	SEC(LED)	한국	1,119	9.5	3	서울반도체	한국	898	7.0
4	Lumileds	미국	765	6.5	4	Lumileds	미국	891	7.0
5	서울반도체	한국	706	6.0	5	SEC(LED)	한국	758	5.9
6	Cree	미국	589	5.0	6	Mulinsen	미국	643	5.0
7	LG이노텍	한국	589	5.0	7	Cree	미국	407	3.2
8	Everlight	대만	412	3.5	8	Everlight	대만	386	3.0
9	TG	미국	412	3.5	9	Nationstar	중국	343	2.7
10	Stanley	일본	412	3.5	10	Stanley	일본	286	2.2

- 글로벌 시장 조사기관 OMDIA에 따르면, 서울반도체는 2020년 기준 글로벌 LED 시장점유율 3위 달성. 1,2위는 외형적으로 변화가 거의 없는데 반해 서울반도체는 같은 기간 27.2% 성장.
- 서울반도체의 성장 배경에는 매년 1,000억 원 내외의 연구개발비 투자 및 14,000여 개의 특허 보유가 한몫했다는 평가. 특히 특허소송 승소를 통해 미국과 유럽 등의 경쟁사를 견제할 수 있었던 것이 주효.

미니LED 및
차량용 헤드라이트 LED
최선호주

투자포인트 01 🤟 **LED 시장점유율 국내 1위, 글로벌 3위**

1987년 국내 경제의 고도성장기에 설립된 서울반도체는 2020년 12월 말 연결기준 자산 1조3,302억 원, 매출 1조1,531억 원에 이르는 중견기업이다. TV, IT, 자동차, 일반조명 등 종합 LED 제조업체로, 국내 1위 및 글로벌 3위권 기업으로 성장했다.

서울반도체는 2021년 1분기에 매출액 3,104억 원, 영업이익 205억 원으로 역대 최대 분기실적을 일궈냈다. 이런 추세라면 증권가에서 전망한 2021년 실적 컨센서스인 매출액 1조3,662억 원(+17.8% yoy), 영업이익 970억 원(+52.3% yoy)을 무난하게 달성할 것으로 보인다. 코로나19 이후 비대면 수요가 늘면서 IT 부문이 호조를 이어감에 따라 TV와 자동차, 조명 등 전체 사업부문에서 수익성이 증가하고 있다.

투자포인트 02 🤟 **미니LED의 핵심 기술 보유**

증권가에서 서울반도체를 주목하는 이유는 '미니LED-TV' 때문이다. 미니LED-TV는 백라이트에 들어가는 LED 크기를 줄여 촘촘하게 배치한 TV로, LED칩이 많이 들어간 만큼 화면이 더 밝아지고 빛의 제어가능도 탁월하다. OLED-TV의 번인 문제 등 기술적 한계를 틈타 미니LED-TV가 새로운 트렌

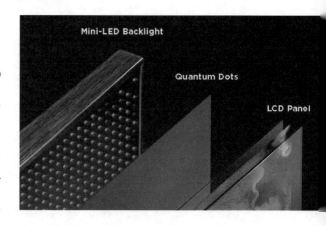

드로 등장한 것이다. 전 세계 미니LED-TV 수요는 2020년에만 500만 대로 전년 대비 5배 이상 성장했고, 2022년부터는 대형 LCD-TV에서도 미니LED 백라이트로 대체될 전망이다. 업계에서는 2024년에 전 세계 미니LED-TV 수요가 OLED-TV를 역전할 것으로 보고 있다.

미니LED-TV의 LED 원가는 기존 LCD-TV 대비 10배가 넘는다. 따라서 핵심 부품인 LED칩과 패키징을 공급하는 회사가 수혜주로 꼽힌다. 서울반도체는 미니LED의 핵심 부품으로 평가받는 초소형칩 'Wicop' 및 렌즈가 필요 없는 블랙홀 기술을 보유하고 있다. 종속 계열사인 서울바이오시스와 함께 삼성전자를 비롯한 글로벌 TV 제조사들의 1차 벤더 자리를 지키고 있다.

투자포인트 03 ☞ 삼성전자와 LG전자가 LED 사업 축소 및 중단

서울반도체는 주 고객사의 디스플레이 양산이 본격화되는 2021년 4분기 이후부터 미니LED 매출 비중이 전체에서 10% 이상을 차지할 것으로 예상된다. 아울러 미니LED-TV 관련 이슈는 서울반도체의 주가 랠리에 가장 중요한 요인으로 작용할 전망이다. 특히 서울반도체로서는 TV 사업의 전방 최대 거래처인 삼성전자 및 LG전자와의 관계가 매우 중요하다. 최근 삼성전자와 LG전자 모두 서울반도체에 대한 의존도가 커지고 있는 점을 주목할 필요가 있다. 삼성전자의 내부 LED 사업 축소 및 LG이노텍의 LED 사업 중단으로 서울반도체와의 전략적인 관계가 더욱 돈독해진 것이다.

투자포인트 04 ☞ 자동차용 LED 사업 호재

서울반도체의 매출 비중은 자동차/조명 51.3%, TV 29.9%, 모바일 10.5%, IT 8.3% 순이다(2020년 기준). 자동차/조명이 전체 매출의 절반을 차지한다. 서울반도체는 자동차의 헤드램프에 탑재되는 Wicop를 비롯해 주변 센싱(VCSEL) 및 살균(Violeds)용 기술 등 자동차용 LED 관련 토털 솔루션을 제공하는 몇 안 되는 회사다. 최근 전 세계적으로 프리미엄 자동차뿐 만 아니라 중소형 자동차에까지 LED 헤드라이트가 탑재됨에 따라 서울반도체의 직접적인 수혜가 예상된다.

013

[투자 해시태그] #삼성디스플레이 #중소형OLED #LTPS기술

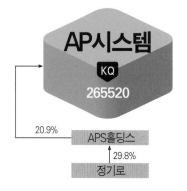

AP시스템
KQ
265520

20.9%

APS홀딩스

29.8%

정기로

설립/상장	2017.03/2017.04※
시가총액/순위	4,163억 원/코스닥 213위
상장주식수	14,480,227주
수익률(3/6/12개월)	+8.33/+25.55/+31.09
목표주가	38,500원
외국인보유비율	13.27%
주요 사업	AMOLED 및 반도체 제조장비, 콘트롤 기기 등 연구개발 및 제조

※1994.09 설립, 2001.12 코스닥 상장, 2017.04 지주사 체제 전환 후 재설립, 재상장

경영실적/지표

연도별	2018	2019	2020	2021E
매출액(억 원)	7,142	4,621	5,918	6,078
영업이익(억 원)	458	284	463	580
당기순이익(억 원)	252	95	250	412
영업이익률(%)	6.41	6.15	7.82	9.54
ROE(%)	25.75	8.57	19.78	26.54
부채비율(%)	295.61	268.87	168.76	–
EPS(원)	1,651	618	1,633	2,699
PER(배)	13.14	54.33	15.22	12.63
BPS(원)	7,014	7,523	9,107	11,406
PBR(배)	3.09	4.47	2.73	2.99
주당배당금(원)	150	50	120	118

최근 3년간 주가 추이

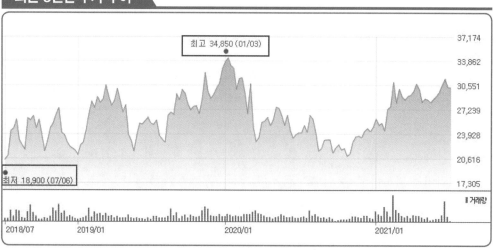

최고 34,850 (01/03)

최저 18,900 (07/06)

거래량

2018/07　2019/01　2020/01　2021/01

OLED의 노트북PC 및 태블릿PC 침투율 급상승

▶ OLED의 IT기기 침투율

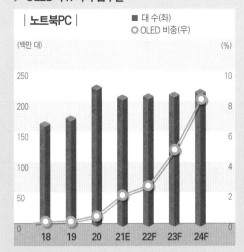

| 노트북PC |
■ 대 수(좌)
◎ OLED 비중(우)

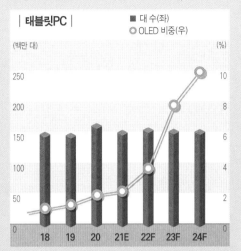

| 태블릿PC |
■ 대 수(좌)
◎ OLED 비중(우)

- IT기기의 OLED 채용률은 2020년 기준 노트PC 0.5%, 태블릿PC 2% 수준에 불과했지만, 최근 LCD 패널과 OLED 패널 간의 가격 차이가 크게 줄면서 OLED 채용률이 급상승하고 있음.
- 노트북PC의 경우 2021년 1.9%에서 2024년 8%, 태블릿PC의 경우 2.7%에서 2024년 20%까지 시장침투율이 늘어날 전망. 애플도 2022년부터 아이패드 신모델에 OLED 적용 예정.
- AP시스템은 중소형 OLED 패널 수요 확산에 따른 대표적인 수혜주로 부상.

OLED가 적용된 삼성전자 갤럭시북.

소부장 계열사들의 실적이 서로 주가에 영향

▶ AP시스템 디스플레이/반도체 소부장 그룹체제

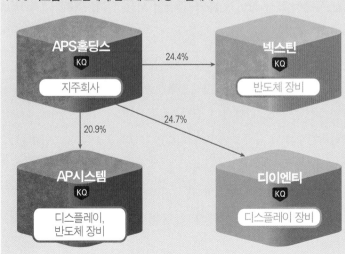

APS홀딩스
KQ
지주회사

24.4%

넥스틴
KQ
반도체 장비

20.9%

24.7%

AP시스템
KQ
디스플레이,
반도체 장비

디이엔티
KQ
디스플레이 장비

- APS그룹은 APS홀딩스를 지주회사로 하여 코스닥 상장사인 AP시스템, 디이엔티, 넥스틴을 비롯해 7개 자회사 및 손자회사 5개 사 등 모두 12개 계열사를 거느림.
- 반도체 및 디스플레이 핵심 소부장 그룹체제를 갖추며 사업경쟁력을 확보하고 있지만, 계열사들의 사업구조와 지분관계가 밀접하게 얽혀 있기 때문에 투자적 관점에서 코스닥 상장 4개사의 실적과 주가를 모두 체크해둬야 함.

디스플레이와 반도체, 두 마리 토끼를 잡는다

투자포인트 01 OLED 패널 수요 증가에 따른 수혜주

AP시스템은 대표적인 디스플레이 전공정 장비업체다. 1994년 앤콤정보시스템으로 설립해 장비 제어 소프트웨어 기술을 기반으로 반도체 장비 사업을 시작했다. 2003년 반도체 및 LCD 장비업체 코닉시스템을 인수했고, 2009년 사명을 AP시스템으로 변경했다. 이때부터 디스플레이 위주로 사업을 전개해왔다.

AP시스템의 전통적인 성장동력은 OLED 장비의 꾸준한 수요다. 스마트폰보다 디스플레이 면적이 넓은 폴더블폰은 물론 노트북과 자동차 디스플레이에도 속속 OLED 패널이 적용되고 있다. OLED 패널 수요가 늘어날수록 AP시스템의 존재감은 두드러진다.

투자포인트 02 디스플레이 핵심 장비 'LTPS' 글로벌 시장점유율 95%

AP시스템은 OLED 패널의 해상도를 높이는 '저온폴리실리콘(LTPS) 결정화' 공정에 필요한 핵심 디스플레이 장비인 레이저어닐링(ELA) 부문에서 세계 1위에 올라있다. 해당 부문 글로벌 시장점유율이 무려 95%에 이른다. LTPS는 픽셀 밝기를 조절하는 박막트랜지스터(TFT)로서, 고화질 구현에 유리하다. 2019년에는 국내에서, 2020년에는 중국에서 LTPS 발주가 많았다. OLED 세계 1위인 삼성디스플레이를 비롯해 거의 모든 중국 OLED 기업들이 AP시스템의 장비를 사용한다.

AP시스템이 LTPS만큼 주력하는 OLED용 제품으로 레이저리프트오프(LLO) 장비도 주목거리다. LLO는 OLED의 리프트오프 공정을 담당한다. 폴더블폰에 필요한 유연한(플렉시블) OLED 패널 제작에 반드시 필요한 장비다. 아울러 AP시스템은 박막봉지(TFE) 용 공정 장비까지 개발해 화제가 됐다. TFE는 OLED의 유기물을 산소와 수분으로부터 보호하기 위해 밀봉하는 장비다.

AP시스템의 주요 고객사는 삼성디스플레이와 중국의 BOE, CSOT, 티엔마, 비전옥스 및 대만의 AUO, 일본의 JOLED 등이다. 지난 몇 년에 걸쳐 국내에서 디스플레이 투자가 적었던 만큼 최근 중국 비중이 높아지고 있다. 삼성디스플레이와는 퀀텀닷(QD) 디스플레이와 관련해 협업을 이어가는 중이다.

투자포인트 03 👉 반도체 분야로 사업 다각화

AP시스템은 디스플레이에 대한 의존도를 줄이는 경영 다각화 전략으로 반도체 사업 강화에 나서고 있다. 스마트폰 시장이 성숙기에 접어들면서 디스플레이 회사마다 신규 투자를 줄이는 분위기가 감지되자 위기감을 느낀 것이다.

AP시스템의 반도체 사업은 가시적인 성과를 내고 있다. 반도체용 급속열처리(RTP) 장비가 판매 호조를 이어가는 중이다. RTP는 미국 업체가 주도했던 것을 국산화한 것으로, 반도체 웨이퍼 보호막인 산화막을 입히는 공정에 쓰이는 장비다. AP시스템은 RTP를 삼성전자에 납품한다. AP시스템의 RTP 장비 매출은 2019년 200억 원에 이어 2020년 400억 원으로 늘어났고, 2021년에 700억 원까지 증가할 것으로 예상된다.

투자포인트 04 👉 삼성디스플레이의 중소형 OLED 패널 투자 주목

AP시스템은 2020년에 연결기준 매출액 5,918억 원(+28% yoy), 영업이익 463억 원 (+63% yoy)으로 창사 이래 최대 실적을 달성했다. 2019년에 겪었던 실적 추락의 악몽에서 1년 만에 탈출한 것이다. 향후 AP시스템의 주가와 실적은 삼성디스플레이의 중소형 OLED 패널 투자에 달렸다. 최근 5G 스마트폰과 노트북용 OLED 패널 수요 증가로 삼성디스플레이가 중소형 OLED 패널 투자를 재개할 가능성이 높아졌다. 지난해 AP시스템의 주가가 신통치 않았던 이유는 중국 업체 위주로 OLED 장비를 수주했기 때문이다.

014

[투자 해시태그] #갤럭시S21 #HTL소재 #QLED-TV

덕산네오룩스
KQ
213420

37.9% → 덕산하이메탈[KQ]

34.9% ↑ 덕산홀딩스

설립/상장	2014.12/2015.02※
시가총액/순위	1조0,132억 원/코스닥 60위
상장주식수	24,010,012주
수익률(3/6/12개월)	+23.85/+62.41/+68.70
목표주가	61,500원
외국인보유비율	16.12%
주요 사업	AMOLED 유기물 재료 및 반도체 공정용 화학제품 제조·판매

※2014. 12 덕산하이메탈로부터 인적분할해 설립

경영실적/지표

연도별	2018	2019	2020	2021E
매출액(억 원)	907	979	1,442	1,818
영업이익(억 원)	203	208	401	529
당기순이익(억 원)	188	192	333	482
영업이익률(%)	22.41	21.21	27.82	29.07
ROE(%)	14.28	12.73	18.91	22.34
부채비율(%)	13.75	13.36	14.61	–
EPS(원)	784	798	1,389	2,008
PER(배)	18.12	32.96	25.09	28.43
BPS(원)	5,872	6,663	8,030	9,950
PBR(배)	2.42	3.95	4.34	5.14
주당배당금(원)	–	–	–	–

최근 3년간 주가 추이

삼성디스플레이 M11 소재세트 공급업체 선정

▶ 삼성디스플레이 OLED 소재 밸류체인

재료	M11	M10	M9	M8	M7
Red Host	Dupont	Dupont	Dupont	덕산네오룩스	Dow Chem
Red Dopant	UDC	UDC	UDC	UDC	UDC
Red Prime	**덕산네오룩스**	덕산네오룩스	덕산네오룩스	덕산네오룩스	Tosoh
Green Host	삼성SDI	삼성SDI	NSCM		
Green Dopant	UDC	UDC	UDC	UDC	UDC
Green Prime	**덕산네오룩스**	덕산네오룩스	Merck	Merck	Merck
Blue Host	SFC	SFC	SFC	SFC, Idemitsu Kosan	Idemitsu Kosan
Blue Dopant	SFC	SFC	JNC	SFC, Idemitsu Kosan	Idemitsu Kosan
Blue Prime	Idemitsu Kosan	SYRI	Idemitsu Kosan	SYRI	Idemitsu Kosan
HTL	**덕산네오룩스** 솔루스첨단소재	덕산네오룩스 솔루스첨단소재	덕산네오룩스 솔루스첨단소재	덕산네오룩스 솔루스첨단소재	덕산네오룩스 솔루스첨단소재
EIL		Dupont, 솔루스첨단소재	Dupont, 솔루스첨단소재	Dupont, 솔루스첨단소재	Dow Chem, 솔루스첨단소재
ETL		LG화학	LG화학	Tosoh	LG화학
A-ETL	솔루스첨단소재	솔루스첨단소재	솔루스첨단소재	솔루스첨단소재	솔루스첨단소재

- 삼성디스플레이는 차세대 OLED 소재세트인 M11로 신형 OLED 패널을 만들어 2021년 출시하는 삼성전자 플래그십 스마트폰 '갤럭시S21'과 애플 '아이폰'에 공급하는데, 삼성전자의 전략제품인 '갤럭시S 시리즈'만으로도 연간 판매량이 3,000만 대에 이름.
- 덕산네오룩스는 2020년 8월에 M11 공급업체로 선정 → R Prime, G Prime 및 HTL 등의 소재 공급.

중소형 OLED 시장 가파르게 성장

▶ 글로벌 중소형 OLED 면적 CAPA

▶ 덕산네오룩스 실적 추이 및 전망

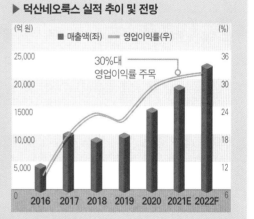

- 주 고객사인 삼성디스플레이가 노트북용 OLED 패널 출하량을 2020년 100만 대에서 2021년 300만 대 이상으로 늘리고, 2022년부터는 애플도 태블릿PC에 OLED를 장착할 예정.
- 스마트폰보다 패널 크기가 2~6배 큰 노트북과 태블릿PC는 그만큼 소재 사용량이 늘어나기 때문에 OLED 소재 생산을 주력으로 하는 덕산네오룩스의 높은 수혜 예상.
- 중소형 OLED 수요가 늘어날수록 덕산네오룩스의 매출도 함께 증가. 특히 30%에 육박하는 영업이익률 주목.

OLED 면적이 커질수록
실적 증가

투자포인트 01 OLED의 핵심 유기소재 생산

덕산그룹은 지주회사격인 덕산홀딩스를 중심으로 디스플레이 소재를 생산하는 덕산네오룩스, 반도체 패키징 소재를 생산하는 덕산하이메탈, 반도체 및 디스플레이 소재를 생산하는 덕산테코피아 등으로 사업 포트폴리오를 구성하고 있다.

덕산네오룩스는 OLED에서 발광·발색 역할을 하는 EML(발광층)까지 전류가 도달할 수 있게 하는 HTL(정공수송층) 소재를 주력으로 생산한다. 붉은색 발광층인 Red Host와 보조 소재인 Red Prime, Green Prime 및 Blue Prime 등도 양산·판매한다. 이들 소재는 OLED의 핵심 유기재료다.

투자포인트 02 스마트폰과 태블릿PC, 노트북 업황이 중요

덕산네오룩스는 2020년 4분기에 창사 이래 최대 분기실적을 기록하면서 주가가 급등했다. 2020년 하반기부터 애플이 '아이폰12'의 모든 신규 모델에 OLED 패널을 적용하고 있고, 삼성전자의 '갤럭시 S21'도 예년보다 일찍 출시되어 스마트폰용 OLED 소재 수요가 급증한 수혜를 톡톡히 누린 것이다. 덕산네오룩스의 실적과 주가는 전방산업인 스마트폰과 태블릿PC, 노트북 등에 막대한 영향을 받고 있음을 알 수 있다.

투자포인트 03 패널이 넓어질수록 소재 수요도 늘어난다

증권가에서 덕산네오룩스를 주목하는 이유는, OLED가 대형 TV와 태블릿PC, 노트북 등으로 적용 폭이 커지고 있기 때문이다. 스마트폰보다 패널 크기가 2~6배 큰 노트북과 태블릿PC는 그만큼 소재 사용량이 늘어나기 때문에 OLED의 핵심 유기소재를 생산하는 덕산네오룩스의 실적 상승에 직접적인 영향을 미친다. 덕산네오룩스의 주 고객사인 삼성디스플레이는, 노트북용 OLED 패널 출하량을 2020년 100만 대에서 2021년 300만 대 이상으로 늘리고, 2022년부터는 애플도 태블릿PC에 OLED를 장착할 예정이다.

투자포인트 04 ☞ 판을 바꾸는 OLED-TV

덕산네오룩스의 주 고객사인 삼성디스플레이는 2022년에 삼성전자와 소니 등으로 QLED-TV 패널 공급을 위해 2021년 4분기부터 Q1(30K/월) 라인 양산 가동을 시작할 계획이다. 그런데 OLED의 적용 범위가 차세대 TV인 QLED-TV로까지 확대될 경우 상황은 또 달라진다. 삼성디스플레이의 TV향 OLED 생산량 확대는 덕산네오룩스가 생산하는 핵심 소재인 HTL 수요 증가에 미치는 영향이 엄청나다. 휘도와 수명 향상을 위해 적용되는 '3 Tandem' 적층 구조의 OLED-TV 패널 대당 소재 사용량은 스마트폰용 OLED 대비 두께는 약 3배 이상, 면적은 약 100배(55", 65" 크기 평균 기준) 수준으로 총 300배 가량 증가하기 때문이다. 삼성디스플레이가 OLED-TV 패널을 연간 100만 대 생산한다고 가정할 경우, 스마트폰용 OLED로 환산하면 약 3억 대에 달하는 소재 수요가 발생하는 것이다. 현재 삼성디스플레이의 연간 모바일용 OLED 패널 출하량이 약 4억 대 안팎인 점을 감안하건대, OLED 소재 시장의 판이 달라질 수 있음을 의미한다.

체크포인트 ☞ 거래처 다변화 전략이 중요한 이유

덕산네오룩스는 주 고객사인 삼성디스플레이향 매출 비중이 무려 54%에 이른다. 그나마 거래처 다변화 노력으로 한때 70%였던 비중을 많이 줄인 것이다. 덕산네오룩스는 삼성디스플레이에 대한 매출의존도에서 벗어나기 위해 중국 업체들의 비중을 늘려나가고 있다. 2020년 기준 중국 업체향 비중이 46%까지 올라갔다. 다양한 거래처를 보유할수록 기업의 투자 매력은 올라가기 마련이다. 덕산네오룩스로서는 거스를 수 없는 선택이다.

015

[투자 해시태그] #MLCC #5G #콤보안테나

아모텍
KQ
052710

16.5% 김병규
13.6% 미래에셋자산운용
23.8% 아모센스
차세대 전장 및 사물인터넷
(IPO 준비중)

설립/상장	1994.10.19./2003.8.1
시가총액/순위	2,957억 원/코스닥 333위
상장주식수	9,743,406주
수익률(1/3/6/12개월)	−10.16/−21.09/+11.31
목표주가	43,500원
외국인보유비율	4.20%
주요 사업	스마트폰 및 자동차용 안테나, 모터 제조·판매

경영실적/지표(IFRS 별도)

연도별	2018	2019	2020	2021E
매출액(억 원)	2,534	2,486	2,239	2,602
영업이익(억 원)	113	70	−49	103
당기순이익(억 원)	71	4	−166	53
영업이익률(%)	4.45	2.81	−2.21	3.96
ROE(%)	3.66	0.18	−8.67	2.86
부채비율(%)	100.50	116.48	137.56	−
EPS(원)	730	37	−1,700	547
PER(배)	24.64	795.00	−22.74	54.98
BPS(원)	20,260	20,412	18,815	19,466
PBR(배)	0.89	1.45	2.05	1.54
주당배당금(원)	−	−	−	−

최근 3년간 주가 추이

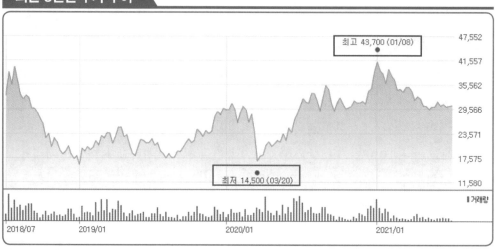

최고 43,700 (01/08)
최저 14,500 (03/20)

47,552
41,557
35,562
29,566
23,571
17,575
11,580

거래량

2018/07   2019/01   2020/01   2021/01

MLCC 본격 양산으로 세라믹칩 매출 급증

▶ 아모텍 세라믹칩 매출액 추이 및 전망

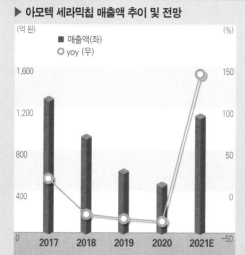

▶ 글로벌 MLCC 시장점유율 (단위: %)

- 아모텍의 MLCC 사업을 관장하는 세라믹칩 사업부의 매출액이 MLCC를 본격 양산하는 2021년부터 급상승할 것으로 예상.
- 글로벌 MLCC 시장은 삼성전기를 제외한 대부분을 일본 기업들이 차지하고 있기 때문에, 아모텍의 MLCC 사업 진출은 향후 MLCC 국산화 분위기에 맞춰 증시에서 호재로 작용할 전망. 실제로 아모텍은 '정부의 소부장 으뜸기업'으로 선정되어 향후 5년간 맞춤형 밀착지원 혜택을 누릴 예정.

5G 기지국 및 전기차로 MLCC 수요 확대

▶ MLCC 적용 스펙트럼

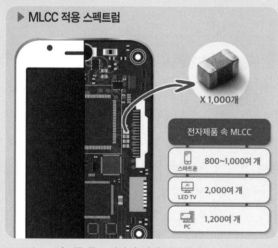

▶ 스마트폰 vs. 5G 기지국 MLCC 탑재량 비교

- MLCC는 스마트폰 등 IT기기에 비해 전기차와 5G 기지국에서의 활용 폭이 매우 커짐에 따라 향후 아모텍의 MLCC 사업이 정상궤도에 오를 경우 실적 급등 및 고부가가치 창출이 예상됨.
- MLCC(적층세라믹콘덴서)는 전자회로에서 신호를 전달·처리하고 회로의 오작동을 방지하는 기능을 하는 부품으로, 스마트폰과 전기차, 통신장비 등 적용영역이 넓어 '전자산업의 쌀'로 불림.
- 국내에서는 삼성전기, 삼화콘덴서에 이어 아모텍이 세 번째로 MLCC 제조사로 등극.

MLCC로 반등 머지않았다

투자포인트 01 👉 **콤보 안테나가 중저가 스마트폰으로까지 채용 폭 확대**

아모텍은 1994년에 '아모스'라는 사명으로 설립되어 1999년 모터 사업을 영위하는 아모트론과 Varistor(반도체 전류저항 소자) 사업을 영위하는 아멕스를 흡수합병한 뒤 상호를 지금의 아모텍으로 변경했다. 아모텍의 주력 사업은, 스마트폰 부품과 통신장비 및 자동차 전장부품용으로 쓰이는 세라믹칩과 안테나, BLDC 모터 등이다. 이 중에서 안테나 사업이 매출 비중의 60% 가까이를 차지한다. 안테나 사업에서의 주력 제품은 다양한 기능을 아우르는 콤보 안테나로, 최근 스마트폰 플래그십 모델에서 중저가 제품으로까지 채용 폭이 넓어지고 있어 실적 향상에 기여할 전망이다.

투자포인트 02 👉 **2021년 하반기부터 신사업 MLCC의 실적 본격 실현**

증권가에서 아모텍을 주목하는 이유는, 신사업으로 진출한 MLCC 관련 매출이 2021년 하반기부터 본격적으로 실적에 반영될 것으로 예상되기 때문이다. MLCC(적층세라믹콘덴서)는 전자회로에서 신호를 전달·처리하고 회로의 오작동을 방지하는 기능을 하는 핵심 부품으로, 스마트폰과 전기차, 통신장비 등 활용 폭이 매우 넓어 '전자산업의 쌀'로 불린다. 국내에서는 삼성전기, 삼화콘덴서에 이어 아모텍이 세 번째로 MLCC 제조사로 등극했다. MLCC는 재료에 따라 BME 계열과 PME 계열로 나뉜다. 니켈, 구리 소재를 쓰는 BME는 전장 부품에 쓰이고, 은과 팔라듐을 활용하는 PME는 통신 부품에 주로 사용된다. 아모텍은 PME 사업부터 진출할 계획이다. 삼성전기와의 경쟁을 피하기 위해서다. 삼성전기는 BME 부문만 생산한다.

MLCC로 중국 통신장비 시장 진출

아모텍의 신사업인 MLCC는 세라믹칩 사업부에서 담당하고 있다. 기존 세라믹칩 사업부는 주로 ESD와 EMI를 공급해왔다. ESD와 EMI는 전류차단용 부품으로, 스마트폰 등에 전류를 안정적으로 공급하는 역할을 한다. 휴대폰 케이스 소재가 메탈 소재였을 당시 전류문제를 해결하는 용도로 사용되면서 한때 ESD와 EMI는 아모텍의 중요한 캐시카우였다. 하지만 휴대폰 케이스 소재가 플라스틱으로 바뀌면서 실적이 급격하게 떨어지고 말았다. 아모텍으로서는 세라믹 사업에서 새로운 먹거리가 절실했고, 구원투수로 MLCC를 낙점한 것이다.

아모텍이 MLCC 사업에서 주요 타깃으로 삼는 시장은 5G를 기반으로 하는 통신장비 쪽이다. MLCC는 기존 스마트폰에 비해 통신장비에서의 수요가 16배 정도 많기 때문이다. 특히 5G용 통신장비의 경우 진동 폭이 크고 전달거리가 짧은 특성으로 4G에 비해 더 많은 중계기가 필요하다. 그만큼 MLCC 수요도 늘어나게 된다.

아모텍은 경쟁이 치열한 국내보다는 중국 시장을 바라보고 있다. 중국의 5G 투자 규모가 2020년 559억 위안에서 2021년 925억 위안으로 급성장하고 있다. 업계에서는 중국의 5G 서비스 수요를 감당하려면 기지국 수가 60만 개 이상을 확보해야 한다고 보고 있다. 아모텍은 기존 안테나와 모터 사업으로 이미 중국에 생산라인을 확보하고 있어, MLCC 사업의 중국 시장 진출에 매우 유리하다.

실적 부진에도 목표주가를 하향하지 않은 이유

아모텍은 2020년 매출액이 2,239억 원으로 전년(2,486억 원)에 비해 감소했고, 심지어 영업이익은 49억 원의 손실을 내며 적자전환했다. 아모텍의 실적 부진은 2021년 상반기에도 이어질 전망이다. 안테나 등 모바일 관련 실적이 2021년 하반기 이후 반등할 것으로 예상되는 데다, 신사업인 MLCC에 대한 투자비용 부담이 아직 남아있기 때문이다.

다만 증권가에서는 아모텍의 실적 부진이 그리 오래가지 않을 것으로 보고 있다. MLCC를 비롯한 전장 사업에서의 반등이 머지않았기 때문이다. 증권사마다 아모텍의 목표주가를 내리지 않는 이유다.

016

KH바텍
KQ
060720

13.9% 남광희

9.0% 김종숙

설립/상장	1992.11/2002.05
시가총액/순위	4,747억 원/코스닥 180위
상장주식수	23,673,903주
수익률(3/6/12개월)	−3.98/+6.37/−6.06
목표주가	28,500원
외국인보유비율	11.02%
주요 사업	비철금속 소형 정밀 다이캐스팅(휴대폰, 노트북 등의 외장 및 내장재, 조립모듈(힌지 공급)

경영실적/지표

연도별	2018	2019	2020	2021E
매출액(억 원)	1,659	2,036	1,850	2,879
영업이익(억 원)	−68	70	35	242
당기순이익(억 원)	−391	−116	−138	216
영업이익률(%)	−4.1	3.43	1.91	8.4
ROE(%)	−20.27	−6.36	−7.58	11.48
부채비율(%)	71.24	53.62	68.3	−
EPS(원)	−1,935	−542	−582	907
PER(배)	−4.23	−42.34	−35.02	22.20
BPS(원)	9,057	8,359	7,775	8,724
PBR(배)	0.9	2.75	2.62	2.31
주당배당금(원)	−	−	−	−

최근 3년간 주가 추이

최고 26,600 (02/21)

최저 6,280 (11/02)

삼성전자 폴더블폰 사업 확대

▶ 전체 매출 중 힌지(조립 모듈) 매출 추이 및 전망

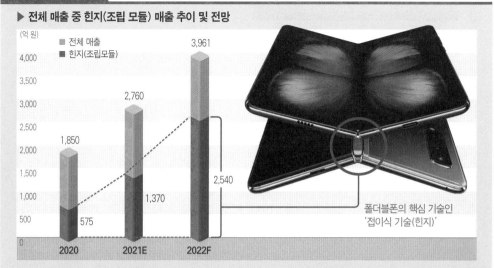

- KH바텍의 폴더블폰 힌지 관련 매출이 2019년 약 130억 원에서 2022년 2,540억 원으로 급증 예상 → 2021년 하반기 보급형 폴더블폰 출시 등 삼성전자의 폴더블폰 사업 확대 영향.
- 2022년 이후 애플의 폴더블폰 시장 진입 및 규모에 따른 생산단가 인하 등으로 태블릿, 노트북 등 다양한 IT기기로 폴더블이 확산될 경우 동사의 실적 고공행진 기대.

데이터 분석 2 스마트폰 정체기, 폴더블폰 게임체인저

▶ 글로벌 스마트폰 판매량 추이 및 전망   ▶ 글로벌 폴더블폰 판매량 추이 및 전망

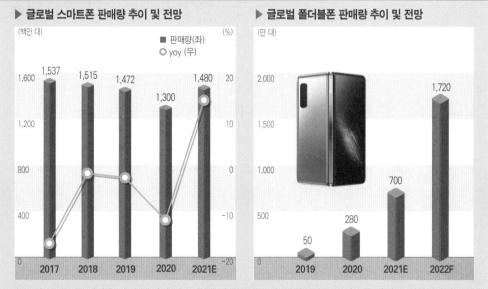

- 글로벌 스마트폰 시장은 이미 정체기(성숙기)에 접어든데 반해, 폴더블폰은 스마트폰 산업의 게임체인저로 부상하면서 2019년 50만 대에서 2022년 1,720만 대 시장으로 급성장 예상.
- 삼성전자가 폴더블폰 시장을 주도해나가면서 애플 폴더블폰 출시 및 중국계 스마트폰 기업들의 공격적인 시장 침투가 이어질 경우, 폴더블의 핵심 기술인 '힌지'에 독보적인 KH바텍이 휴대폰 소부장 최선호주로 등극.

폴더블폰 트렌드의 최선호주

투자포인트 01 🖐️ **피처폰 시대, '힌지' 부품 하나로 최전성기**

KH바텍은 1992년 설립 당시 비철금속을 이용한 소형 정밀 다이캐스팅 전문기업이었다. 이후 1990년대 중·후반부터 휴대폰이 대중화되면서 KH바텍은 플립/폴더/슬라이드 형태의 휴대폰에 쓰이는 힌지 부품을 공급하면서 급성장했다. 당시 세계 최대 피처폰 업체인 노키아에 힌지를 납품하며 노키아 내에서 공급업체 점유율 1위에 오르기도 했다. KH바텍은 2002년 코스닥에 입성하며 전성기의 정점을 찍었다. 그러나 2000년대 후반 평면 형태의 스마트폰 시대가 열리면서 부침이 시작되었다. KH바텍은 메탈 케이스 소재 특수로 2012년에 실적이 반짝 상승한 이후로는 2018년까지 줄곧 매출 하향 곡선을 그렸다.

투자포인트 02 🖐️ **폴더블폰 시대, 과거의 영광 재현**

KH바텍을 회생시킨 것은 삼성전자가 2019년 출시한 폴더블 스마트폰이다. KH바텍은 폴더블폰을 접고 피며 이음새 역할을 하는 힌지 부품을 개발·생산하며 삼성전자에 독점 공급하고 있다. 과거 경쟁업체들은 이미 힌지 사업에서 이탈했고, 해마다 사양이 업그레이드되면서 기술장벽도 높아졌다. 폴더블폰 힌지 시장에서 KH바텍에 대적할만한 경쟁사가 진입하지 못하고 있는 것이다. 힌지 하나로 시대를 풍미했던 KH바텍의 기술력이 다시 물을 만난 것이다. 향후 폴더블의 형태가 인폴딩, 아웃폴딩 및 크램셸 방식을 넘어 Z폴딩 등 다양한 형태로 출시되면 스마트폰 1대당 3~4개 이상의 힌지가 필요하게 된다. KH바텍으로서는 이보다 더한 호재가 없다.

폴더블폰 시장의 가파른 성장

글로벌 스마트폰 시장은 이미 정체기에 접어들었지만, 폴더블폰은 스마트폰 산업의 게임체인저로 부상하면서 2019년 50만 대에서 2022년 1,720만 대로 큰 폭의 성장이 예상된다. 삼성전자가 시장을 주도하면서 2022년 이후 애플의 폴더블폰 출시 및 중국계 스마트폰 기업들의 공격적인 시장 침투가 이어질 경우, 폴더블의 핵심 기술 '힌지'에 독보적인 KH바텍의 실적과 주가에 청신호가 켜질 전망이다. KH바텍의 폴더블폰 힌지 관련 매출이 2019년 약 130억 원에서 2022년 2,540억 원으로 급증할 것으로 예상된다.

실적을 이끄는 또 하나의 효자 아이템

KH바텍의 또 다른 사업인 다이캐스팅(Die-Casting)도 여전히 주목거리다. 다이캐스팅은 용융 상태의 금속을 고속·고압으로 금형 내부에 주입해 주조하는 공정이다. 다이캐스팅은 스마트폰 및 노트북 케이스에서 LED 백플레이트, IPTV 프레임에 이르기까지 활용 폭이 넓다. KH바텍은 진공 다이캐스팅 기술로 제조한 스마트폰용 금속 케이스를 2014년 삼성전자 '갤럭시 노트4' 모델, 2015년 '갤럭시 A3' 및 2016년 '갤럭시 J 시리즈' 등에 지속적으로 적용하고 있다. 다이캐스팅은 폴더블폰과는 별개로 스마트폰 수요가 늘어날수록 KH바텍의 실적을 끌어올리는 효자 아이템이다.

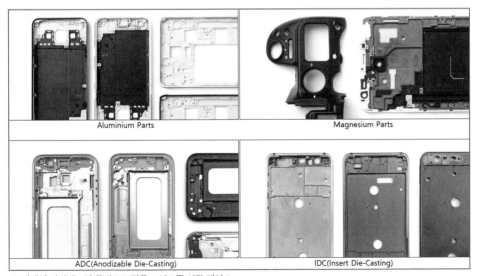

Aluminium Parts

Magnesium Parts

ADC(Anodizable Die-Casting)

IDC(Insert Die-Casting)

KH바텍이 다이캐스팅 공법으로 만든 스마트폰 외장 케이스

017

[투자 해시태그] #카메라모듈 #쿼드카메라 #갤럭시신상품

파트론
KQ
091700

14.6% 김종구

55.7% 엘컴텍[KQ]
카메라모듈용 렌즈, LED 조명

설립/상장	2003.01/2006.12
시가총액/순위	5,822억 원/코스닥 147위
상장주식수	54,156,410주
수익률(3/6/12개월)	-2.80/-7.14/+18.59
목표주가	14,850원
외국인보유비율	13.42%
주요 사업	이동통신용 카메라모듈, 안테나 등 제조 및 판매

경영실적/지표

연도별	2018	2019	2020	2021E
매출액(억 원)	7,965	12,546	11,793	13,522
영업이익(억 원)	302	1,052	419	718
당기순이익(억 원)	112	642	206	568
영업이익률(%)	3.79	8.38	3.56	5.31
ROE(%)	3.08	18.71	6.2	14.81
부채비율(%)	34.43	29.52	52.2	–
EPS(원)	172	1,126	404	1,021
PER(배)	47.68	11.72	27.74	10.18
BPS(원)	5,799	6,880	6,867	7,732
PBR(배)	1.41	1.92	1.63	1.34
주당배당금(원)	200	350	250	250

최근 3년간 주가 추이

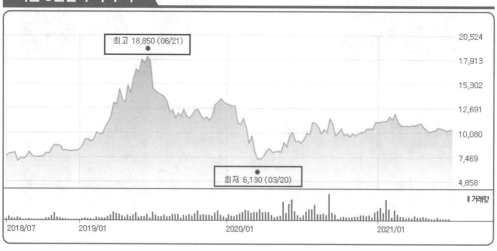

최고 18,850 (06/21)

최저 6,130 (03/20)

거래량

카메라모듈, 휴대폰 부품 중 고부가가치 사업

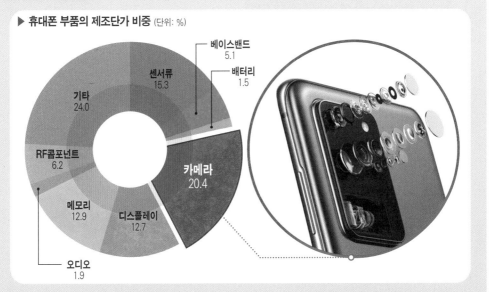

▶ 휴대폰 부품의 제조단가 비중 (단위: %)

베이스밴드 5.1
배터리 1.5
센서류 15.3
기타 24.0
RF콤포넌트 6.2
메모리 12.9
디스플레이 12.7
오디오 1.9
카메라 20.4

- 파트론의 주 고객사인 삼성전자에서 출시한 '갤럭시 울트라 S20'의 부품 제조단가에서 카메라가 차지하는 비중이 20.4%로 가장 높음(애플 아이폰의 경우 카메라모듈 비중이 15%대).
- 스마트폰의 핵심 부품인 카메라모듈을 주력 생산하는 파트론의 실적 견인.

카메라모듈 중 쿼드카메라 주목

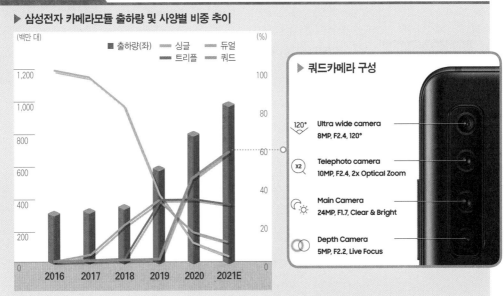

▶ 삼성전자 카메라모듈 출하량 및 사양별 비중 추이

(백만 대) ■ 출하량(좌) — 싱글 — 듀얼 — 트리플 — 쿼드 (%)

▶ 쿼드카메라 구성

120° Ultra wide camera
8MP, F2.4, 120°

X2 Telephoto camera
10MP, F2.4, 2x Optical Zoom

Main Camera
24MP, F1.7, Clear & Bright

Depth Camera
5MP, F2.2, Live Focus

- 파트론은 2003년 삼성전기에서 분사한 영향으로 고객사별 매출 비중이 삼성전자(85%)로 편중.
- 삼성전자 카메라모듈 출하량은 2019년 증가율 68%로 정점을 찍은 뒤 2021년 23%로 주춤하겠지만, 갤럭시 중저가 모델에도 고성능 쿼드카메라를 탑재함에 따라 파트론의 고부가가치 창출 기대.

급성장 중인
카메라모듈 시장
최선호주

투자포인트 01 👉 진입장벽이 높은 카메라모듈 선두 업체

파트론은 휴대폰과 자동차용 카메라모듈, 안테나, 센서류, 진동모터 등 전장부품을 제조·판매하는 회사다. 삼성전기의 임원이었던 김종구, 김종태 공동 대표이사가 2003년에 파트론을 설립했다. 사업부문별 매출 비중은 카메라모듈이 69%로 대부분을 차지하고, 센서(17%)와 안테나(3%) 등이 뒤를 잇는다. 파트론의 주력 사업인 카메라모듈은 초기 대규모 설비투자가 필요하고 고급 기술력을 보유하고 있어야 한다. 기술 개발에 많은 시간과 노력이 소요되는 자본 집약적 산업인 만큼 진입장벽이 높다.

투자포인트 02 👉 카메라모듈, 휴대폰 제조단가에서 가장 비싼 부품

국내에서 카메라모듈을 제조하는 대표 기업으로는 파트론을 포함해 엠씨넥스, 파워로직스, 나무가 등이 꼽힌다. 휴대폰용 부품 시장은 업체들의 경쟁 심화로 매 분기 3~5% 수준의 단가 인하 부담을 겪고 있다. 하지만 파트론의 경우, 안정된 기술력 및 거래처(삼성전자)와의 돈독한 관계를 바탕으로 경쟁사에 비해 단가 인하률이 낮은 편이다. 아울러 부품 내재화를 통한 원가 절감과 수율 개선으로 수익성을 유지하고 있다.

파트론의 거래처 비중은 삼성전자가 전체 매출의 85%를 차지할 정도로 절대적이다. 중요한 사실은 카메라모듈이 삼성전자의 갤럭시 모델에서 차지하는 제조단가 비중이 20%대로, 경쟁 제품인 애플의 아이폰(15%대)에 비해 높다는 점이다. 특히 갤럭시의 중저가폰에도 단가가 비싼 고사양카메라(쿼드카메라)가 채용되고 있어서 파트론으로서는 수요 확보에 한층 유리해졌다.

투자포인트 03 자율주행차로 적용 범위 확대

카메라모듈은 휴대폰을 비롯한 다양한 기기에 적용되어 사진이나 동영상을 저장할수 있는 장치로, 외부 빛을 받아들이는 렌즈, 외부 광원 중 가시광선 영역만 통과시키는 필터, 수광된 빛을 영상으로 바꿔주는 이미지 센서 및 PCB(인쇄회로기판) 등으로이뤄져 있다.

최근 카메라모듈은 휴대폰에 그치지 않고 자동차 후방감지, 지문인식 시스템, 의료기기 등으로 적용 범위가 확대되고 있다. 따라서 파트론처럼 카메라모듈 기술력을 보유한 기업은 신사업 진출에 매우 유리하다. 특히 자동차의 자율주행 기능이 강조되면서차량 내부에 여러 개의 카메라가 장착되고 있음을 주목할 필요가 있다. 파트론의 경우 자율주행용 카메라 양산에 들어가 2023년부터 본격적인 이익 실현이 가능할 전망이다.

투자포인트 04 고사양 카메라 탑재율 증가할수록 수익률 UP

신상품 스마트폰 광고에서 가장 강조하는 부분은 단연 카메라다. 스마트폰 제조사 입장에서 카메라 기능만큼 소비자들에게 어필할 수 있는 기술적 혁신을 찾지 못하기 때문이다. 해마다 휴대폰용 카메라 시장이 성장하는 이유다. 국내 휴대폰용 카메라모듈 출하금액은 2013년 1조9,034억 원에서 2021년 5조7,316억 원으로 3배 가까이 성장할 것으로 예상된다. 글로벌 카메라모듈 시장도 다르지 않다. 2018년 271억 달러에서2024년 457억 달러로 연평균 9% 이상의 성장이 예상된다. 이 가운데 휴대폰용 카메라모듈이 70%를 차지한다.

스마트폰의 고사양(멀티) 카메라 탑재 보편화 경향도 두드러진다. 쿼드 카메라 비중이 2019년 1%에서 2021년 60%로 2년 사이에 60배 가까이 급증 추세에 있는 것이다.고사양 카메라 탑재률이 올라갈수록 파트론처럼 카메라모듈을 공급하는 업체의 수익률이 좋아지는 건 당연하다.

카메라모듈의 주요 사업자는 한국과 중국 기업이 대부분이다. 한국기업은 고가 모듈을, 중국기업은 중저가 모듈을 주로 공급한다. 고사양 카메라모듈 기술력을 갖춘 파트론의 해외 실적이 기대되는 이유다.

018

와이솔
KQ
122990

33.8%

지주회사
대덕[KP]

31.5%

대덕전자[KQ]

PCB 제조 · 판매

설립/상장	2008.06/2010.09
시가총액/순위	3,566억 원/코스닥 262위
상장주식수	28,186,941주
수익률(3/6/12개월)	+0.77/−22.02/+2.34
목표주가	18,500원
외국인보유비율	6.25%
주요 사업	휴대폰용 RF(Radio Frequency 무선주파수) 솔루션 제품 제조 · 판매

경영실적/지표

연도별	2018	2019	2020	2021E
매출액(억 원)	3,662	3,703	3,451	3,818
영업이익(억 원)	548	400	185	299
당기순이익(억 원)	454	304	34	262
영업이익률(%)	14.96	10.79	5.36	7.83
ROE(%)	18.89	10.19	0.95	7.52
부채비율(%)	42.84	23.08	25.54	–
EPS(원)	1,878	1,202	115	925
PER(배)	8.23	12.56	146.35	14.2
BPS(원)	10,984	12,324	12,195	12,875
PBR(배)	1.41	1.23	1.38	1.01
주당배당금(원)	250	250	250	269

최근 3년간 주가 추이

최고 20,600 (06/14)

최저 7,110 (03/20)

거래량

SAW필터 시장 견조한 성장세

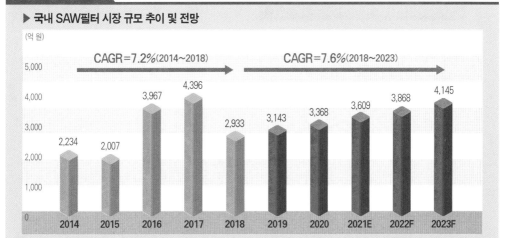

▶ 국내 SAW필터 시장 규모 추이 및 전망

- SAW필터는 이동통신 시스템이 고도화될수록 부품 수가 증가하기 때문에 5G가 보편화될수록 수요 커짐 → 통신세대가 진화할수록 커버해야 할 주파수 대역이 많아지므로 스마트폰 내에 탑재되는 SAW필터 수가 늘어나기 때문.
- 와이솔은 국내 유일한 휴대폰용 SAW필터 제조업체로, 해외에서는 Murata, Taiyo Yuden 등 일본계 업체와 경쟁 중 → 와이솔은 핵심 기술을 자체 보유하고 있으며, 설비/원부자재 국산화 및 중국과 베트남 현지법인을 이용한 조립공정 등을 통해 일본 경쟁업체에 비해 우수한 원가경쟁력 갖춤.

데이터 분석 2 실적이 삼성전자 스마트폰 출하량에 좌우

▶ 삼성전자 스마트폰 출하량과 와이솔 매출

(백만 대) / (억 원)
- ■ 삼성전자 스마트폰 출하량(좌)
- ━ 와이솔 매출(우)

2012 2014 2016 2018 2020

▶ 삼성전자 스마트폰 출하량과 와이솔 영업이익률

(백만 대) / (%)
- ■ 삼성전자 스마트폰 출하량(좌)
- ━ 와이솔 영업이익률(우)

2012 2014 2016 2018 2020

- 와이솔의 주가 상승 요인으로는, (1) 주 고객사인 삼성전자 스마트폰 출하량 증가, (2) 글로벌 5G폰 시장 성장에 따른 스마트폰 대당 RF필터 채용량 증가, (3) 5G폰용으로 개발 중인 BAW필터의 상용화 등이 꼽힘.
- 삼성전자의 스마트폰 판매 전략이 5G폰, 특히 '갤럭시 A시리즈' 중심으로 이어질 경우, 와이솔의 주가 및 실적 향상 예상.

삼성전자의 스마트폰 판매 전략에 달렸다

투자포인트 01 휴대폰과 통신의 핵심 부품 'SAW필터' 국내 유일 제조업체

와이솔은 삼성전기의 SAW필터와 듀플렉서 사업부문을 분사하여 2008년에 설립한 뒤 2017년 대덕그룹 계열사로 편입했다. 와이솔의 주력 제품은 휴대폰 안테나 밑에서 통화에 필요한 주파수만 통과시키는 역할을 하는 SAW필터 및 듀플렉서, 그리고 이들을 반도체 소자와 집적한 RF부품 등이다.

국내에서 스마트폰용 SAW필터를 생산 및 판매하는 업체로는 와이솔이 유일하다. 글로벌 시장에서는 일본의 무라타(Murata), 타이요 유덴(Taiyo Yuden) 등과 경쟁하고 있다. 한편, 듀플렉서 제조업체로는 와이솔과 파트론 등이 국내 시장을 주도한다.

투자포인트 02 5G로 갈수록 SAW필터 수요 증가

SAW필터의 국내 시장 규모는 2018년 2,933억 원에서 2023년 4,145억 원으로 꾸준한 성장을 이어갈 전망이다. SAW필터는 이동통신 시스템이 고도화될수록 부품 수가 증가하기 때문에 5G가 보편화될수록 수요가 커진다. 통신세대가 진화할수록 커버해야 할 주파수 대역이 많아지므로 스마트폰 내에 탑재되는 SAW필터 수가 늘어나기 때문이다. 2G 주파수에서 SAW필터 10개를 채용했다면, 3G에서 20개, 4G(LTE)에서 30~40개가 필요하고, 5G에서는 55개로 증가하는 것이다. SAW필터의 글로벌 시장은 국내에 비하면 성장 속도가 느린 편이다. 2020년 10월 기준 글로벌 SAW필터 시장은 7억3,790만 달러 규모를 형성해 2025년까지 연평균 2.5%씩 성장하는 것으로 조사됐다. 5G가 전 세계적으로 보편화되기에는 좀 더 시간이 필요해 보인다.

신규 제품 BAW필터에 주목

증권가에서는 와이솔의 신규 제품인 BAW필터에도 SAW필터 못지않게 관심이 높다. BAW필터는 5G 대역폭 신호 진행 방향을 수직으로 바꾼 부품을 가리킨다. BAW 관련 본격적인 매출 실현은 생산설비 구축이 마무리되는 2022년 이후가 될 것으로 예상된다.

SAW필터는 전극이 압전체 좌우로 배치되어 음향파가 수평으로 진행되면서 신호를 전달하지만, BAW필터는 전극이 압전체 상부와 하부에 배치되는 샌드위치 구조를 지님에 따라 신호 진행 방향이 수직이다.

BAW필터는 SAW필터보다 공정이 까다롭고 가격이 비싸지만 모듈 수신감도와 송신전력 효율이 뛰어나다. SAW필터의 주파수 대역폭은 2.5GHz까지인 반면, BAW필터는 그 이상의 주파수 대역까지 커버할 수 있다. BAW필터는 효용가치만큼 고부가가치 제품이다. 평균 공급가격이 SAW필터의 3~4배에 이른다. 업계에서는 5G 환경에서 SAW필터로는 대역폭 대응에 한계가 있기 때문에 BAW필터 적용이 확대될 것으로 전망한다.

투자포인트 04 2021년 하반기 이후가 기대되는 이유

와이솔의 주요 매출처 비중은 삼성전자 56%, LG전자 5%, 중국 업체 39%인데(2020년 기준), 중국 업체 비중이 전년(32%)에 비해 증가 추세를 보이고 있다. 하지만 여전히 와이솔의 실적과 주가에 가장 큰 영향을 미치는 것은 주 고객사인 삼성전자의 스마트폰 판매량이다.

삼성전자의 스마트폰 사업 전략은 5G폰 비중을 늘리는 것으로 모아진다. 삼성전자는 당장 2021년 하반기에 '갤럭시노트' 출시 가능성이 낮아진 상황에서 폴더블폰의 판매 정상화마저 지연될 경우, '갤럭시 S21 FE' 및 '갤럭시 A시리즈' 등으로 연간 3억대 판매 목표를 달성해야만 한다. 삼성전자 스마트폰 판매 전략이 5G폰, 특히 '갤럭시 A시리즈' 중심으로 이어질 경우, 와이솔의 수혜가 예상된다. 2020년 4분기에서 2021년 상반기까지의 부진을 뒤로 하고, 하반기로 갈수록 와이솔의 실적 회복 및 주가 상승이 예상되는 이유다.

심텍

KQ

222800

35.4%

심텍홀딩스[KQ]

47.8%

전세호

설립/상장	2015.07/2015.08※
시가총액/순위	7,565억 원/코스닥 88위
상장주식수	31,854,143주
수익률(3/6/12개월)	+10.41/+6.78/+131.28
목표주가	29,800원
외국인보유비율	4.57%
주요 사업	인쇄회로기판(PCB), 패키징 섭셋 제조 · 판매

※2015. 심텍홀딩스에서 인적분할하여 재상장

경영실적/지표

연도별	2018	2019	2020	2021E
매출액(억 원)	10,075	10,002	12,014	12,402
영업이익(억 원)	308	−179	897	1,158
당기순이익(억 원)	23	−394	565	788
영업이익률(%)	3.05	−1.79	7.47	9.34
ROE(%)	2.36	−19.5	25.12	23.88
부채비율(%)	279.06	420.02	170.48	−
EPS(원)	195	−1,483	1,943	2,360
PER(배)	33.1	−7.95	11.76	9.92
BPS(원)	8,335	6,679	8,843	10,923
PBR(배)	0.78	1.77	2.58	2.14
주당배당금(원)	152	152	320	302

최근 3년간 주가 추이

최고 26,450 (04/23)

최저 4,614 (08/09)

거래량

스마트폰용 AP에 적용되는 FC-CPS 주목

▶ PCB 공급 부족으로 가격이 인상된
 반도체용 기판 제품군

▶ 심텍의 비메모리 매출 비중 추이

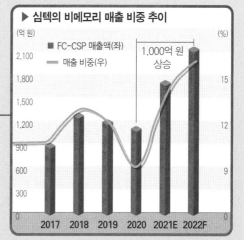

- 글로벌 반도체 업계에 PCB 공급 부족이 지속되면서, 메모리와 비메모리용 PCB 제품들의 가격이 전반적으로 인상 → PCB모듈 전문업체인 심텍 수혜 예상.
- 심텍의 비메모리 사업은 전체 매출에서 10% 안팎의 비중으로 메모리에 비해 아직 크지 않은 수준이지만, 최근 비메모리용 패키징 기판인 FC-CSP(플립칩-칩스케일패키징) 매출이 상승하면서 전체 실적에 호재로 작용 → 심텍의 미래 먹거리로 주가 상승 모멘텀 역할.

데이터 분석 2 차세대 D램 DDR5 수요 급증 예상

▶ 차세대 D램 'DDR5' 사이클에서의 심텍의 수익성 변화 추이 및 전망

- 2022년 전후로 차세대 D램이라 불리는 DDR5가 본격적으로 채용될 전망 → DDR5는 빅데이터, AI, 머신러닝 등에 최적화된 초고속·고용량 제품으로, 수요에 있어서 2022년에 전체 D램 시장의 10%, 2024년에는 43% 를 차지할 전망.
- 심텍은 2008년 DDR3, 2014년 DDR4 채용 당시 적지 않은 수혜를 누린 만큼 DDR5 본격 채용에 따라 큰 폭의 실적 상승 예상.

차세대 D램 'DDR5' 수요 증가로 실적과 주가 상승

투자포인트 01 👉 메모리용 PCB모듈, 세계 1위 회사

심텍의 전신은 1987년에 설립한 충북전자로, 설립 당시부터 인쇄회로기판(PCB) 사업에 전념해왔다. 1995년에 지금의 사명인 심텍으로 상호를 변경했고, 2015년에 심텍홀딩스에서 인적분할한 뒤 코스닥에 재상장했다.

심텍의 주력 제품은 각종 반도체 칩을 조립(패키징)할 때 사용되는 패키지 서브스트레이트(Package Substrate)다. 업계에서는 흔히 '패키징 섭셋'으로 불린다. 매출 비중이 71%를 차지하는 데, 현재 심텍을 먹여 살리는 제품으로 봐도 무방하다. 심텍의 또 다른 주력 제품인 PCB모듈은, PC나 서버의 기억 용량을 늘리기 위해 하나의 PCB 위에 여러 개의 반도체 칩을 장착한 제품으로, 매출 비중은 28% 안팎이다.

심텍은 메모리 모듈용 및 BOC 기판 글로벌 시장점유율 30%로 수년에 걸쳐 1위에 올라있다. 삼성전자, SK하이닉스, 마이크론, 키옥시아 등 글로벌 메모리칩 업체를 비롯해 ASE, Amkor, SPIL, JCET, PTI 등 글로벌 패키징 전문업체를 주요 고객사로 두고 있다.

투자포인트 02 👉 비메모리용 FC-CSP 기판 매출 증가 주목

심텍은 연간 1조 원대 매출을 올리는 회사다. 2016년 매출액 7,920억 원에서 2020년 1조2,014억 원으로, 5년 동안 매출액이 51% 증가했다. 2019년에는 메모리 업황 부진으로 적자를 기록했지만 이듬해 바로 회복했다.

심텍의 실적은 2021년에도 높은 성장이 예상된다. 그 가운데 주목을 끄는 부분은 영

업이익률 개선이다. 2020년 7.5%에서 2021년 9%를 웃돌 것으로 전망되는데, 그 배경에 비메모리용 패키징 기판인 FC-CSP(플립칩-칩스케일패키징)이 있다. FC-CSP는 스마트폰 등 소형 모바일기기에 장착되는 기판이다. 글로벌 스마트폰 시장이 반등하면서 심텍의 FC-CSP 매출이 큰 폭으로 오를 전망이다. 심텍이 400억 원을 투자한 MSAP(FC-CSP와 SiP 관련 미세회로공정) 생산설비 증설분이 2021년 말부터 가동되면, 본격적으로 실적에 반영되는 2022년에 약 1,000억 원의 매출 증가분이 발생함에 따라 영업이익률이 9% 이상 오를 것으로 예상된다.

투자포인트 03   차세대 D램 'DDR5' 최선호주

심텍의 투자에 앞서서 알아둬야 할 반도체 기술 변화 키워드로 'DDR'이 있다. DDR은 동작속도 등으로 규정한 D램 반도체의 규격을 가리킨다. PC용 DDR은 DDR1, DDR2, DDR3, DDR4 등으로 나뉜다. 뒤에 붙은 숫자가 높아질 때마다 동작 속도가 2배씩 증가한다. 즉, DDR2는 DDR1보다 2배 정도 빠르고, DDR4는 DDR1보다 8배 정도 빠르다. 예를 들어 DDR1이 데이터 입·출력 통로가 각각 하나인 2차선 도로라면, DDR3는 8차선, DDR4는 16차선 도로를 가진 D램이 되는 것이다.

2001년 출시된 DDR은 200~400Mbps의 전송 속도로 지원용량은 64Mb~1Gb였다. 2004년 출시된 DDR2는 DDR보다 전송속도가 2배 빠른 400~800Mbps였으며 지원용량도 2배가량 증가된 1.8Mb에서 2Gb였다. 2008년 선보인 DDR3는 전송속도가 800~1,600Mbps, 지원용량은 512Mb에서 4Gb였다. 2014년 말부터 대량 생산되기 시작한 DDR4는 전송속도가 1,600~3,200Mbps, 지원용량은 64Mb~16Gb에 이른다. 데이터 양이 증가할수록 DDR도 진화를 거듭해온 것이다.

2021년에서 2022년에 걸쳐 차세대 D램이라 불리는 DDR5가 본격적으로 채용될 전망이다. DDR5는 빅데이터, AI, 머신러닝 등에 최적화된 초고속·고용량 제품이다. DDR5 수요는 2022년에 전체 D램 시장의 10%, 2024년에는 43%로 큰 폭의 성장이 예상된다. 심텍은 2008년 DDR3, 2014년 DDR4 당시 적지 않은 수혜를 누렸다. 2022년을 전후로 DDR5 트렌드에 의해 실적 개선이 기대되는 최선호주 가운데 하나로 심텍이 꼽히는 이유다.

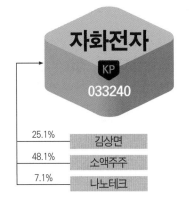

자화전자

KP

033240

- 25.1% 김상면
- 48.1% 소액주주
- 7.1% 나노테크

설립/상장	1987.02/1999.01
시가총액/순위	3,589억 원/코스피 437위
상장주식수	17,900,000주
수익률(3/6/12개월)	+29.50/-3.73/+239.26
목표주가	27,000원
외국인보유비율	9.40%
주요 사업	통신기기 부품(고사양 카메라모듈용 부품) 제조 · 판매

경영실적/지표

연도별	2018	2019	2020	2021E
매출액(억 원)	3,583	3,630	3,007	3,577
영업이익(억 원)	-77	-92	-193	195
당기순이익(억 원)	-13	-3	-63	250
영업이익률(%)	-2.15	-2.52	-6.42	5.45
ROE(%)	-0.46	-0.1	-2.3	8.91
부채비율(%)	27.17	25.07	30.66	-
EPS(원)	-72	-16	-354	1,419
PER(배)	-164.61	-675.68	-64.38	15.29
BPS(원)	16,457	16,555	16,189	17,707
PBR(배)	0.72	0.64	1.41	1.23
주당배당금(원)	200	-	-	-

최근 3년간 주가 추이

최고 25,450 (01/22)

최저 4,350 (03/20)

■거래량

스마트폰 카메라 외부 흔들림 방지 장치 OIS 주목

▶ 자화전자, 4년 만의 흑자전환 예상 실적

외부 흔들림을 방지해 피사체가 선명하게 촬영되도록 하는 OIS와 피사체의 초점거리를 자동조절하는 AFA가 일체로 결합된 자화전자의 광학용 구동장치.

- 자화전자의 흑자전환은 손떨림 보정부품(OIS) 매출이 관건. 삼성전자 '갤럭시S21' 조기 출시 및 OIS를 적용한 울트라 모델 비중이 40%까지 확대되고, 보급형 갤럭시A 시리즈 상위 모델에 OIS의 적용이 실현되는 게 중요.
- 엔코드 타입의 OIS는 자화전자, 삼성전자, 삼성전기가 공동으로 특허 보유.

PTC히터, 2022년 '아이오닉6' 탑재 예정

▶ 자화전자의 PTC히터 매출액 증가 추이 및 전망

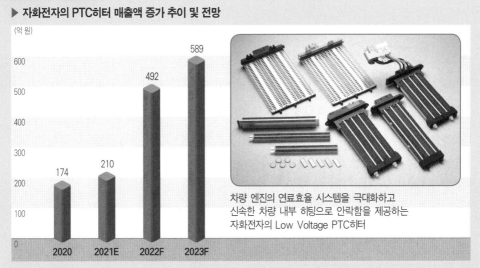

차량 엔진의 연료효율 시스템을 극대화하고 신속한 차량 내부 히팅으로 안락함을 제공하는 자화전자의 Low Voltage PTC히터

- 자화전자가 국내 자동차 업체에 공급하는 전장용 부품인 PTC히터 매출 비중이 상승하면서 실적 향상에 기여하는 점 주목.
- PTC히터는 냉각수 온도 상승 전에 사용되는 전기가열식 보조히터로, 내연기관 차량 뿐 아니라 전기차 등에도 메인 히터로 활용. 2022년 상반기 출시 예정인 현대자동차의 전기차 '아이오닉6' 모델에 자화전자의 제품 탑재 예정. 2023년경 PTC히터 매출 비중이 전체의 13.3%로 늘어날 전망.

4년 만에 흑자전환으로 목표주가 상향 조정

투자포인트 01 👉 **고사양 카메라모듈에 쓰이는 여러 기술 보유**

자화전자의 전신은 1981년에 설립한 자화전자사다. 1987년에 현재의 사명인 자화전자로 변경했다. 1996년에 오성전자를 합병한 뒤 1999년 코스피에 입성했다. 자화전자의 주력 제품은 세라믹 반도체의 일종인 자동온도조절장치(PTC)와 휴대폰 진동모드에 사용되는 진동모터, 레이저프린터 부품 등이다. 최근에는 휴대폰 부품 사업에 집중하면서 고사양 카메라모듈에 탑재되는 폴디드 줌, 손떨림 보정부품(OIS), 자동초점장치(Auto Focus Actuator, AFA) 등으로 주목받고 있다.

투자포인트 02 👉 **주력 제품인 AFA 및 OIS 수요 증가 기대**

지난 수년 간 설비투자 부담으로 적자에 시달려온 자화전자는 2020년에 코로나19 여파에 따른 글로벌 스마트폰 시장 악화로 손실 폭이 크게 증가하고 말았다. 다행히 자화전자는 2021년을 기점으로 흑자전환할 것으로 기대된다. 그동안 프리미엄 스마트폰에만 적용되었던 듀얼 트리플 및 전·후면 카메라 기술이 중저가 보급형 스마트폰으로 확산되면서 자화전자의 주력 제품인 AFA 및 OIS 수요가 크게 증가할 것으로 예상되기 때문이다. 이를테면 삼성전자의 '갤럭시S 시리즈'에 적용되어오던 카메라모듈이 중저가 보급형인 '갤럭시A 시리즈'로 적용이 확대되는 것이다.

특히 엔코드 타입의 OIS 기술은 자화전자, 삼성전자, 삼성전기가 공동으로 특허를 보유하고 있어 원가경쟁력에서 매우 유리하다고 업계는 평가한다. 삼성전기가 2021년 1월부터 공급 중인 광학 10배 줌 폴디드 카메라모듈에 엔코드 타입의 OIS가 핵심 기술로 적용되고 있기 때문에 향후 폴디드 카메라 수요가 증가할 경우 자화전자의 수혜가 예상된다.

투자포인트 03 🖑 자화전자의 PTC히터가 전기차의 메인히터로 적용

최근 증권가에서 주목하는 자화전자의 사업은, 국내 자동차 업체에 공급하는 PTC히터다. PTC히터는 자화전자가 보유한 자동온도조절장치(PTC) 기술을 활용한 것으로, 냉각수 온도 상승 전에 사용되는 전기가열식 보조히터를 가리킨다.

중요한 건 PTC히터가 전기차 등 친환경 자동차에서는 메인히터로 쓰일 수 있다는 사실이다. 2022년 상반기 출시 예정인 현대자동차의 전기차 새 모델 '아이오닉6'에 자화전자의 PTC히터가 탑재될 예정이다. 자화전자의 PTC히터 매출은 내연기관 차량의 보조히터로 적용되는 2020년에는 174억 원에 그쳤지만, 전기차 '아이오닉6'의 메인히터로 쓰이는 2022년에는 492억 원으로 3배 가까이 급증할 전망이다. 2023년에는 자화전자의 전체 매출에서 PTC히터 매출 비중이 13.3%까지 커질 것으로 예상된다. 전기차향 PTC히터는 자화전자의 미래 먹거리로, 주가 상승의 중요한 모멘텀으로 작용할 전망이다.

투자포인트 04 🖑 지속된 영업손실에도 나쁘지 않은 현금사정

앞에서 밝혔듯이 자화전자는 4년 전부터 줄곧 적자에 시달려왔다. 2020년에는 삼성전자향 납품물량이 급감하면서 영업손실액이 193억 원까지 증가했다. 그럼에도 불구하고 자화전자는 현금사정이 나쁘지 않다. 2020년 말 기준 현금 및 현금성자산이 399억 원, 은행예금 등 단기금융상품이 570억 원으로 당장 가용한 유동자산이 969억 원이다. 같은 기간 자산총계의 27.2%를 차지한다. 누적 이익잉여금도 2,516억 원에 달한다. 자화전자의 현금여력은 2000년부터 17년간 연속으로 영업이익 흑자를 내왔기에 가능했다. 우량한 재무구조를 유지해왔기에 실적 부진을 견딜 수 있었던 것이다. 자화전자는 2021년을 기점으로 흑자전환이 예상됨에 따라 증권사마다 목표주가를 상향 조정하는 분위기다.

가온미디어
KQ
078890

16.1% → 임화섭 외 특수관계인
100% → 가온브로드밴드
네트워크 솔루션 사업(IPO 준비중)

설립/상장	2001.05/2005.07
시가총액/순위	1,918억 원/코스닥 542위
상장주식수	15,851,946주
수익률(3/6/12개월)	+16.53/+115.52/+155.71
목표주가	23,800원
외국인보유비율	4.60%
주요 사업	AI 솔루션 기반 통신·미디어 장비 및 소프트웨어 사업

경영실적/지표

연도별	2018	2019	2020	2021E
매출액(억 원)	6,098	6,010	4,831	6,386
영업이익(억 원)	93	291	93	332
당기순이익(억 원)	52	178	20	248
영업이익률(%)	1.53	4.84	1.92	5.20
ROE(%)	3.89	12.08	1.85	14.39
부채비율(%)	136.77	97.31	108.64	–
EPS(원)	343	1,178	191	1,579
PER(배)	22.42	6.87	33.47	7.66
BPS(원)	9,466	10,485	10,829	12,309
PBR(배)	0.81	0.77	0.59	0.98
주당배당금(원)	96	96	49	96

최근 3년간 주가 추이

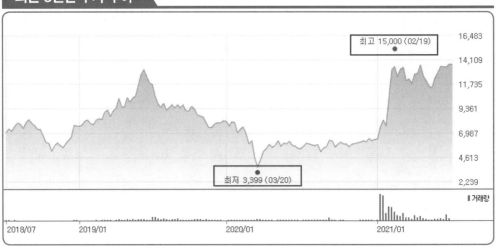

최고 15,000 (02/19)
최저 3,399 (03/20)
거래량

AI셋톱박스에서 네트워크 관리까지 사업 확장

▶ 가온미디어 AI셋톱박스 사업 실적

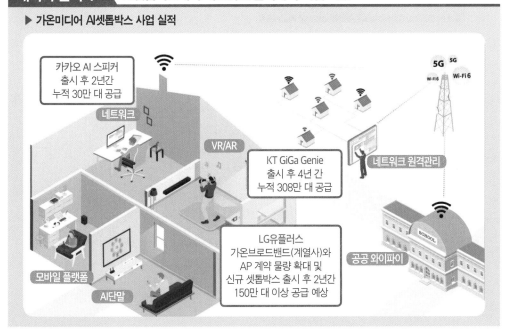

카카오 AI 스피커
출시 후 2년간
누적 30만 대 공급

네트워크

VR/AR

KT GiGa Genie
출시 후 4년 간
누적 308만 대 공급

네트워크 원격관리

LG유플러스
가온브로드밴드(계열사)와
AP 계약 물량 확대 및
신규 셋톱박스 출시 후 2년간
150만 대 이상 공급 예상

공공 와이파이

모바일 플랫폼

AI단말

데이터 분석 2   글로벌 셋톱박스 경쟁사들 구조조정 → 가온미디어 수혜

▶ 글로벌 주요 거점별 Top-Tier 방송통신 사업 고객사 현황

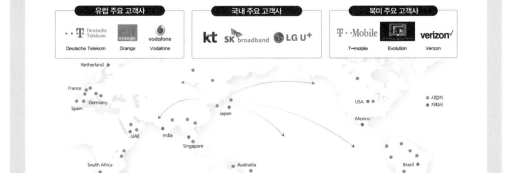

- 가온미디어는 글로벌 AI셋톱박스 시장 톱 플레이어로, 전 세계 주요 거점 내 생산·판매 및 물류 기반을 확보해 90개국 150여 개 방송통신사업자에 공급 중이며, 수출 비중이 70% 이상 차지.
- 글로벌 셋톱박스 경쟁업체(미국 Arris, 프랑스 Technicolor)들의 구조조정으로 가온미디어 시장점유율 급상승 기대.
- 2021년 1분기에 중동 최대 통신사 '에티살라트'에 제품 공급 및 미국 케이블사업자연합(NCTC) 산하 통신사 업자에 원격제어 네트워크 단말 KRMS 공급.

AI셋톱박스 시장 활황의
최선호주

투자포인트 01 해외 매출 비중이 70%인 AI셋톱박스 1위 회사

2001년에 설립된 가온미디어는 AI셋톱박스, Broadband CPE, IP-hybrid, 스마트박스, 홈게이트웨이 및 네트워크 장비 등을 제조해 전 세계를 대상으로 판매하는 회사다. 전 세계 주요 거점 지역에 생산과 물류 및 판매 사업장을 두고 있다. 주력 제품을 90개국 150여개 방송통신사업자에 공급하고 있는데, 매출에서 수출이 차지하는 비중이 무려 70%가 넘는다. 특히 2021년부터 북미와 중동 지역 매출 비중이 늘어날 전망이다. 주요 고객사로 국내 통신 '빅3(KT, SK텔레콤, LG유플러스)'를 비롯해 T-Mobile 등 글로벌 방송통신사업자를 두고 있다.

가온미디어의 사업부문별 매출 비중은 OTT가 75%로 대부분을 차지하고, 네트워크 23%, 모바일플랫폼 2% 수준이다. 주요 종속회사로는 가온브로드밴드와 모비케이가 있는 데, 가온브로드밴드가 2021년 9월 상장 예비심사 청구를 앞두고 있다.

투자포인트 02 홈 인공지능 솔루션 자체 기술 보유

증권가에서 가온미디어를 주목하는 이유는 최근 전 세계 미디어 시장이 5G를 기반으로 인공지능(AI)을 중심으로 진화하고 있기 때문이다. 전 세계 AI 시장은 2018년 약 1,300조 원 규모에서 2022년 약 4,300조 원으로 연평균 35% 이상 성장할 것으로 예상된다. AI의 성장세는 코로나19 이후 언택트 트렌드로 인해 더욱 가파르게 상승하고 있다. 실제로 AI 솔루션을 기반으로 한 증강현실(AR)과 메타버스가 오는 2023년까지 글로벌 기준으로 500조 원 안팎의 거대한 시장을 형성할 전망이다.

중요한 건 가온미디어가 홈 인공지능 솔루션 관련 '자체 기술'을 보유하고 있다는 사실이다. 가온미디어의 주력인 AI셋톱박스가 홈 인공지능 분야의 핵심 장비로 자리매김했기 때문이다. AI셋톱박스로 대표되는 AI디바이스의 글로벌 판매량은 2021년 기준 8억 대를 웃돌 것으로 업계는 관측한다. 국내는 물론 전 세계 영업망을 갖춘 가온미디어가 AI 관련 최선호주로 꼽히는 이유가 여기에 있다.

투자포인트 03 LG유플러스로 AI셋톱박스 공급 확대

가온미디어는 국내 OTT 시장에서 KT, SK텔레콤, LG유플러스 등 통신 빅3와 견고한 거래관계를 유지하고 있다. 가온미디어는 KT와 공동으로 AI단말기 'KT GiGa Genie'를 세계 최초로 론칭했다. 'KT GiGa Genie'는 2021년 출하량 40만 대를 포함해 모두 348만 대의 누적 판매고에 이를 전망이다. 무엇보다 가온미디어가 최근 경쟁사를 제치고 LG유플러스의 공급업체로 선정된 점이 돋보인다. 가온미디어는 계열사인 가온브로드밴드를 통해 LG유플러스와 공공와이파이(AP) 물량을 확대하는 계약을 체결했고, 신규 AI셋톱박스를 2년에 걸쳐 150만 대 이상 공급할 예정이다.

투자포인트 04 글로벌 셋톱박스 업계 구조조정으로 반사이익 기대

가온미디어의 주가와 실적에 중요한 모멘텀으로 작용하는 것은 단연 글로벌 시장이다. 가온미디어의 매출에서 수출이 차지하는 비중이 70%에 이르기 때문이다. 최근 글로벌 셋톱박스 시장이 구조조정에 들어갔는데, 이는 오히려 가온미디어에 호재가 될 전망이다.

미국 Arris는 지난 2018년에 네트워크 인프라 솔루션 기업인 Commscope에 매각되면서 셋톱박스 사업보다는 네트워크 관련 비즈니스에 집중하고 있다. 프랑스의 Technicolor도 지난 2017년 LG전자의 셋톱박스 사업부를 인수했다가 해당 사업을 접기 위해 다시 되판다는 계획을 발표했다. 이처럼 글로벌 셋톱박스 회사들이 사업을 접거나 구조조정에 들어가면서 가온미디어의 글로벌 시장지배력이 더욱 견고해질 것으로 업계는 예상하고 있다.

에이스테크

KQ

088800

| 6.7% | 구관영 |
| 68.2% | 소액주주 |

설립/상장	2006.03/2006.03
시가총액/순위	6,635억 원/코스닥 114위
상장주식수	40,957,928주
수익률(3/6/12개월)	−11.06/−33.33/+35.07
목표주가	23,600원
외국인보유비율	6.16%
주요 사업	RF부품, 기지국안테나, 모바일안테나, 차량용 안테나 등 무선통신 사업

경영실적/지표

연도별	2018	2019	2020	2021E
매출액(억 원)	3,773	3,786	2,108	4,251
영업이익(억 원)	132	27	−614	344
당기순이익(억 원)	12	−97	−831	287
영업이익률(%)	3.49	0.72	−29.11	8
ROE(%)	4.4	−11.08	−103.89	33.6
부채비율(%)	433.92	326.85	393.70	−
EPS(원)	96	−247	−1,977	649
PER(배)	53.28	−32.88	−13.73	38.60
BPS(원)	2,314	2,294	1,578	2,257
PBR(배)	2.2	3.54	17.21	11.1
주당배당금(원)	−	−	−	−

최근 3년간 주가 추이

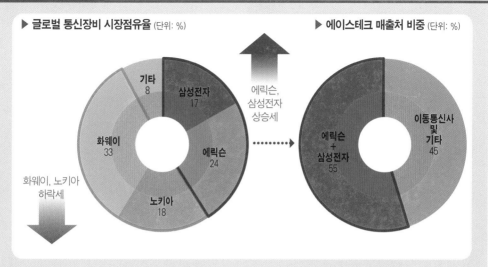

▶ 글로벌 통신장비 시장점유율 (단위: %)

▶ 에이스테크 매출처 비중 (단위: %)

- 에이스테크는 에릭슨, 삼성전자를 주 고객사로 두고 20년 이상 전략적 벤더로서 우호적 관계를 이어옴. 두 회사의 매출처 비중이 55%로 절반을 넘음.
- 미·중 무역전쟁 여파로 화웨이가 북미 통신장비 시장에서 떨어져 나가면서 에릭슨과 삼성전자의 반사수혜가 예상되는데, 이는 곧 에이스테크의 호실적으로 이어질 전망.

데이터 분석 2   통신장비 설비투자로 인한 부채비율 증감 주목

▶ 에이스테크 재무구조 추이

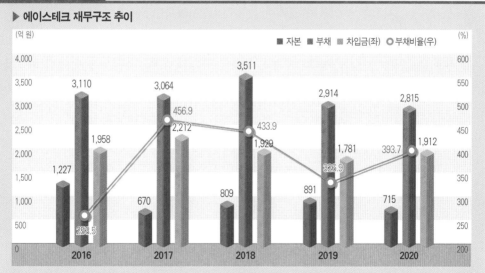

- 에이스테크와 같은 통신장비 업체의 재무구조는, 이동통신 산업의 기술 변화에 민감하게 대응해야 하는 사업 특성상 설비투자 비용 부담이 큼.
- 결국 설비투자 운전자금 확보를 위해 차입금에 의존하는 경영구조가 고착화되어 부채비율이 300~400%까지 치솟고 이자비용만 연간 100억 원대에 달함.
- 2021년을 기점으로 설비투자에 대한 수익성이 가시화되면서 재무구조 개선 및 흑자전환 예상.

미·중 무역전쟁 수혜주, 높은 부채비율이 관건

투자포인트 01 매출의 대부분이 수출로 발생, 환율에 민감

에이스테크는 통신장비 부품 및 기지국 안테나 사업을 영위할 목적으로 1980년 명성무역으로 설립했다. 2006년에 에이스테크놀로지에서 인적분할해 에이스안테나로 신설·설립하여 같은 해에 코스닥에 상장했다. 그리고 2010년에 다시 에이스테크놀러지와 사업부문 분할합병을 마친 뒤 지금의 상호인 에이스테크로 변경했고, 같은 해 영국의 통신설비 회사 Axis Network Technology를 인수했다.

에이스테크의 주력 제품은 RF커넥터, 기지국 안테나, 기지국용 RF장비, 모바일기기용 안테나 및 차량용 무선통신 안테나 등이다. 2008년부터 레이더, 유도무기체계, 지휘통신체계, 위성통신, 데이터링크 등 방산용 안테나 사업에도 진출했다. 매출 비중은 RF부품 43.2%, 기지국 안테나 39.69%, 모바일 안테나 8.0%, 차량용 안테나 6.8% 순이다(2020년 기준). 전체 매출의 90% 안팎이 수출을 통해 발생하므로, 실적이 환율 변동에 민감하게 반응할 수 있다.

투자포인트 02 이동통신 기지국 안테나 국내 시장 1위 회사

에이스테크의 주력 사업 중 하나인 RF(Radio Frequency)는, 100~300MHz의 고주파 무선통신 및 고주파를 이용하는 부품과 장비를 이동통신사에 공급하는 것이다. 아울러 에이스테크 주력 사업의 다른 한 축을 담당하는 안테나는 전기 및 전자파 신호를 변환하는 장비다. 에이스테크는 이동통신 기지국 안테나 부문 국내 시장점유율 1위, 글로벌 시장점유율 5위를 차지하고 있다.

증권가에서 에이스테크를 주목하는 이유는 5G 때문이다. SK텔레콤, KT, LG유플러스 등 국내 통신 3사는 2019년 4월 5G 상용 서비스 개시 이후 5G 커버리지 확대를 위해 기지국 안테나 및 각종 장비의 설비투자를 늘리고 있다.

5G에서는 4G보다 기지국 안테나와 주파수 필터 역할이 더욱 중요해진다. 그 이유는 5G에서는 초고속, 초저지연, 초연결 등의 특성으로 대용량 트래픽이 발생하기 때문이다. 5G에 사용될 주파수 대역은 3.5GHz 또는 28GHz로, 기존 4G에서 사용 중인 주파수 대역(850MHz, 1.8GHz 등)에 비해 훨씬 고주파 대역이다. 에이스테크는 5G 서비스에 필요한 설비투자 및 기술 개발(Massive MIMO)을 마친 뒤 국내 통신사 및 글로벌 장비업체에 납품을 시작했다.

투자포인트 04 🔊 미·중 무역전쟁이 호재로 작용하는 이유

전 세계는 아직 5G 도입 초기 단계에 있다. 코로나19 여파로 지연되었던 통신장비 투자가 미국을 중심으로 재개됨에 따라, 기지국 구축 과정에서 안테나와 필터 공급사들의 수혜가 예상된다. 미·중 무역전쟁도 에이스테크에 호재다. 미국에서 중국 통신기업 화웨이 제재가 이어지면서, 글로벌 통신장비 2위 에릭슨과 4위 삼성전자의 점유율 상승에 따른 반사이익이 예상되기 때문이다. 증권가에서는 두 회사의 매출처 비중이 에이스테크 전체 매출의 55%를 차지하는 점을 주목한다.

체크포인트 🔊 설비투자로 인해 높은 부채비율

통신장비 업체는 이동통신 산업의 기술 변화에 민감하게 대응해야 하는 사업 특성상 설비투자 비용 부담이 크다. 에이스테크 역시 설비투자 운전자금 확보를 위해 차입금에 의존하는 경영구조가 고착화되어 부채비율이 300~400%까지 치솟았다. 이자비용만 연간 100억 원대에 달한다. 에이스테크는 유휴자산 매각 등 재무구조 개선에 힘을 쏟고 있다. 에이스테크는 5G 시대를 맞아 성장성이 높지만, 주가의 향방이 재무구조에 적지 않은 영향을 받는다는 점을 기억해야 한다.

023

[투자 해시태그] #무선통신중계기(DAS) #5G고도화사업

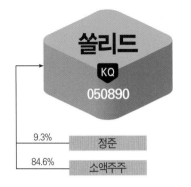

쏠리드
KQ
050890

9.3% 정준
84.6% 소액주주

설립/상장	1998.11/2005.07
시가총액/순위	3,851억 원/코스닥 242위
상장주식수	52,185,175주
수익률(3/6/12개월)	-16.19/-32.73/+32.88
목표주가	12,800원
외국인보유비율	5.55%
주요 사업	중계기 등 유·무선통신 장비

경영실적/지표(IFRS 별도)

연도별	2018	2019	2020	2021E
매출액(억 원)	2,226	2,293	1,729	3,158
영업이익(억 원)	11	-35	-169	266
당기순이익(억 원)	112	54	-119	223
영업이익률(%)	0.48	-1.54	-9.79	8.42
ROE(%)	9.48	4.97	-9.87	18.11
부채비율(%)	144.21	129.52	151.79	-
EPS(원)	187	112	-221	427
PER(배)	17.41	48.32	-50.69	25.18
BPS(원)	2,193	2,366	2,144	2,621
PBR(배)	1.48	2.29	5.22	4.1
주당배당금(원)	-	-	-	-

최근 3년간 주가 추이

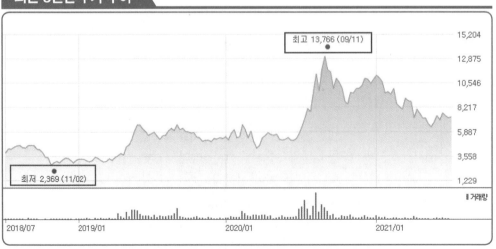

▶ 쏠리드 해외 지역별 매출 비중 (단위: %)

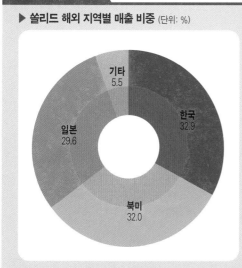

▶ DAS 글로벌 시장 전망

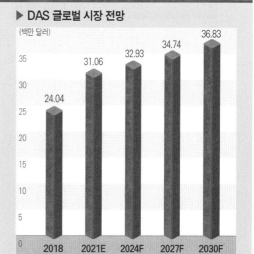

- 쏠리드는 전체 매출의 약 61%가 해외에서 발생 → 전 세계 곳곳에서 5G 서비스 상용화를 위한 투자가 이어지면서 쏠리드의 수혜 기대.
- 무선통신중계기(DAS)는 빌딩과 지하상가, 지하철 등에 설치돼 기지국과 단말기를 이어줌으로써 5G 커버리지를 넓히는 핵심 부품이기 때문에 5G 시장이 커질수록 DAS를 주력 사업으로 하는 쏠리드의 실적 반등 예상.

▶ 쏠리드 재무구조 추이

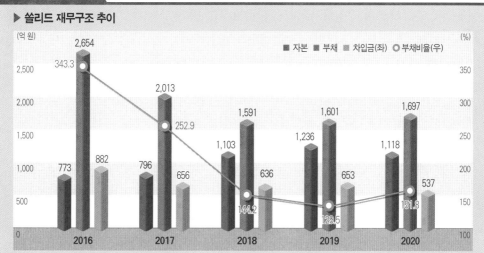

- 쏠리드는 2017년 팬택 투자 실패에 이어 국내외 중계기 매출 감소와 코로나19로 인한 5G 인프라 투자 축소로 재무건전성 지표인 부채비율이 높아짐.
- 쏠리드의 주력 사업인 중계기는 5G 혜택의 사이클이 비교적 늦은 분야 → 통신 인프라 구축이 시작되면 안테나와 프론트홀 등을 중심으로 기지국 장비 투자가 선행되고 중계기는 그 이후에 이뤄지기 때문임.
- 쏠리드는 2021년 상반기에 452억 원 규모(운영자금 172억 원, 채무상환자금 280억 원 조달 목적)의 주주배정 유상증자를 단행함. 2021년 하반기 이후 5G 서비스 시장 회복으로 실적 반등 기대.

사업 성장성 높지만
취약한 재무구조는 걸림돌

투자포인트 01 ☞ DAS중계기에서 독보적 기술력 보유

유·무선 통신장비 전문 기업인 쏠리드는 1998년 설립해 2005년에 코스닥에 상장했다. 주력 제품은 DAS(Distributed Antenna System)중계기(빌딩형)와 RF중계기, WDM 유선전송장치 등이다. 매출 비중은 DAS중계기 58%, RF중계기 24%, WDM 13%, 기타 5% 등이다(2020년 기준).

중계기는 실내 등 전파가 닿기 어려운 위치와 이용자가 몰린 곳의 통신 문제를 효과적으로 개선하는 기술이 중요한데, 쏠리드는 무선중계기 분야에서 독보적인 기술력과 경쟁력을 보유하고 있다. 쏠리드는 SK텔레콤, KT, LG유플러스 등 국내 통신 3사 모두에 장비를 납품하는 보기드문 통신장비 기업이다.

투자포인트 02 ☞ 2021년 흑자전환 예상

쏠리드는 최근 매출과 영업이익이 부진했다. 2019년 35억 원의 영업손실로 적자전환한 데 이어 2020년에 영업손실이 169억 원까지 늘어났다. 같은 해 매출액도 전년 대비 24.6%나 감소했다. 코로나19 여파로 해외 수주가 감소했고, 5G 신제품 개발을 위한 개발비 및 재고자산 평가 손실 등이 실적에 영향을 미쳤기 때문이다. 증권가에서는 쏠리드의 실적이 2021년을 기점으로 흑자전환할 것으로 보고 있다. 2021년 증권사 컨센서스 기준 매출액은 3,158억 원, 영업이익 266억 원이다. 전 세계 곳곳에서 5G 서비스 상용화를 위한 투자가 활발하게 진행됨에 따라, 핵심 통신장비를 공급하는 쏠리드로서는 실적 반등을 위한 절호의 기회를 맞게 된 것이다. 무엇보다 쏠리드 매출의 60% 이상이 5G 서비스에 적극 나서고 있는 북미와 일본 등 해외에서 발생한다는 점이 매우 고무적이다.

투자포인트 03 5G 네트워크 고도화에 따른 수혜 예상

한국은 세계에서 가장 먼저 5G 상용 서비스가 시작된 곳이다. 하지만 여전히 갈 길이 멀다. 5G 서비스가 전국에 걸쳐 안정적으로 보급되지 못하고 있기 때문이다. 상황이 이러하다보니 5G에 대한 여론도 좋지 않다. 서비스의 질이 오히려 4G보다 못하다는 불만이 속출하고 있다. 실제로 국내 주요 85개 시에서 5G 서비스를 이용할 수 있는 다중이용시설 비율은 61.8%, 수도권 지하철 역사의 5G 구축 비율은 50.9%에 불과하다는 품질평가 조사 결과가 언론을 통해 발표되기도 했다. 이를 하루빨리 개선하려면 통신장비 커버리지 면적을 넓히고 네트워크망을 고도화하는 길 밖에 없다.

5G 서비스에 대한 국민적인 불만은 쏠리드 같은 통신장비 회사에는 오히려 호재로 작용할 수 있다. 5G 네트워크망 고도화를 위해서는 쏠리드의 주력 제품인 무선통신 중계기(DAS)가 반드시 필요하기 때문이다. DAS는 빌딩과 사무실, 지하상가, 지하철 등에 설치돼 기지국과 단말기를 이어주는 역할을 한다. 아울러 5G 특화망 주파수 공급 문제도 중요하다. 5G 특화망이란 통신 3사뿐만 아니라 일반 기업들도 자체 무선 네트워크망을 구축할 수 있도록 특정 대역의 주파수를 할당하는 것이다. 쏠리드로서는 통신 3사 이외에 일반 기업으로까지 중계기 등의 거래처를 확대할 수 있게 된다.

체크포인트 재무구조 취약해도 주가 상승 모멘텀은 희망적

쏠리드는 2017년 팬택 투자 실패에 이어 2020년 코로나19 여파로 전 세계 중계기 시장이 얼어붙으면서 적자 폭이 커졌다. 이로 인해 재무구조가 취약해졌다. 쏠리드는 2020년 장·단기 차입금이 537억 원에 달했다. 재무건전성 지표인 부채비율도 151.8%로 상승했다. 쏠리드는 2021년 상반기에 452억 원 규모의 주주배정 유상증자를 단행했다. 운영자금 172억 원, 채무상환자금 280억 원을 조달하기 위함이다. 쏠리드로서는 2021년 실적 반등이 절실한 상황이다. 다만 쏠리드의 가까운 미래 성장성을 감안하건대, 주가 상승 모멘텀은 여전히 희망적이다.

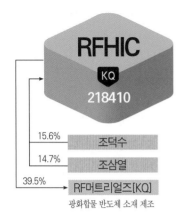

RFHIC
KQ
218410

- 15.6% 조덕수
- 14.7% 조삼열
- 39.5% RF머트리얼즈[KQ]
  광화합물 반도체 소재 제조

설립/상장	1999.8.20./2017.9.
시가총액/순위	8,931억 원/코스닥 72위
상장주식수	23,847,620주
수익률(3/6/12개월)	+8.46/-8.18/+14.36
목표주가	50,800원
외국인보유비율	10.88%
주요 사업	통신 및 방산용 파워 트랜지스터 제조·판매

경영실적/지표

연도별	2018	2019	2020	2021E
매출액(억 원)	1,081	1,078	705	1,507
영업이익(억 원)	267	179	-30	218
당기순이익(억 원)	254	202	16	228
영업이익률(%)	24.71	16.64	-4.25	14.50
ROE(%)	17.21	11.22	1.02	9.64
부채비율(%)	43.10	20.72	43.84	-
EPS(원)	1,081	857	85	783
PER(배)	22.77	43.01	526.57	49.65
BPS(원)	6.976	8.353	8,318	8,178
PBR(배)	3.53	4.41	5.37	4.76
주당배당금(원)	195	195	98	159

최근 3년간 주가 추이

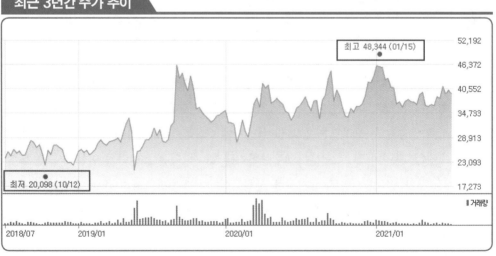

최고 48,344 (01/15)

최저 20,098 (10/12)

거래량

미국에서 5G 기지국 건설 본격화 → GaN 수요 급증

▶ 통신용 GaN 트랜지스터 글로벌 시장 규모

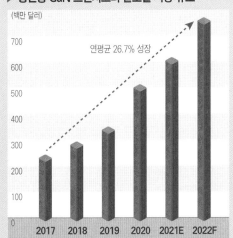

▶ GaN 트랜지스터 글로벌 시장점유율 (단위: %)

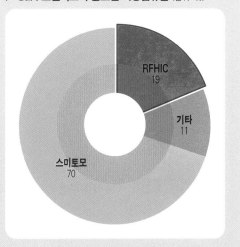

- GaN트랜지스터는 약한 전기신호를 크게 증폭하는 통신장비로, 글로벌 기준 연평균 26.7%의 성장이 예상되는 유망 사업.
- GaN트랜지스터의 글로벌 시장점유율은 스미토모가 70%, RFHIC가 19%임.
- 전 세계에서 GaN을 생산하는 회사는 스미토모와 RFHIC를 포함해 코보, 크리(인피니언 RF Power 인수) 등 소수에 불과하므로, 2021년부터 미국에서 5G 기지국 증설이 본격화됨에 따라 스미토모와 RFHIC의 수혜 예상.

삼성전자 통신 사업 내 트랜지스터 점유율 80%

▶ RFHIC 고객사별 매출 추이 및 전망

(억 원)
- 화웨이
- 삼성전자
- 방산업체
- 노키아

미·중 무역전쟁 여파로 화웨이향 매출 중단

노키아향 납품 개시

▶ RFHIC 영업이익(률) 추이 및 전망 (단위: %)

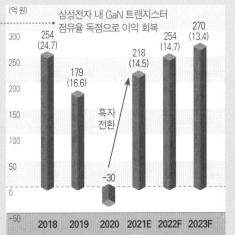

- RFHIC는 글로벌 경쟁사들에 비해 GaN트랜지스터 관련 독보적인 기술 보유.
- RFHIC가 새롭게 개발한 GaN on Diamond는 기존 실리콘 및 구리 소재에 비해 열전도율이 최대 14배 이상으로, 주 고객사인 삼성전자의 통신장비 사업 내 트랜지스터 점유율을 80% 이상 독점하는 발판 마련 → 2019년 미·중 무역전쟁 여파로 화웨이향 납품 중단에 따른 실적 악화를 빠른 시간 내 회복.

기술경쟁력으로
실적과 주가를 끌어올린다

투자포인트 01 🤟 **RF부품에서 독보적인 기술력 보유**

RFHIC는 통신 및 방산용 트랜지스터/전력증폭기를 제조하는 RF부품 기업이다. RF(Radio Frequency)는 3KHz~300GHz 주파수를 갖는 전자기파(전자파)를 방사하여 정보를 교환하는 통신 방법으로, 라디오와 디지털 위성방송, 무선통신, 무선 LAN 등 일상생활에서 밀접하게 사용된다. 뿐 만 아니라 최근 들어 군사용·기상용 레이더, 위성통신 등 활용도가 매우 넓어지고 있다.

RFHIC의 매출 비중은 통신 81%, 방산 19%로, 2010년부터 삼성전자에 RF부품을 납품하기 시작했다. 이어 2014년부터 노키아, 에릭슨, 화웨이 등 글로벌 통신장비 회사의 벤더로 등록되어 해외 사업을 해오고 있다.

투자포인트 02 🤟 **세계 최초로 GaN 트랜지스터 개발 및 양산**

트랜지스터는 모든 종류의 전자회로에서 기본 단위가 되는 핵심 소자다. 최근에는 차량용 전장기기, 스마트그리드, 밀리미터 대역 무선통신 등으로 트랜지스터 수요가 꾸준히 늘어나고 있다. 트랜지스터에는 실리콘 기반 LDMOS 트랜지스터와 RFHIC가 국내 최초로 개발한 질화갈륨(Gallium Nitride) 기반 GaN 트랜지스터가 있다.

GaN 트랜지스터는 약한 전기신호를 크게 증폭하는 통신부품으로, 기존 LDMOS 제품에 비해 10% 이상 효율적인 반면 크기는 약 절반 수준으로 작고, 전력 사용량도 20% 이상 적게 소모된다. LDMOS가 120W 기지국 출력까지 소화하는 데 비해 GaN은 기지국 1KW 출력까지 커버할 수 있다.

👉 GaN 트랜지스터, 글로벌 독과점 체제 구축

GaN 트랜지스터를 생산하는 글로벌 업체는 RFHIC를 포함해 스미토모, 코보, 크리(인피니언 RF Power 인수) 등 소수에 불과하다. 이 가운데 스미토모가 글로벌 시장점유율 70%를 차지하면서 시장을 압도하고 있고, 그 뒤를 RFHIC가 좇고 있다(글로벌 시장점유율 19%). 2021년부터 미국에서 5G 기지국 증설이 본격화됨에 따라 GaN 트랜지스터 수요가 크게 늘어날 전망이다. 이때 GaN 트랜지스터의 공급은 스미토모와 RFHIC가 거의 대부분을 담당할 것으로 예상된다.

투자포인트 04 👉 2021년 흑자전환 예상

RFHIC가 새롭게 개발한 GaN on Diamond는 기존 실리콘 및 구리 소재에 비해 열전도율이 최대 14배 이상으로, 업계에서는 주 고객사인 삼성전자의 통신장비 사업 내 트랜지스터 점유율을 RFHIC가 80% 이상 독점하는 발판을 마련했다고 평가한다. 이로써 RFHIC는 2019년 미·중 무역전쟁 여파로 화웨이향 납품 중단에 따른 실적 악화를 곧바로 회복할 수 있게 됐다. 실제로 RFHIC는 화웨이향 납품 중단 여파로 2020년에 적자전환했다. 증권가에서는 RFHIC가 2021년에 흑자전환할 수 있을 것으로 보고 있다. RFHIC의 증권가 컨센서스 기준 2021년 예상 매출액은 전년 대비 2배 이상 급증한 1,507억 원이다. 영업이익도 218억 원으로, 전년도 30억 원의 영업손실을 완벽하게 만회할 전망이다.

▶ 글로벌 경쟁사들의 GaN 트랜지스터 양산 타임라인

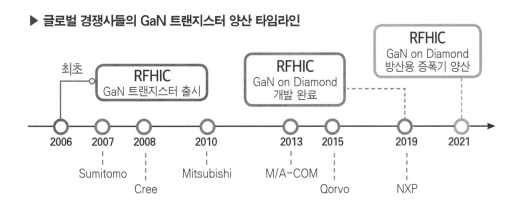

다산네트웍스ᵡ
KQ
039560

11.4%
솔루에타[KQ]
↑ 37.3%
0.9%
다산인베스트
↑ 55.7%
남인우

※2021.05 기준

설립/상장	1993.03/2000.06
시가총액/순위	3,463억 원/코스닥 282위
상장주식수	35,090,068주
수익률(3/6/12개월)	+6.28/-17.60/+34.64
목표주가	18,100원
외국인보유비율	1.56%
주요 사업	인터넷 데이터 통신에 필요한 네트워크 장비 개발·판매

※2002.03 다산인터네트에서 다산네트웍스로 사명 변경

경영실적/지표

연도별	2018	2019	2020	2021E
매출액(억 원)	3,568	4,407	4,050	4,760
영업이익(억 원)	122	-12	-58	-90
당기순이익(억 원)	-248	-95	-298	-212
영업이익률(%)	3.42	-0.26	-1.43	-1.89
ROE(%)	-20.04	1.1	-8.47	-3.36
부채비율(%)	118.46	95.24	95.88	-
EPS(원)	-913	52	-404	-145
PER(배)	-7.55	157.48	-33.07	-77.82
BPS(원)	4,775	5,134	4,585	4,275
PBR(배)	1.44	1.59	2.91	2.64
주당배당금(원)	-	-	-	-

최근 3년간 주가 추이

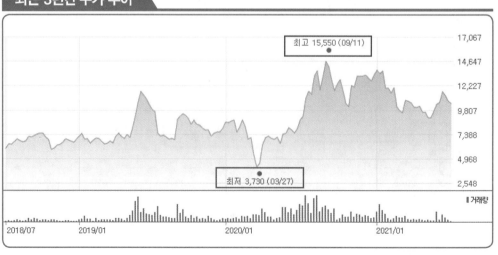

최고 15,550 (09/11)
최저 3,730 (03/27)

17,067
14,647
12,227
9,807
7,388
4,968
2,548

거래량

2018/07   2019/01   2020/01   2021/01

데이터 분석 1   해외 매출 호조 기대, 2022년 흑자전환 예상

▶ 다산네트웍스 2022년 흑자전환 예상 실적

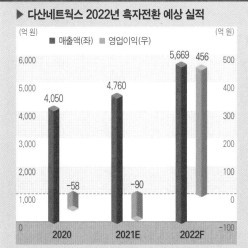

▶ 다산네트웍스 글로벌 지역별 매출 비중

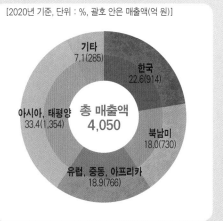

[2020년 기준, 단위 : %, 괄호 안은 매출액(억 원)]

기타 7.1(285)
한국 22.6(914)
북남미 18.0(730)
유럽, 중동, 아프리카 18.9(766)
아시아, 태평양 33.4(1,354)
총 매출액 4,050

- 해외 법인 인수 비용, 명퇴금, 스톡옵션, 영업권 및 무형자산 손상 등 일회성비용이 다수 발생해 2019년과 2020년 적자에 머물렀지만, 2022년부터 해외 매출이 본격적으로 실적에 반영되면서 흑자전환 예상.
- 다산네트웍스는 통신장비 종목 가운데 해외 매출 비중이 높다는 점이 강점으로 작용 → 다산네트웍스의 미국 현지 자회사 DZS의 경우, 미·중 무역전쟁 여파로 중국 화웨이 배제를 위해 자국산 장비를 선호하는 북미 지역에서 경쟁력 우위.

데이터 분석 2   모바일트래픽 급증, 네트워크 장비 수요 증가

▶ 글로벌 5G용 네트워크 장비 시장 규모

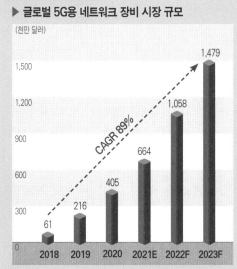

(천만 달러)

CAGR 89%

2018	2019	2020	2021E	2022F	2023F
61	216	405	664	1,058	1,479

▶ 글로벌 모바일 트래픽 월평균 발생량 추이

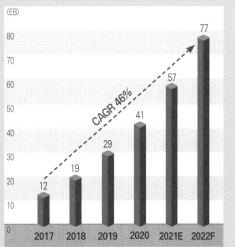

(EB)

CAGR 46%

2017	2018	2019	2020	2021E	2022F
12	19	29	41	57	77

- 네트워크 장비는 음성통신 및 유·무선 인터넷 서비스 제공에 필요한 장비로서, 데이터 트래픽의 수요 증가에 힘입어 성장.
- 코로나19 여파로 언택트 시대로 접어들면서 모바일기기 및 데이터 사용 증가에 따른 트래픽 급증으로 전 세계 통신사마다 네트워크 장비 투자를 늘리는 추세.
- 모바일 프론트홀/백홀 및 유선 코어 장비 등을 주력으로 제조·개발하는 다산네트웍스 수혜 예상.

미국 나스닥에 상장한
자회사 거느린 5G 최선호주

투자포인트 01 글로벌 사업력 보유한 네트워크 장비 회사

네트워크 장비 전문업체인 다산네트웍스는 국내 통신 대장주(KT, SKB/SKT, LG유플러스)를 주 고객사로 두고 있으며, 북미법인 DZS를 통해서 전 세계 통신사업자 및 지역 MSO(복수종합유선방송사업자) 등 100여 개 이상의 고객사를 확보하고 있다. 다산네트 웍스는 해외 매출 비중이 전체 매출의 73%에 달할 만큼 글로벌 사업에 강점이 있다. 특히 아시아·태평양 지역 수출 비중이 전체 매출의 3분의 1을 차지한다. 북미와 남미 수출 비중도 18%를 차지하는 만큼 전 세계에 걸쳐 넓은 영업망을 갖추고 있다. 따라서 향후 5G 서비스가 전 세계적으로 확산될 경우 수혜가 예상된다.

투자포인트 02 글로벌 5G 시장 개화로 수혜 예상

한국은 세계에서 가장 먼저 5G 서비스를 상용화한 나라이지만, 북미와 중국, 유럽 등은 여전히 5G 서비스 초기 단계에 머물러 있다. 실제로 전 세계 38개 국 92개 이동통신사에서 5G 서비스를 하고 있는 것으로 나타났다(2020년 8월 기준).

하지만 2021년부터 상황이 바뀌고 있다. 미국, 일본, 유럽 등 주요 선진국들은 코로나 19 사태에 대응한 경기부양책으로 5G 투자에 막대한 예산을 책정하고 있다. 아울러 언택트 시대로 접어들면서 모바일기기 및 데이터 사용 증가에 따른 트래픽 급증으로 전 세계 통신사마다 네트워크 장비 투자를 늘리는 추세다. 5G 서비스의 핵심 장비로 꼽히는 네트워크 스위치 기술과 제품을 보유한 다산네트웍스를 5G 통신장비 최선호 주로 꼽는 이유다.

증권가에서는 다산네트웍스의 주가 상승을 이끄는 이슈로 오랫동안 공들여온 미국 현지 자회사 DZS에 주목한다. 다산네트웍스는 북미를 포함한 해외 사업 확대를 위해 2016년에 미국 통신장비 업체 Zhone Technologies(지금의 DZS)를 자회사로 편입했다. 이로써 다산네트웍스는 사업지주회사로 남아 국내 사업에 전념하고 거의 대부분의 해외 사업은 DZS를 통해 전개하고 있다. DZS는 2019년 독일 통신장비 기업 DZS GmbH(옛 Keymile), 2020년 캐나다 통신장비 기업 옵텔리언을 잇달아 인수하면서 글로벌 5G 네트워크 장비 시장 선점에 나서고 있다.

투자포인트 04 2022년 흑자전환 예상

다산네트웍스는 해외 법인 인수 비용 부담, 명퇴금, 스톡옵션, 영업권 및 무형자산 손상 등 일회성비용이 다수 발생하면서 2019년과 2020년에 적자에 머물렀다. 증권가에서는 다산네트웍스가 2022년은 되어야 흑자전환할 것으로 보고 있다. 2022년부터 미국 자회사 DZS를 통한 해외 사업에서 가시적인 성과를 기대할 수 있기 때문이다. DZS는 미국의 화웨이 제재에 따른 반사효과를 톡톡히 누릴 전망이다. 북미 지역에서 화웨이 제품을 배제하는 대신 자국산 브랜드 네트워크 장비를 선호하고 있기 때문이다. DZS가 인수한 캐나다 광통신업체 옵텔리언을 통해 미국 내 Tier 1급 통신사로의 납품 가능성이 커지는 등 호재가 이어지고 있다.

체크포인트 지배구조 변경

다산네트웍스가 소속된 다산인베스트그룹의 지배구조에 변화가 있었다. 다산네트웍스의 자회사 솔루에타가 다산인베스트가 보유한 다산네트웍스 지분 11.4%를 484.8억 원에 인수하면서 다산네트웍스의 최대주주가 된 것이다. 코스닥 상장사인 솔루에타는 전자파 차폐소재 사업을 맡고 있다. 한편, 다산네트웍스는 솔루에타 지분 29.97%를 다산인베스트에 매각함으로써, 솔루에타의 최대주주가 다산인베스트로 바뀌었다. 이로써 다산인베스트-솔루에타-다산네트웍스로 지배구조가 변경된 것이다.

Chapter 2

K-뉴딜

배   터   리

수   소 / 전   기   차

우   주   항   공

풍력/탄소/폐기물 등 친환경

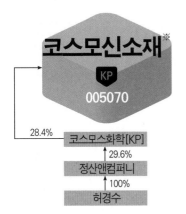

코스모신소재※
KP
005070

28.4%
코스모스화학[KP]
29.6%
정산앤컴퍼니
100%
허경수

설립/상장	1967.05/1987.09
시가총액/순위	7,265억 원/코스피 283위
상장주식수	29,835,212주
수익률(3/6/12개월)	+47.18/+46.06/+138.17
목표주가	39,800원
외국인보유비율	6.21%
주요 사업	2차전지용 양극활물질, 기능성필름, 토너 등 제조

※2011년 3월 새한미디어에서 코스모신소재로 상호 변경

경영실적/지표

연도별	2018	2019	2020	2021E
매출액(억 원)	5,340	2,439	2,043	3,623
영업이익(억 원)	151	-36	124	253
당기순이익(억 원)	104	-18	117	185
영업이익률(%)	2.84	-1.49	6.09	6.98
ROE(%)	12.86	-1.5	7.16	9.78
부채비율(%)	168.84	75.26	104.93	-
EPS(원)	480	-77	401	623
PER(배)	32.68	-115.49	48.97	42.64
BPS(원)	3,958	5,167	6,047	6,741
PBR(배)	3.97	1.72	3.25	3.94
주당배당금(원)	-	-	-	-

최근 3년간 주가 추이

최고 30,000 (07/05)
최저 4,890 (03/20)
거래량
2018/07 2019/01 2020/01 2021/01

니켈 함량 90% 이상인 하이니켈 양극재 증가 추세 주목

▶ **글로벌 양극재 시장 규모**

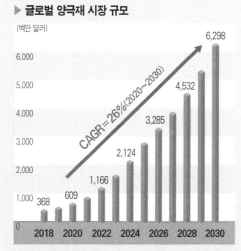

▶ **하이니켈 양극재 사용 비중 증가 추이**

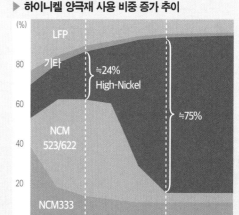

- 양극재는 배터리 원가의 30~40%를 차지하는 핵심 소재 → 전기차 시장 개화로 배터리 양극재 수요 급증 → 코스모신소재를 비롯한 국내 양극재 업체 수혜 예상.
- LG에너지솔루션 등 글로벌 배터리 업체는 니켈 함량이 90% 이상인 하이니켈 양극재 선호 → 코스모신소재는 LG에너지솔루션에 하이니켈 양극재의 일종인 'NCMA' 공급.
- 코스모신소재는 삼성SDI와 함께 니켈 함량 93% 양극재 개발 완료 단계.

양극재 생산능력 증가할수록 실적과 기업가치도 상승

▶ **코소모신소재 매출과 양극재 생산능력 관계**

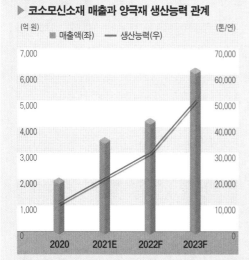

▶ **글로벌 양극재 경쟁사 시가총액 및 생산능력 비교**

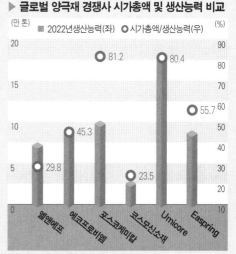

- 전기차 배터리 수요 급증으로 양극재 등 배터리 핵심 소재의 생산능력 늘릴수록 기업의 실적 및 가치 상승.
- 코스모신소재는 2020년 2월에 삼성SDI의 양극재 자회사인 에스티엠(STM)으로부터 울산에 위치한 연산 2,400톤 규모의 전구체 생산설비 매입 → 전구체는 전기차 배터리의 양극재를 만들기 위한 기초 소재.
- 코스모신소재는 국내 양극재 4대 기업 중 가장 후발업체이지만, 최근 생산설비 투자를 늘리며 가장 빠른 성장을 이어감.

전기차용 배터리 양극재 최선호주

투자포인트 01 👉 배터리 핵심 소재 양극재 제조

코스모신소재의 전신은 1967년 설립된 새한그룹의 새한미디어다. 무리한 사업 확장으로 외환위기 이후 법정관리에 들어갔다가 2010년 코스모화학에 인수되면서 코스모신소재로 사명이 변경됐다. 코스모신소재는 2008년부터 양산을 시작한 2차전지용 리튬·코발트·옥사이드(LCO) 양극재와 적층세라믹콘덴서(MLCC)용 이형필름 사업으로 성장했다. 소형 배터리 소재로 쓰이는 LCO 양극재가 한때 매출 비중 80%를 차지했다. 현재는 주력 제품이 에너지저장장치(ESS)와 전기차용 2차전지로 바뀌면서 니켈·코발트·망간(NCM) 양극재 비중이 높아졌다. 코스모신소재는 삼성SDI에 ESS용 양극재를, LG에너지솔루션에 전기차용 양극재를 주로 공급한다. 배터리 원가의 30~40%를 차지하는 양극재는 음극재와 함께 전기를 저장하는 역할을 한다. 다양한 금속 광물의 조합과 비중에 따라 배터리의 종류와 성능이 달라지며, 이로 인해 전기차의 주행거리도 차이가 난다. 그만큼 양극재는 전기차 배터리의 핵심 소재다.

투자포인트 02 👉 삼성SDI의 양극재 자회사로부터 전구체 생산설비 인수

코스모신소재는 2020년 2월에 삼성SDI의 양극재 자회사인 에스티엠(STM)으로부터 울산에 위치한 연산 2,400톤 규모의 전구체 생산설비를 매입했다. 전구체는 전기차 배터리의 양극재를 만들기 위한 기초 소재다. 전구체와 리튬화합물을 섞어 양극재가 만들어진다. 코스모신소재는 에스티엠의 전구체 생산라인을 확보하면서 원료까지 자체 생산할 수 있게 됐다. 계열사 코스모화학은 양극재 주요 원료 중 하나인 황산코발트를 생산한다. 배터리 양극재 소재 생산을 위한 수직계열화에 한발 더 다가선 것이다.

투자포인트 03 👉 **LG에너지솔루션에 하이니켈 양극재 공급**

코스모신소재는 2021년 하반기까지 LG에너지솔루션에 'NCM811 양극재'를 처음으로 공급한다. 'NCM811 양극재'는 니켈 함량을 83%로 높이고 코발트 함량은 10% 이하로 줄인 제품이다. 니켈 함량을 올리면 배터리 밀도가 높아져 에너지 용량이 늘어나고, 코발트 함량을 줄이면 제조원가가 내려가 가격경쟁력이 개선된다. LG에너지솔루션은 고성능 전기차용 배터리에 NCM 양극재를 탑재한다. 그동안 코스모신소재는 LG에너지솔루션에 니켈 60% 양극재인 'NCM622'만 공급해 왔다. 그러나 LG에너지솔루션이 하이니켈 배터리 공급을 늘리면서 'NCM811 양극재'를 공급하게 된 것이다.

2019년부터 코스모신소재가 삼성SDI와 함께 시작한 니켈 93% 양극재 개발도 거의 완료된 것으로 보인다. 니켈 90% 이상 하이니켈 양극재는 'NCMA 양극재'로 불린다.

한편, 코스모신소재는 2020년 11월에 1,560억 원 규모의 양극활물질 공급계약을 체결하는 등 연이어 수주에 성공하고 있다. 계약 종료일은 2021년 말이다(계약 상대방은 경영상 이유로 계약 종료일까지 비공개).

투자포인트 04 👉 **양극재 후발주자이지만, 성장 속도는 가장 빠르다**

국내 양극재 상위 4개 업체는 에코프로비엠, 포스코케미칼, 엘앤에프, 코스모신소재가 꼽힌다. 이 가운데 에코프로비엠이 국내에서 가장 높은 시장점유율을 차지한다. 코스모신소재는 후발주자에 속한다. 코스모신소재의 양극재 생산능력은 2020년 기준 연간 약 9,000톤으로, 에코프로비엠의 6분의 1, 포스코케미칼의 4분의 1 수준이다. 하지만 성장 속도는 코스모신소재가 가장 빠르다는 게 업계의 평가다.

코스모신소재는 공격적인 설비투자에 나서고 있다. 2022년까지 전고체 배터리용 단결정 양극재 개발 완료를 목표로 하고 있다. 업계에 따르면 SK그룹과 GS그룹이 코스모신소재 인수를 타진하고 있는 것으로 알려졌다. 배터리 산업에서 양극재 사업의 높은 성장성을 방증하는 대목이다.

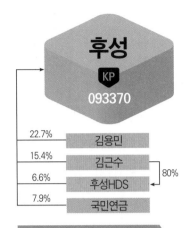

후성

KP

093370

- 22.7% 김용민
- 15.4% 김근수
- 6.6% 후성HDS ← 80%
- 7.9% 국민연금

설립/상장	2006.11/2006.12※
시가총액/순위	9,538억 원/코스피 250위
상장주식수	92,606,819주
수익률(3/6/12개월)	+1.90/-8.90/+35.05
목표주가	14,800원
외국인보유비율	4.71%
주요 사업	불소 화합물(냉매가스, 반도체용 특수 가스, 2차전지 전해질 소재) 제조, 판매

※2006년 11월 퍼스텍으로부터 인적분할해 설립, 12월 재상장

경영실적/지표

연도별	2018	2019	2020	2021E
매출액(억 원)	2,749	2,489	2,616	3,175
영업이익(억 원)	396	134	28	314
당기순이익(억 원)	281	2	-13	192
영업이익률(%)	14.4	5.4	1.07	9.89
ROE(%)	16.04	3.85	2.79	10.9
부채비율(%)	79.83	117.71	122.29	–
EPS(원)	333	87	65	270
PER(배)	22.27	93.4	182.36	38.34
BPS(원)	2,246	2,295	2,350	2,605
PBR(배)	3.3	3.56	5.02	3.97
주당배당금(원)	–	15	–	10

최근 3년간 주가 추이

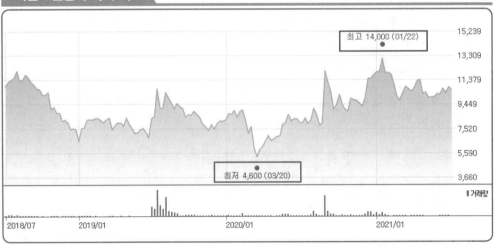

최고 14,000 (01/22)

최저 4,600 (03/20)

▮거래량

▶ 후성그룹 주요 지배구조도

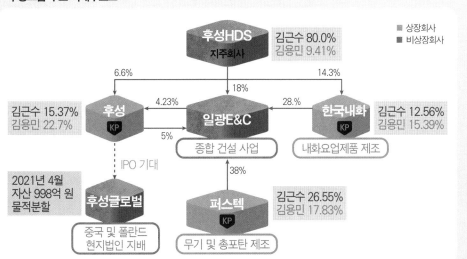

- 후성그룹 모태는 1973년 설립된 한국특수내화공업사로, 창업자 김근수 회장의 어머니인 故정희영 여사가 故정주영 현대그룹 명예회장의 여동생인 관계로 일부에서는 후성그룹을 범 현대가로 분류하기도 함.
- 후성그룹은 지주회사인 후성HDS를 중심으로 후성, 한국내화, 퍼스텍 등 유가증권 상장사 3개와 한텍, 후성정공, 일광E&C, 트레닛 등 국내외 비상장사 19개 등 총 23개 계열사로 구성.

▶ 중국 내 전기차 판매량 및 증가율

- 중국의 전기차 판매가 2020년 하반기를 기점으로 급증세.
- 전기차 배터리 전해질 핵심 소재인 'LiPF6' 가격 상승세로 전환.
- 후성은 중국에 현지 생산법인(후성과기)을 통해 대규모 공장 증설을 완료함으로써 최대 수혜 기대.

중국 전기차 시장 급성장으로 실적 반등

투자포인트 01 👉 **국내 냉매가스 1위 회사**

후성은 2차전지 전해질 소재, 냉매가스, 반도체용 특수가스 등 불소 화합물을 제조·판매하는 기업이다. 국내에서 유일하게 2차전지 전해질인 '육불화인산리튬(LiPF6)'과 반도체용 특수가스 '육불화부타디엔(C4F6)'을 생산한다. 특히 냉매 산업은 환경 규제로 더 이상 사업허가권이 발급되지 않아 높은 진입장벽을 형성하고 있다. 후성은 대체냉매인 HCFC계열 및 HFC계열 냉매를 생산·판매하는 국내 1위 냉매가스 업체다. 에어컨용 냉매 'K-22'의 경우 연간 7,500MT의 생산설비를 보유하고 있다. 주요 거래처로는 삼성전자, LG전자, 캐리어, 벽산, 현대·기아차 등을 두고 있다.

투자포인트 02 👉 **자회사 통해 해외 생산법인 증설 계획 주목**

후성글로벌은 2021년 4월 후성에서 자산 998억 원 규모로 물적분할해 신설한 뒤 최근 1,050억 원의 자금 유치에 나섰다. 새마을금고중앙회를 주요 투자자(LP)로 유치한 신생 사모펀드(PEF) 운용사가 후성글로벌이 발행하는 신주인수권부사채(BW)를 인수하는 방식이다. 후성글로벌의 재무적 투자자는 향후 후성글로벌의 기업공개(IPO)가 투자의 조건이다. 후성글로벌은 2차전지 전해질 첨가제와 반도체용 에칭가스 등을 생산하는 그룹 내 중국 및 폴란드 소재 자회사들의 지분을 갖고 있다. 후성은 후성글로벌이 유치한 1,050억 원으로 중국과 폴란드에 생산라인을 증설할 계획이다. 특히 폴란드를 포함해 유럽 전체에 'LiPF6' 공장을 세우는 것은 전 세계 전해질 생산업체 중 후성이 처음이다. 폴란드 공장에서 생산한 전해질 첨가제는 LG화학 폴란드 생산법인에 납품하게 된다.

2차전지의 4대 핵심 소재는 양극활물질, 음극활물질, 분리막, 전해질로 구성된다. 이 가운데 전해질은 'LiPF6' 소재를 반드시 필요로 하는데, 후성은 국내에서 유일하게 'LiPF6'를 생산할 뿐 아니라 'LiPF6'의 불소 관련 원료물질인 무수불산의 순도를 반도체급으로 유지하는 고도화된 정제기술을 보유하고 있다. 후성은 2020년 중국 난통공장의 'LiPF6' 생산능력을 연간 3,400MT로 증설했다. 향후 폴란드에 공장이 완공되면 연간 7,400~9,400MT 생산능력을 갖추게 된다.

투자포인트 04 👉 **차세대 반도체 핵심 소재를 삼성과 SK에 납품**

2004년경 후성은 그룹 내 계열사인 울산화학의 냉매가스 노하우를 바탕으로 반도체와 LCD용 특수가스 사업에 진출했다. 대표 품목은 'C4F6' 및 '육불화텅스텐(WF6)'으로, 삼성전자 및 SK하이닉스 등에 납품한다. 'C4F6'와 'WF6'는 NAND 플래시 메모리 반도체의 3D 공정 전환으로 최근 사용량이 급증하고 있다. 차세대 반도체에는 미세화 및 3D 공정이 필수적이다.

사물인터넷, 인공지능, 빅데이터 등에서 차세대 반도체 수요가 폭발적으로 증가하면서 핵심 소재인 'C4F6'와 'WF6'의 수요도 덩달아 급증하고 있다. 후성은 연간 'WF6' 400MT, 'C4F6' 180MT의 생산능력을 갖추고 있다.

투자포인트 05 👉 **2021년 큰 폭의 실적 반등**

후성은 2020년 연결기준 매출액 2,616억 원, 영업이익 28억 원, 당기순손실 13억 원을 기록했다. 2019년의 부진에서 벗어났지만, 2018년 수준으로는 회복하지 못했다. 특히 순손실은 중국법인의 초기 비용 발생 때문이다.

증권가에서는 2021년부터 후성의 실적 반등을 전망하고 있다. 중국의 전기차 시장 성장으로 인한 현지 전해질 생산법인(후성과기)의 실적 호조세 덕분이다. 2021년 예상 영업이익은 전년 대비 10배 이상 오를 전망이다. 영업이익률도 10% 가까이 도달하면서 수익성이 크게 개선될 전망이다.

[투자 해시태그] #롱셀배터리 #LG에너지솔루션 #머신비전

브이원텍
KQ
251630

25.1% 김선중
27.2% 특수관계인
37.1% 소액주주

설립/상장	2006.05/2017.07
시가총액/순위	1,535억 원/코스닥 684위
상장주식수	15,050,580주
수익률(3/6/12개월)	+1.43/+1.43/+42.95
목표주가	14,310원
외국인보유비율	0.42%
주요 사업	2차전지 및 디스플레이 검사 장비와 시스템

경영실적/지표

연도별	2018	2019	2020	2021.1Q
매출액(억 원)	546	268	311	74
영업이익(억 원)	157	48	65	11
당기순이익(억 원)	153	66	55	23
영업이익률(%)	28.68	17.97	20.97	15.43
ROE(%)	22.1	8.37	6.63	6.59
부채비율(%)	6.47	6.84	10.56	32.69
EPS(원)	1,030	441	366	152
PER(배)	9.19	20.91	28.65	28.58
BPS(원)	5,120	5,490	5,893	5,994
PBR(배)	1.85	1.68	1.78	1.74
주당배당금(원)	100	100	100	–

최근 3년간 주가 추이

최고 20,725 (07/13)

최저 3,980 (03/27)

거래량

2018/07   2019/01   2020/01   2021/01

LG에너지솔루션 전기차 배터리 매출과 동반 상승

▶ **LG에너지솔루션 전지 부문 실적**

(억 원)
■ 매출 ■ 영업이익
2020~2021년은 추정치

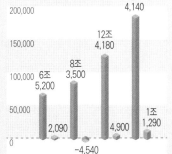

2018: 6조 5,200 / 2,090
2019: 8조 3,500 / -4,540
2020: 12조 4,180 / 4,900
2021E: 18조 4,140 / 1조 1,290

▶ **글로벌 전기차 배터리 시장점유율** (단위: %, 2020년 기준)

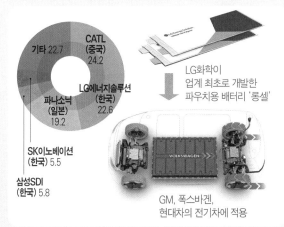

기타 22.7
CATL (중국) 24.2
LG에너지솔루션 (한국) 22.6
파나소닉 (일본) 19.2
SK이노베이션 (한국) 5.5
삼성SDI (한국) 5.8

LG화학이 업계 최초로 개발한 파우치용 배터리 '롱셀'

GM, 폭스바겐, 현대차의 전기차에 적용

- 파우치형 배터리 '롱셀(Long Cell)'은 LG화학이 업계 최초로 개발한 제품으로, 배터리 팩 내부 공간을 최대한 활용하는 방식으로 에너지 밀도를 높여 전기차 주행거리를 늘림.
- 브이원텍의 롱셀 배터리용 검사장비는 LG전자를 통해 LG에너지솔루션이 사용하며, 롱셀 배터리는 미국 주요 전기차 제조사에 공급될 전망.
- 세계 전기차 배터리 시장 석권을 노리는 LG에너지솔루션의 롱셀 배터리 생산량이 증가할수록 비전검사에서 독보적인 역량을 갖춘 브이원텍의 장비 수요 증가.

데이터 분석 2 사업 비중이 디스플레이에서 2차전지로 이동

▶ **브이원텍 제품별 매출 비중**

■ 압흔검사장비 ■ 2차전지 검사시스템 ■ OLED Mask 검사 장비 ■ 기타(OLED Lamination 등)

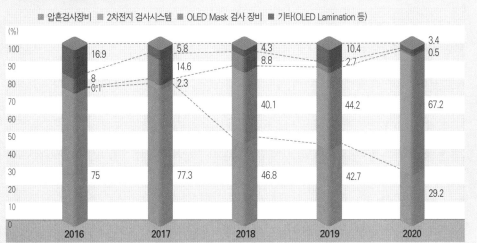

(%)	2016	2017	2018	2019	2020
기타(OLED Lamination 등)	16.9	5.8	4.3	10.4	3.4
OLED Mask 검사 장비	8	14.6	8.8	2.7	0.5
2차전지 검사시스템	0.1	2.3	40.1	44.2	67.2
압흔검사장비	75	77.3	46.8	42.7	29.2

- 브이원텍의 전체 매출에서 2차전지 검사 부문 비중이 67%를 넘어섬 → 브이원텍 사업의 축이 기존 디스플레이에서 2차전지로 이동.
- 브이원텍은 전기차 배터리 시장이 급성장하는 가운데 LG에너지솔루션향 검사장비 대량 공급이 실현될 경우 실적 급상승 기대 → 브이원텍은 2019년과 2020년 전방산업인 디스플레이 업황 부진으로 역성장함.

전기차용 배터리 검사장비 대규모 수주

투자포인트 01 👆 **2차전지, 디스플레이 검사장비 기술경쟁력 보유**

브이원텍은 2차전지, 디스플레이 등의 제조공정 과정에서 사용되는 검사장비 '머신비전' 및 시스템을 주력 사업으로 한다. 최근에는 머신비전을 통한 미세먼지 측정 등으로 사업영역을 넓혀가고 있다.

브이원텍는 삼성전자와 LG전자, LG화학 및 LG에너지솔루션을 비롯해 중국의 CSOT, TIANMA, Visionox 등을 주 거래처로 두고 있다. 브이원텍은 파우치 타입의 2차전지 조립공정에서 사용되는 검사시스템 기술을 개발해 2017년경 애플에 L자형 배터리를 공급하는 LG화학으로부터 첫 수주를 따낸 바 있다.

투자포인트 02 👆 **2021년 수주 급증 예상**

최근 브이원텍의 전체 매출에서 2차전지 검사 부문 비중이 67%를 넘어섰다. 브이원텍 사업의 축이 기존 디스플레이에서 2차전지로 이동한 것이다. 브이원텍은 전기차 배터리 시장이 급성장하는 가운데 LG에너지솔루션향 검사장비 대량 공급이 실현될 경우 실적이 크게 오르게 된다. 브이원텍은 2019년과 2020년 전방산업인 디스플레이 업황 부진으로 역성장했다.

브이원텍의 2차전지 사업 호조 시그널은 당장 2021년부터 실적 반등을 이끌 전망이다. 2차전지 사업에서 중대형뿐 아니라 소형 배터리 검사장비 수주까지 추가로 늘고 있는 것이다. 증권가에서는 브이원텍이 2021년에 전년 대비 2배 이상 규모의 수주 실적을 달성할 것으로 보고 있다.

브이원텍은 2021년 초부터 LG전자에 미국 생산라인향 롱셀 배터리용 검사장비를 공급해 파일럿 테스트를 수행한 것으로 알려졌다. 파우치형 배터리 '롱셀(Long Cell)'은 LG화학이 업계 최초로 개발한 제품으로, 배터리 팩 내부 공간을 최대한 활용하는 방식으로 에너지 밀도를 높여 전기차 주행거리를 늘릴 수 있다. 브이원텍의 롱셀 배터리용 검사장비는 LG전자를 통해 LG에너지솔루션이 사용하며, 롱셀 배터리는 미국 주요 전기차 제조사에 공급될 전망이다.

투자포인트 04 👆 LG에너지솔루션과의 견고한 협력관계

브이원텍은 2020년 11월 LG전자와 25억 원 규모의 롱셀 2차전지 검사시스템 공급계약을 맺은 바 있다. 계약기간은 2022년 3월까지이고, 공급지역은 중국 남경의 롱셀 신규 양산라인이다. 2020년 12월에는 계약금액 156억 원에 이르는 2차전지 검사시스템을 2022년 4월까지 공급하는 계약을 체결하기도 했다.

브이원텍의 2차전지 검사장비 'Z-Stacking'은 LG에너지솔루션 특유의 계단식 배터리 생산 방식인 라미네이션 앤 스택(Lamination & Stack)에 최적화된 것으로 평가받는다. 미국 시장을 중심으로 전기차 배터리 시장 석권을 노리는 LG에너지솔루션의 롱셀 배터리 생산량이 증가할수록 비전검사에서 독보적인 영역을 확보한 브이원텍의 장비 수요도 늘어나게 된다.

투자포인트 05 👆 자회사 '시스콘' 인수로 사업다각화

브이원텍은 2021년 3월 자율주행 물류로봇 회사 '시스콘'의 지분 60.6%를 200억 원에 취득했다. 시스콘은 현대모비스의 전기차 제조라인 AMR 공급 입찰에서 글로벌 업체들을 제치고 계약을 따낸 회사다. 브이원텍은 시스콘 지분 취득 과정에서 150억 원 규모의 전환사채(CB)를 발행했다. 시스콘 자신도 2021년 4월 운영자금 43억 원을 조달하는 유상증자를 단행했다. 같은 달 시스콘은 현대위아와 28억 원 규모의 AMR 공급계약을 체결했다. 시스콘은 2020년에 100억 원 안팎의 매출액을 달성했다.

이랜텍
KQ
054210

22.0% 이세용
13.7% 특수관계인

설립/상장	1982.01/2001.07
시가총액/순위	1,831억 원/코스닥 585위
상장주식수	25,291,210주
수익률(3/6/12개월)	-10.94/-23.11/+69.82
목표주가	12,300원
외국인보유비율	0.95%
주요 사업	배터리팩, 충전기, 전자담배, 가전부품 등 제조

경영실적/지표

연도별	2018	2019	2020	2021E
매출액(억 원)	4,518	7,290	6,257	7,565
영업이익(억 원)	13	363	150	399
당기순이익(억 원)	-109	121	-160	256
영업이익률(%)	0.28	4.98	2.39	5.27
ROE(%)	-7.39	7.92	-10.3	14.34
부채비율(%)	197.14	155.55	170.63	-
EPS(원)	-531	571	-698	1,062
PER(배)	-6.47	9.71	-12.9	7.13
BPS(원)	6,884	7,484	6,208	7,892
PBR(배)	0.5	0.74	1.45	0.96
주당배당금(원)	-	-	100	50

최근 3년간 주가 추이

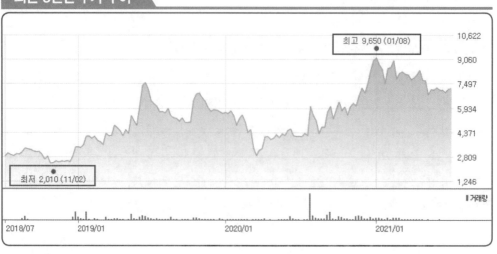

최고 9,650 (01/08)
최저 2,010 (11/02)

거래량

10,622
9,060
7,497
5,934
4,371
2,809
1,246

2018/07   2019/01   2020/01   2021/01

▶ **미국 ESS 시장 규모 추이**

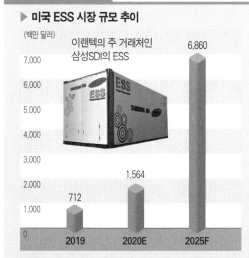

(백만 달러)

이랜텍의 주 거래처인 삼성SDI의 ESS

- 2019: 712
- 2020E: 1,564
- 2025F: 6,860

▶ **글로벌 ESS 시장 규모 추이**

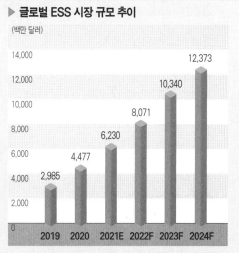

(백만 달러)

- 2019: 2,985
- 2020: 4,477
- 2021E: 6,230
- 2022F: 8,071
- 2023F: 10,340
- 2024F: 12,373

- 글로벌 ESS 시장은 북미 지역을 중심으로 가파르게 성장 → 텍사스에서 기록적인 한파에 따른 심각한 전력난을 경험한 후 미국의 ESS 수요가 큰 폭으로 증가.
- ESS는 전기차 충전 인프라에 매우 중요한 시스템 → 미국은 전기차 충전소 50만 개 구축 추진 중.
- 이랜텍은 국내에서 유일하게 배터리 대장주인 삼성SDI와 LG화학을 고객사로 두고 있어 ESS 배터리팩 수혜가 가장 큰 업체로 평가.

▶ **인도의 전기모빌리티 시장 규모**

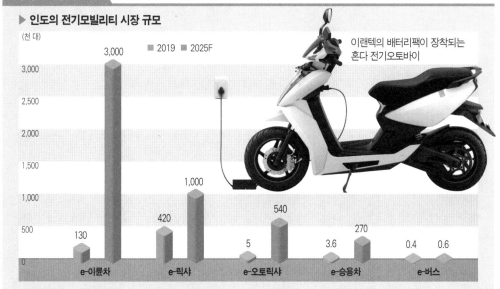

(천 대)

■ 2019   ■ 2025F

이랜텍의 배터리팩이 장착되는 혼다 전기오토바이

- e-이륜차: 130 / 3,000
- e-릭샤: 420 / 1,000
- e-오토릭샤: 5 / 540
- e-승용차: 3.6 / 270
- e-버스: 0.4 / 0.6

- 2020년부터 LG화학과 함께 준비해온 혼다향 인도 시장 내 전기오토바이용 배터리팩 납품 개시 → 순매출 400억~500억 원 규모로 시작해 2021년 2분기부터 실적에 반영.
- 이륜차 운행이 많은 인도의 전기오토바이 시장 규모는 2019년 3,600만 달러에서 2025년 약 4억 달러로 연평균 52% 이상 고성장 예상.

미국의 ESS 및
인도의 전기오토바이
시장 성장 수혜주

투자포인트 01 📱 **모바일기기, 전기차, 전자담배까지 기술력 확장**

스마트폰과 태블릿, 노트북 등 모바일기기는 수천 개의 부품을 필요로 하는 만큼 전·
후방에 거대한 산업 생태계가 포진해 있다. 이랜텍은 이러한 모바일기기 생태계에서
핵심 부품을 제조해 완성품 업체에 공급하는 회사다. 1982년에 대희전자공업으로 설
립해 2000년 이랜텍으로 상호를 변경했다. 이랜텍의 주력 제품은 배터리팩인데, 다양
한 모바일기기와 가정용 에너지저장장치(ESS) 및 전기차와 전기오토바이에 이어 최
근에는 전자담배에도 적용되고 있다. 아울러 이랜텍은 휴대폰용 충전기와 케이스를
비롯해 TV와 전자오븐, 전자레인지 등 가전제품에 사용되는 터치식부품도 생산한다.

투자포인트 02 📱 **북미를 중심으로 커지는 ESS 시장 수혜주**

증권가에서 이랜텍를 주목하는 이유는 전기차 및 ESS용 배터리팩 때문이다. 이랜텍
은 2020년 3월부터 전기차와 ESS에 들어가는 중대형 배터리팩 양산라인을 가동하면
서 중대형 배터리팩 매출을 확대하고 있다. 2021년 하반기부터 본격적으로 중대형
배터리팩 매출이 발생할 전망이다.

ESS 시장은 북미 지역을 중심으로 가파르게 성장하고 있다. 미국에서는 지난 겨울 텍사
스에서 기록적인 한파를 경험한 뒤로 ESS 수요가 크게 늘고 있다. ESS는 전기차 충전 인
프라에도 매우 중요한 시스템이다. 미국은 전기차 충전소 50만 개 구축을 추진 중이다.
2021년 초에 이랜텍의 주가가 급등한 이유는, 전기차와 별도로 ESS 사업을 병행하는
테슬라에 삼성SDI가 ESS 배터리를 공급한다는 소식 때문이었다. 이랜텍은 국내에서

유일하게 삼성SDI와 LG화학을 고객사로 두고 있어 ESS 배터리팩 수혜가 가장 큰 업체 가운데 하나로 평가받고 있다.

투자포인트 03 👉 **인도에서의 혼다향 전기오토바이 배터리팩 납품 주목**

이랜텍은 중국, 인도, 말레이시아 등 해외 생산법인을 현지에 설립해 글로벌 공급체계를 구축해 놓고 있다. 2019년 말 설립한 인도법인에서는 글로벌 1위 바이크 업체 혼다향 전기오토바이 배터리팩을 생산한다. 말레이시아법인에서는 KT&G향 ODM 전자담배 배터리팩을 생산한다. 전자담배는 국내외 수요가 늘어남에 따라 대규모 추가 설비 투자를 준비 중이다. 이랜텍은 ESS용 배터리팩 제조 설비라인도 증축해 2021년부터 ESS 사업에 전사적인 역량을 투입하고 있다.

특히 주목을 끄는 건 2020년부터 LG화학과 함께 준비해온 인도 시장 내 혼다 전기오토바이용 배터리팩 납품이다. 순매출 400억~500억 원 규모로 시작해 2021년 4분기부터 실적에 반영될 전망이다. 이륜차 운행이 많은 인도의 전기오토바이 시장 규모는 2019년 3,600만 달러에서 2025년 약 4억 달러로 연평균 52% 이상 고성장이 예상된다.

체크포인트 👉 **삼성 쪽으로 기운 매출처, '양날의 검'**

이랜텍의 안정적인 캐시카우 역할을 해온 휴대폰 등 모바일기기용 부품 사업도 놓치지 말아야 할 체크포인트다. 이랜텍이 생산한 휴대폰 케이스는 삼성전자의 갤럭시 제품에 적용된다. 배터리팩의 경우, 리튬이온셀에 과충전·과방전 방지와 과전류 차단 기능을 하는 PCM 회로를 자체 부착해 팩 형태로 공급한다. 노트북용 배터리팩은 삼성SDI에 납품해 완성품 업체인 삼성전자, HP, 델, 애플 등에 공급한다. 이밖에 충전기와 TV·모니터에 탑재되는 터치식보드도 삼성전자에 공급한다. 2020년 기준 이랜텍 매출의 75.8%가량이 삼성전자와 삼성SDI에서 발생한다. 이랜텍의 창업자인 이세용 회장은 삼성전자 출신으로 삼성의 1차 협력사 모임인 협성회 회장을 지내기도 했다. 이처럼 삼성 쪽으로 집중된 매출처는 '양날의 검'이라는 지적이 제기된다. 당장의 실적은 안정적일 수 있지만, 성장에 발목을 잡힐 수도 있다는 얘기다.

030

에스퓨얼셀
KQ
288620

32.5% → 에스에너지[KQ]
14.6% ↑
11.3% → 홍성민

설립/상장	2014.02/2018.10
시가총액/순위	2,159억 원/코스닥 505위
상장주식수	6,874,316주
수익률(3/6/12개월)	-2.06/-10.86/-16.15
목표주가	48,300원
외국인보유비율	4.49%
주요 사업	수소연료전지 시스템 생산, 판매

경영실적/지표

연도별	2018	2019	2020	2021E
매출액(억 원)	315	380	470	634
영업이익(억 원)	19	22	21	54
당기순이익(억 원)	15	15	16	50
영업이익률(%)	6.18	5.74	4.53	8.52
ROE(%)	8.22	4.79	–	7.5
부채비율(%)	87.23	117.99	77.98	–
EPS(원)	307	252	267	732
PER(배)	97.42	66.73	139.54	45.09
BPS(원)	5,322	5,645	9,859	10,008
PBR(배)	5.62	2.98	3.78	3.30
주당배당금(원)	49	49	100	100

최근 3년간 주가 추이

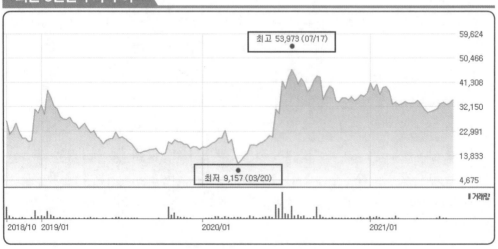

최고 53,973 (07/17)

최저 9,157 (03/20)

59,624
50,466
41,308
32,150
22,991
13,833
4,675

▌거래량

2018/10 2019/01   2020/01   2021/01

2022년 수소경제 확산기부터 수소연료전지 시장 성장

▶ **정부의 수소경제 활성화를 위한 연료전지 보급목표**

연료전지 보급목표		2018년	2022년	2040년
시기 설정		수소경제 준비기	수소경제 확산기	수소경제 완성기
수소차(수출/내수)		1.8천 대(0.9/0.9)	8.1만 대(1.4/6.7)	620만 대(330/290)
연료전지	발전용(내수)	307MW	1.5GW(1GW)	15GW(8GW)
	가정, 건물용	7MW	50MW	2.1GW
수소 공급		13만 톤/년	47만 톤/년	526만 톤/년
수소 가격		–	6,000원/kg	3,000원/kg
수소 충전소		14개소	310개소	1,200개소

- 정부는 2020년 2월에 세계 최초로 '수소경제법'을 제정해 2021년 2월부터 시행 → 수소경제 산업생태계를 구축해 세계 최고 수준의 수소경제 시스템 마련.
- 2018년 수소경제 준비기를 거쳐 2022년 수소경제 확산기에서 수소연료전지 시장 활성화 전략 추진 → 증시에서 수소 관련 종목 상승세 예상.

에스퓨얼셀의 수주 및 매출 상승에 따른 미래 기업가치 주목

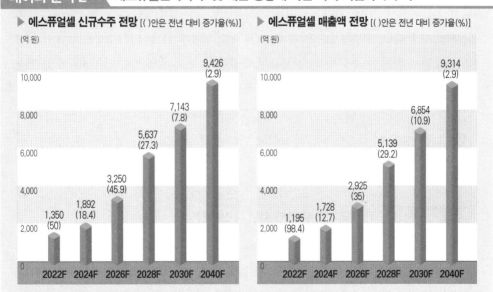

▶ **에스퓨얼셀 신규수주 전망** [( )안은 전년 대비 증가율(%)]

▶ **에스퓨얼셀 매출액 전망** [( )안은 전년 대비 증가율(%)]

- 정부가 세워놓은 수소경제 완성기인 2040년을 기점으로 에스퓨얼셀의 신규 수주 및 매출 증가 전망치 주목.
- 정부의 계획대로 수소연료전지 보급이 이뤄질 경우 에스퓨얼셀의 기업가치 큰 폭으로 상승 예상.
- 수소연료전지 종목의 경우, 단기보다는 장기적 관점에서 투자 고려 → 현재 전기차 시장에서 엄청난 성장을 이룬 테슬라의 10여 년 전 상황 주목.

수소연료전지 시장이 열리는 2022년 실적 반등

투자포인트 01 ☞ 국내 건물용 수소연료전지 시장 1위 기업

수소연료전지 시장은 인산형(PAFC), 고분자전해질형(PEMFC), 고체산화물형(SOFC) 방식으로 나뉜다. 국내 연료전지 시장에는 두산 계열의 '두산퓨어셀', SK건설과 미국 블룸에너지의 합작법인 '블룸SK퓨어셀', 포스코에너지가 연료전지 사업부문을 분할해 설립한 '한국퓨얼셀', 그리고 에스퓨얼셀 등이 있다. 발전용 연료전지 시장을 석권한 두산퓨얼셀은 PAFC 연료전지를 만든다. 대규모 발전에는 PAFC형이 사용되고, 가정용 및 휴대용과 수송용에는 PEMFC형이 주로 사용된다. 에스퓨얼셀은 2014년에 설립된 수소연료전지 전문기업으로, 2018년 연료전지 업계에서 처음으로 코스닥에 상장했다. 에스퓨얼셀은 팹리스 방식으로 20여 개 생산기업과 협력해 PEMFC를 만들며 건물용 연료전지 시장을 주도하고 있다. 에스퓨얼셀의 주요 제품으로는 100kW급 발전용 연료전지와 1kW, 5kW, 6kW, 10kW급 건물용 연료전지가 있다. 다중이용시설에 적용되는 5~10kW 용량의 연료전지 수요가 많은 국내에서 유리하다. 에스퓨얼셀의 건물용 연료전지는 모듈형 시스템으로, 분리형에 비해 최대 70%의 공간 절약이 가능하다.

투자포인트 02 ☞ 국내 연료연지 사업의 산증인

에스퓨얼셀이 연료전지 기술 연구개발에 나선 것은 2001년으로 거슬러 올라간다. 2001년 국내 최초 연료전지 전문기업 CETI를 설립했다. CETI는 국내 최초로 1kW급 가정용 연료전지 스택 등을 개발했지만, 경영난으로 2005년 GS칼텍스에 인수된 뒤 사명을 GS퓨얼셀로 변경했다. 그리고 GS퓨얼셀이 해산되기 1년 전 GS퓨얼셀의 연료전지 개발팀이 에스에너지(S-Energy)와 손잡고 2014년에 설립한 것이 바로 에스퓨얼셀이다.

에스퓨얼셀은 연료전지 분야에서 최초 타이틀을 다수 보유하고 있다. 2003년 국내 최초로 1kW급 가정용 연료전지 시스템 개발, 2015년 국내 최초로 5kW급 건물용 연료전지(도시가스, LPG) 설비 인증(한국에너지공단), 2016년 국내 최초로 연료전지 KS 인증 및 6kW급 모듈형 연료전지 특허 출원, 2017년 국내 최초로 PG10K 3상 KS 인증, 2019년 세계 최초로 5kW 연료전지 하이브리드 시스템 개발 및 50kW IGFC 수소발전 실증운전 성공, 그리고 2020년 국내 최초로 수소연료전지 해외 시장(중국) 진출 등이다.

투자포인트 03 서울시 재개발 · 재건축에서 수소연료전지 의무 설치

에스퓨얼셀은 서울시가 추진하는 부동산 정책의 수혜주로 꼽힌다. 서울시가 재건축에서 수소연료전지 의무 설치 및 기존 건물의 비상발전기를 연료전지로 교체할 것을 추진하고 있기 때문이다. 서울시는 최근 주택 24만 채를 2025년까지 공급하겠다고 밝혔다. 추진 중인 재건축 · 재개발 단지는 489곳으로, 에스퓨얼셀의 잠재 고객이다. 에스퓨얼셀은 아파트와 빌딩, 오피스텔 등에 설치하는 건물용 연료전지가 전체 매출의 80% 이상을 차지한다.

투자포인트 04 수소경제 최선호주

에스퓨얼셀은 2020년 12월에 230억 원 규모의 신주 80만 주를 발행하는 유상증자를 실시했다. 모집가액 28,800원인 신주권은 2021년 1월에 상장했다. 드론, 지게차, 선박, 차량 등 다양한 모빌리티에 적용할 수 있는 하이브리드 연료전지 파워팩 상용화를 위한 연구개발 비용 마련을 위해서다.

에스퓨얼셀은 주력 제품인 PEMFC의 용도를 건물용에서 수송용으로 넓히고 있다. 수소드론 개발에 이어 수소지게차, 수소연료전지 선박 등으로 확대하고 있는 것이다. 에스퓨얼셀의 미래 사업전략은 주가 상승 모멘텀이 될 만큼 구체적이고 성장성이 높다. 증권가에서 에스퓨얼셀을 수소경제 최선호주 중 하나로 꼽는 이유다.

031

비나텍
KQ
126340

설립/상장	1999.07/2020.09
시가총액/순위	2,186억 원/코스닥 499위
상장주식수	5,143,207주
수익률(3/6/12개월)	-2.76/-22.62/+43.03
목표주가	49,800원
외국인보유비율	0.80%
주요 사업	축전기(슈퍼커패시터), 수소연료전지 소재(MEA) 및 부품

27.5% 성도경
9.6% 특수관계인

경영실적/지표

연도별	2018	2019	2020	2021E
매출액(억 원)	329	428	467	568
영업이익(억 원)	41	60	64	77
당기순이익(억 원)	25	44	46	68
영업이익률(%)	12.44	14.03	13.63	13.56
ROE(%)	29.7	–	14.83	14.53
부채비율(%)	232.24	147.41	85.59	–
EPS(원)	598	1,007	992	1,322
PER(배)	14.35	18.27	55.05	31.35
BPS(원)	2,383	4,281	8,544	9,973
PBR(배)	3.6	4.3	6.39	4.16
주당배당금(원)	–	–	–	–

최근 3년간 주가 추이

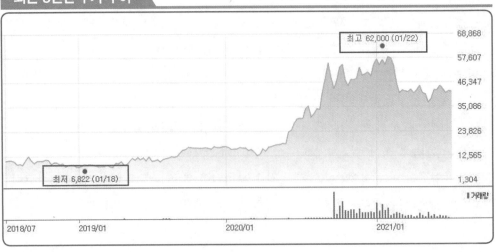

최고 62,000 (01/22)
최저 6,822 (01/18)

그린에너지로까지 적용이 확대되는 슈퍼커패시터

▶ **글로벌 슈퍼커패시터 시장 및 비나텍 슈퍼커패시터 매출 추이**

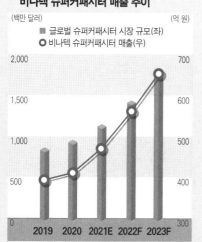

▶ **풍력 블레이드 피치 조절을 위해 슈퍼커패시터 탑재**

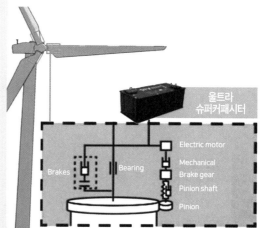

• 슈퍼커패시터는 고속 충·방전, 반영구적 수명, 높은 출력 등의 특장점으로 휴대폰 및 가전기기의 메모리 백업용 소형 제품을 중심으로 사용되어 오다 최근 SSD, GPS 트래킹 시스템, 데이터센터, 자동차 전장부품, UPS(무정전 전원공급장치), 예비전원 등을 비롯해 태양광, 풍력, 스마트미터기, ESS 등 활용 폭이 커지면서 중·대형 수요 증가.

수소연료전지의 핵심 부품 MEA 수요 증가

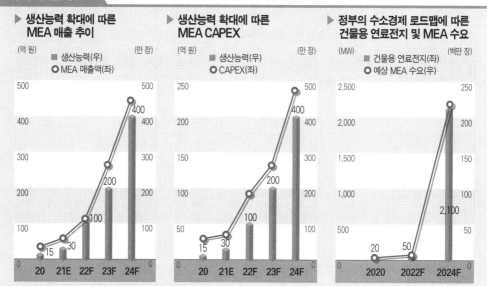

▶ 생산능력 확대에 따른 MEA 매출 추이

▶ 생산능력 확대에 따른 MEA CAPEX

▶ 정부의 수소경제 로드맵에 따른 건물용 연료전지 및 MEA 수요

• MEA는 수소차에 탑재되는 수소연료전지(PEMFC)의 핵심 소재로, 수소차 판매량 증가는 비나텍의 관련 매출에 직결.

• 비나텍은 2020년 말 기준 15만 장 수준인 MEA 생산능력을 2022년까지 100만 장으로 늘리고 2024년에는 400만 장까지 확대할 계획.

수소경제와 그린에너지를
아우르는 최선호주

투자포인트 01 👉 슈퍼커패시터 및 수소연료전지용 핵심 소재 생산

비나텍은 탄소 소재를 활용한 슈퍼커패시터(Super-Capacitor)와 연료전지스택(Fuel Cell Stack)의 소재 및 부품 사업 등을 영위한다. 1999년 전자부품 종합유통회사로 출발했으나 2003년부터 슈퍼커패시터 연구개발을 시작으로 사업 전환을 모색했다. 이어 2004년 슈퍼커패시터 제조라인을 구축하면서 본격적인 성장 발판을 마련했다.

비나텍은 2010년 세계 최초로 3.0V급 슈퍼커패시터를 양산해 업계의 주목을 받았고 2018년에는 슈퍼커패시터 수요 확대로 베트남에 공장을 설립했다. 2014년에는 수소연료전지를 구성하는 스택의 핵심 부품인 지지체, 촉매, 막전극접합체(MEA) 등을 개발해 연료전지 분야로도 진출했다. 연료전지용 지지체, 촉매, MEA를 일괄생산하는 기업은 세계에서 비나텍이 유일하다. 비나텍은 2013년 코넥스 상장 후 2020년 9월 코스닥으로 이전 상장했다.

투자포인트 02 👉 슈퍼커패시터의 넓어지는 활용 폭 주목

슈퍼커패시터는 화학반응을 이용하는 배터리와 달리 전극과 전해질에 전기 이중층을 형성하여 전기에너지를 저장하는 에너지저장장치다. 슈퍼커패시터는 다량의 전력을 일시에 저장했다가 필요에 따라 순간적으로 고출력 전기를 방출한다. 슈퍼커패시터는 고속 충·방전, 반영구적 수명, 높은 출력 등의 특성에 따라 과거에는 휴대폰 및 가전기기의 메모리 백업용 소형 제품을 중심으로 성장했다. 최근에는 SSD, GPS 트래킹 시스템, 데이터센터, 자동차 전장부품, UPS(무정전 전원공급장치), 예비전원 등을 비롯해 태양광, 풍력, 스마트미터기, ESS 등 활용 폭이 커지면서 중·대형 수요가 증가하고 있다.

투자포인트 03 중형 슈퍼커패시터 세계 1위 기업

주전원, 수송용, 에너지저장용으로 사용되는 축전용량 1,000F 이상 대형 슈퍼커패시터는 미국 맥스웰 테크놀로지가 글로벌 시장점유율 1위 업체다. 글로벌 전기차회사인 테슬라가 2019년 배터리 생산원가 절감을 위해 인수했다. 1F 이하 소형 슈퍼커패시터는 주로 메모리 백업용으로 사용되는데, 일본 파나소닉이 글로벌 시장점유율 1위에 올라있다. 비나텍은 1,000F 이하 중형 슈퍼커패시터 시장에서 글로벌 점유율 16%로 1위를 영위한다. 1,000F 이하 중형 슈퍼커패시터는 배터리 대체 및 보조전원으로 주로 사용된다.

최근 중형 슈퍼커패시터는 소형 전자기기에서부터 스마트그리드, UPS, 자동차 등 적용 분야가 확대되고 있다. 2020년 기준 비나텍의 슈퍼커패시터 월간 생산능력은 1,270만 개에 이른다. 향후 수소연료전지차(FCEV)에 기존 배터리를 대체하여 슈퍼커패시터의 탑재가 현실화되면 비나텍은 엄청난 수혜를 누리게 된다.

투자포인트 04 수소차 판매량이 매출에 직결

비나텍이 제조하는 고분자전해질연료전지(PEMFC)용 지지체, 촉매, MEA 등은 두산퓨얼셀과 에스퓨얼셀 등 국내 주요 건물용 연료전지 회사에 납품된다. 특히 MEA는 수소차에 탑재되는 수소연료전지에 반드시 필요한 부품이므로 수소차 판매량 증가는 비나텍의 관련 매출에 직결된다. 비나텍은 2020년 말 기준 15만 장 수준인 MEA 생산능력을 2022년까지 100만 장으로 늘리고 2024년에는 400만 장까지 늘릴 계획이다. 수소연료전지가 미래 에너지원으로 각광받으면서 비나텍도 선제적 설비투자에 나섰다. 전북 완주테크노밸리에 860억 원 규모의 신규 투자를 결정한 것이다. 2024년까지 산업용지 58,494m² 면적에 생산공장을 건설하고, 120여 명의 직원을 신규 채용할 계획이다. 비나텍은 2021년 1월에 먼저 108억 원 규모의 토지와 건물 등 유형자산을 매입한 바 있다.

032

이엠코리아
KQ
095190

- 13.2% 강삼수
- 86.8% 소액주주
- 100% 이엠솔루션
  수전해 수소충전소

설립/상장	1987.03/2007.10
시가총액/순위	2,206억 원/코스닥 492위
상장주식수	42,581,037주
수익률(3/6/12개월)	-3.15/-11.38/-0.38
목표주가	7,570원
외국인보유비율	0.75%
주요 사업	공작기계 부품, 방위산업, 발전설비, 환경 에너지 사업(수소충전) 등

경영실적/지표

연도별	2018	2019	2020	2021.1Q
매출액(억 원)	1,075	800	768	190
영업이익(억 원)	-13	-115	-32	4
당기순이익(억 원)	-27	-160	-24	-7
영업이익률(%)	-1.25	-14.4	-4.18	2.10
ROE(%)	-2.9	-19.8	-3.04	-4.98
부채비율(%)	108.98	145.44	123.5	116.63
EPS(원)	-67	-439	-65	-17
PER(배)	-90.63	-9.86	-90.75	-49.45
BPS(원)	2,395	2,076	2,082	2,118
PBR(배)	2.53	2.09	2.83	2.53
주당배당금(원)	–	–	–	–

최근 3년간 주가 추이

최고 11,150 (01/18)

최저 1,950 (03/20)

수소차와 수소충전소 보급은 정부 그린뉴딜 정책의 핵심

▶ **국내 수소차 및 수소충전소 보급 추이 및 전망** [( )은 내수]

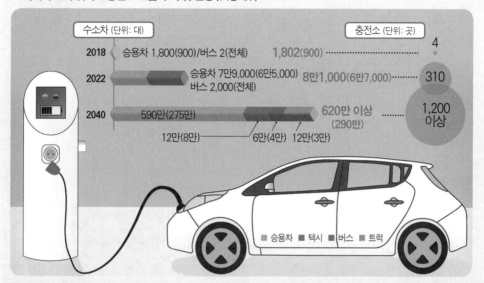

- 정부(수소경제위원회)는 전국에 수소충전소 310기를 2022년까지 보급하고, 이어 2030년까지 660기까지 늘리는 계획 발표 → 정부의 계획은 단순한 수소충전소가 아니라 신재생에너지를 활용한 '수전해' 충전소를 구축한다는 것.
- '수전해'는 물에 전류를 흘려 양극에서 산소가 음극에서 수소가 발생하도록 하는 방식으로, 수소에너지 생산 과정에서 온실가스가 전혀 배출되지 않음 → 자체 기술로 수전해 수소충전소를 구축할 수 있는 기업은 국내에 이엠코리아의 자회사인 이엠솔루션이 유일.

자회사 이엠솔루션을 통한 수소충전소 실적 반등 기대

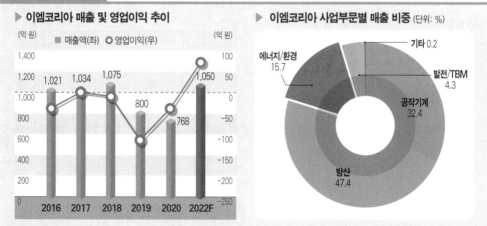

- 이엠코리아의 전체 매출에서 이엠솔루션을 통한 수소 관련 매출 비중은 15.7%(에너지, 환경)에 불과하지만, 2022년 정부의 계획대로 전국에 수소충전소 310기가 구축될 경우 큰 폭의 실적 상승 견인 → 매출 비중 80%가 넘는 기존 공작기계 및 방산 실적이 하락하지 않고 현상만 유지한다고 해도 이엠코리아의 전체 매출 크게 반등 예상.

자회사의 수전해 수소충전소 사업으로 비상

투자포인트 01 수소 관련 신재생에너지에 20년 넘는 업력

이엠코리아의 전신은 정밀기계부품 가공과 조립, 제조를 위해 1987년에 설립한 동우정밀이다. 이후 2000년 들어 신사업으로 수소가스 발생장치 개발에 성공하면서 2003년 이엠코리아를 설립해 수소 관련 신재생에너지 분야에 진출했다. 그리고 2005년에 이엠코리아는 자산 양수도 방식으로 동우정밀을 인수합병했다. 이로써 동우정밀은 해산되었고, 정밀기계부품 및 방위산업, 발전설비, 산재생에너지까지 아우르는 통합법인으로 이엠코리아가 출범했다.

이엠코리아는 전체 매출의 47% 안팎을 차지하는 방산·항공 부문이 캐시카우로서 비교적 안정적인 역할을 해오고 있다. 공작기계 부문은 코로나19 이전부터 전방산업의 위축으로 부진한 상태에 머물러 있지만, 향후 글로벌 경기 회복에 따른 실적 반등이 어렵지 않을 것으로 예상된다.

투자포인트 02 수소충전소 수주 업력이 풍부한 자회사

증권가에서는 이엠코리아의 자회사 이엠솔루션을 모회사보다 더 크게 주목한다. 이엠솔루션은 2016년 1월에 이엠코리아로부터 친환경에너지 사업부문을 물적분할해 설립했다. 이엠코리아가 지분 100%를 보유한 연결대상 종속회사다. 이엠솔루션은 수소스테이션, 수소플랜트, 음식물 및 유기성폐기물 처리장치 등에 핵심 기술을 보유한 회사로, 정부의 그린뉴딜 정책을 기반으로 성장성이 높게 점쳐진다. 이엠솔루션은 2016년 창원 수소스테이션을 시작으로, 2018년 평창·강릉과 성주, 2019년 울산과 전

주, 2020년 여수 등 여러 곳의 수소충전소 수주 업력을 보유하고 있다.

투자포인트 03 ☞ 수소경제 시대의 '황금 알을 낳는 거위'

2020년 7월에 정부(수소경제위원회)는 전국에 수소충전소 310기를 2022년까지 보급하고, 이어 2030년까지 660기까지 늘리는 계획을 발표했다. 정부의 계획은 단순한 수소충전소가 아니라 신재생에너지를 활용한 수전해 충전소를 구축한다는 것이다. '수전해'는 물에 전류를 흘려 양극에서 산소가 음극에서 수소가 발생하도록 하는 방식으로, 수소에너지 생산과정에서 온실가스가 전혀 배출되지 않는다. 자체 기술로 수전해 수소충전소를 구축할 수 있는 기업은 국내에 이엠솔루션이 유일하다. 증권가에서 이엠솔루션을 가리켜 수소경제에서 '황금 알을 낳는 거위'에 비유하는 이유가 여기에 있다.

투자포인트 04 ☞ 5년 간 적자 지속, 하지만 흑자전환은 시간문제

이엠코리아는 2020년까지 연결기준으로 5년 연속 적자를 기록했다. 이엠코리아의 연속 적자 원인은 전반적인 경기 악화 때문만은 아니다. 이엠코리아의 지속적인 적자에 자회사 이엠솔루션의 실적 부진이 '한몫'하고 있는 것이다. 이엠코리아는 이엠솔루션의 지분 100%를 보유하고 있다.

다행스러운 것은 이엠코리아의 영업손실이 2019년에 사상 최대인 115억 원에서 2020년 32억 원으로 크게 줄었다는 점이다. 같은 해 당기순손실도 24억 원으로 전년 대비 크게 감소했다. 당장 2022년부터 전국에 걸쳐 수전해 충전소 310기가 구축될 경우, 이엠솔루션이 대부분을 수주할 것으로 예상된다. 이로써 지배회사인 이엠코리아의 흑자전환 시기가 얼마 남지 않았다는 게 증권가의 분석이다.

정부는 수소경제 로드맵의 일환으로 2040년까지 수소차 620만 대 생산, 수소충전소 1,200개 소 구축을 목표로 내세우고 있다. 정부의 정책이 실현될 경우, 이엠코리아의 실적 반등은 시간문제다. 최근 정부의 그린뉴딜 정책에 따라 수소에너지가 친환경 대체 에너지원으로 주목받으면서 이엠솔루션을 자회사로 둔 이엠코리아의 주가가 자주 들썩이는 것도 같은 이유다.

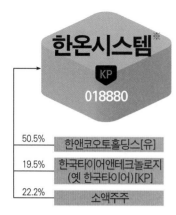

033

한온시스템

KP
018880

50.5%	한앤코오토홀딩스[유]
19.5%	한국타이어앤테크놀로지 (옛 한국타이어)[KP]
22.2%	소액주주

설립/상장	1986.03/1996.07
시가총액/순위	9조2,080억 원/코스피 44위
상장주식수	533,800,000주
수익률(3/6/12개월)	-8.52/+2.46/+81.97
목표주가	18,980원
외국인보유비율	19.23%
주요 사업	자동차 열관리 시스템 제조

※2005.07 한라비스테온공조에서 상호 변경

경영실적/지표

연도별	2018	2019	2020	2021E
매출액(억 원)	59,376	71,542	68,728	78,539
영업이익(억 원)	4,338	4,838	3,158	5,201
당기순이익(억 원)	2,837	3,226	1,135	3,506
영업이익률(%)	7.31	6.76	4.59	6.62
ROE(%)	13.83	14.98	5.09	15.61
부채비율(%)	151.25	202.99	248.63	-
EPS(원)	520	597	207	643
PER(배)	20.76	18.69	78.59	26.67
BPS(원)	3,816	4,153	3,968	4,272
PBR(배)	2.83	2.68	4.1	4.01
주당배당금(원)	320	320	320	328

최근 3년간 주가 추이

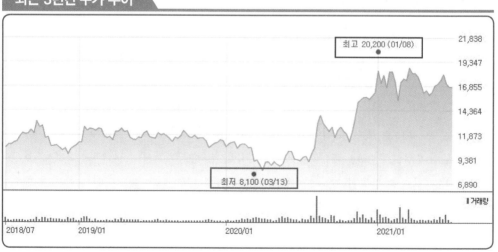

사모펀드가 지배하는 지분구조

▶ **한온시스템 지배구조도**

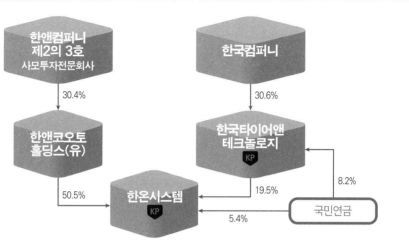

2021.03 기준

- 한온시스템의 최대주주는 2021년 3월 기준 한앤코오토홀딩스 유한회사(지분율 50.5%)이고, 2대 주주는 2019년 한국타이어에서 상호 변경한 한국타이어앤테크놀로지(지분율 19.5%). 아울러 한앤코오토홀딩스의 최대주주는 지분 30.4%를 보유한 '한앤컴퍼니 제2의 3호' 사모투자전문회사 → 결국 한온시스템은 사모펀드가 지배하는 구조.
- 한앤컴퍼니는 지금까지 수많은 M&A를 통해 성장해온 회사로, MBK파트너스, IMM프라이빗에쿼티와 함께 국내를 대표하는 사모펀드 운용사 → 2021년 3월 기준 약 9조4,000억 원 규모의 자금 보유, 계열사 총 매출 13조3,000억 원, 총 자산 24조2,000억 원.

내연기관차에서 친환경차로 매출 구조 변화

▶ **한온시스템 매출액 구성 변화 추이**

(조 원)
■ 내연기관차 관련 매출액(A, 좌) ■ 친환경차 관련 매출(B, 좌)
○ 친환경차 관련 매출 비중[B/(A+B), 우] (%)

연도	2017	2018	2019	2020	2021E	2022F	2023F	2024F	2025F	2026F
내연기관차(A)	5.2	5.4	6.4	5.6	6.3	6.1	6.2	6.2	6.2	6.1
친환경차(B)	0.4	0.5	0.7	1.3	1.6	2.3	2.7	3.1	3.6	4.2
비중(%)			19.2							40.9

- 전기차와 자율주행차 등 친환경차의 경우 열관리(공조) 역할이 중요해짐 → 2차전지로 운행하는 전기차는 배터리의 발열 관리가 매우 중요하기 때문. 배터리로 확장된 공조 영역은 모터, 반도체, 충전까지 확대.
- 친환경차용 공조시스템 관련 부품 가격이 꾸준히 상승함에 따라 한온시스템의 높은 수혜 기대.

전기차의 열관리 핵심 부품 및 글로벌 생산능력 보유

투자포인트 01 출발부터 거대했던 글로벌 차부품 기업

한온시스템의 출발은 1986년 한라그룹 계열의 만도기계와 미국 포드가 50:50 합작으로 설립한 한라공조다. 1998년 외환위기로 한라그룹의 지분을 모두 인수한 포드 산하의 부품회사 비스테온 계열로 편입되었고, 2013년에는 포드가 비스테온의 공조 부문을 분리해 한라공조와 합병시키고 사명을 '한라비스테온공조'로 변경했다. 비스테온 산하의 한라비스테온공조는 이미 5조 원 규모의 회사로 거대해졌다. 매물로 나온 한라비스테온공조의 인수에 성공한 곳은 국내 3대 사모펀드 중 하나인 한앤컴퍼니와 한국타이어의 컨소시엄이다. 2015년 한라비스테온공조 지분 70.0%를 36억 달러(3조 9,400억 원)에 인수해 큰 화제가 됐다. 인수 후 사명을 '한온시스템'으로 바꿨다.

투자포인트 02 자동차용 공조·열관리 분야 세계 2위

한온시스템은 자동차용 공조·열관리 시스템을 전문으로 생산한다. 한온시스템은 이 부문에서 일본 덴소에 이어 세계 시장점유율 2위에 올라있다. 글로벌 자동차부품사 순위로도 42위다. 국내 시장에선 50% 안팎을 점유한다. 대체로 자동차부품 업체들이 한정된 부품을 소수 거래처에 공급하지만, 한온시스템은 내연기관차용, 하이브리드차용, 친환경차용에 이르는 부품을 여러 완성차 업체에 공급한다. 현대차그룹을 비롯해 포드, 폭스바겐, GM, 피아트크라이슬러, 벤츠, BMW, 테슬라 등이 주요 고객사다. 아울러 한온시스템은 국내를 비롯한 21개국에 생산공장 51곳, 엔지니어링 시설 23곳, 연구소 3곳(한국, 독일, 미국)을 운영 중이다.

한온시스템은 2021년 2월에 국내 첫 전기차 전용 부품공장인 경주공장을 착공했다. 부지면적 총 33,000m²로 완공 후 전기차 30만 대에 해당하는 부품을 양산하는 규모다. 주 고객사인 현대차 울산공장에서 약 20km 거리에 위치해있다. 2021년 하반기부터 전기차 핵심 부품인 히트펌프 모듈, 냉각수 밸브 어셈블리 등을 양산해 2024년까지 전기차 30만 대에 공급한다. 경주공장에서 생산된 부품은 현대차의 첫 순수 전기차인 '아이오닉5'를 시작으로 2023년 출시하는 E-GMP 차종에 탑재될 예정이다.

한온시스템은 2019년에 세계 3위 자동차부품 회사인 마그나 인터내셔널의 유압·제어 사업부문을 12억 달러(한화 약 1조3,500억 원)에 인수했다. 마그나 유압·제어 사업부문은 내연기관차, 하이브리드차, 전기차 모두에 전력 효율을 향상시키는 열에너지 관리 솔루션을 제공한다. 2021년 5월에는 일본 자동차부품 회사 케이힌의 유럽과 북미 콘덴서 사업부문도 인수했다. 콘덴서는 내연기관차에서 친환경차에 이르는 모든 차량의 열교환 핵심 부품이다. 한온시스템은 이로 인한 연 매출 증가액이 600~700억 원 규모로 예상된다.

한온시스템은 친환경차용 공조·열관리 부문 사업 확대로 연간 10조 원 이상의 신규 수주를 올리고 있다. 또한 토지·건물 약 4,000억 원, 기계장치 1조 원, 매출채권 1조1,000억 원, 금융자산 1조5,000억 원을 보유하는 등 재무적으로 여유가 있어 보인다. 하지만 최근 한온시스템은 생산능력 확충 및 인수·합병에 따른 대규모 투자로 재무적 불안감이 지적되고 있다. 2021년 3월 기준 한온시스템의 총차입금은 3조3,209억 원이다. 부채비율은 242.6%, 순차입금의존도는 27.9%이다. 한온시스템의 순차입금의존도는 2019년 28.7%, 2020년 26.8%로 줄곧 25%를 넘어섰다. 국내 신용평가사들은 2021년 5월 기준 한온시스템의 신용등급을 '부정적'이라고 밝혔다. 다만 업계에서는 글로벌 완성차 시장이 2021년부터 성장세를 보이고 있는 바, 한온시스템의 생산능력과 해외 영업력을 견줘보건대, 2021년 이후 재무안정성을 회복할 것으로 전망하고 있다.

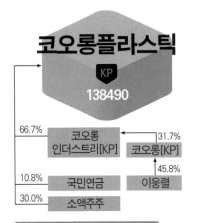

034

코오롱플라스틱

KP
138490

66.7% → 코오롱 인더스트리[KP] ← 31.7% 코오롱[KP]
10.8% 국민연금
45.8% 이웅렬
30.0% 소액주주

설립/상장	1996.03/2011.06
시가총액/순위	2,466억 원/코스피 565위
상장주식수	38,000,000주
수익률(3/6/12개월)	+23.00/+75.06/+104.42
목표주가	12,500원
외국인보유비율	1.81%
주요 사업	엔지니어링 플라스틱 제조, 가공 및 판매

경영실적/지표

연도별	2018	2019	2020	2021E
매출액(억 원)	3,213	3,303	2,952	4,150
영업이익(억 원)	194	103	39	280
당기순이익(억 원)	123	54	30	240
영업이익률(%)	6.03	3.12	1.31	6.75
ROE(%)	6.28	2.75	1.51	11.45
부채비율(%)	72.78	71.37	60.36	–
EPS(원)	324	143	79	632
PER(배)	17.34	31.33	57	12.4
BPS(원)	5,189	5,200	5,217	5,816
PBR(배)	P1.08	0.86	0.86	1.35
주당배당금(원)	120	70	–	50

최근 3년간 주가 추이

최고 8,850 (06/25)

최저 1,965 (03/27)

거래량

2018/07 2019/01 2020/01 2021/01

자동차 경량화 소재 '엔지니어링 플라스틱' 주목

▶ 전기차 소재 적용량 추이

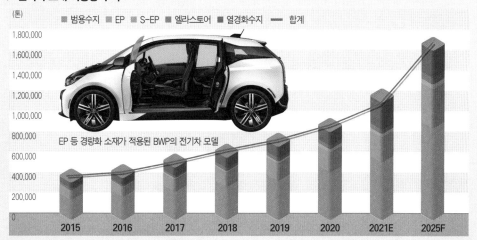

EP 등 경량화 소재가 적용된 BWP의 전기차 모델

- 전기차의 특성상 자동차 경량화 소재 적용이 필수 → 전기차 소재 중 '엔지니어링 플라스틱(EP)' 적용량 급증 추세.
- EP 중에서도 특히 POM 제품은 강도와 탄성이 좋고 가공 후 표면이 매끄러워 활용 범위가 매우 넓음 → 코오롱플라스틱은 국내에서 유일하게 POM 생산업체.

자동차에 경량화 소재 적용 범위 확대

▶ 자동차의 파워트레인에 엔지니어링 플라스틱(EP)이 사용되는 범위

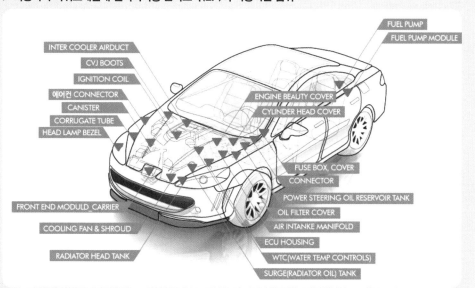

- 코오롱플라스틱의 EP 가운데 POM(폴리옥시메틸렌)의 경우, 내연기관차에서는 범퍼 브래킷, 안전띠 버튼, 창문 구동장치 등에 사용. 하이브리드차에서는 주로 연료계에 사용되고, 전기차에서는 전기·전자부품의 모터 기어류에 사용. 이밖에도 PA는 배터리와 전자부품에, PBT는 전기차의 고전압 부품에 주로 사용.

전기차의 경량화
핵심 소재 제조

투자포인트 01 지배회사로부터 플라스틱 사업 인수

코오롱플라스틱은 1996년 3월 코오롱그룹과 일본 도레이(Toray)가 합작해 설립한 KTP(Kolon Toray Plastics)로 출범했다. 1997년 주력 제품인 폴리옥시메틸렌(POM) 공장을 완공해 1998년부터 'KOCETAL'이라는 상표로 POM의 상업생산을 시작했다. 코오롱플라스틱이 본격적으로 성장하기 시작한 것은 2008년 코오롱그룹 내 계열사인 코오롱인더스트리의 플라스틱 사업부문을 인수하고부터다. 플라스틱 사업부문과 시너지가 생기면서 실적과 생산능력이 큰 폭으로 상승한 것이다. 이때 도레이와 합작을 종료하고 사명도 코오롱플라스틱으로 변경했다. 코오롱플라스틱은 김천1공장, 김천2공장, 구미공장 등 3개 생산공장을 통해 2020년 기준 67,000톤의 POM 생산능력을 보유하고 있다.

투자포인트 02 국내 유일의 POM 제조업체

코오롱플라스틱은 엔지니어링 플라스틱(EP)을 전문적으로 생산하는 회사다. 엔지니어링 플라스틱이란 금속을 대체할 목적으로 개발된 플라스틱 소재로, 일반 플라스틱과 비교해 내열성, 인장강도, 굴곡탄성 등이 뛰어나 자동차부품, 기계 및 고기능 전기·전자기기의 핵심 소재로 주목받고 있다. EP 중에서도 특히 POM 제품은 강도와 탄성이 좋고 가공 후 표면이 매끄러워 활용 범위가 매우 넓다. 코오롱플라스틱은 국내에서 유일하게 POM을 생산한다. 코오롱플라스틱의 제품은 경쟁사 대비 휘발성 유기화합물을 25% 수준으로 줄인 친환경 제품으로 평가받는다. 아울러 코오롱플라스틱

은 POM을 기본소재로 하여 첨가제 등을 혼합해 플라스틱 소재의 특성을 보강한 컴파운드(compound) 제품 생산에도 강점이 있다.

투자포인트 03 수백 가지의 EP를 공급할 수 있는 생산능력

코오롱플라스틱은 코오롱인더스트리의 플라스틱 사업부문을 인수한 덕분에 다양한 포트폴리오를 구축하고 있다. 따라서 수요처에서 요구하는 수백 가지의 EP를 공급할 수 있는 생산능력을 갖추고 있다. 특히 자동차 전장화·경량화 추세 및 친환경차부품 수요가 늘어남에 따라 관련 시장에 선제적으로 대응하고 있다. 코오롱플라스틱의 EP 가운데 POM의 경우, 내연기관차에서는 범퍼 브래킷, 안전띠 버튼, 창문 구동장치 등에 사용된다. 하이브리드차에서는 주로 연료계에 사용되고, 전기차에서는 전기·전자 부품의 모터 기어류에 쓰인다. PA(폴리아미이드)는 배터리와 전자부품에, PBT(폴리뷰틸 렌테레프탈레이드)는 전기차의 고전압 부품에 주로 사용된다.

투자포인트 04 2021년 실적 회복 시그널

코오롱플라스틱은 2020년 연결기준 매출액 2,952억 원(-10.6% yoy), 영업이익 39억 원(-62.6% yoy), 당기순이익 30억 원(-44.9% yoy)을 기록했다. 코로나19 여파로 전방산업인 자동차와 전자기기 업황이 부진했던 탓이다. 다만 2020년 4분기에는 매출액과 영업이익이 큰 폭으로 반등했다. 2020년 4분기 매출액은 866억 원(+12.8% yoy), 영업이익은 57억 원(+6,850% yoy), 당기순이익은 64억 원(+966% yoy)이다. 2021년 1분기에도 매출액 954억 원(+7.7%), 영업이익 68억 원(+19.3%)으로 상승세를 이어갔다.

증권가는 코오롱플라스틱의 실적 및 수익성 개선 전망에 매우 긍정적인 입장이다. 유럽과 미국 등 글로벌 자동차 업황이 반등하면서 코오롱플라스틱의 주력 제품인 POM 수요가 큰 폭으로 상승할 것으로 보고 있다. 원자재 가격이 오르면서 판매가격도 함께 상향될 가능성이 높다. 이 경우 매출액 대비 영업이익률이 예년 수준(2018년 6%대)으로 회복하긴 힘들 전망이다. 그럼에도 불구하고 증권가에서는 코오롱플라스틱의 성장가치를 고려해 목표주가를 상향 조정하고 있다.

035

[투자 해시태그] #플라스틱부품 #파인블랭킹 #전기차감속기

삼보모터스
KQ
053700

12.6%	이재하	
9.3%	삼보에이앤티	
9.1%	보고파워	92.7%
6.8%	삼보프라텍	87.5%

설립/상장	1987.09/2001.11
시가총액/순위	1,297억 원/코스닥 800위
상장주식수	18,013,928주
수익률(3/6/12개월)	+11.11/+21.31/+88.41
목표주가	10,500원
외국인보유비율	0.00%
주요 사업	자동변속기 부품 및 파이프류 등 자동차 부품 제조

경영실적/지표

연도별	2018	2019	2020	2021.1Q
매출액(억 원)	9,459	9,395	9,416	2,495
영업이익(억 원)	130	-107	162	32
당기순이익(억 원)	43	-155	-112	45
영업이익률(%)	1.37	-1.14	1.72	1.28
ROE(%)	2.08	-7.41	-3.12	-1.14
부채비율(%)	248.72	271.07	299.27	279.93
EPS(원)	283	-914	-366	277
PER(배)	25.8	-5.67	-17.57	-50.50
BPS(원)	13,858	12,673	12,042	12,114
PBR(배)	0.53	0.41	0.53	0.58
주당배당금(원)	70	–	–	–

최근 3년간 주가 추이

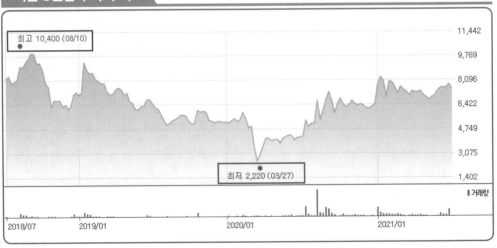

자동차 경량화 소재 관련 플라스틱부품 사업 주목

▶ **삼보모터스 사업부문별 매출 및 비중** (2020년 연결기준, 단위 : 억 원, %)

사업부문	품목	매출액
자동변속기 부품	자동변속기 구동 플레이트	665
파이프	에어, 워터, 오일 등 이송 파이프류	2,240
플라스틱부품	범퍼, I/P, 필러 등 자동차 내·외장 플라스틱	5,659
금형	자동차부품 제작용 금형	836
튜닝	자동차 튜닝	16
계		9,416

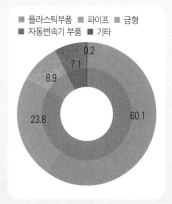

■ 플라스틱부품 ■ 파이프 ■ 금형
■ 자동변속기 부품 ■ 기타

0.2
7.1
8.9
23.8
60.1

- 삼보모터스의 주력 제품은 자동차의 자동변속기용 정밀 프레스부품인 플레이트와 엔진 및 연료 시스템 등에 탑재되는 파이프류, 플라스틱 내·외장재, 전기차 감속기 등임.
- 최근 전기차 시장이 급격하게 커지면서 차량 경량화 소재인 플라스틱부품 사업의 매출 비중이 가장 높은 것에 주목.
- 2015년에 독일 메르세데스 벤츠 전문 튜닝업체 '칼슨'을 인수해 고부가가치 산업인 튜닝 시장으로 사업영역 확대.

자동차부품 40년 업력으로 다양한 제품 개발 · 생산

▶ **삼보모터스가 커버하는 자동차부품 레퍼런스**

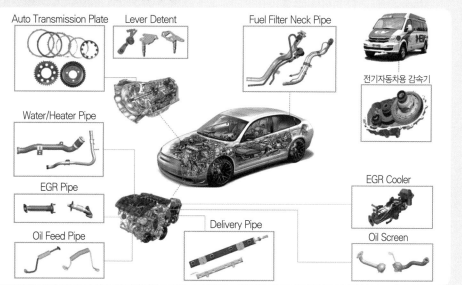

Auto Transmission Plate
Lever Detent
Fuel Filter Neck Pipe
전기자동차용 감속기
Water/Heater Pipe
EGR Cooler
EGR Pipe
Delivery Pipe
Oil Feed Pipe
Oil Screen

- 자동차용 자동변속기, 전기차용 감속기, 각종 파이프류 생산에 강점.
- 자회사 프라코를 통해 범퍼, 패널, 필러, 가니쉬 등 다양한 플라스틱 제품 생산.
- 수소연료전지차에 적용되는 스택(stack)의 핵심 부품인 금속분리판, 현대차그룹 납품 임박.

전기차 감속기 및 경량화 핵심 기술 보유

투자포인트 01 👉 **매출액 1조 원 달성 눈앞**

자동차용 자동변속기 부품과 파이프류 전문업체인 삼보모터스는 1977년 삼협산업으로 출발해 초기에는 주로 자전거부품인 튜브를 생산했다. 1994년 국내 최초로 자동변속기 부품 국산화에 성공하며 자동차부품 시장에 성공적으로 입성했다. 2004년에 사명을 삼보모토스로 변경했다. 삼보모토스는 2010년 5월에 태양전지 및 IT솔루션 사업을 영위하던 티지에너지의 지분을 인수해 최대주주로 경영권을 확보했다. 같은 해 9월에 티지에너지가 삼보모토스를 흡수합병하되 삼보모토스가 실질적인 존속회사가 되면서 코스닥에 우회상장을 했다. 2012년에 현재의 삼보모터스로 상호를 변경했다.

삼보모터스는 설립 후 40여 년만인 2020년 연결기준 매출액 9,416억 원으로 1조 원을 바라보는 중견기업으로 성장했다. 현재 국내 7개 법인, 해외 6개 법인, 4개 영업지사를 포함해 모두 17개의 사업장을 운영하고 있다.

투자포인트 02 👉 **금속가공 기술 '파인블랭킹' 보유**

삼보모터스의 주력 제품은 자동차 자동변속기용 정밀 프레스 부품인 플레이트와 엔진 및 연료 시스템 등에 탑재되는 파이프류, 플라스틱 내·외장재, 전기차 감속기 등이다. 삼보모터스가 보유한 핵심 기술은 파인블랭킹(Fine Blanking)이다. 파인블랭킹은 한 번의 공정으로 소재 두께 전체에 걸쳐 더 이상의 가공이 필요 없는 깨끗한 전단면을 얻을 수 있는 금속가공 기술이다. 덕분에 자동변속기용 플레이트 및 파이프류의 현대차그룹향 점유율이 85%에 달한다. 2015년에는 독일 메르세데스 벤츠 전문 튜닝

업체 '칼슨'을 인수해 고부가가치 산업인 튜닝 시장으로 사업영역을 확대했다.

투자포인트 03 미국 테슬라에 전기차 감속기 공급

삼보모터스는 전기차용 핵심 부품에서 수소연료전지 부품으로까지 사업영역을 확대해 미래 친환경차 부품 개발에 전력을 쏟고 있다. 2015년에 내연기관차의 변속기에 해당하는 전기차 감속기 개발 및 양산에 성공하면서 첫 성과를 올렸다. 곧이어 2016년에 미국 전기차 회사 테슬라로부터 수주에 성공했다. 2018년에는 스마트·지능형 자동차부품 터치패널 및 자율주행차의 차간거리 조정 시스템 등도 개발했다.
삼보모터스는 2020년에 미국 GM과 2022년부터 2027년까지 연간 40~50억 원(총 200억 원) 규모의 전기차용 모터냉각 부품 공급계약을 체결하면서 새로운 전기를 마련했다. 삼보모터스가 납품하는 냉각 부품은 전기차용 모터를 효과적으로 냉각시켜 줄 수 있는 쿨링 모듈 형태로, GM이 향후 공개할 신형 전기 픽업트럭에 탑재될 예정이다.

투자포인트 04 현대차의 수소차에 금속분리판 납품 준비

삼보모터스는 주요 고객사인 현대차를 대상으로 수소연료전지차에 적용되는 스택(stack)의 핵심 부품인 금속분리판 개발에 주력하고 있다. 이미 2020년 말에 금속분리판 관련 기술을 확보했고, 이어 본격적인 양산을 위한 생산설비 확보 등 사전작업이 한창 진행 중이다. 삼보모터스의 금속분리판은 2022년 출시 예정인 현대차의 수소차 '넥쏘(Nexxo)' 2세대에 적용될 것으로 보인다. 현대차에 수소 금속분리판을 공급하는 회사는 현대제철-현대모비스 계열과 세종공업이 있다. 삼보모터스가 납품 승인을 받게 되면, 세 번째 납품 업체가 된다.

투자포인트 05 자회사 프라코, 현대·기아차에 자율주행차 부품 납품

삼보모터스는 연결 종속 계열회사로 모두 8개 회사를 두고 있다. 삼보모터스를 제외

하면 모두 비상장 법인이다. 이 가운데 '프라코(PLAKOR)'는 삼보모터스가 100%의 지분을 보유하고 있는 자동차부품 및 금형 생산업체로, 자동차용 범퍼, 인스트루먼트 패널, 필러, 가니쉬 등 다양한 플라스틱 제품을 만든다. '나전'은 삼보모터스가 43.2%, 프라코가 56.8%의 지분을 보유한 손자회사로, 프라코와 동종 사업을 영위한다. 삼보모터스는 2013년에 일본 아크(ARKK)의 계열회사였던 프라코와 나전을 인수했다. 인수대금은 900억 원 안팎인 것으로 알려졌다.

삼보모터스는 프라코와 나전 인수를 통해 매출과 자산 규모가 3배가량 커졌다. 프라코의 주 고객사는 현대·기아차로 전체 매출액에서 차지하는 비중이 40%다. 현대·기아차의 7개 차종에 자율주행차 핵심 부품인 '스마트 크루즈 컨트롤(SCC) 커버'를 공급한다.

채크포인트 🔊 지배구조 재편 추진

삼보모터스는 창업자인 이재하 대표이사가 2세들이 소유한 회사를 중심으로 그룹의 지배구조 재편을 추진하고 있는 것으로 보인다. 비상장사 보고파워를 삼보모터스의 지배회사로 만들어가기 위해 전환사채(CB) 매도청구권(콜옵션) 권리를 자녀 소유 회사로 배정하기도 했다. 비상장사 삼보프라텍은 2021년 3월 이재하 대표이사에 의해 콜옵션 매수인으로 지정되었고 매입한 콜옵션을 행사해 권면 총액 35억 원 규모의 삼보모터스 9회차 CB 전환청구권을 확보했다. 이후 전환청구권을 행사해 삼보모터스 지분 4.08%를 추가 취득했다.

삼보프라텍이 가진 지분은 6.78%로 상승했다. 이재하 대표이사 형제들로부터 삼보모터스 지분을 꾸준히 넘겨받는 등 지분을 5% 이상 보유한 삼보에이앤티, 삼보프라텍은 모두 보고파워의 자회사다. 보고파워는 이 대표이사의 세 딸과 보고파워 자사가 지분을 나눠 갖고 있다. 외부인이 개입할 여지는 없어 보인다. 보고파워는 별도기준 자산총계 250억 원 규모로 고철·철자재 수집 판매·가공처리 및 부동산 임대 사업을 하는 회사다. 보고파워와 자회사가 삼보모터스 지배력을 늘리며 2세 승계 구심점 역할을 하고 있다. 창업자인 이 대표이사에게서 경영권을 물려받을 후계자 윤곽은 미지수다. 삼보모터스 이사회에 등기임원으로 이름을 올린 자녀는 아직 없다.

▶ **삼보모터스 지배구조도** (2021년 4월 2일 기준)

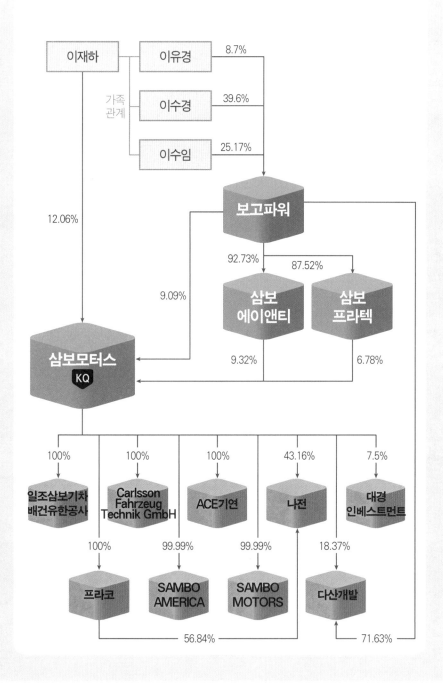

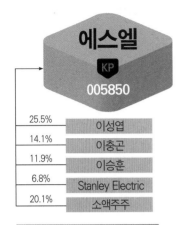

에스엘
KP
005850

25.5%	이성엽
14.1%	이충곤
11.9%	이승훈
6.8%	Stanley Electric
20.1%	소액주주

설립/상장	1968.11/1988.11
시가총액/순위	1조7,353억 원/코스피 160위
상장주식수	48,203,277주
수익률(3/6/12개월)	+60.54/+120.31/+225.45
목표주가	39,800원
외국인보유비율	16.82%
주요 사업	자동차 램프 및 섀시 제조

경영실적/지표

연도별	2018	2019	2020	2021E
매출액(억 원)	15,986	22,622	25,050	30,674
영업이익(억 원)	46	436	932	2,159
당기순이익(억 원)	252	871	642	1,783
영업이익률(%)	0.29	1.93	3.72	7.04
ROE(%)	2.5	7.25	4.74	11.92
부채비율(%)	69.18	64.91	64.12	–
EPS(원)	743	1,921	1,362	3,676
PER(배)	26.87	9.45	11.93	10.16
BPS(원)	29,693	29,291	30,605	33,972
PBR(배)	0.67	0.62	0.53	1.10
주당배당금(원)	400	400	500	529

최근 3년간 주가 추이

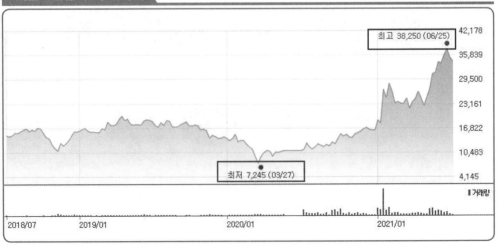

자동차 헤드램프 글로벌 영업망 및 생산능력 보유

▶ **에스엘 지역별 매출 비중** (단위 : %)

▶ **에스엘 거래처별 매출 비중** (단위 : %)

▶ **에스엘, 글로벌 생산법인별 가동률** (단위 : 만 대)

국내외 생산법인	생산가능수량	실제생산수량	가동률
한국	353	326	92.4%
SL America Inc	101	75	74.3%
SL Lumax Industries Limited	93	71	76.3%
SL AP PRIVATE LIMITED	19	18	94.7%
에스엘아시아태평양지주회사	86	49	57.0%
SL DO BRASIL COMERCIO	37	24	64.9%
계	689	563	81.7%

- 에스엘은 2020년 기준 한국을 비롯해 중국, 북미, 인도 등 6개국에 걸쳐 총 18개 계열회사에서 24개 생산공장 운영.
- 주요 고객사는 현대·기아차, GM(미국·한국·중국·브라질), 포드(미국·유럽), 르노(한국) 및 중국 로컬업체인 둥펑, 상하이, 지리, 창안, 장링 등. 에스엘은 GM이 시상하는 '올해의 우수 협력사'에 23년째 선정.

LED램프, 전기차의 기본사양으로 적용 예상

▶ **에스엘 LED램프 생산 비중 증가 추이**

(%)
■ LED ■ 할로겐

2019	2020	2021E	2022F	2023F	2024F	2025F
21	31	39	45	47	50	54

- 에스엘은 2009년 국내 최초로 헤드램프 광원으로 LED 상용화에 성공해 현대차 '에쿠스 리무진'에 장착.
- 럭셔리 차종 위주로 LED램프가 적용되면서 평균판매단가(ASP) 상승.
- 헤드램프 내 LED 비중은 2019년 21%에서 2020년 31%, 2025년 54%까지 증가 예상.

에스엘 투자리포트

자동차 헤드램프 하나로
연매출 2조 원

투자포인트 01 자동차 헤드램프 업력 40년 회사

에스엘은 자동차 헤드램프 하나로 2조 원이 넘는 매출을 올리는 회사다. 전신은 1954년 대구 칠성동에서 설립한 삼립자동차공업이다. 1958년 국내 최초로 자전거부품인 허브와 밴드브레이크를 생산했고, 1961년에 국내 최초로 자전거용 램프 개발에 성공했다. 1981년 일본 STANLEY전기와 자동차 헤드램프 기술 제휴를 통해 자동차부품 개발에 주력하게 되면서 1983년 자전거 사업에서 완전히 철수하고 자동차부품 전문기업으로 전환했다. 2004년에 삼립산업에서 에스엘로 상호를 변경했다.

투자포인트 02 현대차의 설립 원년부터 지금까지 거래처 관계 유지

에스엘은 설립한 지 65년이 지났지만 여전히 자동차용 램프, 섀시, 미러 등 일부에만 집중하는 전문 OEM기업의 길을 걷고 있다. 에스엘은 1967년에 설립한 현대차에 1969년부터 헤드램프를 납품하게 되면서 도약의 전기를 마련했다. 현대차는 에스엘의 기술력을 신뢰하며 지금까지 견고한 협력관계를 유지하고 있다.

에스엘의 국내 헤드램프 시장점유율은 2020년 기준 66.9%로, 독보적인 1위에 올라있다. 해마다 1.5%p 증가하며 경쟁업체를 압도하고 있다. 에스엘은 전체 글로벌 임직원 약 11,400명의 13%인 약1,500명(한국 1,037명)이 R&D 인력일 만큼 기술 고도화에 집중하는 회사다. 1986년에 국내 최초로 자동차부품 연구개발을 위한 기술연구소를 세우기도 했다. 현재는 국내를 비롯해 미국, 중국, 인도 등에 현지 엔지니어링 센터를 운영하고 있다.

투자포인트 03 전기차에도 LED램프가 기본사양화

증권가에서 에스엘을 주목하는 이유는 LED램프다. 에스엘은 현대·기아차 뿐 아니라 미국 GM의 전기차에도 LED램프를 납품하고 있다. 향후 LED램프가 전기차의 기본사양으로 장착될 전망이다. LED램프는 할로겐램프 대비 전력 소모가 1/3 수준이고, 이산화탄소 배출량도 2/5 정도로 탁월하다.

에스엘은 2021년 2분기부터 향후 2년간 미국공장에서 6개 차종에 LED램프를 신규 납품할 예정이다. 현대차 '투싼'(2021년 3월 생산), 픽업트럭 '싼타크루즈'(2021년 6월 생산), GM 소형 SUV 'Terrain'(2021년 3월 생산), 픽업트럭 'Sierra'(2022년 1월 생산), 픽업트럭 '콜로라도'(2023년 1분기 생산) 등이다.

아울러 전기차용 LED램프도 같은 기간 6개 차종에 신규 납품할 예정이다. 현대차 '아이오닉5'(2021년 3월 생산), '아이오닉6'(2022년 1분기 생산), 기아차 'EV6'(2021년 7월 생산), '니로' 후속 모델(2022년 1분기 생산) 및 GM 'Bolt F/L'(2021년 8월 생산), '리릭 EV'(2022년 1분기 생산) 등이다. 특히 현대·기아차의 전기차 전용 플랫폼인 E-GMP 기반 신차들의 LED램프를 수주한 점은 매우 고무적이다.

투자포인트 04 자율주행차 기술로 지능형 헤드램프 개발

에스엘은 자율주행차 시대에 맞춰 ADAS 제품 개발로 사업영역을 확장하고 있다. 최근 자율주행차의 각종 센서와 자사가 보유한 제품을 융합시키는 이른바 '통합램프'를 설계해 가시적인 성과를 냈다. 차량 전면에 장착된 카메라가 도로 상황을 감지하여 신호를 보내면 램프에 장착된 전자 시스템을 통해 램프 스스로 상황에 맞춰 작동되는 지능형(능동형) 헤드램프가 대표적인 예다. 현대차 제네시스 SUV 모델인 'GV80'에 지능형 헤드램프 시스템(IFS, Intelligent Front System)이 장착되었다. IFS는 야간주행 중 카메라 기술을 이용하여 자동으로 선행차와 대향차의 눈부심 없는 'Glare Free High Beam'을 구현한다. 아울러 보행자 보호를 위한 'Back-up Guide Lamp'를 세계 최초로 개발하여 양산 중이다. 이밖에도 어라운드 뷰 모니터링 시스템(AVM), 전방표시장치(HUD), 차량용 무선충전기, 능동형 공기유입 제어장치(AAF) 등 다양한 제품을 개발·양산하고 있다.

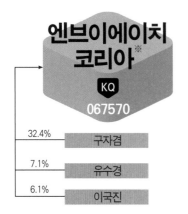

037

엔브이에이치
코리아 ※

KQ

067570

32.4%	구자겸	
7.1%	유수경	
6.1%	이국진	

설립/상장	1984.01/2013.12
시가총액/순위	1,656억 원/코스닥 631위
상장주식수	32,543,588주
수익률(3/6/12개월)	+2.14/+36.81/+134.98
목표주가	8,770원
외국인보유비율	1.48%
주요 사업	자동차부품(헤드라이너, NVH) 제조

※2001.06 일양산업에서 상호 변경

경영실적/지표

연도별	2018	2019	2020	2021.1Q
매출액(억 원)	6,220	8,263	9,591	2,289
영업이익(억 원)	30	269	282	77
당기순이익(억 원)	-160	124	-118	8
영업이익률(%)	0.49	3.26	2.94	3.37
ROE(%)	-12.11	7.06	-9.91	2.28
부채비율(%)	305.46	334.45	243.56	241.32
EPS(원)	-595	336	-473	6
PER(배)	-3.6	8.25	-8.1	47.87
BPS(원)	4,977	5,200	4,765	4,501
PBR(배)	0.43	0.53	0.8	1.16
주당배당금(원)	100	50	75	-

최근 3년간 주가 추이

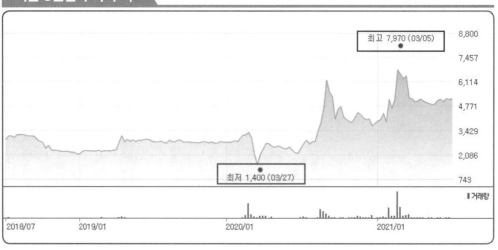

자동차부품 및 자회사 사업(클린룸 등)에서 고른 매출 실현

▶ 연간 매출액 및 영업이익 추이

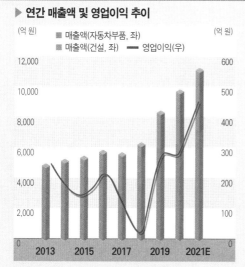

(억 원)
- ■ 매출액(자동차부품, 좌)
- ■ 매출액(건설, 좌) — 영업이익(우)

▶ 사업부문별 매출처 비중

[2020년 연결기준, 단위 : %, ( )안은 매출액(억 원)]

- ■ 자동차부품
- ■ 건설(클린룸 등)

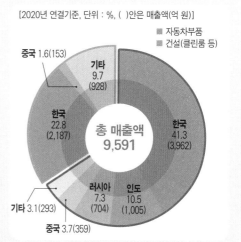

총 매출액 9,591

중국 1.6(153)
기타 9.7 (928)
한국 22.8 (2,187)
한국 41.3 (3,962)
기타 3.1(293)
중국 3.7(359)
러시아 7.3 (704)
인도 10.5 (1,005)

- 2020년 연결기준 매출액은 전년 대비 16.1% 늘어난 9,591억 원, 영업이익은 9.2% 늘어난 282억 원 기록, 당기순손실은 118억 원으로 적자전환 → 적자전환은 주로 러시아 법인의 루블화 약세와 순이자비용 때문으로 분석.
- 2021년에는 순이자비용 및 CB 잔액 감소, 영업실적 회복 및 2020년 3분기부터 나타난 재무구조 개선 흐름이 이어질 것으로 전망.
- 글로벌 완성차 업황 회복에 따른 해외법인 생산 증대와 자회사의 전기차 배터리 조립 신규 매출, 그리고 반도체 및 2차전지 관련 수주 증가 등 실적 향상에 우호적인 요인 주목.

현대차의 전기차 생산 계획에 따라 실적과 주가 영향

▶ 현대차 '아이오닉5' 2021년 출시계획대수 및 예약대수

(대)

26,500 33,000

출시계획대수 예약대수

현대차의 순수전기차 '아이오닉5'

▶ 현대차그룹 내 HL·NVH 점유율

(단위: %)

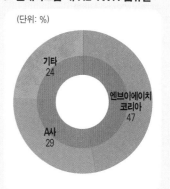

기타 24
엔브이에이치 코리아 47
A사 29

- 엔브이에이치코리아의 자회사 엔브이에이치배터리시스템이 현대차의 전기차 전용 E-GMP 플랫폼에 배터리 모듈 팩 납품 개시 → 현대차의 '아이오닉5'에 탑재될 예정.
- 현대차의 순수전기차 '아이오닉5'의 예약대수는 2021년 5월 31일 기준 33,000대로, 출시계획대수인 26,500대를 훌쩍 넘김.
- 현대차그룹은 2025년까지 E-GMP 기반 신차 22종을 출시해 연간 100만 대 판매 계획.

현대차그룹의
전기차 판매 급증 수혜주

투자포인트 01 　친환경차 시대에 저소음 자동차부품 기술 중요

NVH는 Noise, Vibration, and Harshness의 약자로, 자동차에서 귀로 느껴지는 소음과 몸으로 느껴지는 진동 중에서 특히 자동차부품에서 발생하는 모든 주파수의 소음과 진동을 가리킨다. 최근 전기차와 수소차 등 친환경차의 등장으로 내연기관차보다 월등한 저소음이 실현되면서 NVH는 자동차부품 업계에서 중요한 과제가 되었다.

자동차용 내장재 부품회사인 엔브이에이치코리아는 사명에 NVH를 달고 있듯이 차량용 헤드라이너(HL) · NVH 부품 전문업체다. HL과 NVH 외에도 도어트림, 엔진제어 부품인 냉각수온조절장치, 엔진룸 흡차음제와 커버 등을 생산한다.

투자포인트 02 　현대 · 기아차에 맞춰 전 세계에 생산라인 운영

엔브이에이치코리아의 시작은 1984년 설립한 일양산업에서 비롯한다. 일양산업은 국내 최초로 레진 펠트(Resin Felt)를 생산한 곳이다. 레진 펠트는 재활용 섬유와 열경화성수지를 혼합해 부직포 형태의 펠트로 제조한 것으로, 자동차 내장부품의 성형소재로 사용된다. 1995년 경주공장 완공을 계기로 헤드라이너 생산을 시작했고, 2001년에 상호를 엔브이에이치코리아로 변경했다.

중국 양주와 강소, 러시아, 독일, 체코, 폴란드 등 해외 생산거점에 현지법인을 설립해 현대 · 기아차 및 글로벌 완성차 업체에 부품을 납품해오고 있다. 2020년 말 연결기준 21개의 종속회사를 거느리고 있으며, 사업부문별 매출 비중은 자동차부품이 65.9%, 건설(클린룸)이 34.1%다.

현대차의 전기차 '아이오닉5'에 배터리 모듈 팩 탑재

엔브이에이치코리아는 2020년 9월에 엔브이에이치배터리시스템을 설립해 전기차 배터리(2차전지)용 모듈 팩 사업을 시작했다. 자동차 소음 조절 모듈에 배터리 모듈을 더해 기존 내연기관차에서 친환경차로까지 사업영역을 확대한 것이다. 친환경차 시장이 커지면서 이들 차량에 사용되는 배터리에 대해 능동적인 열관리 기술 수요가 늘어난 것이 시장 진출의 배경이다.

엔브이에이치배터리시스템은 이미 현대차의 전기차 전용 E-GMP 플랫폼에 배터리 모듈 팩 납품을 개시했다. 현대차의 첫 순수전기차 '아이오닉5'에 탑재될 예정이다. '아이오닉5' 출시 당시 엔브이에이치코리아의 주가가 급등한 이유가 여기에 있다. 현대차의 전기차 생산 계획이 엔브이에이치코리아의 주가에 적지 않은 영향을 끼치고 있음을 알 수 있다. 엔브이에이치배터리시스템은 현대모비스와 현대차가 설계한 배터리 모듈 팩의 조립 공정을 담당해 연간 10만 대 규모를 납품할 예정이다. 현대차그룹은 2025년까지 E-GMP 기반 신차 22종을 출시해 연간 100만 대를 판매할 계획이다.

투자포인트 04 자회사 원방테크 및 원방삼현 주목

엔브이에이치코리아는 2018년부터 사업다각화를 위해 자동차부품 이외의 시장에 진출했다. 2018년 HVAC(Heating, Ventilation, Air Conditioning) 전문업체인 원방테크를 인수해 클린룸 및 드라이룸 사업에 나섰다. 삼성전자와 SK하이닉스 등 주요 반도체 업체 및 국내 배터리 3사 등이 주 거래처다. 최근 SK이노베이션의 미국 조지아공장에 클린룸과 드라이룸을 설치하기도 했다. 클린룸과 드라이룸은 반도체와 2차전지 등의 제조과정에서 먼지와 온도, 습도 등을 통제하는 매우 중요한 공간시설이다. 원방테크가 배터리용 드라이룸을 맡고, 엔브이에이치코리아는 배터리모듈 조립과 패키징을 담당하는 '밸류체인'을 구축한 것이다.

2019년에는 또 다른 자회사 원방삼현을 통해 교량건설 전문업체인 삼현에이치를 인수해 교량 거더(girder) 사업에도 뛰어들었다. 국토교통부 산하 5대 지방국토관리청을 비롯해 한국도로공사, 한국철도시설공단 등 공기업과 지방자치단체 등으로부터 교량 공사를 수주하고 있다.

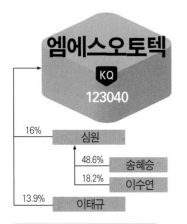

038

엠에스오토텍
KQ
123040

16% ─ 심원
48.6% ─ 송혜승
18.2% ─ 이수연
13.9% ─ 이태규

설립/상장	1990.09/2010.08
시가총액/순위	2,580억 원/코스닥 409위
상장주식수	34,727,204주
수익률(3/6/12개월)	+3.36/-16.89/+52.80
목표주가	9,270원
외국인보유비율	1.23%
주요 사업	자동차 차체부품 제조

경영실적/지표

연도별	2018	2019	2020	2021.1Q
매출액(억 원)	8,919	12,744	12,165	3,565
영업이익(억 원)	274	667	268	180
당기순이익(억 원)	50	348	-1,460	72
영업이익률(%)	3.07	5.24	2.21	3.04
ROE(%)	4.1	13.84	-87.38	-88.88
부채비율(%)	506.02	374.91	332.33	358.67
EPS(원)	129	551	-2,693	-144
PER(배)	16.21	10.93	-3.3	-2.75
BPS(원)	3,039	4,859	1,375	1,248
PBR(배)	0.69	1.24	6.46	5.76
주당배당금(원)	50	75	50	-

최근 3년간 주가 추이

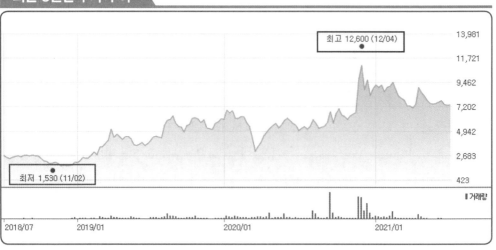

최고 12,600 (12/04)
최저 1,530 (11/02)

13,981	
11,721	
9,462	
7,202	
4,942	
2,683	
423	

■ 거래량

2018/07　2019/01　2020/01　2021/01

20조 원대 국내 차체 시장에서 차량 경량화 핵심 기술 보유

▶ **국내 자동차 차체 시장 규모 추이 및 전망**

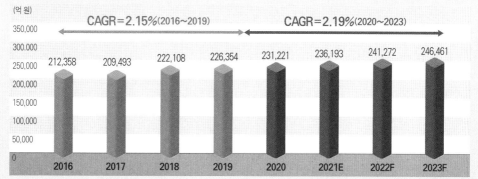

(억 원)

CAGR=2.15%(2016~2019)   CAGR=2.19%(2020~2023)

	2016	2017	2018	2019	2020	2021E	2022F	2023F
	212,358	209,493	222,108	226,354	231,221	236,193	241,272	246,461

▶ **자동차 차체 중 핫스탬핑 적용 부분**

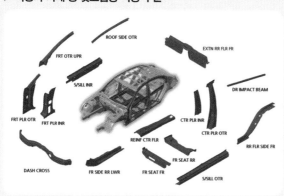

- 핫스탬핑은 금속소재를 고온으로 가열한 상태에서 프레스 성형을 한 뒤 급랭시켜 가벼우면서도 강한 강판을 제조하는 공법 → 기존 두께를 유지하면서 강도는 2~3배 높이고 무게는 15~25% 줄이는, 차량 경량화의 핵심 기술.
- 무거운 배터리를 장착해야 하는 전기차에 있어서 핫스탬핑은 매우 중요한 공법.
- 엠에스오토텍은 핫스탬핑 기술로 현대·기아차 및 테슬라와 돈독한 협력관계 유지.

옛 한국GM 군산공장 인수로 재무적 부담 가중 주목

▶ **부채/자본/자산 총계**

(억 원) ■ 자산총계 ■ 부채총계 ■ 자본총계

	2018	2019	2020
자산총계	7,007	10,081	10,253
부채총계	5,851	7,958	7,882
자본총계	1,156	2,123	2,371

▶ **유동비율/자기자본비율/부채비율 추이**

(%) ■ 유동비율 ■ 자기자본비율(좌) ○ 부채비율(우) (%)

	2018	2019	2020
부채비율(우)	506	374.9	332.3
유동비율	66.2	56.9	64.5
자기자본비율	16.5	21.1	23.1

- 엠에스오토텍이 자회사 명신산업을 통해 옛 한국GM 군산공장 인수에 투입한 비용은 총 2,500억 원으로 추산 → 부채비율이 500%대에서 300%대로 줄고 있지만 여전히 높음. 군산공장에서의 이익 실현 시기를 최대한 당기는 게 중요.

차체 경량화를 위한 '핫스탬핑' 기술 보유

투자포인트 01 👉 **현대·기아차와의 오랜 협력관계, '양날의 검'**

엠에스오토텍은 자동차 차체 전문업체로, 이에 수반되는 주형 및 금형 제조업을 병행한다. 현대차 출신 창업주(이양섭)가 자동차 차체 부품 생산을 위해 1982년에 설립한 명신산업이 회사의 모태다. 사업 확장으로 1990년에 태명산업을 설립했고, 2000년에 태명산업의 상호를 엠에스오토텍으로 변경했다. 2010년 코스닥에 상장한 엠에스오토텍은, 2020년 연결기준 17개의 종속계열사를 거느리는 자산총계 1조253억 원의 중견그룹으로 성장했다. 엠에스오토텍은 그룹 내 지주회사 역할을 함께 수행한다.

엠에스오토텍은 2006년 현대차와 함께 인도 첸나이 및 2010년 브라질 등에 동반 진출해 부품을 양산해오고 있다. 현대·기아차향 차체 부품을 제조하는 회사로는 엠에스오토텍을 비롯해 성우하이텍, 세원정공, 일지테크 등 44여개사가 1차 협력업체로 있다. 엠에스오토텍의 현대·기아차향 매출처 비중은 61%다. 현대·기아차에 대한 매출 의존도는 높은 차입금 규모, 부채비율과 함께 엠에스오토텍이 풀어야 할 과제다.

투자포인트 02 👉 **차량 경량화를 위한 핵심 기술 보유**

엠에스오토텍의 차체 기술에서 빼놓을 수 없는 것이 바로 '핫스탬핑(Hot Stamping)'이다. 핫스탬핑은 금속소재를 900~950℃ 고온으로 가열한 상태에서 프레스 성형을 한 뒤 급랭시켜 가벼우면서도 강한 강판을 제조하는 공법이다. 강판의 기존 두께를 유지하면서 강도는 2~3배 높이고 무게는 15~25% 줄이는, 차량 경량화의 핵심 기술이다. 무거운 배터리를 장착해야 하는 전기차에 있어서 핫스탬핑은 특히 중요한 공법이다.

엠에스오토텍이 핫스탬핑 공법으로 제작한 차체는 2009년부터 현대·기아차에 적용되어왔다.

투자포인트 03 국내 대표적인 테슬라 관련 종목

엠에스오토텍은 자회사 명신산업과 함께 2018년부터 미국 전기차 업체 테슬라로부터 수주를 해오고 있다. 양사가 생산한 핫스탬핑 차체 부품은 명신산업의 100% 자회사인 심원테크를 거쳐 테슬라에 납품한다. 증권가에서 엠에스오토텍이 '테슬라 관련주'로 주목받게 된 계기다. 테슬라향 물량을 제조하는 명신산업은 2020년 12월에 코스피에 상장했고, 자회사 명신산업의 기업공개가 주목받으며 엠에스오토텍 주가도 한때 동반 상승했다. 명신산업의 매출처 비중은 테슬라가 35%, 현대·기아차가 65%를 차지한다.

업계에서는, 테슬라가 기술적인 문제로 출시를 지연한 세미트럭을 2021년 하반기에 선보일 것으로 예상한다. 명신산업이 차체를 공급하는 테슬라의 주요 차종에 세미트럭도 포함될 것이란 기대감이 엠에스오토텍과 명신산업의 주가 상승을 이끌고 있다.

투자포인트 04 옛 한국GM 군산공장 인수

엠에스오토텍은 자회사들과 함께 전기차 제조 생태계 조성을 위한 사업 확장이 한창

엠에스오토텍이 자회사 명신산업을 통해 인수한 옛 한국GM의 군산공장

이다. 단순 OEM 방식에서 주문자가 원하는 모델을 위탁 개발·생산하는 제조자개발생산(ODM) 모델까지 장기적으로 확장을 계획 중이다.

증권가에서 가장 주목하는 이슈는 2019년 5월 자회사 명신산업을 통해 인수한 옛 한국GM 군산공장이다. 이곳은 연 27만 대

완성차를 생산할 수 있는 규모다. 토지와 건물 등 인수와 설비에 투입한 비용은 총 2,500억 원으로 추산된다. 엠에스오토텍은 한국GM의 군산공장을 전기차 전용 공장으로 활용해 전기차 OEM 전문업체로서 입지를 굳힌다는 방침이다.

체크포인트 01 👉 군산공장의 성공적인 가동에 총력

군산공장의 애초 계획은 '중국의 테슬라'로 불리는 바이튼의 SUV '엠바이트'를 2021년 1분기부터 연간 약 30,000대, 총 115,000대를 양산하는 것이었다. 하지만 바이튼의 미국 및 독일 법인이 파산절차에 들어가면서 명신산업의 전기차 OEM 사업에 위기가 찾아왔다.

엠에스오토텍은 테슬라를 고객사로 둔 명신산업을 앞세워 미국 스타트업 2곳에서 위탁생산 물량을 따냈다. 이어 대창모터스의 전기차 수주에 성공했고, 기사회생한 바이튼의 납품도 머지않아 다시 가능해질 전망이다. 명신산업은 2021년 대창모터스의 전기차 '다니고 VAN' 3,000대 양산을 시작으로 2022년부터 미국 스타트업 물량과 중국 바이튼 물량 등을 포함해 2024년까지 194,000대를 생산할 것으로 추산하고 있다. 아울러 2020년에 글로벌 전기차 브랜드 '패러데이퓨처'와도 위탁생산계약을 위한 업무협약(MOU)을 맺었다. 2021년 2월에는 에스지프라이빗에쿼티(SG PE)가 명신산업의 전기차 OEM 사업의 성장성을 높게 평가해 블라인드펀드를 통한 550억 원 투자를 결정했다. 엠에스오토텍도 2021년 2월 250억 원 규모의 사모 교환사채를 발행해, 180억 원은 기존에 발행한 사채 상환에, 70억 원은 명신산업의 유상증자 참여에 사용할 예정이다. 아울러 엠에스오토텍은 2021년 4월경 명신산업에 대해 600억 원 규모의 채무보증을 결정했다.

체크포인트 02 👉 창업주 친인척 간 내부거래 비중 줄여야

증권가에서는 규모가 커진 만큼 복잡해진 엠에스오토텍그룹의 지배구조에 관심이 크다. 업계에서는 엠에스오토텍그룹이 2세 경영체제를 안착시킨 것으로 평가한다. 다만 그룹의 사업을 주도하는 엠에스오토텍의 최대주주는 16%의 지분을 가진 심원이라는 가족회사다. 심원은 2014년 말부터 지분을 늘려오며 어느덧 그룹의 정점에 위치하게 됐다. 비상장사인 심원은 자동차부품 도매와 무역업 등을 영위한다.

그런데 2020년 말 기준 심원의 주주 5명은 모두 엠에스텍그룹 창업주의 친인척이다. 심원은 명신산업 지분도 15.7% 보유하고 있다. 엠에스오토텍그룹은 내부거래 비중이 비교적 큰 것으로 지적된다. 2020년 연결기준 5,773억 원에 이른다. 엠에스오토텍 그룹의 과제는 심원을 활용한 승계작업 마무리다. 장남인 이태규 엠에스오토텍 사장은 엠에스오토텍 지분 13.9%와 심원 지분 1.8%만 보유 중이다.

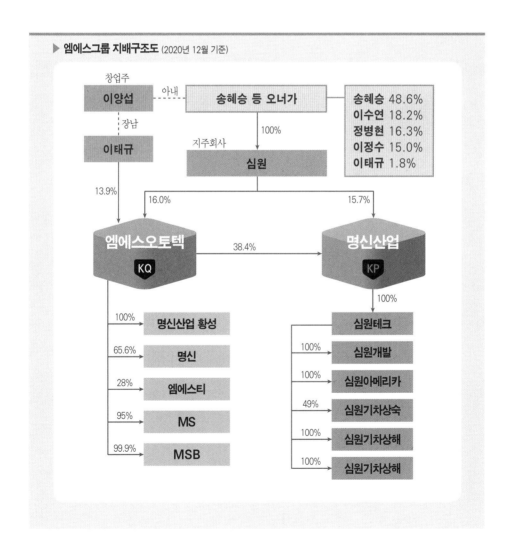

▶ **엠에스그룹 지배구조도** (2020년 12월 기준)

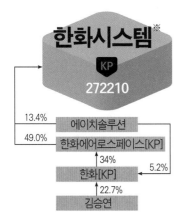

039

한화시스템[※]

KP

272210

13.4% 에이치솔루션

49.0% 한화에어로스페이스[KP]

34% 한화[KP] 5.2%

22.7% 김승연

설립/상장	2000.01/2019.11
시가총액/순위	1조9,070억 원/코스피 154위
상장주식수	110,230,389주
수익률(3/6/12개월)	−14.73/+8.93/+113.18
목표주가	26,780원
외국인보유비율	1.86%
주요 사업	방산 및 항공공주, IT아웃소싱 등 ICT서비스

※2016.10 한화탈레스에서 상호 변경

경영실적/지표

연도별	2018	2019	2020	2021E
매출액(억 원)	11,289	15,460	16,429	19,512
영업이익(억 원)	448	858	929	1,046
당기순이익(억 원)	412	729	936	783
영업이익률(%)	3.97	5.55	5.65	5.36
ROE(%)	−	8.15	9.35	5.5
부채비율(%)	131.62	148.78	160.98	−
EPS(원)	497	630	758	501
PER(배)	−	14.68	20.4	34.04
BPS(원)	7,184	7,847	8,375	9,683
PBR(배)	−	1.18	1.85	1.76
주당배당금(원)	277	205	205	−

최근 3년간 주가 추이

최고 20,922 (04/02)

최저 4,175 (03/27)

▮거래량

2019/11 2021/01

23,049
19,624
16,199
12,774
9,350
5,925
2,500

▶ **UAM 글로벌 시장 규모** (단위: 억 달러)

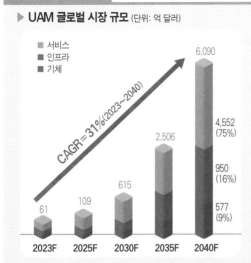

▶ **위성통신 글로벌 시장 규모**

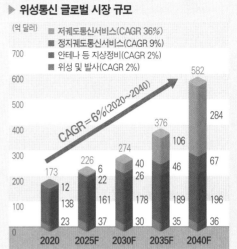

- 증권가에서 주목하는 한화시스템의 신사업군은 도심항공모빌리티(UAM, Urban Air Mobility) 및 위성통신안테나 사업(한화페이저). UAM은 지상과 항공을 연결하는 3차원 도심항공교통체계로, 도심 상공에서 사람이나 화물을 운송할 수 있는 차세대 교통 시스템.
- 한화시스템은 2021년 6월에 일반공모와 우리사주조합, 구주주 대상 공모를 합해 1조1,606억 원을 조달하는 유상증자 단행.
- 유상증자로 확보한 자금 중 4,500억 원을 하늘을 나는 에어택시와 도심공항 사업에 투입 → 2025년 UAM 상용 시장에 진출한 뒤, 2030년까지 UAM 사업 매출 1조4,000억 원 달성 계획.
- 유상증자 자금의 약 40%인 총 4,607억 원을 2023년까지 위성통신 분야에 투자 → 한화시스템의 2030년 위성통신 사업 목표 매출은 5조8,000억 원.

▶ **한화시스템의 UAM 사업 구상도**

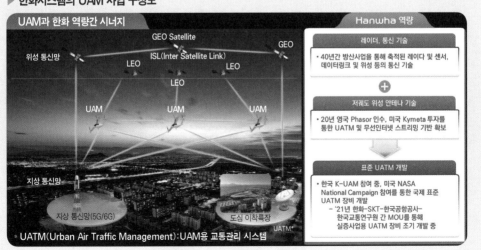

2030년경 도심 상공에 에어택시를 띄우다

투자포인트 01 👉 40년이 넘는 방산과 IT 업력

한화시스템의 전신은 1977년에 삼성그룹이 설립한 삼성정밀공업이다. 1978년 야간 투시경으로 1급 방산업체로 지정되면서 방위 사업을 시작해 1986년 사격통제장비 등을 양산했다. 1987년 삼성항공산업으로 사명을 바꿨고, 1991년 삼성항공산업의 특수 사업부문이 삼성전자로 이관되었다. 1999년 프랑스의 톰슨CSF와 삼성전자가 합작회사인 삼성톰슨CSF를 출범시켜 해당 사업부문을 분리한 뒤, 2001년 삼성탈레스로 사명을 변경했다. 한편 같은 해 한화그룹에서 에이치솔루션이 분사해 계열사의 IT서비스를 담당했다. 2015년 삼성그룹이 삼성테크윈, 삼성탈레스, 삼성종합화학, 삼성토탈을 1조 9,000억 원에 한화그룹에 매각하면서 삼성테크윈이 보유한 삼성탈레스 지분도 한화로 양도되었다. 이후 한화탈레스로, 다시 한화시스템으로 사명을 변경했다. 2017년 에이치솔루션에서 물적분할해 그룹사의 IT서비스를 담당하는 한화S&C가 설립되었고, 2018년 방위 사업을 담당하는 한화시스템과 IT서비스를 담당하는 한화S&C가 합병해 새로운 한화시스템이 출범했다. 한화시스템은 2019년 코스피에 상장했다.

투자포인트 02 👉 안정적인 재무구조, 방산 계열 캐시카우

한화시스템은 방산(70.4%), IT서비스(28.9%) 및 신사업을 영위한다. 신사업 분야는 아직 투자단계라 매출이 발생하지 않고 있다. 한화그룹 방산 계열사로는 중간지주사인 한화에어로스페이스를 중심으로 한화시스템(레이더 · ICT), 한화디펜스(지상 방산), 한화테크윈(시큐리티), 한화파워시스템(압축기 · 발전시스템 · 산업용 에너지장비), 한화정밀

174

기계(칩마운터·산업용장비·공작기계)가 있다. 한화에어로스페이스 산하의 자회사들은 모두 연결종속기업이다. 따라서 한화그룹 방산 계열사의 총체적 실적을 알아보려면 한화에어로스페이스의 연결실적을 확인하면 된다. 한화시스템은 한화그룹 방산 계열사 중에서 가장 많은 영업수익을 올리며 캐시카우 역할을 하고 있다. 재무구조 또한 안정적이다. 현금 및 현금성자산은 2021년 1분기 말 기준 3,485억 원에 달한다. 한화시스템의 높은 수익성은 한화에어로스페이스의 적자 폭을 줄이는 데 기여하고 있다.

투자포인트 03   도심항공 사업으로 2030년 1조3,000억 원 매출 계획

증권가에서 주목하는 한화시스템의 사업군은 신사업에 해당하는 도심항공모빌리티(UAM, Urban Air Mobility) 및 위성통신안테나 사업(한화페이저)이다. 이 가운데 UAM은 지상과 항공을 연결하는 3차원 도심항공교통체계로, 도심 상공에서 사람이나 화물을 운송할 수 있는 차세대 교통 시스템을 가리킨다.

한화시스템은 2021년 6월에 일반공모와 우리사주조합, 구주주 대상 공모를 합해 1조1,606억 원을 조달하는 유상증자를 단행했다. 유상증자로 확보한 자금 중 4,500억 원을 하늘을 나는 에어택시와 도심공항 사업에 투입한다. 한화시스템은 2019년 국내 최초로 UAM 사업 진출을 발표한 바 있다. 2020년 2월부터 미국 개인항공기(PAV) 전문기업 오버에어와 에어택시 기체 '버터플라이'를 공동 개발하고 있다. 2024년까지 기체 개발을 마친 뒤 2025년에 국내에서 서울-김포 노선 시범운행을 계획하고 있다. 2021년 5월에는 영국 UAM 인프라 전문기업 스카이포츠와 업무협약을 체결했다. 스카이포츠는 에어택시를 타고 내릴 도심공항(Vertiport)을 건설하는 회사로, 2019년 세계 최초로 싱가포르 도심에 에어택시용 시범 도심공항을 완공했다. 한화시스템은 2025년 UAM 상용 시장에 진출한 뒤, 2030년까지 UAM 사업 매출 1조4,000억 원을 목표로 하고 있다.

투자포인트 04   저궤도위성과 UAM의 시너지 창출

한화시스템은 유상증자 자금의 약 40%인 총 4,607억 원을 2023년까지 위성통신 분야에 투자한다. 위성통신 역시 한화시스템의 미래가 걸린 사업이다. 미국 투자은행 모건스탠리 추산으로는 전 세계 위성통신 시장이 2040년 5,820억 달러로 연평균 6%씩 성장할 것이라고 한다.

한화시스템은 특히 저궤도위성과 전자식 안테나에 집중하고 있다. 저궤도위성은 중·고궤도위성에 비해 통신 품질이 우수해 차세대 통신 네트워크로 주목받고 있다. 전자식 안테나는 기계식 안테나와 달리 추적 속도가 빠르고 경량화가 용이하다. 한화시스템이 저궤도위성과 전자식 안테나에 집중하는 또 다른 이유는 UAM 사업과의 시너지를 기대할 수 있기 때문이다. 비행 고도가 수백미터인 UAM이 안전하게 비행하기 위해서는 관제 시스템과 통신 등 인프라가 필수적이다.

투자포인트 05 👉 2030년 위성통신 사업 예상 매출액 5조8,000억 원

한화시스템은 위성통신 사업을 위해 2019년에 영국의 전자식 위성통신 안테나 개발 업체 페이저솔루션을 인수해 한화페이저를 설립했다. 한화페이저는 반도체칩을 기반으로 한 고성능 전자식 안테나를 개발 중이다. 2021년 5월에는 미국의 위성안테나 기업 카이메타에 330억 원을 투자한 바 있다. 카이메타의 위성안테나는 작고 가벼워 자동차나 항공기에 직접 달 수 있다. 이로써 한화시스템은 저궤도 위성통신과 UAM에 필요한 해상·상공·지상 등 모든 영역의 안테나 사업 역량을 키울 수 있게 됐다. 한화시스템의 2030년 위성통신 사업 목표 매출은 5조8,000억 원이다.

투자포인트 06 👉 국토부, 2035년 이후 UAM 보편화 및 자율비행 실현

한화시스템의 UAM 에어택시 '버터플라이'는 이륙 시 헬기처럼 상공에 떠오르고 시속 320km로 운항은 물론 제자리 비행도 가능한 전기식 수직 이착륙 항공기다. 지면에서 수직과 수평으로 방향을 바꿀 수 있어 활주로가 없어도 이·착륙을 할 수 있다. 버터플라이가 상용화될 경우, 서울 영등포에서 수서역까지 20km가량 이동에 걸리는 시간은 8분이다. 정체가 심할 경우 자동차로 이동하는데 1시간 이상 걸리는 거리다. 한화시스템은 2025년에 에어택시 시범운항을 시작할 계획이다. 모바일 앱을 사용해 에어택시 예약과 호출을 할 수 있다. 앱에서 출발지와 도착지를 선택하면 UAM을 이용해 이동할 수 있는 구간이 표시된다. 버터플라이의 소음은 65db로 헬리콥터와 비교해 15db가량 낮다. 고급 승용차의 운행 소음 70db과 비교해도 낮은 수준이다. 버터플라이는 전기를 동력원으로 4개 로터를 독립적으로 구동하는 분산전기추진 방식으로 소음을 줄였다.

국토부는 2030년 UAM의 본격 상용화를 목표로 하고 있다. 2024년까지 준비기간 동안 법제도 정비와 시험 실증을 거쳐 사업초기(2025~2029년) 단계에 연계교통체계 구축 및 일부 노선 상용화에 착수하고, 성장기(2030~2035년) 단계에 운항 도심 노선 확대 및 흑자사업 전환을 거쳐 2035년 이후 UAM 보편화와 자율비행 실현을 계획하고 있다.

한화시스템이 개발 중인 에어택시 '버터플라이'

040

[투자 해시태그] #우주발사체 #MRO #항공엔진부품

켄코아 에어로스페이스
KQ
274090

33.3%	LEE KENNETH MINKYU
16.6%	라로슈[유]
5.6%	이동섭

설립/상장	2013.04/2020.03
시가총액/순위	1,956억 원/코스닥 561위
상장주식수	11,784,088주
수익률(3/6/12개월)	+24.82/+114.99/+95.82
목표주가	22,950원
외국인보유비율	30.35%
주요 사업	항공기부품 제조, 항공기 설계·제조 및 우주항공

경영실적/지표

연도별	2018	2019	2020	2021E
매출액(억 원)	289	463	316	524
영업이익(억 원)	-9	10	-74	16
당기순이익(억 원)	-94	-76	-93	6
영업이익률(%)	-3.17	2.21	-23.47	2.96
ROE(%)	–	-73.7	-26.34	–
부채비율(%)	-611.35	120.64	140.53	–
EPS(원)	-1,557	-990	-905	78
PER(배)	–	–	-8.91	214.28
BPS(원)	-2,161	3,679	3,496	–
PBR(배)	–	–	2.31	–
주당배당금(원)	–	–	–	–

최근 3년간 주가 추이

최고 20,500 (02/26)

최저 4,410 (03/13)

2020/03   2021/01

우주항공의 본거지 미국의 현지법인 실적 성장세 주목

▶ **켄코아에어로스페이스USA 매출 추이**

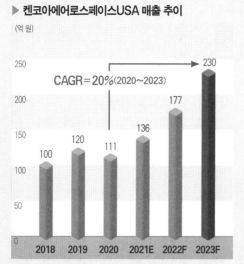

▶ **캘리포니아메탈앤서플라이 매출 추이**

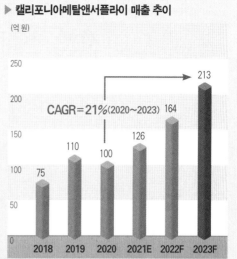

- 켄코아에어로스페이스의 지역별 매출 비중은 미국 67.2%, 국내 32.8%로 추산 → 미국향 매출 비중이 큰 이유는, 미국 현지 종속회사인 켄코아에어로스페이스USA와 캘리포니아메탈서플라이의 실적 호조세 영향.
- 2021년 2월에 미국 우주발사체 회사 블루오리진과 BE-4(Blue Engine-4) 관련 최초 계약 체결 → 2년간 까다로운 검증과 준비과정을 거쳐 벤더 등록 완료.
- 미국 NASA가 추진하는 2024년 유인 달 탐사 프로젝트 '아르테미스'의 세계 최대 규모 우주발사체 관련 사업 수주.

수주 규모와 수주처 레퍼런스가 주가와 실적 좌우

▶ **켄코아에어로스페이스 수주 추이**

▶ **켄코아에어로스페이스 수주처 비중**

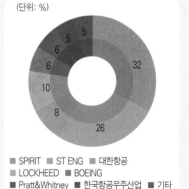

- 켄코아에어로스페이스는 스피리트, 보잉, 록히드마틴, 스페이스X, 블루오리진, 대한항공, 한국항공우주산업(KAI) 등 국내외 거대 우주항공 회사들의 정식 벤더 지위 유지 → 록히드마틴으로부터는 상위 2% 엘리트 벤더로 선정되었고, 보잉에게도 최우수 벤더로 선정.
- 우주항공 관련 부품업체로서의 특성상 켄코아에어로스페이스의 실적과 주가는 수주 규모 및 수주처 레퍼런스에 크게 영향 받음.

블루오리진과 스페이스X 수혜주

투자포인트 01 👉 **록히드마틴과 보잉의 최우수 벤더**

우주항공산업은 완성체를 구성하는 거의 모든 부품에 매우 높은 수준의 품질을 요구한다. 부품업체로서는 고객사로부터 까다로운 절차를 거쳐 인증을 받아야만 납품할 수가 있다. 레퍼런스가 부족한 신규 업체에게는 산업생태계 자체가 커다란 진입장벽이다.

2013년 설립한 켄코아에어로스페이스는 보잉, 록히드마틴, 스페이스X, 블루오리진, 대한항공, 한국항공우주산업(KAI) 등 국내외 거대 우주항공 회사들에게서 정식 벤더로 인증받은 회사다. 특히 록히드마틴으로부터는 상위 2% 엘리트 벤더로 선정되었고, 보잉에게도 최우수 벤더로 선정된 바 있다. 켄코아에어로스페이스는 국내에서도 기술력과 장래성을 인정받아 2020년 3월에 '테슬라 상장'으로 코스닥에 입성했다.

투자포인트 02 👉 **미국 현지 자회사의 실적 호조 주목**

켄코아에어로스페이스는 우주발사체와 항공기에 사용되는 특수 원소재 공급 및 항공기 생산 및 부품 제조, 그리고 MRO(여객기·화물기 개조) 등 다양한 사업을 영위한다. 국내 사천공장에서 항공기부품을 생산해 국내외 Tier 1 기업에 공급한다. 수익성이 높은 항공엔진부품을 생산하는 건 한화에어로스페이스를 제외하면 켄코아에어로스페이스가 국내에서 유일하다.

켄코아에어로스페이스의 지역별 매출 비중은 미국 67.2%, 국내 32.8%로 추산된다. 미국향 매출 비중이 큰 이유는, 미국 현지 종속회사인 캘리포니아메탈서플라이와 켄코아에어로스페이스USA 덕분이다. 켄코아에어로스페이스USA는 2017년에 HGMC(미국 조지아주 소재)를 인수해 자회사로 편입한 업체다. 록히드마틴과 보잉의 1차 벤더 (Tier 1)로서, 탄탄한 고객군을 보유하고 있다. 같은 해 유상증자를 통한 지분 취득으로 자회사로 편입한 캘리포니아메탈서플라이는 항공우주 원소재 공급업체다. 티타늄 합금, 니켈 합금, 합금강 등 특수금속 원재료에 표면처리, 열처리, 비파괴 검사 등 가공을 추가해 고객 맞춤형 고부가가치 원소재를 생산·공급한다.

투자포인트 03 미국 NASA가 추진하는 최대 규모 발사체 사업 수주

우주발사체는 켄코아에어로스페이스의 미래가 걸린 사업이다. 켄코아에어로스페이스는 2021년 2월에 블루오리진과 BE-4(Blue Engine-4) 관련 최초 계약을 체결했다. 2년간 까다로운 검증과 준비과정을 거쳐 벤더 등록도 완료했다. 블루오리진은 BE-4 엔진을 재사용 발사체인 '뉴글렌'의 메인 엔진으로 사용한다. 아울러 보잉과 록히드마틴이 합작투자한 유나이티드 론치 얼라이언스(ULA)의 차기 발사체인 '벌칸'에도 엔진부품을 공급한다. 켄코아에어로스페이스는 미국 NASA가 추진하는 2024년 유인 달 탐사 프로젝트 '아르테미스'의 세계 최대 규모 우주발사체 관련 사업을 수주했다. NASA는 아르테미스 프로젝트에 4년간 280억 달러(32조 원)를 투자할 예정이다. 켄코아에어로스페이스는 2021년 초 납품한 초도 물량(14억 원)에 이어 향후 500만 달러 (약 55억 원) 이상으로 수주액이 늘어날 전망이다.

투자포인트 04 2021년 실적 회복으로 흑자전환

켄코아에어로스페이스는 2013년부터 2019년까지 연평균 65%의 매출 증가율을 기록했으나 2020년에는 매출 규모가 약 30% 감소하며 적자전환했다. 코로나19 여파로 항공 업황이 극심한 침체에 빠졌기 때문이다. 다행히 켄코아에어로스페이스는 우주항공 원소재 부문에 진출해있던 것이 전화위복이 되어 2021년에 흑자전환할 것으로 예상된다. 증권가에서 예상한 2021년 연결기준 실적은, 매출액 524억 원, 영업이익 16억 원이다(컨센서스 기준). 미국 보잉과 130만 달러짜리 공급 계약을 맺는 등 수주가 이어지면서 주가도 상승세를 탈 전망이다.

씨에스베어링[※]

KQ
297090

- 47.4% 씨에스윈드[KP]
- 35.5% 김성권
- 2.2% 김승연
- 5.9%

설립/상장	2007.11/2019.11
시가총액/순위	2,735억 원/코스닥 366위
상장주식수	9,580,400주
수익률(3/6/12개월)	−17.08/−21.24/+97.05
목표주가	43,500원
외국인보유비율	4.96%
주요 사업	풍력발전용 플랜트 및 부품(선회베어링 등) 제조

※2018.02 M&A 이후 2018.03 씨에스베어링으로 사명 변경

경영실적/지표

연도별	2018	2019	2020	2021E
매출액(억 원)	648	1,026	1,035	1,312
영업이익(억 원)	34	103	95	108
당기순이익(억 원)	23	61	57	70
영업이익률(%)	5.21	10.01	9.18	8.23
ROE(%)	9.46	16.7	11.82	13.49
부채비율(%)	120.61	138.73	147.77	–
EPS(원)	300	747	601	731
PER(배)	–	11.36	56.44	37.84
BPS(원)	3,481	4,781	5,372	8,559
PBR(배)	–	1.78	6.31	3.35
주당배당금(원)	–	–	–	–

최근 3년간 주가 추이

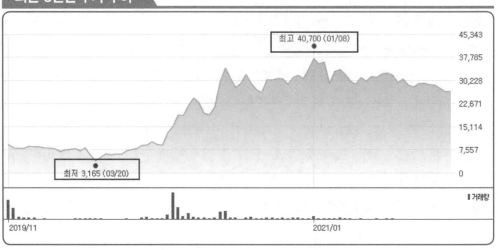

최고 40,700 (01/08)

최저 3,165 (03/20)

2019/11   2021/01

거래량

데이터 분석 1　전 세계적으로 풍력발전용 터빈 교체 주기 다수 도래

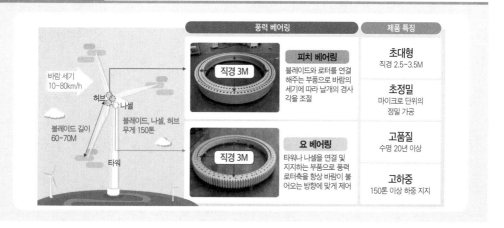

데이터 분석 2　해마다 25% 넘게 증가하는 신규 수주 물량

데이터 분석 3　GE에서 베스타스와 지멘스가메사까지 수주처 다변화

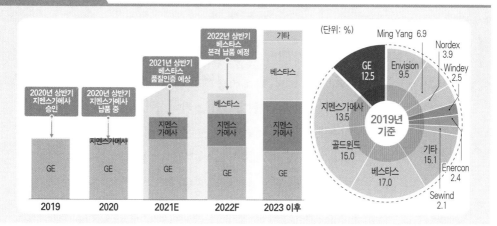

블루웨이브 바람으로
주가 호재

투자포인트 01 풍력발전용 터빈에 없어서는 안 되는 핵심 부품

하중을 지지하면서 축을 회전시키는 역할을 하는 베어링의 용도와 종류는 수없이 많다. 풍력발전기에는 피치(pitch) 베어링과 요(yaw) 베어링이 사용된다. 피치 베어링은 풍력발전기의 블레이드(날개)와 로터를 연결해주는 부품으로 바람의 세기에 따라 날개의 경사각을 조절한다. 크기가 직경 2.5~3.5m로 베어링으로서는 초대형임에도 마이크로 단위의 정밀함을 요하는 초정밀 부품이다. 요 베어링은 발전기가 들어있는 나셀(nacelle)을 타워에 연결하고 지지하는 부품으로, 풍력 로터축을 항상 바람이 불어오는 방향에 맞게 제어한다. 20년 이상 수명을 유지하도록 고품질이어야 하고, 아울러 150톤 이상 고하중을 지지할 수 있어야 한다. 풍력발전 터빈 1개에 3개의 피치 베어링과 1개의 요 베어링이 사용된다.

투자포인트 02 대형 산업기계용 베어링 제조에 탁월

사명으로도 알 수 있듯이 씨에스베어링은 베어링(bearing) 전문회사로, 전신은 2007년에 설립한 삼현엔지니어링이다. 2011년 2월 세계 최대 인프라 기업인 제너럴 일렉트릭(GE)에 1.5MW급 풍력발전기용 베어링 납품을 시작으로 풍력발전 시장에 본격 진입했다. 2018년에 풍력발전 타워를 제조하는 씨에스윈드의 자회사로 편입되면서 사명을 씨에스베어링으로 변경한 뒤 2019년 코스닥에 상장했다. 씨에스베어링이 제조하는 대형 산업기계용 베어링은 커다란 하중이 요구되는 굴착기와 타워크레인, 연안 포트 크레인, 안테나, 거대 망원경 등에도 사용된다.

2020년 기준 씨에스베어링의 수출 비중은 98.3%에 이르는데, 대부분이 GE에 공급하는 것으로 추정된다. 따라서 씨에스베어링의 실적과 주가에서 GE는 매우 중요한 키워드가 아닐 수 없다. 업계에 따르면 GE에 공급하는 베어링 물량 중 씨에스베어링 제품의 점유율은 2011년 5%에서 2021년에 45%까지 늘어날 전망이다.

글로벌 풍력 터빈 시장에서 GE는 베스타스, 골드윈드, 지멘스가메사에 뒤처져있지만, 미국 시장에 국한하면 65~70%의 점유율을 차지한다. GE는 미국 바이든정부의 친환경 정책의 최선호주로 꼽힌다. 미국 정부의 풍력산업 지원이 적극적일수록 내수 점유율이 높은 GE에 유리하기 때문이다. GE 내 점유율이 높은 씨에스베어링의 낙수효과가 기대를 모으는 이유다. 2021년 1월 미국 민주당이 대선과 상·하원 선거에서 모두 승리하는 '블루웨이브'가 실현되자 씨에스베어링은 52주 신고가를 경신했다. 모회사인 씨에스윈드 주가도 동반 상승했다.

2020년 연결기준 씨에스베어링의 매출액은 전년 대비 0.9% 늘어난 1,035억 원에 그쳤다. 같은 기간 영업이익은 전년 대비 7.8% 줄어든 95억 원이었다. 당기순이익도 6.6% 감소한 57억 원을 기록했다. 코로나19 여파로 기존 수요뿐 아니라 지멘스가메사 등 신규 고객사 물량이 2021년으로 미뤄진 탓이다. 이로써 2019년까지 이어져온 실적 증가세가 주춤했다.

증권가에서는 씨에스베어링의 2021년 매출액이 전년 대비 31.4% 늘어난 1,360억 원, 영업이익은 41.1% 증가한 134억 원으로 전망한다(컨센서스 기준). GE라는 단일 거래처에서 벗어나 글로벌 업체로 고객사 다변화에 주력하는 씨에스베어링의 노력이 2021년 실적부터 본격적으로 반영되는 것이다. 아울러 코로나19로 미뤄졌던 신규 고객사의 이연물량까지 감안하면 실적 반등 폭은 훨씬 커질 전망이다.

노후화된 풍력발전기를 교체하는 '리파워링 시장' 수요가 급증하는 것도 씨에스베어링에게 호재다. 터빈의 설계수명에 따른 교체 시기는 20년 안팎인데, 2021년 이후에 전 세계적으로 교체 수요가 다수 발생할 전망이다.

삼강엠앤티

KQ
100090

17% 송무석
16.3% 송정석
2.8% 삼강금속 ← 46.7%
62.4% 삼강에스앤씨

설립/상장	1996.11/2008.08
시가총액/순위	6,608억 원/코스닥 115위
상장주식수	35,528,466주
수익률(3/6/12개월)	−21.15/−20.05/+334.18
목표주가	28,100원
외국인보유비율	4.01%
주요 사업	조선, 플랜트, 특수선, 후육강관, 선박 수리 · 개조 등

경영실적/지표

연도별	2018	2019	2020	2021E
매출액(억 원)	1,440	3,845	4,272	4,946
영업이익(억 원)	−353	−206	290	394
당기순이익(억 원)	−602	−371	122	268
영업이익률(%)	−24.54	−5.36	6.8	7.96
ROE(%)	−29.18	−15.4	5.54	13.69
부채비율(%)	138.4	220.73	182.43	−
EPS(원)	−2,012	−796	270	698
PER(배)	−2.26	−5.66	79.56	26.99
BPS(원)	5,645	4,829	4,805	5,449
PBR(배)	0.81	0.93	4.46	3.46
주당배당금(원)	−	−	−	−

최근 3년간 주가 추이

2022년 말까지 2년치 일감 수주

▶ 삼강엠앤티 수주 추이

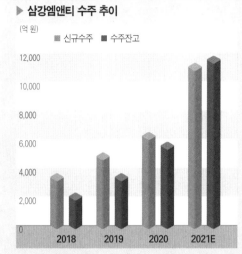

(억 원)
■ 신규수주 ■ 수주잔고

▶ 삼강엠앤티 실적 추이

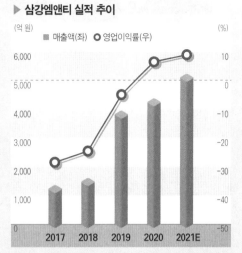

(억 원)   (%)
■ 매출액(좌) ○ 영업이익률(우)

- 삼강엠앤티와 자회사인 삼강에스앤씨는 2020년 초부터 공장 100% 가동 중 → 2022년 말까지 2년 치 일감을 이미 수주한 상태(삼강에스앤씨에서만 1년에 최대 60개 재킷 제조).
- 삼강엠앤티가 2020년에 따낸 수주 실적은 약 6,200억 원으로 추정 → 글로벌 해상풍력 시장 본격화로 2021년 수주액은 전년 대비 68% 급증한 1조400억 원 예상.
- 높은 수주 실적을 기반으로 삼강엠앤티는 2020년에 코로나19 영향에도 불구하고 흑자전환 → 삼강엠앤티의 2021년 매출액은 전년 대비 15.8% 성장한 4,946억 원 예상.

해마다 25% 넘게 증가하는 신규수주 물량

▶ 전 세계 지역별 해상풍력 시장 규모 (단위 : 십억 달러)

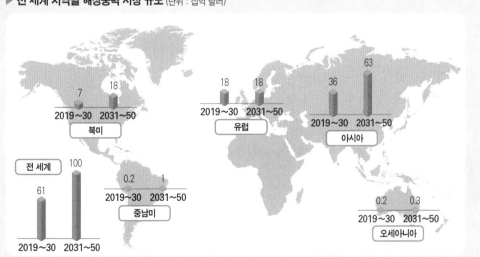

- 세계 해상풍력의 새로운 엘도라도로 아시아권 급부상 → 특히 대만, 일본, 한국, 베트남 등은 탄소중립 목표 달성을 위해 2035년까지 약 40~50GW의 해상풍력발전 설치 전망.
- 아시아에서 하부구조물 제조기술력, 원가경쟁력 및 대형 생산시설을 모두 갖춘 업체는 삼강엠앤티가 유일.

해마다 최고 매출액을 갈아치우는 비결

투자포인트 01 🔊 해상풍력발전이 대세

풍력발전하면 산 중턱에 줄지어 세워져 커다란 날개가 돌아가는 거대한 풍차 같은 타워를 연상하게 된다. 혹은 바람이 거센 해안가 높은 언덕 지형에 설치된 발전기도 있다. 이러한 풍력발전기는 '육상풍력발전'으로 분류한다. 그런데 풍력발전 타워를 바다에 설치하는 경우도 있다. 최근 주목받는 '해상풍력발전'이다.

육상풍력발전에서 해상풍력발전으로 추세가 바뀌고 있는 이유는 해상풍력의 장점이 많기 때문이다. 상대적으로 바람과 마찰을 일으킬 장애물이 없어 에너지밀도가 높고 풍속 변화가 적다. 발전기의 터빈 소음을 제한하지 않기에 고속화를 통해 발전 속도를 높일 수도 있다. 이는 초대형 풍력발전을 가능하게 해 경제성을 향상시킨다. 또한 대형 부지 확보가 용이하고 그림자나 전파 방해 등이 없어 육상풍력발전의 단점을 해결할 수 있다. 물론 설치공사의 기술적, 경제적 과제와 해수 부식, 보수 관리, 어업 보상 등 해상풍력 고유의 문제점도 적지 않다.

투자포인트 02 🔊 국내 최초로 높이 61m 하부구조물 제작해 수출

'재킷(jacket)'은 바다 위에 풍력발전기를 세우기 위해 높이가 수십 미터에 달하는 해상풍력발전 플랜트용 하부구조물을 해저 바닥에 박는 지주를 가리킨다. 내구성은 물론 해저 바닥 깊이 파묻히는 기계장치 등을 결합해야 하므로 고도의 기술력이 필요한 구조물이다. 2020년 5월에 국내 최초로 높이 61m의 해상풍력 하부구조물을 제작해 수출에 성공한 회사가 있다. 삼강엠앤티와 자회사인 삼강에스엔씨다. 두 회사는 당시

개당 40억 원인 재킷 4기를 제작해 수출했다.

삼강엠앤티는 전 세계 해상풍력발전기 하부구조물 시장에서 독보적인 회사다. 증권가에서 삼강엠앤티를 주목하는 이유다. '친환경에너지' 및 '그린뉴딜', '블루웨이브' 등의 키워드가 등장하면 연관 검색어나 관련 종목에 삼강엠앤티가 빠지지 않는다.

투자포인트 03 2020년 초부터 100% 공장가동률 유지

삼강엠앤티는 2011년부터 해상풍력발전 하부구조물 재킷을 생산했다. 해양플랜트 건설에 이용되던 설비를 해상풍력에 활용해 새로운 수익원을 창출한 것이다. 2019년 1월 벨기에 JDN과 600억 원 규모, 덴마크 외르스테드와 1,126억 원 규모의 해상풍력발전기 하부구조물 공급 계약을 체결했다. 이어 같은 해 8월에는 덴마크 블라트로부터 1,024억 원 규모의 공급을 수주했다. 삼강엠앤티와 자회사인 삼강에스앤씨는 2020년 초부터 공장을 100% 가동하고 있다. 2022년 말까지 2년 치 일감을 이미 수주한 상태다. 심지어 삼강에스앤씨에서만 1년에 최대 60개 재킷을 제조한다. 재킷을 연간 50개 이상 만드는 기업은 세계 어디서도 찾아보기 힘들다.

경남 고성군 남해안 조선 벨트에 위치한 삼강엠앤티에서 해상풍력발전 하부구조물을 수출하기 위해 선박에 싣는 전경. 삼강엠앤티가 제조한 높이 70~80m 재킷 대당 가격은 40억~50억 원에 이른다.

2021년 3월에 삼강엠앤티는 세계 최대 그린에너지 투자운용사인 덴마크의 CIP와 함께 아시아 시장 공략을 위해 '고정식·부유식 해상풍력 사업 업무협약'을 체결했다. 삼강엠앤티는 CIP에 고정식·부유식 해상풍력 하부구조물을 공급한다. CIP는 약 20조 원 규모의 펀드로 총 14개 국가에서 그린에너지 프로젝트를 추진하고 있다. 삼강엠앤티는 내진 기능을 갖춘 차세대 재킷인 모노파일 타이프 구조물 양산도 준비 중이다. 모노파일은 2023년경부터 본격 발주가 예상된다.

투자포인트 04 수주 규모 1조 원 달성 예상

삼강엠앤티가 2020년에 따낸 수주 실적은 약 6,200억 원으로 추정된다. 증권가에서는 글로벌 해상풍력 시장 본격화로 2021년에는 이보다 68% 급증한 1조400억 원을 예상하고 있다. 대만 해상풍력 하이룽 단지 등 발주 재개, 이연 해양구조물 수주, 정부 발주 특수선, 후육강관 등을 합치면 수주액 1조 원 달성이 가능하다는 분석도 제기된다. 특히 대만, 일본, 한국, 베트남 등 아시아권 국가에서는 탄소중립 목표 달성을 위해

▶ **해상풍력발전기 하부구조물 설치 유형**

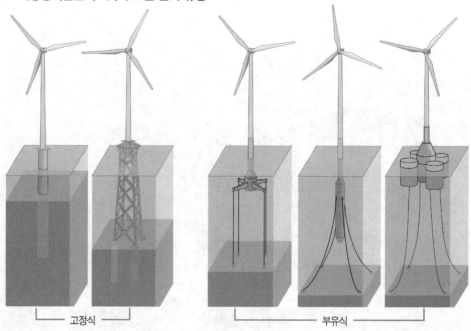

고정식   부유식

2035년까지 약 40~50GW의 해상풍력발전 설치가 전망된다. 아시아에서 하부구조물 제조기술력, 원가경쟁력 및 대형 생산시설을 모두 갖춘 업체는 삼강엠앤티가 유일하다.

투자포인트 05 📢 **창사 이래 최고 매출액 매년 경신**

삼강엠앤티의 연결기준 매출액 추이를 살펴보면, 2017년 1,230억 원, 2018년 1,440억 원에서 2019년 3,845억 원, 2020년 4,272억 원으로 해마다 급격히 증가하고 있다. 창사 이래 최고 실적을 잇달아 경신 중이다. 조선 업황 악화로 2017년~2019년 순손실을 기록했지만 2020년에는 코로나19 영향에도 불구하고 흑자전환했다. 증권가에서는 삼강엠앤티의 2021년 매출액이 전년 대비 15.8% 성장한 4,946억 원으로 전망한다(컨센서스 기준). 경남 지역 중형 조선사 가운데 유일하게 고용 인원도 늘었다. 삼강엠앤티와 삼강에스앤씨의 임직원은 협력사 포함 2,000여 명으로 2018년 대비 3배 넘게 증가했다.

투자포인트 06 📢 **후육강관 국내 시장 1위 기업**

삼강엠앤티의 전신은 1996년에 설립한 동원이라는 회사다. 1999년 현재의 삼강엠앤티 경영진이 동원을 인수해 사명을 삼강특수공업으로 바꾸고 두께 20mm 이상의 두껍고 큰 산업용 파이프인 후육강관을 제조했다. 회사는 당시 전량을 수입에 의존하던 후육강관의 국산화를 이뤄내며 조선 호황과 함께 성장했다. 2008년 삼강특수공업에서 삼강엠앤티로 사명을 변경한 뒤 코스닥에 상장했다. 삼강엠앤티는 두께 2~12cm 후육강관 국내 시장점유율 1위를 영위하고 있다.

삼강엠앤티는 2010년대 중반부터 글로벌 수요 감소로 인한 실적 악화에서 벗어나고자 후육강관을 앞세워 선박 수리·개조, 특수선 제작 등으로 사업분야를 확장했다. 이 과정에서 해상풍력발전기 하부구조물 시장에도 뛰어든 것이다. 후육강관은 재킷 제조에 매우 유용한 소재이기 때문이다.

삼강엠앤티는 2017년 STX조선해양을 인수해 삼강에스앤씨로 사명을 바꿔 계열사로 편입했고, 2019년 STX조선해양으로부터 방산 사업부문을 인수했다. 현재 삼강엠앤티는 신조선, 플랜트, 특수선, 수리 개조, 후육강관 등 5개 사업부문을 영위하고 있다.

043

휴켐스

KP

069260

설립/상장	2002.09/2002.10
시가총액/순위	9,014억 원/코스피 255위
상장주식수	40,878,588주
수익률(3/6/12개월)	+4.05/−9.94/+43.48
목표주가	28,500원
외국인보유비율	8.02%
주요 사업	정밀화학제품 생산, 탄소배출권 판매 등

40.0% 태광실업
49.5%
2.6% 박주환
9.2% 국민연금
8.3% 농협경제지주

경영실적/지표

연도별	2018	2019	2020	2021E
매출액(억 원)	7,629	6,598	5,935	7,521
영업이익(억 원)	1,392	1,064	952	1,228
당기순이익(억 원)	1,051	703	498	894
영업이익률(%)	18.25	16.12	16.05	16.33
ROE(%)	17.02	10.82	7.51	12.83
부채비율(%)	29.83	36.06	26.11	–
EPS(원)	2,556	1,721	1,213	2,164
PER(배)	9.43	12.29	21.15	10.58
BPS(원)	16,488	17,014	17,420	18,525
PBR(배)	1.46	1.24	1.47	1.24
주당배당금(원)	1,200	1,000	1,000	1,117

최근 3년간 주가 추이

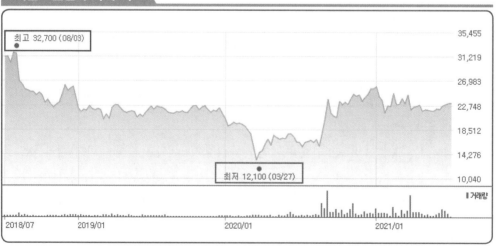

최고 32,700 (08/03)

최저 12,100 (03/27)

2018/07   2019/01   2020/01   2021/01

데이터 분석 1   탄소배출권 가격 상승세

▶ 국내 탄소배출권 거래량 및 거래가격 추이

(만 톤) / (원)

■ 거래량(좌) ― 연평균가격(우)

- 2015: 570
- 2016: 1,200
- 2017: 2,630
- 2018: 4,730
- 2019: 3,800
- 2020: 4,390

휴켐스가 운영 중인
온실가스 저감시설

- 제도 시행 첫해인 2015년 거래된 탄소배출권은 약 124만 톤(거래액 139억 원)인데 반해, 2020년 1월부터 10월까지 거래된 탄소배출권은 1,919만 톤(거래액 5,942억 원)으로 5년 사이 거래액이 42.8배 증가.
- 한국의 탄소배출권 시장은 유럽연합에 이어 세계 2위 규모로, 휴켐스처럼 온실가스 저감시설을 운영해 탄소 배출을 줄여 배출권 판매 수익을 내는 회사에 매우 유리한 환경.

데이터 분석 2   탄소배출권, 휴켐스 주가 상승의 강력한 모멘텀 역할

▶ 휴켐스 사업부문별 매출 비중
[단위 : %, ( )안은 매출액(억 원)]

- 탄소배출권, 암모니아 등 10(594)
- NA계열 30.2 (1,792)
- NT계열 59.8 (3,549)

＊ NT계열 : DNT, MNB 등, NA계열 : 질산, 초안 등

▶ 휴켐스 탄소배출권 매출 및 영업이익률
[( )안은 영업이익률(%)]

(억 원)

- 2020E: 356 (61.2)
- 2021F: 411 (64.3)
- 2022F: 443 (68.1)
- 2023F: 515 (70.2)

- 2021년부터 기업이 구매해야 하는 탄소배출권이 3%에서 10%로 3배 이상 확대되는 배출권거래제 3기 (2021년~2025년)가 시행 → 배출권 수요가 3배로 늘어남에 따라 배출권 가격 상승 예상.
- 국내 최대 탄소배출권 보유한 휴켐스 수혜 전망 → 특히 탄소배출권 사업의 70%에 이르는 높은 영업이익률 주목 → 휴켐스 주가 상승의 강력한 모멘텀 역할.

치솟는 탄소배출권
가격의 최선호주

투자포인트 01 👉 **시가총액 9,000억 원 규모의 중견회사로 성장**

휴켐스의 모체는 농협 계열사로 1974년 설립한 남해화학이다. 요소와 복합비료, 암모니아 등을 주로 생산했다. 2002년에 남해화학의 정밀화학 부문을 인적분할해 정밀화학과 기초화학 전문기업으로 휴켐스를 분사 설립한 뒤 코스피에 상장했다. 휴켐스는 2006년에 지분매각을 통해 최대주주가 태광실업으로 바뀌었다(지분율 40.0%). 태광실업그룹에는 휴켐스를 포함해 모두 34개의 계열회사가 있는데, 휴켐스와 정산애강(KQ, 배관재 사업)만 상장사다. 휴켐스는 2021년 5월 기준 시가총액 9,000억 원 규모의 기업으로 성장했다. 2004년 6월부터 현재까지 코스피 200지수 구성 종목에 포함되어 있다.

투자포인트 02 👉 **아시아 최대 규모 희질산 생산업체**

휴켐스는 주로 NA계열과 NT계열의 정밀화학제품을 생산한다. NA계열 제품으로는 희질산과 농질산, 초안이 있다. NT계열 제품으로는 DNT와 MNB 등을 생산한다. 이밖에 메탄올, 암모니아 등 기초화학제품도 생산한다. NA계열 희질산은 염료와 안료, 농질산은 화약과 탈색제, 의약품 등에 쓰이고, 초안은 화학비료와 의약품, 살충제의 원료가 된다. NT계열의 DNT와 MNB는 폴리우레탄, 스티로폼, 플라스틱, 인조가죽 등에 쓰인다. 휴켐스는 연간 DNT 26만 톤, MNB 40만 톤을 생산하고 있다. 금호미쓰이화학과 한화케미칼, OCI 등에 소요 전량을 공급한다. 특히 희질산은 아시아 최대 규모의 생산능력을 보유하며 한국바스프와 장기공급계약을 맺고 소요 전량을 공급한다. 2023년에 질산 6공장이 신설 완공되면 연간 40만 톤의 질산을 추가 생산하게 된다.

투자포인트 03 국내 최대 규모 탄소배출권 보유

휴켐스는 화학제품 생산 과정에서 발생하는 온실가스를 줄이기 위해 저감시설을 운영하고 있다. 이로써 정부로부터 부여받은 온실가스 배출권 할당량에서 남는 분량을 시장에 판매한다. 휴켐스는 연간 약 160만 톤의 탄소배출권을 보유하고 있다. 국내 단일 기업으로는 최대 수준이다. 2020년 기준 휴켐스는 탄소배출권을 판매해 약 356억 원의 매출을 올린 것으로 추정된다. 장기적으로 휴켐스의 탄소배출권 매출은 더욱 늘어날 전망이다.

한편, 2021년부터 기업이 돈을 내고 구매하는 탄소배출권이 3%에서 10%로 3배 이상 확대되는 배출권거래제 3기(2021~2025년)가 시행되고 있다. 배출권 수요가 3배로 늘어남에 따라 배출권 가격 상승이 예상된다. 탄소배출권 가격 상승은 전 세계적인 추세다. 2021년에 휴켐스는 탄소배출권 장기공급계약을 모두 종료한 뒤 전면 스팟 물량으로 판매할 것으로 예상된다.

체크포인트 한화솔루션의 DNT 및 질산 생산에 따른 리스크 주목

2021년 3월에 휴켐스의 주요 고객사 중 하나인 한화솔루션이 1,600억 원 규모를 신규 투자해 2024년까지 DNT 18만 톤과 질산 40만 톤을 스스로 생산하겠다고 공시했다. 이 소식으로 휴켐스의 주가가 크게 요동쳤다.

한화솔루션의 거래처 이탈은 휴켐스의 중·장기 실적에 적지 않은 영향을 줄 전망이다. 다만 한화솔루션의 신설 DNT 공장 가동은 2024년 1월 예정이다. 아울러 휴켐스와 한화솔루션의 DNT 공급계약 기간은 2032년까지다. 그 전에 계약을 해지하면 수백억 원의 위약금이 발생한다. 한화솔루션이 위약금을 감수하고 휴켐스와의 계약을 해지할지는 두고 볼 일이다.

질산은 반도체와 디스플레이 세정용 소재로, 반도체 활황으로 가격이 치솟고 있다. 국내 질산 시장은 휴켐스가 90%가량을 공급한다. 휴켐스의 연간 생산능력은 110만 톤이지만 질산 6공장이 2024년에 가동되면 150만 톤으로 늘어난다. 향후 한화그룹의 질산 생산으로 휴켐스가 독점해 온 국내 질산 시장이 경쟁체제로 바뀔 수 있다. 이 또한 휴켐스로서는 부담 요인이다.

044

[투자 해시태그] #스마트팜 #첨단유리온실 #그린뉴딜

그린플러스
KQ
186230

22.0% 박영환
10.4% 특수관계인

설립/상장	1997.10/2019.08
시가총액/순위	1,547억 원/코스닥 676위
상장주식수	9,607,742주
수익률(3/6/12개월)	+44.67/+37.89/+128.99
목표주가	24,500원
외국인보유비율	0.75%
주요 사업	알루미늄 제품, 온실용 자재 제조 및 판매

경영실적/지표

연도별	2018	2019	2020	2021E
매출액(억 원)	464	488	627	888
영업이익(억 원)	51	51	59	110
당기순이익(억 원)	23	25	-21	71
영업이익률(%)	11.02	10.4	9.47	12.43
ROE(%)	-	8.37	-5.53	18.11
부채비율(%)	165.54	93.42	161.83	-
EPS(원)	340	314	-201	641
PER(배)	12.46	18	-63.58	25.91
BPS(원)	3,532	3,815	3,494	3,645
PBR(배)	1.2	1.48	3.66	4.54
주당배당금(원)	-	-	-	-

최근 3년간 주가 추이

최고 20,250 (05/14)
최저 2,425 (03/20)
거래량

22,473
18,835
15,196
11,558
7,919
4,281
643

2018/07　2019/01　2020/01　2021/01

▶ **국내 스마트팜 시장 규모 추이 및 전망**

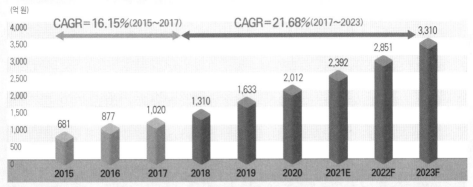

(억 원)

CAGR = 16.15%(2015~2017)   CAGR = 21.68%(2017~2023)

2015	2016	2017	2018	2019	2020	2021E	2022F	2023F
681	877	1,020	1,310	1,633	2,012	2,392	2,851	3,310

* 주: 2020년, 2022년 시장 규모는 전후년도의 평균값을 적용하여 추정함.

- 정부가 추진하는 그린뉴딜에 스마트팜이 포함되면서 스마트팜 업계 1위이자 유일한 상장사인 그린플러스에 증권가 관심 집중.
- 4차 산업혁명과 농업 기술을 연결하는 스마트팜 확산을 위해 농림축산식품부 주도로 2022년까지 총 사업비 4,164억 원을 투자해 상주, 김제, 밀양, 고흥 등 전국 4개 지역에 합계면적 202.1ha의 스마트팜 혁신밸리 구축 → 대표기업인 그린플러스가 거의 모든 수주 예상.
- 스마트팜 민간 시장도 2023년에 3,000억 원을 크게 웃돌 것으로 전망 → 시장이 성장할수록 1위 기업인 그린플러스의 주가와 실적에 직접적인 호재로 작용.

▶ **그린플러스의 스마트팜 레퍼런스**

첨단유리온실 식물공장

식물공장 전경

- 시설원예란, 온실이나 비닐하우스에서 재배 환경을 조성하여 채소 및 과수 등의 원예작물을 생산하는 농업.
- 국내 시설원예 면적 중 비닐하우스 면적이 52,704ha 로 전체 면적의 98.93%를 차지하는데 반해, 온실은 1% 미만.
- 국내 비닐하우스의 80% 이상이 사용년수가 15년이 넘는 것으로 추정되므로, 노후화로 인한 교체 수요 대부분이 온실 기반 스마트팜으로 전환 예상 → 그린플러스 막대한 수혜 기대.

식물공장 내부

그린뉴딜 스마트팜 정책의 최선호주

투자포인트 01 👉 첨단유리온실 국내 1위 기업

그린플러스는 스마트팜에 특화된 국내 1위 첨단온실 전문기업이다. 그린플러스는 1997년 설립 이듬해인 1998년부터 구미원예공사 1차 24,000평 온실에 대규모 납품을 계기로 온실유리 사업에 본격 나섰다. 그로부터 20년이 넘는 업력으로 온실의 기획부터 설계, 자재생산, 시공에 이르는 턴키 공정을 아우르는 토털 솔루션을 갖춘 기업으로 성장했다. 특히 2013년에는 당시 아시아 최대 규모에 해당하는 33,000m² 규모의 화성 화옹지구 첨단유리온실단지 시공을 수주하면서 업계에서 크게 주목받았다. 2014년 식물재배시스템으로 일본과 중국에서 특허를 취득했고, 2015년에 1만 평 규모의 홍성 첨단유리온실을 준공했다. 2019년 사막기후 적응형 스마트온실 융·복합 설계 및 실증모델 개발 사업을 수주했고, 같은 해 코스닥에 상장했다.

투자포인트 02 👉 국내 20만 평, 일본 65만 평 시공 실적 보유

스마트팜(Smart Farm, 지능형 농장)이란 정보통신기술(ICT)을 활용해 '시간과 공간의 제약 없이' 원격 또는 자동으로 작물의 생육환경을 관측하고 최적의 상태로 관리하는 첨단과학 농업 시스템이다. 농산물의 품질 향상 및 생산량 증가는 물론, 노동시간 단축을 통해 농업 환경을 획기적으로 개선하기 위해 고안되었다. 스마트 온실, 스마트 과수원, 스마트 축사, 식물공장 등이 여기에 해당한다. 그린플러스가 주력하는 분야는 첨단온실이다. 그린플러스는 지금까지 국내 총 20만 평 이상의 첨단온실 시공 실적을 보유하고 있다. 뿐만 아니라 일본에서는 현재까지 약 65만 평 이상의 첨단온실 건설 실적을 축적해왔다.

투자포인트 03 🖐️ **스마트팜으로 해외 시장 진출**

그린플러스는 2021년 4월에 농촌진흥청이 주관하는 농·식품 수출 비즈니스 전략 모델 구축 사업 4건의 주관기관으로 선정돼 협약을 체결했다. 이 사업은 2022년까지 진행되며 그린플러스의 전체 연구비는 약 27억 원 규모다. 그중에서 특히 UAE향 사업이 주목을 끈다. 식량 자급률이 10% 미만인 UAE는 농산품 대부분을 수입에 의존하고 있어 향후 스마트팜 시장의 성장성이 매우 큰 지역으로 꼽힌다. 호주 기업 Farm4.0에 스마트팜 관련 라이선스를 독점 공급하는 계약을 체결한 것도 의미가 크다. 계약기간은 2031년 5월까지이고, 10년 혹은 20년까지 연장이 가능하다.

투자포인트 04 🖐️ **알루미늄 사업 비중 줄이자 이익률 증가**

자회사를 통한 온실 사업과 장어양식(그린피스팜), 딸기재배(케이팜) 사업이 성장하면서 그린플러스의 매출구조가 변하고 있다. 본업인 알루미늄 사업은 이익률이 낮아 비중을 점차 줄이고 있다. 그린플러스의 2020년 연결기준 제품별 매출 비중은 스마트팜 48%, 알루미늄 41%, 양식 10%, 작물재배 1%다. 무엇보다 알루미늄 사업 비중이 줄면서 이익률이 개선됐다. 2016년 영업이익률은 5.96%였으나 2020년에 9.47%까지 상승했다. 매출액도 2016년 383억 원에서 2020년 627억 원으로 크게 올랐다.

▶ **스마트팜에 도입된 ICT 및 디지털 기술들**

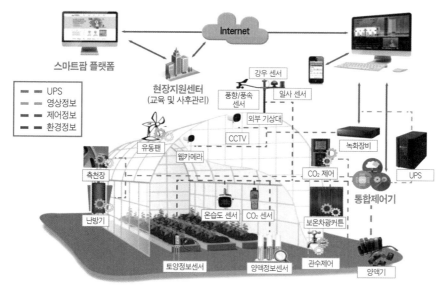

045

[투자 해시태그] #TSK코퍼레이션 #수처리 #지정폐기물

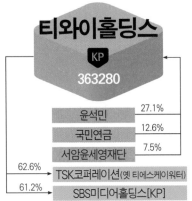

티와이홀딩스

KP
363280

윤석민	27.1%
국민연금	12.6%
서암윤세영재단	7.5%

62.6% → TSK코퍼레이션(옛 티에스케이워터)
61.2% → SBS미디어홀딩스[KP]

설립/상장	2020.09/2020.09※
시가총액/순위	1조1,268억 원/코스피 212위
상장주식수	40,171,615주
수익률(3/6/12개월)	+13.23/ +5.05/ (2020.09 상장)
목표주가	36,800원
외국인보유비율	6.41%
주요 사업	지주회사(방송, 환경, 레저), 환경부문은 자회사 TSK코퍼레이션 통해 수처리, 폐기물 관련 사업 영위

※2020.09 태영건설에서 분할 신설 후 재상장

경영실적/지표

연도별	2018	2019	2020	2021E
매출액(억 원)	-	-	929	2,720
영업이익(억 원)	-	-	16	70
당기순이익(억 원)	-	-	3,540	730
영업이익률(%)	-	-	1.73	2.57
ROE(%)	-	-	54.98	4.09
부채비율(%)	-	-	-	54.98
EPS(원)	-	-	26,437	1,135
PER(배)	-	-	1.05	26.12
BPS(원)	-	-	31,400	25,089
PBR(배)	-	-	0.88	1.18
주당배당금(원)	-	-	-	-

※2020.09 설립했기 때문에 2018 및 2019 실적 데이터 없음.

최근 3년간 주가 추이

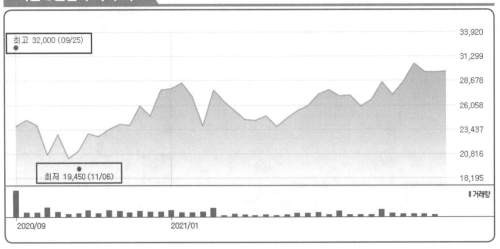

최고 32,000 (09/25)

최저 19,450 (11/06)

거래량

2020/09　　2021/01

33,920
31,299
28,678
26,058
23,437
20,816
18,195

자산 규모 1조 원에 근접한 국내 최대 폐기물처리 회사

▶ **TSK코퍼레이션과 연결 종속회사의 사업부문별 현황** (2021년 3월 기준)

사업부문 구분			사업 회사명
수처리	운영관리		티에스케이코퍼레이션, 티에스케이워터, 티에스케이엔지니어링, 여수엑스포환경, 청도 티에스케이환보개발유한공사
	공사		티에스케이코퍼레이션, 티에스케이엔지니어링, 티에스케이엔지니어링베트남
폐기물 처리	폐기물 매립	폐기물 중간처리 및 최종 처리	에코시스템, 센트로
	폐기물 에너지	바이오가스 정제	부산바이오에너지
		고형연료 제조 및 스팀 공급	티에스케이그린에너지, 티에스케이이앤피
		증기발전	여천이피에스
	폐기물재활용		티에스케이프리텍
기타	수처리약품판매		티에스케이엠엔에스
	토양정화		티에스케이코퍼레이션

- 자회사인 TSK코퍼레이션은 주로 공공기관을 대상으로 수처리 시공과 연계한 사업 다수 수주.
- TSK코퍼레이션은 여러 환경 관련 회사를 인수합병하면서 사업영역을 넓히며 회사 규모를 키워옴 → 자산 규모가 2013년 2,465억 원에서 2020년 9,097억 원으로 증가.
- TSK코퍼레이션은 2021년 3월 기준 11개 연결종속회사, 2개 해외법인, 840여 개 사업소 보유.

티와이홀딩스 주가 상승의 강력한 모멘텀

▶ **TSK코퍼레이션 실적 증가 추이** [( )안은 전년 대비 매출증가율(%)]

- TSK코퍼레이션의 주력 사업인 수처리 부문은 매출 비중이 59%에 이르지만, 매출총이익률은 폐기물처리의 40% 대비 훨씬 낮은 7~8%대 → 수처리는 사업의 특성상 폐기물처리만큼 고수익을 올리기 어려움.
- 폐기물처리는 매출 비중이 35%에 그치지만 영업이익의 80%를 차지 → TSK코퍼레이션의 영업이익률 성장세가 두드러진 이유도 호조세를 이어가는 폐기물처리 사업 영향.
- TSK코퍼레이션의 연결기준 매출액은 2013년 2,118억 원에서 2020년 7,007억 원으로 연평균 18.6% 성장 → 티와이홀딩스 주가 상승의 강력한 모멘텀 역할.

진입장벽 높은
지정폐기물 사업으로
실적 견인

투자포인트 01 👉 **지주회사 티와이홀딩스의 환경 사업 주목**

태영그룹은 2020년 9월에 지배구조 개편 사전작업으로 건설사업 자회사인 태영건설에서 방송·미디어와 골프장 등 부분을 인적분할해 티와이홀딩스를 설립했다. 티와이홀딩스는 자회사 지분의 관리와 투자 사업을 영위하는 지주회사다. 아울러 자회사를 통해 방송, 환경, 레저 사업 등을 영위한다. 중간지주사인 SBS미디어홀딩스는 지상파 방송사인 SBS를 비롯해 SBS미디어넷, SBS바이아컴, SBS네오파트너스 등을 계열사로 두고 있다.

한편, 증권가에서 가장 주목하는 티와이홀딩스 사업은 환경이다. 자회사인 TSK코퍼레이션(비상장)을 중심으로 14개 회사가 맡고 있다. 티와이홀딩스 매출의 71%, 영업이익의 82%가 TSK코퍼레이션의 환경 사업에서 나온다.

투자포인트 02 👉 **국내 폐기물처리 1위 기업**

TSK코퍼레이션은 폐기물처리 국내 시장점유율 1위, 수처리 시장점유율 2위 회사다. 국내 지정폐기물 매립장 21개소 가운데 4곳이 TSK코퍼레이션 소유다.

TSK코퍼레이션의 주력 사업인 수처리 부문은 매출 비중이 59%에 이르지만, 매출총이익률은 폐기물 매립의 40% 대비 훨씬 낮은 7~8%대다. 수처리는 사업의 특성상 폐기물처리만큼 고수익을 올리기가 쉽지 않다. 반면 폐기물처리는 매출 비중이 35%에 그치지만 영업이익의 80%를 차지한다. TSK코퍼레이션의 영업이익률 성장세가 두드러진 이유도 호조세를 이어가는 폐기물처리 사업 덕분이다. TSK코퍼레이션의 연결기준 매출액은 2013년 2,118억 원에서 2020년 7,007억 원으로 연평균 18.6% 증가하면서 모회사 티와이홀딩스 주가 상승의 강력한 모멘텀 역할을 하고 있다.

TSK코퍼레이션의 폐기물처리 사업은 주로 지정폐기물 매립 중심이다. 지정폐기물이란 사업장폐기물 중 폐유와 폐산 등 주변 환경을 오염시킬 수 있거나 의료폐기물 등 인체에 위해를 줄 수 있는 물질을 말한다. 정부가 폐기물 매입기준을 강화한데다 지정폐기물 매립장 신설을 엄격히 규제하고 있어 진입장벽이 높다.

최근 TSK코퍼레이션은 폐기물을 에너지로 활용하는 사업으로도 진출했다. 폐기물을 소각처리할 때 발생하는 열을 이용해 에너지를 만들거나 음식물 쓰레기를 처리해 에너지로 활용하는 바이오가스 플랜트 등이 대표적이다.

채크포인트 👉 TSK코퍼레이션의 기업가치는 1조 원 초반대

태영그룹과 오랫동안 협력관계를 맺으며 TSK코퍼레이션의 2·3대 주주를 유지해오던 SK그룹과 삼양그룹이 2020년 12월 말 경영권이 없는 소수지분 37.39%를 미국계 대형 사모펀드(PEF) 운용사 콜버그크래비스로버츠(KKR)에 모두 매각했다. SK디스커버리가 지분 4.17%를 492억 원에, SK건설이 지분 16.70%를 1,969억 원에, 휴비스가 지분 16.52%를 1,949억 원에 각각 매각했다. 매각대금은 총 4,410억 원에 달한다. SK디스커버리와 SK건설은 SK그룹 계열사이고 휴비스는 SK디스커버리와 삼양홀딩스가 각각 25.5%씩 지분을 보유한 조인트벤처(JV)다. 3사의 지분 매각 목적은 모두 투자재원 확보와 포트폴리오 조정이라고 밝혔다. 3사 소수지분의 매입처는 이젤홀드코(Easel Holdco II L.P.)다. 이젤홀드코는 KKR이 TSK코퍼레이션 지분 인수를 위해 캐나다 토론토에 세운 특수목적법인(SPC)으로 추정된다.

한편, KKR이 SK건설과 휴비스, SK디스커버리의 TSK코퍼레이션 소수지분을 4,410억 원에 매입하면서 TSK코퍼레이션의 기업가치는 1조 원 초반대로 평가된 것으로 업계는 보고 있다. KKR은 멀티플 배수 7.6배 수준으로 소수지분을 인수했는데, 멀티플 배수가 늘어난 만큼 TSK코퍼레이션의 잠재력을 인정받았다는 평가다. 다만 시장 예상치 10배를 밑돈 것은 경영권이 포함되지 않은 소수지분의 한계라는 게 증권가의 해석이다.

Chapter 3

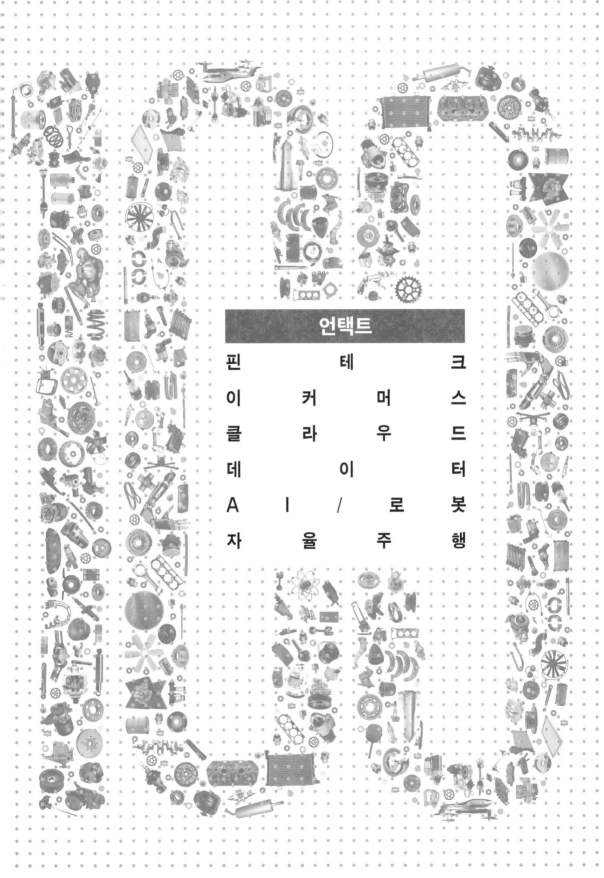

언택트

핀		테		크
이		커	머	스
클		라	우	드
데			이	터
A	I	/	로	봇
자		율	주	행

설립/상장	1998.11/2002.11
시가총액/순위	5,581억 원/코스닥 147위
상장주식수	27,904,434주
수익률(3/6/12개월)	+9.34/+7.44/−0.69
목표주가	28,500원
외국인보유비율	17.41%
주요 사업	전자결제(PG) 서비스

경영실적/지표

연도별	2018	2019	2020	2021E
매출액(억 원)	9,246	7,476	8,102	8,658
영업이익(억 원)	604	822	980	1,073
당기순이익(억 원)	399	600	530	735
영업이익률(%)	6.54	11	12.1	12.39
ROE(%)	17.61	21.61	15.23	17.68
부채비율(%)	175.57	235.68	209.74	188.16
EPS(원)	1,263	1,792	1,521	2,107
PER(배)	12.19	9.49	13.25	10.16
BPS(원)	7,721	9,369	11,565	13,423
PBR(배)	1.99	1.81	1.74	1.59
주당배당금(원)	300	330	350	355

최근 3년간 주가 추이

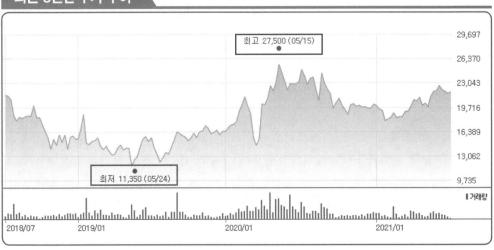

국내 전자결제 시장 2021년 500조 원 돌파

▶ **국내 전자결제 서비스 시장 규모 추이 및 전망**

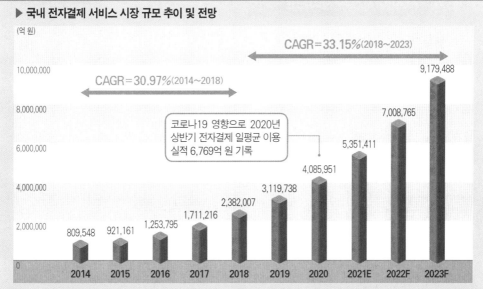

- 코로나19가 확산되기 시작했던 2020년 상반기 중 전자결제 이용실적은 일평균 1,782만 건(6,769억 원)으로 전기 대비 32.0% 급증.
- 전자결제 이용실적이 2023년까지 연평균 30% 이상 성장함에 따라 국내 PG 시장을 과점한 KG이니시스와 NHN사이버결제의 수익 급증 예상.

KG이니시스의 경쟁사 대비 높은 기업가치

▶ **국내 PG 시장점유율** (단위: %)   ▶ **KG이니시스 실적 전망**

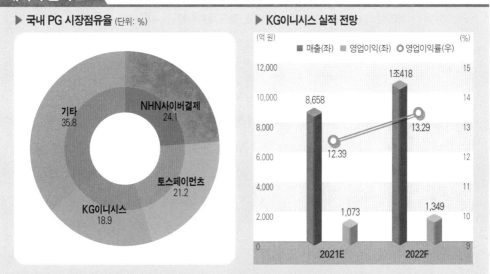

- 국내 PG 시장 경쟁은 KG이니시스와 NHN사이버결제, 토스페이먼츠의 3파전 체제.
- PG 회사는 대표적인 기술주로서, 특히 영업이익률이 돋보이는 종목 주목.
- KG이니시스의 영업이익률은 12%대로 경쟁사인 NHN사이버결제(6%대)에 비해 2배 이상 높음.
- 연평균 30% 이상 성장하는 국내 전자결제 시장을 고려하건대, KG이니시스는 2022년 매출 1조 원대 달성 기대.

매출 1조 원 달성 앞둔
전자결제 대표 저평가주

투자포인트 01 🤟 국내 PG '빅3' 중 하나, 언택트 최선호주

KG이니시스의 주 사업영역은 전자결제 대행서비스(PG)이다. PG(Payment Gateway)란 자체 결제 시스템을 구축하는 것이 현실적으로 어렵거나 신용카드사와 가맹점 계약을 체결하는 것이 곤란한 중소 쇼핑몰을 대신해 카드사와 대표 가맹점 계약을 맺고 신용카드 결제 및 지불을 대행한 뒤 하부 쇼핑몰에서 수수료를 받는 서비스다. 증권가에서는 PG 산업을 가리켜, 팬데믹 사태로 인한 언택트 라이프스타일의 확산으로 이커머스 시장이 급성장하면서 최대 수혜를 누린 업종 가운데 하나로 꼽는다. KG이니시스는 국내 PG 시장 '빅3' 중 하나로, 매출액 90% 이상이 PG 사업부문에서 발생한다.

증권사마다 KG이니시스를 언택트 최선호주로 분류하는 이유는, 동종업계 경쟁사에 비해 기업가치가 저평가되어 있기 때문이다.

투자포인트 02 🤟 고수익 중소형 호스팅 신규 가맹점 증가

국내 PG 시장점유율을 정확하게 추산하는 것은 업체마다 기준이 달라 논란의 여지가 있다. 다만, KG이니시스와 NHN한국사이버결제, 그리고 LG유플러스의 PG 사업부문을 인수한 토스페이먼츠가 국내 PG 업계 '빅3'를 이루며 전체 시장의 63.3%를 차지하고 있다. 이 가운데 특히 KG이니시스는 현재 국내 중소형 및 호스팅 가맹점 시장에서 47%의 시장점유율을 차지하고 있다. 고수익 중소형 호스팅(전문몰) 신규 가맹점이 늘어나고 있고 아울러 기존 가맹점 거래액도 함께 증가하고 있는데, 이는 향후 KG이니시스의 주가를 끌어올릴 모멘텀이라 할 수 있다.

투자포인트 03 집단면역이 빨라질수록 온택트 가맹점 수익도 커진다

여행 및 항공 부문 PG 결제는 KG이니시스의 주요 수입원 중 하나다. 2020년 코로나19 여파로 여행과 항공 업황이 얼어붙으면서 KG이니시스도 어려움을 겪었다. 다행히 2021년 백신 접종이 본격적으로 시행되면서 KG이니시스의 여행 및 항공권 결제 거래액도 어느 정도 회복세를 보일 전망이다. 2021년 하반기부터 성수기를 대비한 여행 및 항공 관련 상품의 사전예약이 예상되기 때문이다. 출국 6개월 전부터 여행상품 및 항공권 티켓 예매가 시작된다는 점을 감안하건대, 거래 규모가 큰 온택트 가맹점들을 보유한 KG이니시스의 거래액 급증이 예상된다. KG이니시스의 2020년 기준 온택트 부문 거래액은 월 3,000억 원 정도다.

투자포인트 04 글로벌 OTT들의 국내 시장 론칭

KG이니시스의 주요 글로벌 가맹점인 넷플릭스와 애플스토어의 연간 거래액은 2019년 7,000억 원에서 2020년 1조4,000억 원으로 100% 가까이 급증했다. 2021년에는 2조 원을 돌파할 것으로 업계는 전망한다. '디즈니 플러스', 'HBO 맥스', '애플 TV+' 등 글로벌 OTT들의 국내 시장 진출이 예정돼 있기 때문이다. 글로벌 가맹점들은 평균 수수료율이 높아 KG이니시스로서는 글로벌 OTT들의 추가 유치에 거는 기대가 크다.

체크포인트 지주회사 KG그룹의 M&A가 부담스런 이유

KG이니시스는 KG그룹의 주력기업이다. 그런데 KG그룹이 공격적인 M&A(인수·합병)로 외형성장을 이뤄 현재의 규모를 이룬 것은 투자적 관점에서 다소 우려스럽다. 계열사가 많아질수록 지배구조가 복잡해질 수밖에 없고, 또 무리한 M&A 과정에서 재무구조가 취약해질 수 있기 때문이다. KG이니시스가 자사의 주력 사업과 무관한 그룹 계열사(옐로우캡(택배), KFC, 할리스커피, 동부제철 등) 인수에 재무적 투자자로 참여한 점은 증시에서 부정적으로 작용해 기업가치를 떨어뜨리는 요인 가운데 하나로 지적받는다.

047

[투자 해시태그] #소액결제 #네이버 #O2O서비스

KG모빌리언스
KQ
046440

```
50.1%  ──  KG이니시스[KQ]
76.4%  ──  KG에듀원
       공무원, 각종 자격증 대비 이러닝
```

설립/상장	2000.03/2004.12
시가총액/순위	4,057억 원/코스닥 224위
상장주식수	38,825,568주
수익률(3/6/12개월)	+8.11/+4.35/+0.00
목표주가	14,800원
외국인보유비율	2.71%
주요 사업	유선전화 및 모바일을 이용한 전자결제 대행업(PG)

경영실적/지표

연도별	2018	2019	2020	2021E
매출액(억 원)	2,029	1,922	2,690	3,287
영업이익(억 원)	221	348	457	560
당기순이익(억 원)	121	176	225	372
영업이익률(%)	10.89	18.1	16.99	17.05
ROE(%)	6.04	8.18	9.16	13.98
부채비율(%)	110.59	89.8	70.74	–
EPS(원)	424	601	602	1,004
PER(배)	17.34	10.2	17.21	10.46
BPS(원)	7,370	7,777	7,159	7,869
PBR(배)	1	0.79	1.45	1.33
주당배당금(원)	200	200	220	270

최근 3년간 주가 추이

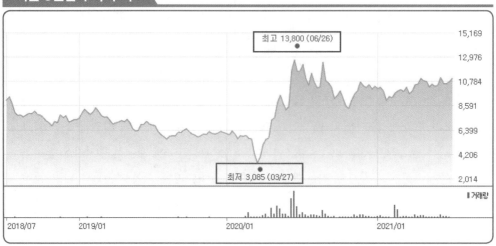

최고 13,800 (06/26)

최저 3,085 (03/27)

15,169
12,976
10,784
8,591
6,399
4,206
2,014

▌거래량

2018/07   2019/01   2020/01   2021/01

KG올앳 흡수합병으로 거래액 급증

▶ 신용카드, 휴대폰 소액결제 거래액 추이 및 전망

▶ 삼성 임직원 거래액 추이 및 전망

- 약 1.3만 개의 가맹점을 필두로 KG올앳의 2021년 총 거래액 6.4조 원(+45.5% yoy) 예상. KG모빌리언스의 2021년 휴대폰 소액결제+신용카드 PG 총 거래액은 9.3조 원(+32.8 yoy) 규모.
- 2020년 2월 삼성그룹 계열 신용카드 PG사인 KG올앳 흡수합병을 통해 거래액 급증. KG올앳은 삼성 임직원몰 결제서비스를 단독으로 제공해옴. 2021년에 삼성 임직원몰에서만 거래액 1.4조 원(+55.6% yoy)을 상회할 전망.

네이버향 소액결제 거래액 증가

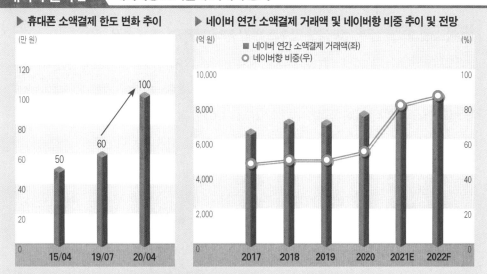

▶ 휴대폰 소액결제 한도 변화 추이

▶ 네이버 연간 소액결제 거래액 및 네이버향 비중 추이 및 전망

- 휴대폰 소액결제 전체 시장 거래액은 2021년에 전년 대비 10% 성장한 7.7조 원에 이를 전망. 네이버향 거래 규모 성장에 힘입어 KG모빌리언스의 거래액이 2.9조 원을 차지.
- 네이버는 KG모빌리언스의 단일 가맹점 기준 거래액 1위 업체로, 네이버의 연간 휴대폰 소액결제 거래액 약 7,500억 원 중 KG모빌리언스가 4,000억 원 차지.
- 네이버향 거래 비중이 2020년 53%에서 2021년 80% 수준인 약 6,400억 원까지 급증 예상.

높은 성장성에 비해
여전히 낮은 주가

투자포인트 01   국내 휴대폰 소액결제 시장 1위

KG모빌리언스는 KG이니시스가 50.1% 지분을 보유한 종속 계열사로, 휴대폰 소액결제 대행업(PG)에 특화된 기업이다. 2020년 12월 사업부문별 매출 비중은 휴대폰 결제, 신용카드 결제, 유선전화결제, 상품권 결제 등 PG 사업이 94.2%를 차지하며, 약 27,000여 개 가맹점에 결제 서비스를 제공하고 있다. KG모빌리언스는 2020년 기준 휴대폰 소액결제 부문 국내 시장점유율이 약 37%로 업계 1위에 올라있다.

투자포인트 02   KG올앳 인수로 연간 거래대금 7조 원대 성장

KG모빌리언스는 2020년 2월 신용카드 전자결제지급(PG) 업체 KG올앳을 흡수합병해 신용카드 PG 서비스 사업에까지 진출하면서 종합 결제 PG 기업이 되었다. 이로써 KG모빌리언스의 연간 거래대금은 7조 원 규모로 커져, 원가경쟁력 확보와 재무 부담 완화 및 신용카드 PG 사업에까지 진출해 시너지 효과를 누리고 있다.

투자포인트 03   O2O 서비스 '내죠여왕', 주가 상승 모멘텀

전자결제 시장은 온·오프라인의 경계가 허물어지는 O2O 서비스, 개인과 개인 간의 전자상거래인 P2P 등 IT 기술을 기반으로 한 새로운 형태의 핀테크가 속속 등장하고 있다. KG모빌리언스는 지난 2019년에 '내죠여왕'이라는 서비스를 오픈해 O2O 시장에 진출했다. '내죠여왕'은 복잡한 결제 프로그램이나 앱 설치 없이 문자메시지나 메신저 등 다양한 방법으로 결제할 수 있다. 증권가에서는 언택트 시장 변화에 적절하게 대응하는 KG모빌리언스의 경영 전략이 주가 상승을 이끈다고 보고 있다.

KG모빌리언스는 2020년에 신사업 론칭 및 KG올앳 인수 효과 등 재무 부담이 큰 이슈에도 불구하고 높은 실적(매출액 2,690억 원, 영업이익 457억 원)을 올렸다. 특히 눈여겨 볼 대목은 17%에 육박한 영업이익률이다. 무엇보다 지난 5년 평균 PER(주가수익비율)이 15배에 머물러 있는 점도 주목을 끈다. 업종 평균 PER이 26배 대인 점을 감안하건대, KG모빌리언스는 시장점유율 1위 기업이라는 타이틀이 무색할 만큼 저평가되었다.

체크포인트 🤘 **고마진이지만 선결제 위험이 있는 사업구조**

KG모빌리언스가 업계 1위에 올라있는 휴대폰 소액결제란, 상품이나 서비스를 구매할 때 이용자의 신원 확인, 거래정보 전달, 인증(일회성 비밀번호 OTP), 결제 등 모든 절차가 휴대폰으로 이뤄지고, 이용대금은 다음 달 통신 요금에 합산·청구되는 서비스다. 휴대폰 소액결제 사업의 수익 구조는, 거래 발생시 수수료를 제외한 금액을 가맹점에 '미리' 정산해주고 나중에 통신사로부터 대금을 지급받기 때문에 대금 확보에 리스크가 있다. 따라서 휴대폰 소액결제 PG 수수료(평균 4.5%)는 신용카드 PG 수수료(평균 2.5%)보다 높게 형성돼 있다. 선결제 대금 확보만 원활하다면 고마진 사업이라 할 수 있다.

▶ **휴대폰 소액결제 선정산 사업구조**

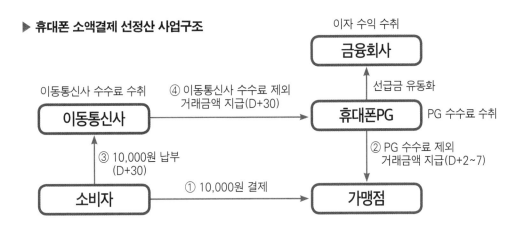

048

다날
KQ
064260

17.6% 박성찬

92.4% 다날엔터테인먼트
음악, 영상 등 모바일 콘텐츠 제작·유통

24.5% 다날에프앤비
커피 프랜차이즈

설립/상장	1997.07/2004.07
시가총액/순위	4,992억 원/코스닥 167위
상장주식수	68,949,040주
수익률(3/6/12개월)	−25.76/+30.64/+74.07
목표주가	9,160원
외국인보유비율	2.15%
주요 사업	휴대폰을 이용하는 전자결제대행 서비스 (PG)

경영실적/지표

연도별	2018	2019	2020	2021.1Q
매출액(억 원)	1,817	1,912	2,294	661
영업이익(억 원)	60	109	150	22
당기순이익(억 원)	−29	228	124	270
영업이익률(%)	3.28	5.7	6.52	3.36
ROE(%)	1.74	13.96	7.87	17.01
부채비율(%)	184.61	156.3	144.05	148.17
EPS(원)	51	418	255	296
PER(배)	69.34	7.58	18.91	15.10
BPS(원)	2,914	3,282	3,477	3,812
PBR(배)	1.21	0.96	1.39	2.23
주당배당금(원)	–	–	–	–

최근 3년간 주가 추이

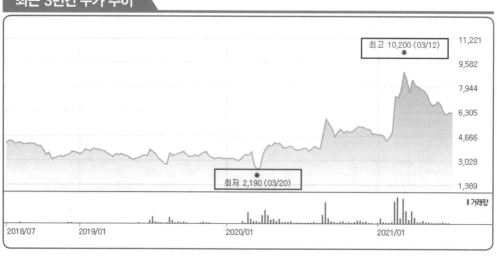

시장이 커질수록 독과점 지위를 누리는 기업에 유리

▶ 국내 휴대폰 소액결제 시장 규모 추이

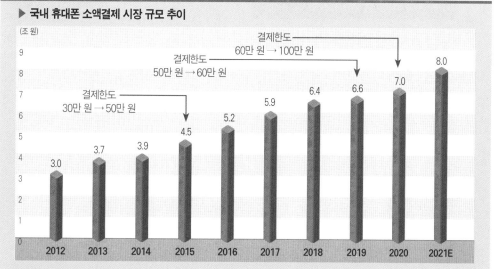

- 휴대폰 소액결제 서비스 업계는 다날, KG모빌리언스, 갤럭시아머니트리 3개 업체가 국내 전체 시장의 95% 이상을 점유하는 독과점 체제.
- 신용카드결제는 KG이니시스, LG유플러스, NHN한국사이버결제가 전체 시장의 약 80% 이상 차지.
- 휴대폰 소액결제 사업은 시장 진입장벽이 높음 → 선두 업체들이 원천기술을 독점하고 있고, 이동통신사와의 계약 및 가맹점 확보를 선점하고 있기 때문. 결국 휴대폰 소액결제 한도금액이 갈수록 커지는 시장 성장의 최대 수혜 종목으로 다날과 KG모빌리언스 지목.

삼성페이 후광에도 불구하고 업종 평균 대비 저평가

▶ 국내 휴대폰 소액결제 경쟁사 주가 및 실적 비교

	다날	KG모빌리언스	갤럭시아머니트리
목표주가(원) (2021.12.31 예상)	9,160	14,800	7,510
52주 최고/최저가(원) (2021.07.04. 기준)	10,200/ 3,640	13,800/ 8,000	8,890/ 3,220
2021년 예상 매출액(억 원) (괄호 안은 영업이익률, %)	2,664 (7.51)	3,282(17.07)	956 (9.69)
PER(배) (2020.12.31 기준)	18.91	17.21	36.46

- 국내 휴대폰 소액결제 서비스 시장의 꾸준한 성장성에도 불구하고 업계 1, 2위를 다투는 다날과 KG모빌리언스의 주가는 비교적 저평가됨.
- 다날은 2018년 11월 삼성페이와 전략적 제휴를 체결해 오프라인 휴대폰 결제 서비스 론칭 → 삼성페이는 오프라인 간편결제 시장에서 80% 이상의 점유율 차지. 2020년 8월 기준 국내 가입자 1,900만 명, 누적 결제금액 80조 원에 달하는 삼성페이와 파트너십을 유지함으로써 오프라인 시장에서 강력한 입지 확보.

'비트코인'과 '쿠팡'이라는 양날의 검

투자포인트 01 국내 최초 휴대폰 결제 서비스 기업이라는 프리미엄

다날은 휴대폰과 초고속 인터넷 보급이 확산되기 시작했던 2000년경 세계 최초로 휴대폰 결제 서비스를 상용화한 기업이다. 2004년 대만을 시작으로 2005년 중국, 2006년 미국 휴대폰 결제 서비스 시장에 진출하는 등 일찍이 해외로 시야를 넓힌 결실로 2011년에 미국 5대 주요 이동통신사와 휴대폰 결제 서비스 계약을 체결했다. 아울러 국내 최초로 1회용 바코드를 이용하는 간편결제 서비스를 개발한 다날은, 전자결제 업계에서 '선구적 기업'이라는 평가를 받는다. 현재 다날은 휴대폰 결제에서 신용카드 및 가상화폐와 간편결제를 아우르는 대표적인 종합 PG 기업으로 성장했다.

투자포인트 02 오프라인 간편결제 최강자 삼성페이와 파트너십

다날은 2018년에 삼성페이와 전략적 제휴관계를 체결하고 오프라인 휴대폰 결제 서비스를 론칭했다. 삼성페이에서 다날의 오프라인 휴대폰 결제를 선택하면 간편결제 처리가 가능하다. 삼성페이는 국내 오프라인 간편결제 시장에서 80% 이상의 점유율을 차지한다. 다날은 2020년 8월 기준 국내 가입자 1,900만 명, 누적 결제금액 80조 원에 달하는 삼성페이와 파트너십을 유지함으로써, 오프라인 시장에서 강력한 입지를 확보하고 있다.

한편, 증권가에서는 다날이 삼성페이라는 든든한 성장 모멘텀에도 불구하고 기업가치가 저평가되었다고 분석한다. 국내 휴대폰 소액결제 업계는 다날, KG모빌리언스, 갤럭시아머니트리 등 3개 업체가 전체 시장의 95%를 차지하고 있다.

다날은 2019년 2월에 가상자산인 페이코인(PCI)을 운영하는 자회사 다날핀테크를 통해 페이코인 앱에서 비트코인으로 즉시 결제할 수 있는 서비스를 국내 최초로 상용화했다. 이는 동시에 세계 최초로 실제 사용가능한 암호화폐 결제 서비스를 론칭한 것이다. 다날핀테크는 비트코인의 페이코인 전환 결제 지원을 시작으로 이더리움(ETH), 아이콘(ICX) 등 다양한 가상자산의 결제 및 투자 상품 가입 등 서비스 영역을 확대할 계획이다. 페이코인은 결제수수료가 신용카드보다 낮아 유통 업계와 연계해 다양한 마케팅이 가능하다. 신용카드의 경우 최소 4~5개의 사업자가 결제 과정에 참여해 결제 수수료 부담이 2~3%에 달하지만, 페이코인을 활용하면 중간 단계 사업자가 줄어 수수료가 1%로 떨어진다. 2021년 4월 기준 페이코인 결제가 가능한 가맹점은 7만여 개에 이른다. SSG와 CGV는 물론 CU, 세븐일레븐, 이마트24 등 메이저 편의점 브랜드를 비롯해 도미노피자, KFC, BBQ 등 FNB 브랜드, 골프존과 같은 레저 브랜드에 이르기까지 다양한 가맹점에서 사용이 가능하다.

2021년 3월 한국의 대표적 유니콘 기업인 쿠팡이 미국 뉴욕 증시에 상장하면서 국내 증시에는 이른바 쿠팡 수혜주가 들썩거렸다. 다날은 쿠팡 내 결제대행 서비스 점유율이 60%가 넘는 1위 기업이라는 프리미엄 덕분에 쿠팡 최선호주로 주목받고 있다. 쿠팡 자체 거래액 증가와 쿠팡 내 점유율 확대 효과가 동시에 다날의 주가에 반영된 것이다. 'PG 대장주' 다날은 증시에서 페이코인으로 비트코인 수혜주에 이어 쿠팡 최선호주라는 프리미엄까지 누리게 됐다. 이를 방증하듯 지난 2021년 2월 한 달 동안 다날의 주가가 무려 90%를 웃돌아 장중 한때 9,100원까지 치솟기도 했다. 100만~200만 주 수준이던 거래량도 6,100만 주까지 급증했다. 하지만, 비트코인과 쿠팡 이슈는 '양날의 검'이 될 수 있다. 등락 폭이 심한 가상화폐 시장의 속성상 다날의 주가도 불안정해질 수 있는 것이다. 쿠팡의 경우도 늘 호재만 있을 수는 없다. 경기 이천 쿠팡 물류센터 화재로 불거진 기업 이미지 훼손이 대표적인 예이다. 정작 다날의 기업가치와 무관하게 외부적 이슈만으로 주가가 적지 않은 영향을 받을 수 있다.

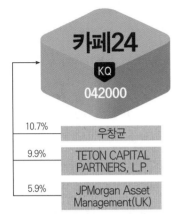

049

카페24
KQ
042000

10.7%	우창균
9.9%	TETON CAPITAL PARTNERS, L.P.
5.9%	JPMorgan Asset Management(UK)

설립/상장	1999.05/2018.02※
시가총액/순위	5,632억 원/코스닥 141위
상장주식수	18,834,733주
수익률(3/6/12개월)	−5.95/−3.09/+16.99
목표주가	38,800원
외국인보유비율	23.19%
주요 사업	전자상거래 플랫폼 솔루션, 소프트웨어 개발 및 공급

※카페24는 2010년경 미국 테슬라가 적자 등 상장요건을 갖추지 못했지만 미래성장성을 고려해 나스닥 상장을 허용한 특례상장 제도(테슬라요건)를 국내에 도입해 상장회사가 된 첫 번째 사례.

경영실적/지표

연도별	2018	2019	2020	2021E
매출액(억 원)	1,654	2,172	2,473	2,995
영업이익(억 원)	156	98	84	107
당기순이익(억 원)	−282	78	86	84
영업이익률(%)	9.42	4.53	3.38	3.57
ROE(%)	−45.87	5.91	5.6	5.21
부채비율(%)	29.56	51.99	59.32	−
EPS(원)	−1,576	356	355	347
PER(배)	−34.92	72.17	89.79	85.91
BPS(원)	5,837	6,195	6,483	6,857
PBR(배)	9.43	4.14	4.91	4.35
주당배당금(원)	−	−	−	−

최근 3년간 주가 추이

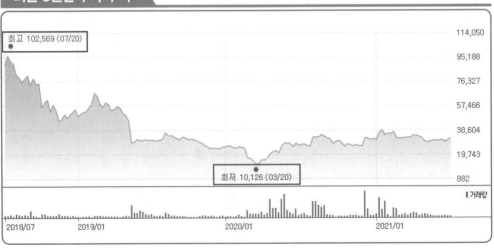

최고 102,569 (07/20)

최저 10,126 (03/20)

거래량

114,050
95,188
76,327
57,466
38,604
19,743
882

2018/07 　 2019/01 　 2020/01 　 2021/01

데이터 분석 1 　　2025년에 쇼핑몰 거래액(GMV) 20조 원 돌파 예상

▶ **카페24 거래액(GMV) 추이 및 전망** [( )안은 전년 대비 증감율(%)]

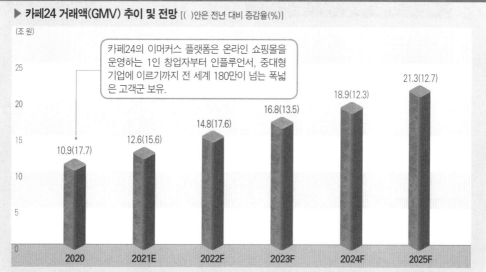

> 카페24의 이머커스 플랫폼은 온라인 쇼핑몰을 운영하는 1인 창업자부터 인플루언서, 중대형 기업에 이르기까지 전 세계 180만이 넘는 폭넓은 고객군 보유.

- 전자상거래(EC) 플랫폼 성과를 나타내는 쇼핑몰 거래액(GMV, Gross Merchandise Value)이 2020년에 전년 대비 17% 증가해 10.9조 원 달성. 오는 2025년에는 2배 가까이 성장해 20조 원 돌파 예상.

데이터 분석 2 　　영업비용 중 인건비와 지급수수료 증가 주목

▶ **카페24 영업이익 추이 및 전망**

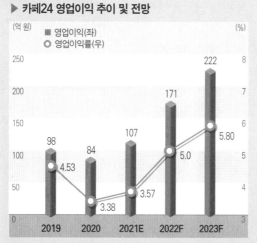

▶ **영업비용 비중** (단위: %)

- 핵심 사업인 EC플랫폼 투자비용이 이익에 걸림돌로 작용해왔지만, 2023년 이후 거래액 규모가 급증하면서 영업이익 및 영업이익률 등 수익성 호전 예상.
- 카페24가 영업이익을 올리기 위해서는 매출액을 늘리는 것 못지않게 영업비용을 줄이는 것이 중요.
- 카페24의 영업비용 중 가장 큰 비중을 차지하는 항목은 인건비와 지급수수료임.
- 2021년 1분기 전체 영업비용이 전년 동기 대비 20% 증가 → 인건비는 전년 동기 대비 17% 이상 증가했고, 같은 기간 지급수수료는 전년 동기 대비 무려 49% 급증한 점에 주목.
- 인건비와 지급수수료가 계속 증가할 경우 2021년 목표 영업이익 달성이 어려울 수도 있음 → 영업이익이 하락할 경우 연말 목표주가에 적신호.

언택트로 날개를 단
이커머스 플랫폼 사업

투자포인트 01 전 세계 180만 고객군 보유한 이커머스 솔루션 기업

2003년 이커머스 시장에 진출한 카페24는 온라인 비즈니스를 영위하는 판매자에게 원스톱(One-Stop) 이커머스 솔루션과 서비스를 제공하는 IT 플랫폼 기업이다. 판매자(혹은 브랜드)가 직접 소비자에게 온라인 판매를 할 수 있도록 DtC(Direct-to-Consumer) 스토어 구축 솔루션을 무료로 제공하고 다양한 부가서비스를 연계한다. 카페24의 이커머스 플랫폼은 온라인 쇼핑몰을 운영하는 1인 창업자부터 인플루언서, 중대형 기업 등 전 세계에 180만이 넘는 폭넓은 고객군이 이용하고 있다.

▶ **카페24 이커머스 플랫폼 주요 지표 및 글로벌 핵심 고객군**

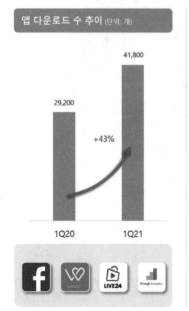

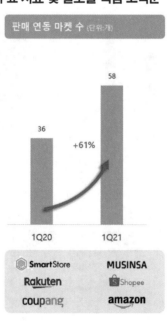

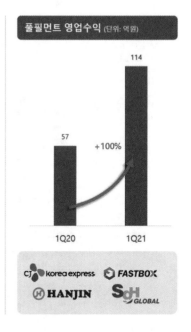

투자포인트 02 🖐️🔊 글로벌 온라인 중고명품 업체 '필웨이' 인수

카페24는 지난 2018년 12월경 글로벌 전자상거래 시장 공략 및 플랫폼 비즈니스 강화를 위해 290억 원을 투자해 온라인 중고명품 거래업체인 '필웨이'를 인수했다. 필웨이는 글로벌 럭셔리 브랜드 상품 판매자와 구매자를 연결해주는 거래중개 서비스 전문회사로, 인수 당시 판매자 6만여 명, 회원 160만 명, 등록상품 수 130만 개를 보유해 업계에서 화제를 모았다. 2020년 기준 필웨이 부문 매출액은 146억 원으로 카페24 전체 연결 매출의 5.9%를 차지하고 있다.

투자포인트 03 🖐️🔊 이커머스 플랫폼 사업 성장성

카페24는 2020년 연결기준 매출 2,473억 원을 기록했다. 전년(2,172억 원) 대비 13% 증가한 수치다. 카페24는 2021년에도 준수한 성장을 이어갈 전망이다. 증권가의 카페24 2021년 매출 전망치(컨센서스 기준)는 2,995억 원으로 3,000억 원에 육박한다. 증권가에서는 2019년에 비해 감소했던 영업이익(98억 원에서 84억 원)도 다시 반등할 것으로 보고 있다(107억 원).

카페24의 실적 상승을 이끈 핵심은 단연 이커머스 플랫폼 사업이다. 이커머스 플랫폼 성과를 나타내는 쇼핑몰거래액(GMV) 지표는 2020년에 10.9조 원으로 전년(9.2조 원) 대비 17.7% 증가했다. 2020년 코로나19 여파로 외출이 줄면서 패션 사업이 저조했지만, 생활용품 등으로 카테고리를 넓힌 게 주효했다는 분석이다. 카페24의 2021년 GMV는 전년 대비 15.6% 상승한 12.6조 원으로 예상된다.

체크포인트 🖐️🔊 영업비용 증가에 따른 단기 실적 부담

증권가에서는 카페24가 K-패션 및 K-뷰티 등 한류 붐을 타고 일본, 베트남, 필리핀에서 이커머스 플랫폼 사업 론칭에 성공할 경우 거래액과 매출이 급증하면서 주가 상승을 이끌 것으로 보고 있다. 다만, 신규 시장 진출 및 M&A로 인한 영업비용 증가는 카페24의 실적에 단기 부담으로 작용할 수도 있겠다. 기업가치의 성장 모멘텀이 탄탄한 만큼 장기적인 투자 안목이 요구된다.

코리아센터
KQ
290510

33.6% 김기록
20.5% 임성진

설립/상장	2000.01/2019.11
시가총액/순위	6,149억 원/코스닥 122위
상장주식수	76,200,637주
수익률(3/6/12개월)	+1.55/+9.77/+89.46
목표주가	12,500원
외국인보유비율	0.36%
주요 사업	이커머스 플랫폼 솔루션, 소프트웨어 개발 및 공급

경영실적/지표(IFRS 별도)

연도별	2018	2019	2020	2021E
매출액(억 원)	1,897	2,515	3,030	3,837
영업이익(억 원)	96	108	172	257
당기순이익(억 원)	49	70	161	196
영업이익률(%)	5.08	4.28	5.67	6.71
ROE(%)	5.2	3.75	7.17	7.77
부채비율(%)	96.33	74.05	73.28	–
EPS(원)	72	86	197	226
PER(배)	–	65.99	39.4	35.57
BPS(원)	1,936	2,526	3,009	2,935
PBR(배)	0	2.25	2.59	2.74
주당배당금(원)	–	–	–	–

최근 3년간 주가 추이

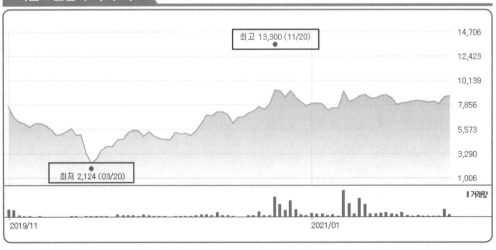

데이터 분석 1 광군제가 열리는 4분기 실적 반등

▶ 글로벌 주요 쇼핑 이벤트 거래액 추이

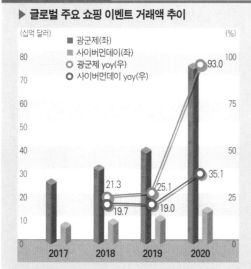

▶ 코리아센터 해외 이커머스 부문 매출 추이

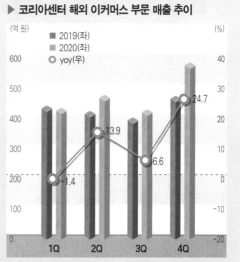

- 코리아센터의 매출 비중 중 해외 이커머스 사업이 65%를 차지하는 만큼 광군제와 사이버먼데이 등 글로벌 주요 쇼핑 이벤트 거래액 급증에 따른 수혜 주목.
- 매년 11월 11일 중국 광군제가 열리는 4분기에 해외 이커머스 부문 매출이 큰 폭으로 증가.
- 증시에서 회자되는 이른바 '광군제 수혜 종목'의 경우, 광군제 시기에 맞춰 주식 트레이딩 타이밍 고려.

데이터 분석 2 상품 빅데이터 사업의 높은 이익률 주목

▶ 코리아센터 빅데이터 플랫폼 사업부문 매출 추이 및 전망

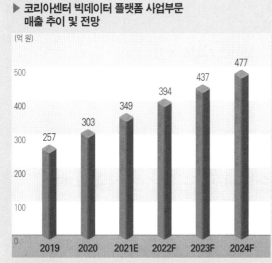

▶ 코리아센터 이커머스 상품 데이터베이스 구축 추이

(억 개)
- 3Q19: 5.2
- 2Q20: 6.9
- 3Q20: 7.8

- 코리아센터는 에누리, 스마트택배, 빌트온 등을 통해 이커머스 가격 정보 및 택배 정보 관련 데이터베이스를 구축.
- 2020년 상반기 기준 이커머스 상품 데이터베이스 15.5억 가지 항목 보유.
- 빅데이터 플랫폼 사업 매출 비중은 10% 내외로 아직 성장 단계에 있지만, 25%의 높은 영업이익률을 지닌 비즈니스 모델로 주가 상승 모멘텀 역할 톡톡히 함.

15억 가지 빅데이터를 보유한 이커머스 플랫폼

투자포인트 01 🤙 **국내 최초 온라인 쇼핑몰 통합 솔루션 기업**

코리아센터는 2000년 1월에 설립한 국내 최초 온라인 쇼핑몰 통합 솔루션 기업이다. 글로벌 풀필먼트 플랫폼 브랜드 '몰테일'(해외직구), 국내 이커머스 통합 플랫폼 브랜드 '메이크샵', 국내 쇼핑 빅데이터 플랫폼 '에누리' 등 3개 사업부문에서 꾸준한 성장세를 이어가고 있다. 향후 쇼핑몰 사업자를 위한 원스톱 솔루션을 제공하는 '상품 소싱 → 온라인 쇼핑몰 운영 → 광고 및 관리 → 물류'로 이어지는 밸류체인 완성으로, 높은 실적과 주가 상승을 기대해 볼 만하다.

투자포인트 02 🤙 **미래 성장성이 돋보이는 사업군 보유**

글로벌 이커머스 플랫폼은 매출 비중(65%)이 가장 높은 사업으로, '몰테일'을 중심으

▶ **코리아센터 사업부문별 레퍼런스**

로 크로스보더 플랫폼을 운영하고 있다. 프랑스와 북유럽 등 7개 국가에 9곳의 물류 센터 네트워크를 두고 국가 간 직접배송 등 글로벌 오픈 풀필먼트 비즈니스 모델을 구축했다. 풀필먼트(fulfillment)란 물류 전문업체가 판매자 대신 주문받은 제품을 선택하고(picking) 포장한(packing) 다음 배송까지 마무리하는 일괄처리 서비스를 가리킨다. 국내 이커머스 플랫폼(매출 비중 22%)은 '메이크샵'을 중심으로 '마이소호', '스탬스팡' 등 수익성에 기반을 두고 유관 사업과 연계해 서비스를 제공한다. 빅데이터 플랫폼은 아직 매출 비중(10%)은 작지만 높은 성장성이 돋보이는 사업이다. 2018년경 약 1,000억 원에 인수한 '써머스플랫폼'의 검색기술과 국내외 이커머스 시장에서 축적된 상품 및 판매 데이터베이스를 기반으로 운영 중인 '에누리닷컴'의 브랜드 가치가 매우 높은 것도 강점이다.

투자포인트 03 　글로벌 경쟁사 대비 매력적인 저평가주

증권가에서는 코리아센터가 탄탄한 사업군을 보유하고 있는 것에 비해 저평가되었다고 보고 있다. 글로벌 이커머스 플랫폼 기업들의 2021년 PER(주가수익비율) 전망치는 86배인데, 코리아센터의 PER은 35배 수준이다. 국내 경쟁사인 카페24(PER 86배)보다도 낮은 만큼 기업가치 상승여력이 충분하다.

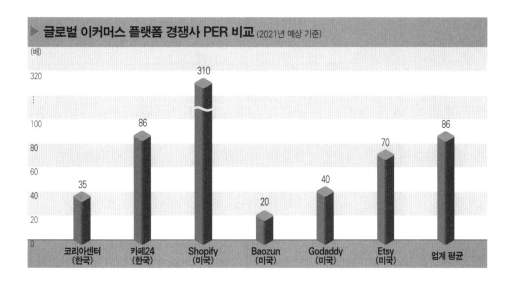

▶ 글로벌 이커머스 플랫폼 경쟁사 PER 비교 (2021년 예상 기준)

[투자 해시태그] #디지털전환 #데이터센터 #스마트모빌리티

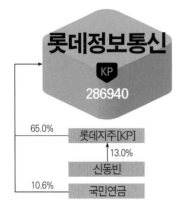

롯데정보통신

KP

286940

65.0% → 롯데지주[KP]

13.0% → 신동빈

10.6% → 국민연금

설립/상장	2017.11/2018.07※
시가총액/순위	6,159억 원/코스피 310위
상장주식수	15,396,331주
수익률(3/6/12개월)	+8.53/+2.99/+15.99
목표주가	55,000원
외국인보유비율	2.78%
주요 사업	IT시스템 통합 구축, 운영 및 소프트웨어 개발

※1996년 설립된 (옛)롯데정보통신이 2017년 11월 롯데아이티테크와 롯데정보통신으로 물적분할 후 신설

경영실적/지표

연도별	2018	2019	2020	2021E
매출액(억 원)	8,117	8,457	8,495	9,818
영업이익(억 원)	390	411	388	516
당기순이익(억 원)	234	530	299	448
영업이익률(%)	4.8	4.86	4.56	5.25
ROE(%)	9.65	14.77	7.43	10.45
부채비율(%)	92.06	78.45	57.13	–
EPS(원)	2,205	3,679	1,940	2,918
PER(배)	16.06	11.21	20.69	13.61
BPS(원)	24,419	25,805	27,321	29,532
PBR(배)	1.45	1.6	1.47	1.34
주당배당금(원)	650	700	700	700

최근 3년간 주가 추이

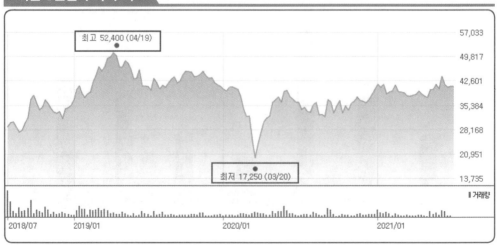

최고 52,400 (04/19)

최저 17,250 (03/20)

57,033
49,817
42,601
35,384
28,168
20,951
13,735

▮거래량

2018/07　　2019/01　　2020/01　　2021/01

데이터센터 사업에서 높은 이익 실현

▶ 롯데정보통신 국내 데이터센터 운영 현황

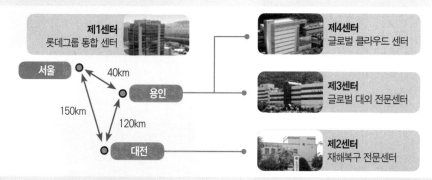

▶ IDC 제4센터 매출 및 영업이익 전망

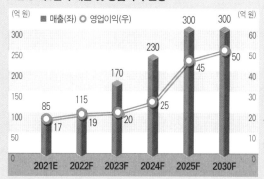

(억 원) ■ 매출(좌) ○ 영업이익(우) (억 원)

	2021E	2022F	2023F	2024F	2025F	2030F
매출	85	115	170	230	300	300
영업이익	17	19	20	25	45	50

- 롯데그룹 통합 정보센터(1센터 서울 가산), 재해복구 전문센터(2센터 대전), 글로벌 대외 전문센터(3센터 경기 용인)에 이어 4번째 글로벌 클라우드 센터(경기 용인)를 2021년 4월 준공하고 가동에 들어감. 1, 2센터는 그룹 데이터센터로 운영되고 3, 4데이터센터는 대외 및 글로벌 수요 전담.
- 2021년 롯데정보통신의 IDC 매출은 전년 대비 19% 늘어난 1,163억 원, 이익 비중은 49%까지 증가 예상. 특히 글로벌 클라우드에 특화된 제4센터에서의 높은 실적 기대.

국내 경쟁사(peer) 대비 저평가된 롯데정보통신의 기업가치

▶ 국내 IT서비스 업종 기업가치 비교

회사명	P/E (배)		P/B (배)		ROE (%)		EV/EBITDA (배)	
	2020	2021E	2020	2021E	2020	2021E	2020	2021E
삼성에스디에스	30.7	20.8	2.1	2.0	7.2	9.9	8.7	7.9
포스코ICT	36.2	28.3	3.6	3.3	10.3	12.3	20.8	17.2
현대오토에버	42.0	37.0	4.7	4.5	11.8	12.7	18.6	17.8
평균	36.3	28.7	3.5	3.3	9.8	11.7	16.0	14.3
롯데정보통신	20.6	13.6	1.5	1.3	7.4	10.5	5.0	3.7

▶ 롯데정보통신 PER, EPS 비교

(2021F PER, 배)

○ 현대오토에버
○ 삼성SDS
○ 포스코ICT
○ 롯데정보통신

(2021E EPS 성장률, %)

15 30 45 60 75

- 롯데정보통신은 미래성장산업인 데이터센터 사업에서 독보적인 행보를 보임에도 불구하고 국내 IT서비스 업계에서 가장 저평가된 기업으로 꼽힘.
- 향후 데이터센터 부문에서 그룹사 수주를 통한 외형 성장 및 안정적인 이익 실현을 감안하건대 기업가치 상향 조정 예상.

롯데정보통신 투자리포트

주가 상승을 이끄는
3가지 모멘텀

투자포인트 01 롯데그룹 전 계열사로부터 안정적인 매출

롯데정보통신은 유통, 화학, 제과 등 롯데그룹 전체 계열사의 IT서비스 사업을 전담하고 있다. 1996년 롯데그룹 내 전산망 관리 및 보수, POS 공급 등을 맡은 계열사로 출발해, 2004년 롯데전자 합병, 2010년 캐시비 교통카드 정산업무를 통해 성장했다. 2017년 롯데아이티테크와 롯데정보통신으로 물적분할 후 재설립과 상장을 거쳤다. 사업부문은 IDC(Internet Data Center) 운영 및 그룹 내외 ICT 프로젝트를 수주하는 SI 사업부(2020년 기준 매출 비중 82%)와 계열사 전산실 관리 외주사업을 영위하는 SM사업부(18%)로 구성되어 있다.

투자포인트 02 데이터센터 사업에서 고마진 이익 실현 예상

롯데그룹의 디지털 전환을 이끄는 핵심은 IDC, 즉 데이터센터 사업에서 판가름 난다. 계열사마다 축적해놓은 거대한 양의 데이터를 안전하고 체계적으로 관리할 수 있어야 스마트 생태계를 조성할 수 있기 때문이다. 데이터센터는 기업용 서버를 모아둔 물리적 공간으로, '서버 호텔'이라 불리기도 한다. 초대형 데이터센터의 경우 최소 10만 대 이상의 서버를 보유하는 곳도 있다. 롯데정보통신의 IDC 사업은 컨설팅부터 구축, 운영까지 데이터센터에 필요한 모든 프로세스를 아우른다. 무엇보다 데이터센터는 영업이익률이 매우 높은 고마진 사업으로서, 롯데정보통신의 캐시카우 역할을 한다. 실제로 2021년 경기도 용인에 새로 들어선 글로벌 클라우드의 경우, 2021년 말부터 이익 실현이 가능할 뿐 아니라 영업이익률이 20%에 이를 것으로 예상된다.

2020년 말 기준 롯데그룹의 클라우드 전환율은 30%에 머물고 있기 때문에, 롯데정보통신으로서는 계열사향 IDC 이익 실현 여력이 충분하다.

투자포인트 03 그룹 내 스마트 생태계 구축하는 디지털 전환 사업 주도

롯데정보통신은 2018년부터 그룹 차원의 DT(디지털 전환)를 주도하고 있다. 롯데정보통신이 추진하는 DT 사업은 제조(롯데제과, 롯데칠성음료), 물류(롯데글로벌로지스), 유통(롯데쇼핑)에서 그룹 비즈니스 밸류체인을 연결하는 스마트 IT 생태계 조성을 완성하는 대단히 규모가 큰 프로젝트다. 계열사별로 스마트팩토리, 스마트물류, 스마트 리테일을 구축한 뒤 롯데정보통신을 중심으로 모든 계열사의 데이터를 연결하는 것이다. 그룹 내 91개에 달하는 계열사 공장마다 스마트팩토리가 도입될 전망이다. 롯데쇼핑은 백화점-할인점-슈퍼-편의점으로 이어지는 거대 유통블록 내부의 수천 개 매장마다 빅데이터, AI, 블록체인을 활용해 스마트리테일 사업을 전개하고 있다. 이 모든 게 롯데정보통신이 전담하는 DT 사업의 일환이다.

투자포인트 04 기업의 미래가치에 대한 평가가 미리 주가에 반영

롯데정보통신은 신사업으로 스마트 모빌리티 분야에 적극 나서고 있다. 자율주행 셔틀, 자율협력주행(C-ITS), 자동요금징수(AFC) 등 롯데정보통신이 기존에 보유하고 있는 스마트교통 솔루션을 미래 트렌드에 적용하고 있는 것이다. 롯데정보통신은 2020년 6월에 국내 최초로 자율주행실증 규제자유특구로 지정된 세종시에서 뉴질랜드 자율주행 기업 오미오 오토메이션과 협력해 자율주행 셔틀을 시연해 주목받았다. 시연 차량은 최고 수준인 레벨4의 고도 자율주행이 가능한 차량이었다. 현재 롯데정보통신은 실증 레퍼런스를 기반으로 기술 국산화 및 안정화에 주력하고 있다.

롯데정보통신의 신사업이 가시적인 이익을 내기까지는 좀 더 시간이 필요하다. 다만, 증시에서는 기업의 미래가치에 대한 평가가 미리 주가에 반영되는 점을 기억해둬야 한다. 롯데정보통신의 주가를 상승시키는 3가지 모멘텀은 '디지털 전환', '데이터센터' 그리고 '스마트 모빌리티'가 될 전망이다.

한글과컴퓨터
KQ
030520

- 20.0% → 한컴위드[KQ]
- 15.8% ↑
- 6.8% → 김정실

김상철

설립/상장	1990.10/1996.09
시가총액/순위	4,547억 원/코스닥 188위
상장주식수	24,778,156주
수익률(3/6/12개월)	+34.90/+29.18/+60.20
목표주가	28,800원
외국인보유비율	8.45%
주요 사업	소프트웨어 개발 및 공급

경영실적/지표

연도별	2018	2019	2020	2021E
매출액(억 원)	2,129	3,193	4,014	4,378
영업이익(억 원)	424	332	682	690
당기순이익(억 원)	108	221	438	476
영업이익률(%)	19.94	10.4	16.99	15.76
ROE(%)	3.4	8.87	14.23	14.79
부채비율(%)	113.67	95.31	60.61	–
EPS(원)	282	818	1,461	1,730
PER(배)	46.04	12.22	12.9	14.05
BPS(원)	9,102	10,148	11,456	13,192
PBR(배)	1.43	0.99	1.65	1.84
주당배당금(원)	200	–	–	220

최근 3년간 주가 추이

최고 27,400 (06/11)

최저 6,320 (03/27)

거래량

자산총계 7,000억 원대 기업집단으로 외형 성장

▶ **한컴그룹 주요 지배구조** (2020년 12월 기준)

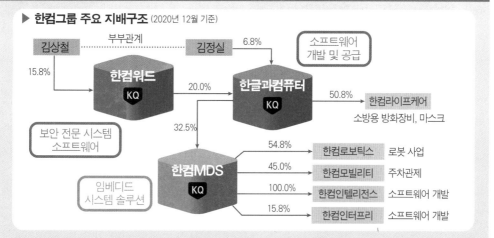

- 한글과컴퓨터는 2010년 소프트포럼에 인수된 이후 꾸준히 실적을 올리면서 기업집단 규모로 성장. 2015년 말 연결기준 자산총계가 2,141억 원에서 2020년 7,223억 원으로 3배 이상 증가. 한컴MDS 등 계열사 M&A 로 외형 성장에 성공했다는 평가.
- 현재 총 31개 회사가 소속된 한컴그룹의 지배구조는 김상철 회장-한컴위드-한글과컴퓨터-계열사 등으로 이어 짐. 김 회장이 최대주주인 한컴위드가 20.0% 지분으로 한글과컴퓨터의 최대주주이며, 김 회장의 아내인 김정실 이사는 6.80% 지분으로 2대 주주. 직·간접적으로 M&A 주체가 되고 있는 한글과컴퓨터는 중간 지주회사 역할.

상장계열사 실적 안정화로 선순환 구조

▶ **상장계열사 한컴MDS 및 한컴위드 실적**

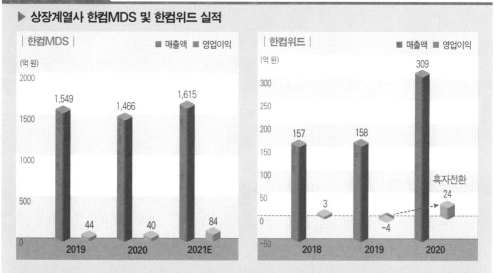

- 한컴MDS는 자회사 한컴인텔리전스의 매출 성장과 함께 자동차, 기계로봇, 국방항공 사업에서 가시적인 실 적 실현 예상. 자체 개발한 AI 플랫폼을 기반으로 실시간 동영상 콘텐츠 자막솔루션, 번역솔루션 등 AI 솔루션 매출 발생까지 이어지면서 증권사마다 목표주가 상향 조정.
- 한컴위드는 암호인증 분야에 특화된 기술력으로 B2C 및 B2B 거래에서 보안 인프라 제공. 블록체인 솔루션 및 플랫폼 출시하면서 신사업 론칭. 2020년 영업이익 흑자전환 주목.

'한국의 MS'란
명성을 되찾다

투자포인트 01 우여곡절 10년 만에 매출 10배, 이젠 성장궤도

한컴그룹의 출발점인 한글과컴퓨터는 1990년 문을 연 소프트웨어 개발사다. 이찬진 초대 사장, 김택진 현 엔씨소프트 대표 등의 창립자들이 모여 한글 워드프로세서 제품군을 만들었다. 1995년 대표작 '아래아 한글 3.0' 등을 발표했고, 1996년 코스닥 창설멤버로 상장했다. 창립자들은 1998년경 한글과컴퓨터를 떠났다. 이후 한글과컴퓨터는 2000년 초 '닷컴버블' 때부터 경영난에 봉착했다. 2010년 9월에 김상철 회장이 이끄는 소프트포럼에 인수될 때까지 대주주 교체가 반복되는 부침을 겪어야 했다.

소프트포럼이 인수한 2년 후부터 경영실적이 반전했다. 실적뿐 아니라 인력 창출, 연구개발 성과, 사업 포트폴리오 다양화 등 괄목할만한 성과를 거두며 부활한 것이다. 한컴그룹을 주도하는 한글과컴퓨터는 2019년에 처음 3,000억 원 매출(연결기준)을 돌파한 뒤 2020년에는 4,000억 원대를 넘어섰다. 소프트포럼이 한컴을 인수했던 2010년 당시 연간 매출액은 473억 원, 영업이익도 120억 원 수준이었다.

투자포인트 02 기존 사업과 시너지를 이루는 M&A

IT기업의 대명사에 걸맞지 않게 부진과 위기를 반복했던 한글과컴퓨터가 부활할 수 있었던 것은, 회사의 특장점을 살릴 수 있는 방향으로 M&A를 단행했기 때문이다. 성장성이 높은 기업들을 계열사로 편입해 신사업 영역을 4차 산업혁명을 주도하는 신기술 쪽으로 시프트한 것이 주효했다. 실적이 안정적인 한글 오피스 사업에 안주하지 않고 인공지능과 블록체인, 클라우드 등 신기술 분야로 사업 다각화를 이룬 것이다.

클라우드 오피스 서비스로 재택근무 최선호주 등극

한글과컴퓨터의 신사업에서 가장 주목을 끄는 분야는 클라우드다. 한글과컴퓨터는 일찍이 2013년에 클라우드 오피스 서비스 '넷피스24'를 출시함으로써 온라인-오프라인-모바일 기기의 경계를 넘나드는 업무 환경을 제공해왔다. '넷피스24'는 클라우드 컴퓨팅 형태인 SaaS(Software-as-a-Service) 즉 '서비스로서의 소프트웨어' 방식으로, 재택근무에서 활용도가 뛰어나다. IDC에 따르면 국내 클라우드 소프트웨어 시장은 2022년까지 8,700억 원 규모로 성장할 전망한다(연평균 성장률 15%). 전 세계 오피스 이용자의 약 60%가 클라우드 오피스를 이용하고 있다는 가트너의 발표도 클라우드에 강점이 있는 한글과컴퓨터의 성장을 뒷받침한다.

아마존웹서비스에서 '한컴웍스' 출시

한글과컴퓨터는 2018년 아마존 워크독스에 문서 공동편집기능을 제공하면서 글로벌 시장 공략에 나섰다. 아마존 워크독스는 세계 최대 클라우드 서비스업체 아마존웹서비스(AWS)의 문서 편집 및 협업 서비스로, 미국과 일본 등 22개 지역에 진출해 있다. 한글과컴퓨터는 아마존웹서비스 마켓플레이스에서 한컴웍스를 출시했다. 한컴웍스는 문서 편집, 동시 문서 협업, 문서 공유 및 이메일, 메신저, 화상회의 등 커뮤니케이션 기능과 일정이나 연락처 관리 등의 비서 기능까지 제공한다. 클라우드 오피스 시장에서 아마존과의 협업 이슈는 한글과컴퓨터의 주가 상승 모멘텀으로 작용한다.

아마존 워크독스에 문서 공동편집기능을 제공한 한컴웍스

053

라온피플
KQ
300120

39.6% 이석중

5.1% 국민연금

설립/상장	2010.01/2019.10
시가총액/순위	2,535억 원/코스닥 410위
상장주식수	10,518,156주
수익률(3/6/12개월)	-3.84/+4.85/-1.65
목표주가	29,500원
외국인보유비율	0.35%
주요 사업	카메라모듈 검사기 및 AI 머신비전 솔루션 개발 및 제조

경영실적/지표

연도별	2018	2019	2020	2021E
매출액(억 원)	218	308	150	362
영업이익(억 원)	56	82	-46	90
당기순이익(억 원)	63	84	-40	93
영업이익률(%)	25.89	26.66	-30.54	24.76
ROE(%)	27.48	19.03	-5.80	15.53
부채비율(%)	12.03	4.63	9.51	-
EPS(원)	772	986	-389	908
PER(배)	-	18.87	-58.31	25.26
BPS(원)	3,194	6,090	5,470	6,237
PBR(배)	-	3.05	4.15	3.86
주당배당금(원)	-	150	100	100

최근 3년간 주가 추이

최고 31,100 (03/05)

최저 12,150 (03/20)

거래량

2019/10 2020/01 2021/01

데이터 분석 1 — AI 머신비전 시장 1조 원대 성장의 수혜주

▶ **AI 머신비전 국내 시장 규모 추이 및 전망**

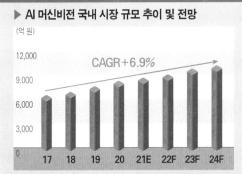

▶ **라온피플 매출 대비 연구개발비 비중 추이**

- 1조 원대 시장으로 성장하는 AI 머신비전 분야에서 라온피플이 독보적인 경쟁력을 지닐 수 있게 된 요인은, 회사 전체의 70% 이상을 연구개발인력으로 배치할 정도로 기술개발 투자에서 앞서갔기 때문임.

데이터 분석 2 — 2021년 흑자전환, 2022년부터 본격 성장

▶ **라온피플 매출 및 영업이익 추이 및 전망**

- 코로나19 여파와 미국의 화웨이 제재에 따른 중국향 카메라모듈 실적 급감으로 적자전환한 2020년을 빼고는 꾸준한 실적 성장을 이어감. AI 머신비전의 적용 확대로 2022년 매출 500억 원대 돌파에 이어 2023년 매출 700억 원대 달성 예상.

데이터 분석 3 — 신사업 매출 비중 늘리며 실적 반등

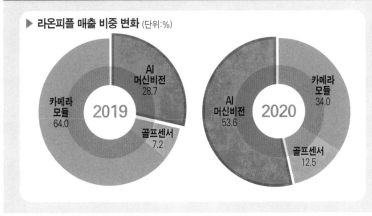

▶ **라온피플 매출 비중 변화** (단위:%)

- 미국의 화웨이 제재로 직격탄을 맞으며 창사 이래 처음 적자전환을 기록한 이후 카메라모듈에서 AI 머신비전으로 신속하게 주력 사업의 무게중심을 옮기며 반등에 성공.

국민연금이 투자한
AI 머신비전의 최강자

투자포인트 01 👉 국민연금이 선택한 이유

라온피플은 4차 산업혁명의 핵심 기술인 AI 딥러닝을 기반으로 머신비전(Machine Vision) 검사 소프트웨어를 국내 최초로 상용화해 제공하는 연구·개발 중심의 AI 솔루션 기업이다. 2019년 10월 코스닥 상장 당시 밸류에이션에서 비교 대상을 국내에서 찾기 힘들어 해외 사례를 참고해야 했다. 라온피플은 성장성과 잠재력에 기반한 특례 상장 방식인 이른바 '테슬라 요건'으로 상장된 기업이 아니라, 이미 이익을 실현하고 있는 기업의 상장이라는 점에서 주목을 받았다.

국민연금은 2021년 4월에 라온피플의 2대 주주로 등극했다. 국민연금이 아직 자산 규모가 영세한 라온피플의 지분을 5% 넘게 취득한 것은 라온피플의 기술력과 미래 성장가치를 높게 평가했기 때문이라는 게 증권가의 분석이다.

투자포인트 02 👉 신속한 경영 대응으로 곧바로 흑자전환

라온피플은 2010년 설립 이후 2019년까지 거의 10년에 걸쳐 매년 30~40% 이상 매출과 영업이익이 증가하는 고속성장을 이뤘다. 라온피플은 카메라모듈 검사기를 캐시카우 삼아 성장해 왔다. 라온피플의 카메라모듈 검사기는 중국향 수출 비중이 90% 이상을 차지할 만큼 중국 스마트폰 제조사들의 비중이 절대적이었는데, 2020년 미국의 화웨이 제재로 직격탄을 맞으며 창사 이래 처음으로 적자전환을 기록하고 말았다. 추락한 라온피플을 반등시킨 게 바로 AI 머신비전이다. 라온피플은 20%대에 그쳤던 AI 머신비전의 매출 비중을 50%대 이상으로 끌어올리며 시장의 변화에 신속하게 대응했다. 그 결과 라온피플은 2021년 1분기에 바로 실적을 회복했다. 1분기 매출액은 60억5,000만 원으로 전년 동기 대비 50% 이상 급증했고, 영업이익과 당기순이익은 각각 1억8,000만 원과 2억5,000만 원으로 흑자전환에 성공했다.

투자포인트 03 │ 자동차 제조에까지 적용된 AI 머신비전

2021년 3월에 라온피플은 현대글로비스와 15억 원 규모의 AI 자동차 검사 솔루션 계약을 체결했다. 자동차를 대상으로 하는 세계 최초로 상용화된 AI 외관 검사 기술이다. 기존 룰 기반 비전검사나 육안검사에 비해 정밀한 불량 검출이 가능해 품질 향상과 비용 절감 등 다양한 효과가 기대된다. 라온피플이 공급하는 AI 솔루션은 내연자동차는 물론 전기차와 수소차까지 적용할 수 있어 지속적인 매출 발생이 기대된다.

투자포인트 04 │ 비제조업에까지 적용 가능성

증권가에서 라온피플의 AI 머신비전을 주목하는 또 다른 이유는, 비제조업으로의 확장 가능성이 높기 때문이다. 라온피플은 2년 연속 정부 주관 AI 바우처 지원사업 공급 기업으로 선정되면서, 기존 제조업을 넘어서 산업 전반에 AI 머신비전을 제공할 수 있는 기회를 만들고 있다. 라온피플은 정부의 정책적 지원을 발판으로 디지털 덴털(의료), C-ITS(교통), 스마트팜(농·축산) 등으로 적용 분야를 확장하고 있다.

▶ **라온피플 AI 머신비전의 적용 사업 스펙트럼**

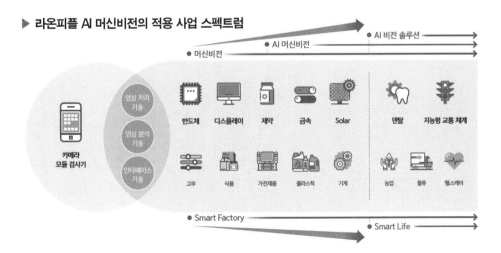

054

[투자 해시태그] #모바일포인트플랫폼 #에디슨오퍼월 #토스

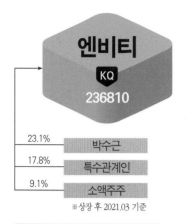

엔비티
KQ
236810

23.1%	박수근
17.8%	특수관계인
9.1%	소액주주

※상장 후 2021.03 기준

설립/상장	2012.09/2021.01
시가총액/순위	2,122억 원/코스닥 510위
상장주식수	8,487,713주
수익률(3/6/12개월)	+27.75/(2021.01상장)
목표주가	34,100원
외국인보유비율	0.00%
주요 사업	모바일 포인트 플랫폼 개발 운영

경영실적/지표

연도별	2018	2019	2020	2021E
매출액(억 원)	317	452	443	712
영업이익(억 원)	17	22	-13	52
당기순이익(억 원)	-9	7	21	36
영업이익률(%)	5.28	4.97	-2.83	7.37
ROE(%)	-	-8.08	40.72	17.87
부채비율(%)	-338.43	-410.31	58.55	-
EPS(원)	-175	139	327	444
PER(배)	-	-	-	64.71
BPS(원)	-1,793	-1,646	2,571	2,686
PBR(배)	-	-	-	10.70
주당배당금(원)	-	-	-	-

최근 3년간 주가 추이

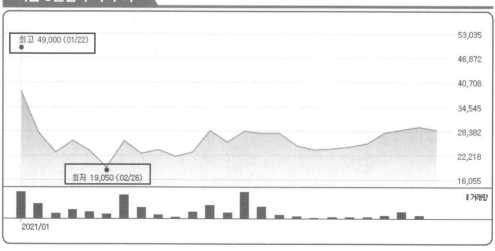

최고 49,000 (01/22)
최저 19,050 (02/26)
거래량
2021/01

53,035
46,872
40,708
34,545
28,382
22,218
16,055

1,000만 월간활성이용자(MAU) 돌파로 매출액 급증

▶ 엔비티 MAU 추이

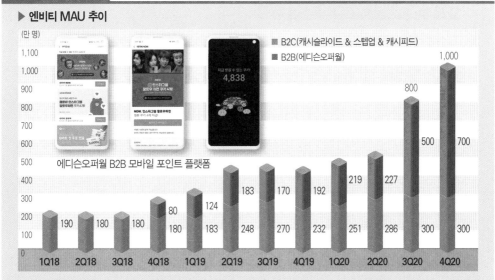

- 2018년에 출시한 B2B 포인트 광고 서비스 '에디슨오퍼월'은 각종 모바일 앱 이용자들에게 무료 포인트 충전소를 제공해주는 서비스로, 보상형 포인트 광고를 수익화한 비즈니스 모델.
- 2021년 1월 기준 에디슨오퍼월의 MAU는 론칭 2년 4개월 만에 700만 명 돌파 → 에디슨오퍼월의 대형 플랫폼 제휴 매체가 계속 늘어나면서 엔비티의 2022년 목표 MAU인 1,000만 명이 이미 2020년 하반기에 넘어선 것으로 추산.
- 에디슨오퍼월의 2020년 기준 게임업종 포인트 광고 매출이 전년 대비 500% 이상 상승.

2022년 매출액 1,000억 원, 영업이익률 15% 주목

▶ 캐시슬라이드 누적회원 수 증가 추이   ▶ 엔비티 매출 및 영업이익률 추이

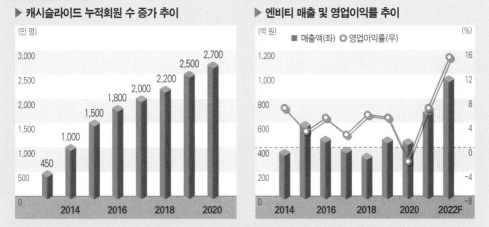

- 캐시슬라이드는 스마트폰 잠금화면에 콘텐츠나 다양한 형태의 광고를 이용자에게 제공하고, 이용자가 이를 이용하면 현금처럼 사용할 수 있는 포인트를 보상으로 적립해주는 B2C 플랫폼으로, 2020년 말 기준 약 2,700만 명의 누적회원 수 보유.
- 엔비티는 2020년 일시적인 적자전환 이후 2021년 곧바로 흑자전환 → 2021년 이후 영업이익률이 15% 안팎까지 오르면서 '내실경영' 돌입 기대.

국내 1위 모바일 포인트 플랫폼 사업자

투자포인트 01 누적회원 수 2,700만 명 보유

'모바일 포인트 플랫폼'이란 카페 쿠폰 도장이나 항공사 마일리지와 같은 포인트 시스템을 모바일 환경에 구축하고, 이를 활용해 자체 서비스를 운영하거나 제휴사에 솔루션 등을 제공하는 사업이다. 엔비티는 2012년 9월 설립한 국내 1위 모바일 포인트 플랫폼 사업자다.

주력 사업은 2012년에 세계 최초로 출시한 모바일 잠금화면 플랫폼 '캐시슬라이드'다. 스마트폰 잠금화면에 콘텐츠나 다양한 형태의 광고를 이용자에게 제공하고, 이용자가 이를 이용하면 현금처럼 사용할 수 있는 포인트를 보상으로 적립해주는 B2C 플랫폼이다. 2020년 말 기준 약 2,700만 명의 누적회원 수를 보유하고 있다.

투자포인트 02 B2B 포인트 광고 '에디슨오퍼월', MAU 1,000만 명 돌파

증권가에서 주목하는 엔비티의 사업은, 2018년에 출시한 B2B 포인트 광고 서비스 '에디슨오퍼월'이다. 각종 모바일 앱 이용자들에게 무료 포인트 충전소를 제공해주는 서비스로, 보상형 포인트 광고를 수익화한 비즈니스 모델이다. 2020년 1월 기준 에디슨오퍼월의 MAU는 론칭 2년 4개월 만에 700만 명을 돌파했다. 에디슨오퍼월의 대형 플랫폼 제휴 매체가 계속 늘어나면서 2022년 목표 MAU인 1,000만 명이 이미 2021년 상반기에 넘어선 것으로 추산된다.

애디슨오퍼월이 적용된 대표적인 예로는, 네이버 웹툰 및 네이버의 무료 쿠키 충전소인 '쿠키오븐', 그리고 네이버페이의 '혜택' 영역 등이다. 뿐 만 아니라 에디슨오퍼월

의 연간 쇼핑 거래액은 2019년 약 12억 원 수준에서 1년 만인 2020년 약 300% 이상인 36억 원으로 증가했다. 2020년 5월 기준 333개였던 상품 수(SKU)도 최근 3,000여 개로 늘어났다. 에디슨오퍼월의 2020년 기준 게임업종 포인트 광고 매출은 전년 대비 무려 500% 이상 상승했다.

투자포인트 03 1,900만 명 금융 플랫폼 '토스' 수혜주

엔비티는 2021년 4월에 모바일 금융 플랫폼 '토스'와 업무제휴 계약을 맺었다. 이로써 1,900만 명이 사용하는 '토스' 앱에서 에디슨이 운영하는 '이번 주 미션' 포인트 연계 서비스가 출시된다. '토스' 앱 사용자들은 '이번 주 미션' 서비스를 통해 에디슨이 매주 업데이트하는 SNS 구독, 광고 시청, 앱 설치 등 난이도 별 다양한 미션을 수행하면 현금으로 출금가능한 토스 포인트를 받는다. 엔비티는 토스와의 제휴 관계가 알려지면서 토스 수혜주로 분류되어 주가가 상승하기도 했다.

토스 운영사 비바리퍼블리카는 제3의 인터넷은행 '토스뱅크' 출범을 계획하는 등 사업 확대에 나서고 있다. 이를 위해 약 5,000억 원 규모의 유상증자 투자자 모집을 완료한 것으로 알려졌다. 증권가에서는 토스의 기업가치를 7조 원 안팎으로 보고 있다.

투자포인트 04 2021년 흑자전환 예상

엔비티는 2021년 1월에 기술성장 특례로 코스닥에 상장했다. 엔비티는 일반투자자 대상 청약에서 역대 최고치인 경쟁률 4397.7대 1을 기록했다. 청약 증거금이 무려 6조9,518억 원에 달했다. 상장 첫날 공모가의 2배인 38,000원에 시초가를 형성했다가 19,050원으로 곤두박질치기도 했다. 2021년 7월 현재 29,000원대에 머물러 있다.

2020년에 적자전환한 것이 주가의 발목을 잡았다. 다행히 엔비티의 2021년 매출액은 전년 대비 60.7% 늘어난 712억 원, 영업이익 역시 52억 원으로 반등할 전망이다(컨센서스 기준). 엔비티가 운영하는 플랫폼마다 MAU가 크게 증가하고 있고, 토스와의 업무 제휴 등 주가 상승을 이끄는 호재들도 적지 않다. 증권사마다 엔비티의 목표주가를 상향 조정하는 이유다.

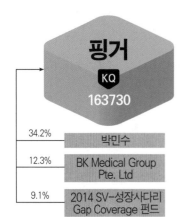

핑거
KQ
163730

34.2%	박민수
12.3%	BK Medical Group Pte. Ltd
9.1%	2014 SV-성장사다리 Gap Coverage 펀드

설립/상장	2000.12/2021.01
시가총액/순위	1,811억 원/코스닥 556위
상장주식수	9,239,014주
수익률(3/6/12개월)	-0.74(2021.01 상장)
목표주가	24,800원
외국인보유비율	0.02%
주요 사업	인터넷/모바일 금융 플랫폼, 솔루션 및 핀테크 사업

경영실적/지표

연도별	2018	2019	2020	2021.1Q
매출액(억 원)	380	600	598	137
영업이익(억 원)	26	47	33	-1
당기순이익(억 원)	17	32	35	-50
영업이익률(%)	6.94	7.81	5.51	-0.70
ROE(%)	-	41.34	21.55	-
부채비율(%)	1,496.20	271.72	113.67	37.08
EPS(원)	247	427	434	-571
PER(배)	-	-	-	-
BPS(원)	240	1,826	2,201	4,167
PBR(배)	-	-	-	4.87
주당배당금(원)	-	-	-	-

최근 3년간 주가 추이

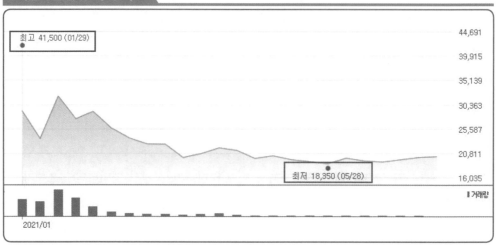

최고 41,500 (01/29)

최저 18,350 (05/28)

44,691
39,915
35,139
30,363
25,587
20,811
16,035

거래량

2021/01

스마트 금융을 위한 금융권의 IT 예산 증가

▶ **금융권의 총 예산 중 IT 예산 증가 추이**

▶ **핑거 실적 추이 및 전망**

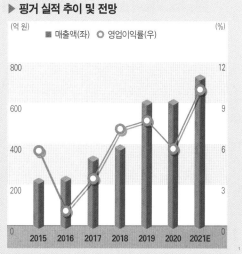

- 국내 금융권 기준 2019년 총 예산은 전년 대비 8.64% 증가한 26조9,900억 원인데, 이 중에서 IT 예산은 전년 대비 18.39% 증가한 3조1,220억 원 차지. 총 예산 대비 IT 예산 비중은 11.57%으로 전년 대비 0.96% 증가.
- 핑거는 국내 최다 금융권 개인 스마트뱅킹 구축 레퍼런스를 보유한 스마트 금융 플랫폼 1위 사업자인 만큼, 금융권의 IT 예산 증감에 따라 실적이 민감하게 반응 → 금융권의 IT 예산이 꾸준히 증가하고 있어 핑거의 실적 반등 예상.

통신 3사 및 카카오뱅크, 토스 등 빅테크 고객사 다수 보유

▶ **핑거의 금융권 및 비금융권 고객사 레퍼런스 현황**

- 제1, 2 금융권은 물론 통신 3사와 빅테크 기업(카카오뱅크, 라인뱅크, 토스 등) 등 비금융권으로까지 사업영역을 확장하여 다양한 고객사 레퍼런스 보유.
- 우량 고객사를 다수 확보하고 있는 만큼 향후 실적 안정화에 유리.

스마트 금융 플랫폼
1위 사업자

투자포인트 01 🖐️ **국내 최다 금융권 개인 스마트뱅킹 구축 레퍼런스 보유**

2000년 설립된 핑거는 B2C 형태의 디지털 금융 서비스 구축을 위한 플랫폼 개발과 서비스를 주력 사업으로 영위하고 있다. 은행, 카드사, 보험사, 증권사, 자산운용사 등의 인터넷·모바일 뱅킹 시스템과 상품, 서비스 등을 개발하고 있다. 핑거는 국내 핀테크 시장 초기 멤버로, 2010년 국내 최초로 스마트뱅킹을 구축한 것으로 유명하다. KB국민은행, 기업은행, 농협은행, 신한은행, 우리은행, 하나은행, 광주은행 등 국내 최다 금융권 개인 스마트뱅킹 구축 레퍼런스를 보유한 스마트 금융 플랫폼 1위 사업자다.

투자포인트 02 🖐️ **자회사 통해 마이데이터 시장 진출**

핑거는 2021년 1월 자회사인 '핀테크'를 통해 마이데이터(본인신용정보관리업) 예비허가를 받아 주목을 받았다. 마이데이터는 은행과 보험사, 카드사 등에 흩어진 개인신용정보를 모아 새로운 서비스를 제공하는 서비스를 뜻한다. 허가받은 사업자는 소비자의 동의를 전제로 각 금융사의 개인정보(가명 처리)를 취합해 금융상품과 투자 자문, 대출 중개 등 맞춤형 서비스를 내놓을 수 있다. 이처럼 핑거는 자회사 및 연결회사를 통해 다양한 사업영역으로 서비스를 확대하고 있다. 소비자금융 플랫폼 서비스 업체 '핀디(Finddy)', 소상공인(가맹점) 매출 정산 및 배달관리 플랫폼 서비스를 운영하는 '마이앨리', 국내 제1호 소액 해외송금 서비스업체 '렐레트랜스퍼', P2P 소액대출 전문업체 '렌딩사이언스' 등이 여기에 해당한다.

알토란 수주 달성으로 실적 반등 청신호

핑거는 2019년 연결기준 매출액 600억 원, 영업이익 47억 원, 2020년에는 매출액 598억 원과 영업이익 33억 원을 기록해 실적에서 다소 정체를 보였다. 핑거는 최근 마이데이터 서비스 구축 관련 계약을 연이어 성사시키면서 실적 반등의 청신호가 켜졌다. 2021년 2월 LGCNS와 58억 원 규모의 우리은행 마이데이터 서비스 구축 관련 공급계약을 맺었고, 4월에도 LGCNS와 64억 원 규모의 국민은행 마이데이터 서비스·솔루션 개발 공급계약을 체결했다. 이어 53억 원 규모의 웰컴저축은행 마이데이터 구축계약, 한국수출입은행과 101억 원 규모의 고객용 디지털 플랫폼 구축계약 등을 잇달아 성사시켰다.

비금융권 사업에서 가시적인 성과

핑거는 기존 제1·2 금융권 B2B 풀뱅킹 및 금융포털 플랫폼 중심에서 사업영역을 확장해, 오픈뱅킹(한국스마트카드, Amway), 글로벌뱅킹(라인 대만), 솔루션(AI 기반 보이스피싱 분석), 수수료(빅데이터 중개와 해외송금) 등 비금융권과 B2C 기반 사업에서 가시적인 성과를 내고 있다. 핑거가 핀테크의 핵심이 되는 원천기술을 다수 보유하고 있기 때문에 가능한 일이다.

따상 직전 급락, 주가 반등하려면 실적부터 올라야

핑거는 2021년 1월 기업공개(IPO)를 시행해 코스닥에 상장했다. 공모주 균등배정방식에 따라 전체 공모 물량 130만 주 가운데 20% 물량인 26만 주에 대해 일반투자자 대상으로 공모 청약을 진행했다. 공모가는 16,000원이었고 증거금은 약 1조9,539억 원, 최종 청약 경쟁률은 939.39대 1을 기록해 화제를 모았다. 공모자금 158억 원은 운영자금을 비롯해 마이데이터 서비스, 소비자 금융플랫폼 서비스, 매출채권 선정산 서비스, 금융업무 AI 서비스, API 서비스 등 신규 사업에 주로 사용될 목적임을 공시에서 밝혔다. 상장 후 핑거 주가는 이른바 따상 직전까지 갔다가 급락했다. 당시 공모주 강세 속에서 주가 하락은 이례적이라는 게 증권가의 평가였다.

아톤
KQ
158430

26.5% 김종서
61.3% 소액주주

설립/상장	1999.10/2019.10
시가총액/순위	1,001억 원/코스닥 928위
상장주식수	4,353,577주
수익률(3/6/12개월)	+0.00/-7.63/-15.53
목표주가	27,250원
외국인보유비율	0.62%
주요 사업	핀테크 보안 솔루션과 간편인증 서비스

경영실적/지표

연도별	2018	2019	2020	2021E
매출액(억 원)	280	325	290	401
영업이익(억 원)	35	41	21	77
당기순이익(억 원)	41	-113	6	62
영업이익률(%)	12.59	12.68	7.13	19.2
ROE(%)	-	-40.57	2.54	12.55
부채비율(%)	105.04	27.89	16.44	-
EPS(원)	1,305	-3,106	273	1,447
PER(배)	-	-9.67	96.01	15.89
BPS(원)	3,277	10,716	11,791	12,932
PBR(배)	-	2.8	2.22	1.78
주당배당금(원)	-	-	-	-

최근 3년간 주가 추이

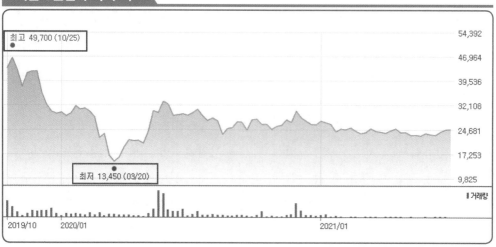

최고 49,700 (10/25)

최저 13,450 (03/20)

54,392
46,964
39,536
32,108
24,681
17,253
9,825

거래량

2019/10 2020/01 2021/01

공인인증서 폐지, 아톤 사설인증 서비스 'PASS' 주목

▶ **국내 인증서별 발급건수**

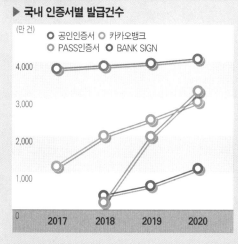

○ 공인인증서 ○ 카카오뱅크
○ PASS인증서 ○ BANK SIGN

▶ **국내 금융권 정보보안 예산 추이**

- 2021년부터 공인인증서 폐지로 아톤의 사설인증 서비스인 'PASS' 발급건수 급증.
- 이용기관의 고객이 본인 확인을 위해 PASS를 활용하면 해당 건당 수수료를 기관이 아톤에게 지급하는 방식인 만큼 이용기관 증대에 따른 매출 성장 기대.
- 사설인증서 시장에 카카오와 네이버를 비롯한 다양한 민간 사업자가 유입되면서 경쟁 심화 우려.
- 국내 금융권의 정보보안 예산이 꾸준히 증가할수록 핀테크 보안 솔루션을 주력 사업으로 하는 아톤의 실적에 청신호.

핀테크 보안 솔루션 및 플랫폼 사업 비중 증가

▶ **아톤 사업부문별 매출 및 매출 비중** [( )안은 매출 비중(%)]

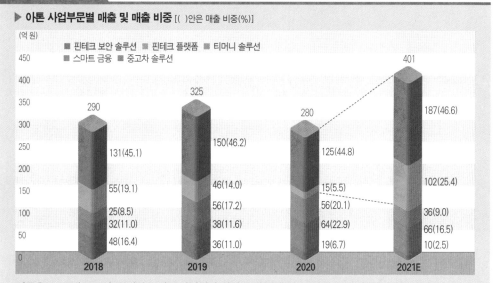

- 아톤은 2020년 코로나19 여파로 일부 사업에서 실적 부진을 겪음.
- 2021년부터 핀테크 보안 솔루션 및 핀테크 플랫폼 사업 비중을 늘리면서 실적 회복 예상.
- 2021년 핀테크 보안 솔루션 매출은 187억 원(전년 대비 +44.7%), 핀테크 플랫폼 부문 매출은 102억 원(전년 대비 +70.9%) 달성 예상.

공인인증서 폐지
최대 수혜주

투자포인트 01 국내 1위 사설인증 솔루션 기업

아톤은 1999년에 설립된 핀테크 보안 솔루션 전문업체다. 2014년 세계 최초로 모바일 보안을 위한 소프트웨어형 보안매체 SE(Secure Element)의 상용화에 성공했다. 기존 금융기관이 제공하던 OTP나 보안카드 없이 금융거래와 인증이 가능한 핀테크 보안 솔루션이다. 2019년에는 통신 3사와 함께 공인인증서를 대체하는 사설인증서비스 '패스' (PASS)를 출시했다. 이를 통해 고객과 금융 사업자 사이에서 본인확인 서비스를 제공하는 핀테크 플랫폼 기업으로 입지를 다졌다. 2020년 기준 매출 비중은 핀테크 보안 솔루션 45%, 핀테크 플랫폼 21%, 티머니 솔루션 10%, 스마트 금융 12%, 기타 13%이다.

투자포인트 02 공인인증서 폐지, 사설인증서 도입

2020년 12월부터 전자서명법 개정안 시행에 따라 공인인증서가 폐지되면서 사설인증서 시장이 급부상하고 있다. 아톤은 2020년 연말정산 사설인증서 시범사업자로 선정되면서 주목받았다. 아톤의 사설인증 서비스 'PASS'는 2019년 4월 개시 이후 매월 100만 건 이상의 발급자 수를 기록하고 있다. 2021년 5월 기준 누적 발급 건수가 2,800만 건을 돌파했다. 이용기관의 고객이 본인 확인을 위해 PASS를 활용하면 해당 건당 수수료가 아톤에게 지급되는 수익구조다. 국세청 홈택스 연말간소화 서비스를 비롯해 우정사업본부, 삼성증권, 현대카드 등 약 200여 개 기관에서 간편인증 수단으로 활용되고 있다. 최근에는 한국투자증권, 한화투자증권, IBK투자증권 등 다수의 증권사와 통합인증 솔루션 공급계약을 체결했고, 광주은행로부터 창사 이래 최대인

76억 원 규모의 금융 플랫폼 구축사업을 수주했다.

투자포인트 03 지난해 지연된 수주의 이월로 실적 반등

아톤은 코로나19 여파 및 고객사 인프라 구축 지연에 따라 2020년에 예정되었던 수주가 2021년으로 미뤄지면서 한때 실적 부진을 겪어야 했다. 미뤄진 수주가 2021년부터 순차적으로 실현됨에 따라 수주 잔고 증대에 따른 실적 반등이 예상된다. 증권가에서 전망한 아톤의 2021년 실적은 매출액 401억 원(전년 대비 +37.9%), 영업이익 77억 원(전년 대비 +263.0%)으로 예상된다. 아울러 핀테크 보안솔루션 사업의 경우, 솔루션 구축에 따른 매출 발생 이후에도 라이선스 및 유지보수를 통해 매출이 꾸준히 발생하는 수익 구조라는 특성도 아톤의 안정적인 이익 실현에 유리한 요소라 하겠다.

체크포인트 주가 하락 리스크 완전히 배제할 수 없어

아톤은 공인인증서 폐지 이후 국내 1위 사설인증업체로서 고속 성장을 이어갈 것이라는 기대감과는 달리 2019년 10월 상장 직후 주가가 상승과 하락을 반복하며 불안한 모습을 보이고 있다. 이에 대해 증권가에서는 아톤의 기업가치에 대한 기대감과 업계 현실 사이에 적지 않은 괴리감이 존재한다고 보고 있다. 아톤의 주가가 불안했던 결정적인 이유는, 대형 은행들이 모바일 인증(보안) 솔루션 사업을 자체적으로 운영할 가능성이 있다는 이슈 때문이다. 실제로 KB국민은행은 2019년에 자체적으로 'KB모바일인증서'를 구축한 바 있다. 다른 대형 은행들도 핀테크 보안 솔루션 시장에 진입할 경우, 아톤은 실적에 치명타를 입게 된다. 하지만 다행히도 KB국민은행을 제외한 나머지 시중은행 중에서 핀테크 보안 솔루션 시장에 진입한 곳은 더 이상 나오지 않고 있다. 증권가에서는 핀테크 보안 시장 진출에 따른 운영 인프라 구축과 고객 및 서비스 관리의 어려움을 감안하건대, 시중 은행들이 시장에 뛰어들 가능성이 희박하다고 보고 있다. 다만 투자적 입장에서는 리스크를 완전히 배제할 수 없기 때문에, 대형은행들의 핀테크 보안 솔루션 내재화 이슈가 나올 때마다 아톤의 주가에 부정적인 영향을 미칠 수 있겠다.

라온시큐어

KQ

042510

18.3%	이순형	
70.7%	소액주주	

설립/상장	1998.04/2000.12
시가총액/순위	1,593억 원/코스닥 621위
상장주식수	37,923,889주
수익률(3/6/12개월)	+16.35/+56.35/+54.58
목표주가	7,350원
외국인보유비율	0.88%
주요 사업	인터넷/모바일 보안 솔루션 개발 및 보안인증 서비스

경영실적/지표

연도별	2018	2019	2020	2021.1Q
매출액(억 원)	246	304	372	73
영업이익(억 원)	40	21	-35	-19
당기순이익(억 원)	38	25	-88	-22
영업이익률(%)	16.35	6.97	-9.49	-25.43
ROE(%)	21.09	10.15	-38.05	-42.80
부채비율(%)	35.16	123.65	48.89	33.72
EPS(원)	117	66	-310	-68
PER(배)	17.9	42.59	-11.29	-12.27
BPS(원)	613	682	836	813
PBR(배)	3.42	4.11	4.19	4.85
주당배당금(원)	-	-	-	-

최근 3년간 주가 추이

판관비 및 인건비 부담 낮추고 매출 더 늘려야 흑자전환

▶ **라온시큐어 매출액 추이**

(억 원) ■ 매출액(좌) ○ 매출액 증가율(우) (%)

▶ **라온시큐어 매출 비중** (단위: %)

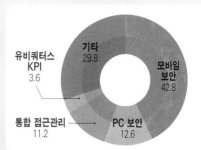

유비쿼터스 KPI 3.6
기타 29.8
모바일 보안 42.8
통합 접근관리 11.2
PC 보안 12.6

▶ **라온시큐어 영업이익 추이**

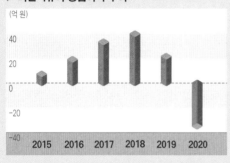

(억 원)

▶ **라온시큐어 판관비 및 인력 추이**

(억 원) ■ 판매관리비(좌) ○ 직원수(우) (명)

- 라온시큐어의 2020년 실적(연결기준)은 매출액 371.5억 원(+20.0% yoy), 영업순손실 35.2억 원(적자전환 yoy) 기록.
- 2020년 매출액 증가 대비 영업이익이 감소한 이유는 연구인력 투자의 일환으로 80여명의 직원을 추가로 채용하면서 판관비가 전년 대비 37% 증가했기 때문.

블록체인 기반의 차세대 인증 기술

▶ **라온시큐어 모바일 공무원증 활용 스펙트럼**

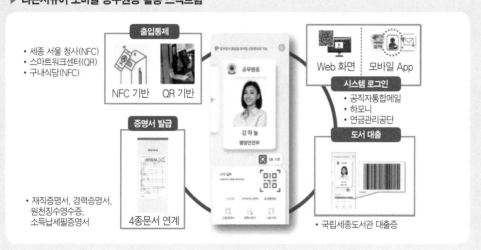

- 세종 서울 청사(NFC)
- 스마트워크센터(QR)
- 구내식당(NFC)

출입통제
NFC 기반   QR 기반

공무원증
김하늘
행정안전부

Web 화면   모바일 App

시스템 로그인
- 공직자통합메일
- 하모니
- 연금관리공단

증명서 발급
4종문서 연계

- 재직증명서, 경력증명서, 원천징수영수증, 소득납세필증명서

도서 대출
- 국립세종도서관 대출증

생체인증 기술로 모바일 신분증 시대 최선호주

투자포인트 01 👉 **공공기관 등 500개 넘는 고객사 확보**

라온시큐어는 2012년 정보보안업체 루멘소프트를 흡수합병하면서 ICT 통합보안사업에 진출했다. 모바일 백신, 모바일 암호인증, 가상키보드, 모바일 단말관리 등 모바일 환경에 필수적인 통합보안 솔루션 4종을 제품 라인업으로 보유한 국내 유일의 기업이다. 라온시큐어는 공공기관을 비롯해 금융기관과 기업 등 500개가 넘는 고객사를 확보하고 있다.

투자포인트 02 👉 **모바일 보안 솔루션 생체인증 시장점유율 80% 독점**

라온시큐어는 FIDO 기반 다채널 사설인증 플랫폼 '터치엔 원패스(TouchEn OnePass)'를 제공하며 현재 모바일 보안 솔루션 생체인증 시장에서 약 80%의 점유율을 영위하고 있다. FIDO(Fast Identity Online) 얼라이언스란, 온라인 환경에서 비밀번호를 대체하는 솔루션을 제공함으로써 더욱 강력하고 편리하면서 상호운용이 가능한 표준 인증 기술을 구현하는 국제 비영리 단체다. 라온시큐어는 2015년 FIDO 얼라이언스로부터 세계 최초로 FIDO 공식 인증을 받았다.

투자포인트 03 👉 **블록체인 기반 차세대 인증 사업에서 가시적 성과**

라온시큐어는 DID(Decentralized Identity, 분산신원증명) 플랫폼 '옴니원(OmniOne)'을 자체 개발해 블록체인을 기반으로 하는 차세대 인증 시장에서 두각을 나타내고 있다.

옴니원은 DID와 생체인증 기술을 결합해 개인정보를 요청하는 서비스 제공자에게 원하는 정보만을 직접 제출한다. 인증 단계를 줄여주는 '간편인증', 디지털 신분증처럼 신원 확인이 가능한 '본인인증', 학생의 성적증명이나 직장인의 재직증명이 가능한 '자격증명', 사물인터넷(IoT)에 정체성을 부여하여 소유권 및 사용권한 획득이 가능한 '사물인증(IDoT)' 등 다양한 서비스로 확대 적용이 가능하다. 병무청의 블록체인 기반 민원신청 시스템, 경남도청 디지털 신원인증 카드 발급, 세종시 자율주행자동차 플랫폼 구축, 행정안전부 DID 기반 모바일 공무원증 발급 등 최근 관공서와 지자체를 중심으로 옴니원 수주 실적이 증가하고 있다.

투자포인트 04 📢 모바일 운전면허증, 백신여권 등으로 활용 가능성 주목

라온시큐어의 모바일 공무원증은 LG CNS 및 시스원과 컨소시엄을 통해 개발한 것으로, 행정안전부가 진행하는 첫 시범사업이다. 블록체인 기반 DID 방식의 모바일 공무원증은 2021년 1월부터 정부 세종청사와 서울청사 15,000여 명의 공무원을 대상으로 우선 도입했고, 이어 공무원 20만 명에게 순차적으로 도입될 예정이다. 행정안전부는 기술적인 보완과 검증을 거친 뒤 2021년 말 전 국민을 대상으로 모바일 운전면허증을 서비스할 계획이다. 라온시큐어의 모바일 신분증은 출입통제, 시스템 로그인, 증명서 발급 등 다양한 기능을 증명서 안에 포함할 수 있어 확장 가능성이 매우 크다. 특히 코로나19로 촉발된 비대면 환경에서 백신여권 등으로 유용하게 활용될 전망이다.

체크포인트 📢 연구인력 투자 부담으로 영업손실

라온시큐어는 2020년 연결기준 매출액 372억 원(전년대비 +20.0%), 영업손실 35억 원(적자전환), 순손실 88억 원을 기록했다. 매출액이 증가했음에도 영업이익과 순이익이 감소한 이유는, 대규모 개발인력 채용에 따른 연구개발 투자 등 판관비 증가 때문이다. 높은 기술력이 요구되는 보안 산업의 특성상 연구인력에 대한 투자는 필수적이지만, 이로 인해 영업손실이 커지는 것은 라온시큐어의 주가에 부정적으로 작용할 수밖에 없다. 연구인력 투자가 불가피하다면 매출을 좀 더 올려야 흑자전환할 수 있다.

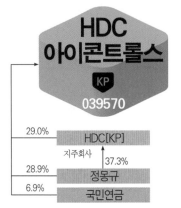

설립/상장	1999.09/2015.09
시가총액/순위	2,049억 원/코스피 598위
상장주식수	16,460,000주
수익률(3/6/12개월)	+40.10/+34.76/+81.64
목표주가	15,800원
외국인보유비율	3.61%
주요 사업	건설과 IT를 융합한 지능형 빌딩 제어시스템, 홈 네트워크 사업 등

HDC 아이콘트롤스
KP
039570

29.0% → HDC[KP]
지주회사 37.3%
28.9% → 정몽규
6.9% → 국민연금

경영실적/지표

연도별	2018	2019	2020	2021E
매출액(억 원)	2,720	2,524	2,604	2,584
영업이익(억 원)	147	130	153	145
당기순이익(억 원)	242	−59	157	135
영업이익률(%)	5.4	5.13	5.88	5.6
ROE(%)	11.99	−3.13	9.42	8.99
부채비율(%)	39.69	40.68	33	−
EPS(원)	1,473	−358	952	868
PER(배)	6.46	−30.43	11.03	17.28
BPS(원)	12,614	10,245	10,866	6,873
PBR(배)	0.75	1.06	0.97	2.18
주당배당금(원)	350	350	400	400

최근 3년간 주가 추이

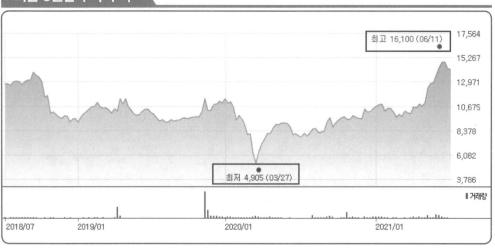

최고 16,100 (06/11)
최저 4,905 (03/27)
거래량

17,564
15,267
12,971
10,675
8,378
6,082
3,786

2018/07　2019/01　2020/01　2021/01

스마트홈 매출 증가 추세

▶ **HDC아이콘트롤스 사업부문별 매출 추이 및 비중** [( )안은 매출 비중(%)]

• HDC아이콘트롤스가 주력으로 하는 건설과 IT 융합 사업은, 건설 경기와 무관하게 고속 인터넷 통신, 언택트 추세와 함께 빠르게 성장 중.
• HDC아이콘트롤스는 2020년 매출 회복이 지연되는 가운데서도 스마트홈 관련 부문 매출이 크게 늘어나면서 당기순이익 154억 원을 달성해 전년도 적자에서 빠르게 흑자전환.
• 스마트홈 및 스마트빌딩 관련 대형 현장 수주가 꾸준히 증가하고 있어 2022년에 매출 회복 예상.

데이터 분석 2 실적 회복 위해 스마트홈 및 스마트빌딩 수주가 관건

▶ **HDC아이콘트롤스 수주 현황** (단위: 백만 원)

발주처	공사명	수주총액	누적완성공사액	수주잔고
HDC현대산업개발	고척아이파크 일반 설비	16,115	4,212	11,903
한국철도시설공단	광역철도 급행정차역 승강장 안전문 안양역 외 8개역 제조 설치	16,103	14,323	1,780
쌍용건설	의정부 을지대학교 병원 및 캠퍼스 3공구 4공구 기계설비	16,080	15,902	178
HDC현대산업개발	부산신항 2-4단계 IT시스템 구축 공사	13,524	5,735	7,789
HDC현대산업개발	청주 가경3차 아이파크 기계 설비공사	13,428	12,795	633
HDC현대산업개발	서면아이파크 스마트홈 솔루션	534,145	324,989	209,156
합 계		609,395	377,956	231,439

• HDC아콘트롤스의 주가에서 가장 중요한 모멘텀으로 수주 현황 주목.
• 수주 현황(수주규모 및 수주잔고)에 따라 가까운 사업연도의 실적을 가늠할 수 있음.
• HDC아콘트롤스의 경우, 형제회사인 HDC현대산업개발로부터 안정적인 수주 유지.
• 대규모 공사의 완공일이 2021년 상반기에 몰려있기 때문에 2021년 하반기 및 2022년 상반기 실적에 반영 예정.
• HDC아콘트롤스의 실적 반등 효과는 2021년보다는 2022년 상반기 예상 → 실적 대비 주가 상승 시그널은 2021년 하반기부터 나타날 전망.

스마트홈/빌딩의
독보적 기술 보유

투자포인트 01 　스마트건설 관련 대규모 레퍼런스 다수 보유

HDC아이콘트롤스는 건설사업을 주력으로 하는 HDC그룹의 IT 전문 계열사로, 지능형 빌딩 자동제어 시스템(IBS)과 빌딩 에너지관리 시스템 등 스마트빌딩 사업, 홈 네트워크 시스템 사업, 방범방재 시스템, 지능형 교통시스템(ITS), 항만 및 철도 자동화 시스템 등 SOC 사업, 그리고 기계 및 전기설비 등 M&E 사업을 영위한다. 이 중에서 특히 지능형 빌딩 자동제어 시스템(IBS)에 강점이 있는 HDC아이콘트롤스는, COEX, 트레이드타워 및 전시장, 경방타임스퀘어, 전경련회관, GFC, 부산 BEXCO I · II, 워커힐 W호텔, 제주해 비치호텔 등의 빌딩 자동제어 시스템 수주 실적이 있으며, 베트남 하노이의 경남 랜드 마크 타워, 메리어트호텔하노이, 롯데센터 하노이에도 시스템을 구축했다.

▶ 스마트빌딩 성공 레퍼런스

스마트빌딩

아모레 퍼시픽 신사옥
- 규모 : B7/22F, 40,000평
- 공사범위 : 통합SI, BEMS, 자동제어 등

상암동 MBC 신사옥
- 규모 : B3/14F, 45,000평
- 공사범위 : 통합SI, BAS, IBS, 보안 등

전국경제인 연합회 회관
- 규모 : B6/50F, 48,000평
- 공사범위 : 통합SI, BAS, 통합관제 등

서남권 야구장
- 규모 : B2/4F, 8,000평
- 공사범위 : IBS, IFC, 보안등

PARK HYATT BUSAN
- 규모 : 268실, 16,000평
- 공사범위 : 통합SI, BAS, IBS, 보안 등

TIMES SQUARE
- 규모 : 호텔/오피스/판매, 106,000평
- 공사범위 : 통합SI, BAS, IBS, 보안 등

COEX
- 규모 : 전시장/호텔/오피스, 350,000평
- 공사범위 : 통합SI, BAS, IBS 등

서울 아산병원
- 규모 : 병원, 교육, R&D동 7개동, 139,000평
- 공사범위 : 통합SI, BAS, IBS, 보안 등

산업안전 스마트 솔루션으로 성장 모멘텀 확보

HDC아이콘트롤스는 HDC현대산업개발과 함께 사물인터넷(IoT) 및 무선 네트워크 기반의 스마트 현장안전관리 솔루션 'HSS(HDC Smart Safety)'를 자체 개발해 2020년 12월부터 현장에 적용하고 있다. HSS는 산업재해 발생 상황을 실시간으로 모니터링해 신속하게 대응하는 종합 안전관리 시스템이다. 최근 산재 사망이 빈번하게 발생하면서 산업재해 예방에 대한 사회적 우려가 커지자, 정부와 국회에서는 산업안전보건법 전면개정 및 중대재해처벌법 제정 등을 통해 보다 엄정한 행정적·사법적 규제장치를 마련하고 나섰다. HSS는 다양한 산업 현장으로 확대 적용되면서 HDC아이콘트롤스의 새로운 이익 창출 아이템이 될 것으로 예상된다.

건설 산업에서의 디지털 전환 주도

최근 건설 산업에 로봇, 인공지능(AI), 빅데이터, 빌딩정보모델링(BIM) 등 스마트건설 기술을 적극 활용하는 '디지털 전환'이 중요하게 대두하고 있다. 증권가에서는 HDC아이콘트롤스를 디지털 기반의 스마트건설 전환에 따른 최선호주 가운데 하나로 꼽는다. 기존 스마트빌딩 및 스마트홈 관련 레퍼런스로 업계에서 높은 브랜드 가치와 공신력을 획득했기 때문이다. HDC아이콘트롤스의 사물인터넷(IoT) 기술은 건설 산업 곳곳에 적용되면서 고부가가치를 창출할 것으로 전망된다.

▶ 스마트홈 & 스마트 인프라 성공 레퍼런스

스마트홈		스마트 인프라 – SOC / M&E	

해운대 IPARK
- 규모 : 1,631세대
- 공사범위 : 스마트홈 시스템, 통신공사, CCTV 등

수원 IPARK CITY
- 규모 : 6,594세대
- 공사범위 : 스마트홈 시스템, 통신공사, CCTV 등

대구–부산 고속도로 ITS
- 규모 : 총연장 82.05km
- 공사범위 : 통합교통관리시스템

세종시 2–2더샵힐스테이트
- 규모 : 1,694세대, 28개동
- 공사범위 : 기계설비공사, 소방공사

LH공사 / SH공사
- 규모 : 송파위례 8BL 외 17개 현장 (14,000세대)
- 공사범위 : 스마트홈 시스템

세종시 U–City
- 규모 : 269억5천만원
- 공사범위 : 교통,방범, 정보통신망

부산2–3단계 컨테이너 항만
- 규모 : 컨테이너부두 4선석
- 공사범위 : 터미널운영정보시스템

부산–김해 경량전철 E&M
- 규모 : 총21개역사(23.5km)
- 공사범위 : 철도E&M, 역무자동화설비

059

알체라
KQ
347860

15.4% 스노우
75.5% 네이버
12.3% 김정배
11.9% 황영규

설립/상장	2016.06/2020.12※
시가총액/순위	3,822억 원/코스닥 239위
상장주식수	13,528,794주
수익률(3/6/12개월)	+2.47/−16.25/(2020.12 상장)
목표주가	48,500원
외국인보유비율	0.16%
주요 사업	AI 솔루션 및 제품 개발·판매

※기술성장기업 특례상장 혜택

경영실적/지표

연도별	2018	2019	2020	2021E
매출액(억 원)	15	33	46	93
영업이익(억 원)	−26	−21	−51	12
당기순이익(억 원)	−45	−113	−37	−
영업이익률(%)	−165.6	−62.7	−112.04	12.90
ROE(%)		−281.76	−19.02	−
부채비율(%)	−181.77	10.27	10.22	−
EPS(원)	−841	−1,706	−325	111
PER(배)	−	−	−129.75	326.83
BPS(원)	−590	997	2,070	−
PBR(배)	−	−	20.36	−
주당배당금(원)	−	−	−	−

최근 3년간 주가 추이

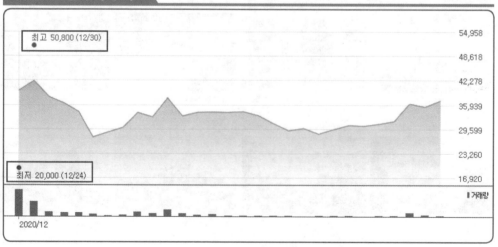

최고 50,800 (12/30)

최저 20,000 (12/24)

2020/12

54,958
48,618
42,278
35,939
29,599
23,260
16,920

거래량

▶ 글로벌 얼굴인식 시장 규모 추이 및 전망

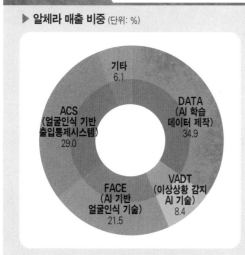

(십억 달러)

CAGR 28.3%

16　17　18　19　20　21E　22F　23F　24F　25F

- 얼굴인식 기술은 최근 공항 출입국 관리, 기업의 출·퇴근 관리, 아파트 출입 관리, 범죄 수사 등 다양한 분야에서 인증 수단으로 활용성 확대.
- 글로벌 얼굴인식 시장은 연평균 28.3%의 높은 성장률 예상 → 홍채, 지문 등 모바일 바이오 인증 시장에서 가장 높은 성장률.
- 얼굴인식은 특히 금융권 비대면 결제 인증 및 메타버스 관련 콘텐츠 시장에서 수요가 높아지는 추세로, 네이버 메타버스 콘텐츠 '제페토'에 실시간으로 전신인식 기술을 독점 제공하는 알체라가 국내 얼굴인식 최선호주로 꼽힘.

▶ 알체라 매출 비중 (단위: %)

기타
6.1

ACS
(얼굴인식 기반
출입통제시스템)
29.0

DATA
(AI 학습
데이터 제작)
34.9

FACE
(AI 기반
얼굴인식 기술)
21.5

VADT
(이상상황 감지
AI 기술)
8.4

▶ 알체라 실적 추이 및 전망

(억 원)　■ 매출액　■ 영업이익

93

46

33

12
(흑자전환)

-21

-51

2019　　2020　　2021E

- 증권가에서는 2016년 1.6억 원에 불과했던 알체라의 연간 매출액이 2020년 46억 원까지 증가한 데 이어, 2021년 90억 원까지 급증할 것으로 전망.
- 매출액이 큰 폭으로 상승했음에도 불구하고 연구개발 비용 부담으로 영업손실 및 당기순손실이 이어져옴.
- 2021년부터 얼굴인식 부문 매출 성장세가 가파르게 이어지면서 영업이익 흑자전환 예상.
- 실적은 아직 정상궤도에 이르지 못했지만, 국내 얼굴인식 AI 솔루션 1위 기업이라는 프리미엄 및 네이버와의 돈독한 사업 파트너십을 바탕으로 주가 상승 모멘텀 인정 받음.

얼굴인식 AI 분야
국내 최고 기술력 갖춘
네이버 손자회사

투자포인트 01 👉 네이버 손자회사로, '스노우'에 AI 솔루션 제공

2016년 6월에 설립한 알체라는 인공지능(AI) 영상인식 솔루션을 제공하는 기업이다. 네이버의 증강현실(AR) 카메라 앱인 '스노우'에 3D 얼굴추적 AI 엔진을 제공하면서 본격적인 사업을 시작했다. 창업 초기의 AR 분야에서 점차 사업 분야를 확장해 얼굴인식, 이상행동 검출 등의 기술을 확보했다. 핀테크에 이어 CCTV 모니터링, 오프라인 매장 결제, 신분증 얼굴 사진 위조 검출 등에 알체라의 얼굴인식 기술이 적용되면서 증시에서 주목받고 있다. 현재는 영상인식 AI 모든 분야에서 기술과 제품을 공급한다. 알체라의 최대주주는 네이버가 75.5% 지분을 보유한 자회사 스노우다. 따라서 알체라는 네이버의 손자회사에 해당하면서 네이버와 긴밀한 협력관계를 유지하고 있다.

투자포인트 02 👉 얼굴인식 기반 결제 시스템 '페이스페이' 개발

알체라의 얼굴인식 AI는 2016년 스노우 카메라에 적용된 이후 인천공항 자동 출입국 시스템, 외교부 여권정보 통합관리 시스템, 금융권 여권 위조 여부 검출 시스템 등에 적용되며 꾸준히 실적을 쌓아왔다.

2020년 4월에는 알리바바와 아마존에 이어 세계에서 세 번째로 신한카드 얼굴인식 기반 결제 시스템인 '페이스페이(Face Pay)'에 적용돼 시범운영 중이다. 또 한국전력 화재 감시 시스템 도입 등으로 레퍼런스를 구축한 이상상황 감지 솔루션은, 2021년 3월 미국 캘리포니아주 소노마시와 3억3,750만 원 규모의 산불감지 시스템 공급계약 체결이라는 성과를 올리기도 했다.

투자포인트 03 👉 메타버스의 히든 수혜주

증권가에서 알체라가 스노우와 합작해 설립한 AI 전문기업 '플레이스A'를 주목하는 이유는 국내 대표적인 메타버스 플랫폼 네이버의 '제페토' 때문이다. 플레이스A는 네이버 제페토에 실시간 전신인식 기술을 독점으로 탑재하고 있다. 알체라로서는 네이버의 메타버스 투자 확대에 따라 제페토를 통한 수주 증가가 예상된다. 증권가에서 메타버스의 숨어있는 수혜주로서 알체라를 주목하는 이유다.

투자포인트 04 👉 해외 영업에 유리한 SaaS 형태 솔루션

알체라의 AI 기술 제품은 소프트웨어 모듈 형태로 라이선싱하거나 '에어(aiir)'라는 통합 솔루션 브랜드의 클라우드 서비스, 즉 SaaS(Software as a Service)로 제공한다. SaaS 형태로 운용하는 솔루션은 해외에서의 적용이 유리하다. 클라우드를 통해 AI 엔진과 대시보드를 국내에서 관리하고 업데이트를 할 수 있기 때문이다. 미국 캘리포니아의 산불감시 사례뿐 아니라 산호세 대형 마트에 얼굴인식 기반 출입통제 시스템, 일본 카지마 건설사에 얼굴인식 기반 출입통제 시스템 등의 사례가 있다.

투자포인트 05 👉 실적 미약하지만 주가는 높은 수익률

코로나19 발발 이후 AI, 빅데이터, 클라우드 등 언택트 관련 중소형주(시가총액 1조 원 미만) 종목들이 증시에서 주목받고 있는 가운데, 알체라는 2020년 12월에 기술성장기업으로 인정받아 코스닥에 특례상장했다. 알체라의 얼굴인식 AI와 이상상황 감지 AI가 코스닥 상장을 위한 기술성 평가에서 모두 A등급을 획득했다. 알체라는 상장 당일 이른바 '따상'에 이어 연일 상한가에 달하는 등 급등세를 이어가 눈길을 끌었다. 2021년 7월 초 현재에도 주가가 40,000원대를 유지하는 등 신규 상장주로서는 이례적으로 높은 수익률이다.

알체라 주가가 급등하면서 네이버 계열사 스노우 투자 지분의 평가액이 급상승해 화제를 모았다. 스노우의 알체라 지분은 3년간 보호예수가 설정되어 있어 단기간에 매각할 가능성은 없다.

설립/상장	1983.10/2007.01
시가총액/순위	3,841억 원/코스닥 237위
상장주식수	14,858,157주
수익률(3/6/12개월)	−7.50/−10.85/+86.04
목표주가	29,150원
외국인보유비율	5.16%
주요 사업	무선충전과 자율주행용 부품 등 전자 및 화학 사업

13.4% 김보균
72.2% 넥스비
자율주행, SVM사업
76.2% 위츠
무선충전 세트사업

※2000.11. 협진화학에서 켐트로닉스로 상호 변경

경영실적/지표(IFRS 별도)

연도별	2018	2019	2020	2021E
매출액(억 원)	3,374	4,035	5,300	5,796
영업이익(억 원)	94	263	221	390
당기순이익(억 원)	11	166	180	–
영업이익률(%)	2.79	6.52	4.17	6.73
ROE(%)	1.4	18.5	16.24	–
부채비율(%)	194.06	195.99	211.82	–
EPS(원)	78	1,160	1,164	1,878
PER(배)	78.93	15.55	23.75	12.65
BPS(원)	5,884	6,819	7,846	–
PBR(배)	1.05	2.65	3.52	–
주당배당금(원)	–	300	250	–

최근 3년간 주가 추이

최고 34,100 (02/05)

최저 4,460 (11/02)

거래량

2018/07 2019/01 2020/01 2021/01

데이터 분석 1 　자율주행용 차량단말기, 도로용 기지국 개발

▶ V2X를 적용한 자율주행 도로 개념도

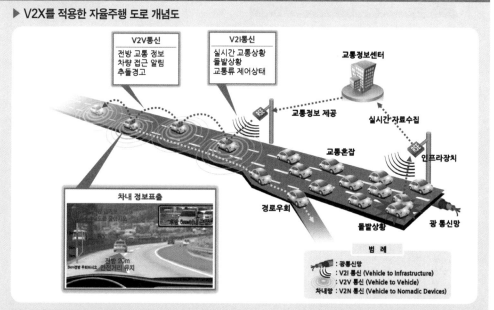

- 완벽한 자율주행을 실현하려면 차량 사이는 물론 차량과 사물 사이에도 긴밀한 통신이 필수적인데, 켐트로닉스는 국내 상장사 최초로 'V2X' 통신모듈이 탑재된 자율주행용 차량단말기(OBU), 도로용 기지국(RSU) 등을 개발·양산. 'V2X'란 자동차가 자율주행을 하기 위해 도로 위 다양한 상황을 파악하는 기술.
- 2020년부터 서울을 비롯해 판교제로시티, 세종시 자율주행차 인프라 구축 사업, 제주도, 대구 수성 알파지구 등의 자율주행 시범사업에 OBU와 RSU 등 공급(지자체마다 2021년부터 본사업 추진).

데이터 분석 2 　자율주행 관련 지자체 사업에 기술 수주

▶ 자율주행 관련 주요 사업 현황

제품 부문	사업 현황	일정
V2X	경기도 판교제로시티 : C-ITS사업 V2X OBU 공급	2018.1~2019.12
	서울 C-ITS Project : C-V2X & DSRC 국내 최초 Dual Active Stack 적용	2018.10~2020.10
	제주 BIS 프로젝트 : 제주 C-ITS 시스템과 연동된 BIS 플랫폼에 DSRC V2X 단말기 통합	2020.6~2022.12
	대구 C-ITS Project : 5G V2X 인프라 구축을 위한 수성알파시티 및 테크노폴리스에 OBU/RSU 납품	2020.9~2020.11
	세종 국가혁신 클러스터 : 세종시 자율주행 셔틀 운행을 위한 기반 구축사업(OBU/RSU 개발 및 서비스 애플리케이션 개발)	2018.10~2020.12
	세종 규제자유특구 : 자율주행 셔틀 서비스를 위한 OBU/RSU 인프라 구축 (WAVE/4G/5G를 통한 V2V/V2I 인프라 구축)	2020.6~2022.12
	세종 빅데이터 관제 센터 : 자율주행 셔틀 운행을 위한 OBU/RSU 납품 및 설치	2021.2~2021.7
	세종 리빙랩 : 스마트 교차로 및 스마트 횡단보도 서비스 시스템 구축사업(RSU 납품)	2020.11~2020.12
ADAS 기반 SVM	르노삼성차 3D SVM 공급 : QM6/SM6/XM3 등 5모델에 공급	2019.4Q~
	베트남 Vinfast SVM SW 공급 예정	2021.8~
	르노삼성 DVRS 제품 개발 및 공급 예정	2021.10~

지능형 교통체계 최선호주

투자포인트 01 자율주행 핵심 기술 보유

켐트로닉스는 1983년 설립 후 화공약품 도매업에서 전자부품 등으로 사업영역을 확장하면서 성장했다. 2007년 코스닥에 상장했고, 2020년 기준 매출액 5,300억 원을 달성했다. 켐트로닉스는 크게 전자부품과 화학 사업을 영위한다. 전자부품 사업의 주력 분야는 자율주행 관련 핵심 기술이다. 자율주행 사업이 최근의 실적을 견인하고 있고 무선통신 관련 부품 사업도 꾸준히 성장 중이다.

투자포인트 02 차세대 지능형 교통체계(C-ITS) 인증 획득

켐트로닉스 자율주행 사업의 핵심은 V2X(Vehicle To Everything) 통신기술과 센서 기반의 첨단운전자보조시스템(ADAS)이다. 아울러 켐트로닉스의 자율주행 차량용 단말기(OBU)는 2021년 4월 한국지능형교통체계협회로부터 '차세대 지능형 교통체계(C-ITS) 인증'을 획득했다. 이 인증은 하드웨어, 소프트웨어, 애플리케이션, 실차 테스트 등 관련 기술 전반에 걸쳐 엄격한 기준을 통과한 제품에 부여된다. 정부가 발주하는 자율주행 인프라 구축사업에 참여하려면 반드시 획득해야 하는 인증이다.

투자포인트 03 국토부의 전국 주요 도로 완전자율주행 구축 최선호주

국토부는 2027년까지 세계 최초로 전국 주요 도로 완전자율주행 상용화 계획을 추진하고 있다. 우선 2024년까지 전국 주요 고속도로 4,075Km 구간에 통신, 정밀지도, 교

통관제 등 V2X 통신에 필요한 인프라를 구축할 예정이다. 이처럼 2025년까지 안정적인 V2X 인프라가 갖춰지면 신차에 OBU가 탑재되어 물량이 크게 늘어나면서 향후 5~10년 사이에 관련 시장이 급성장할 전망이다. 켐트로닉스는 이에 대비해 2014년부터 자율주행사업본부를 신설하여 국가통합인증마크, 중국자동차기술연구센터, 한국정보통신기술협회, 한국자동차연구원 등 국내외 기관의 V2X 인증을 다수 획득했다.

투자포인트 04 | 르노삼성향 납품으로 자율주행 사업 매출 실현

켐트로닉스가 개발한 첨단운전자보조시스템(ADAS) 기능 중 '서라운드 뷰 모니터(SVM)'는 카메라를 통해 차량 주변을 사각지대 없이 360도 영상으로 구현하는 제품이다. 2020년 1월 켐트로닉스는 자율주행 및 SVM 사업을 전담하는 자회사 '넥스비'를 설립해 제품을 양산 중이다. 켐트로닉스는 현재 시장 도입단계에 있는 V2X에 앞서 SVM 사업에서 먼저 안정적인 매출원을 확보할 계획이다. 켐트로닉스는 2019년부터 르노삼성 'QM6', 'SM6', 'XM3' 등에 SVM을 공급하며 매출을 올려왔다. 켐트로닉스는 2020년 9월에 SVM 및 ADAS 시스템 전문업체인 'KSS-이미지넥스트'를 자회사 넥스비를 통해 75억 원에 인수했다. KSS-이미지넥스트는 국내 최초로 현대모비스에 SVM 솔루션을 공급한 실적이 있고, 중국 지리자동차, 영국 로터스 등과 거래하고 있어 고객 다변화에 크게 기여할 전망이다(인수 후 '비욘드아이'로 상호 변경).

투자포인트 05 | 소재 산업에서 삼성과의 긴밀한 협력관계

켐트로닉스는 삼성디스플레이와 오랫동안 협력관계를 유지해온 디스플레이 사업을 통해 울트라씬글라스(UTG)를 자체 개발했다. 폴더블폰 디스플레이 커버윈도우의 핵심 소재인 UTG는 2021년 하반기부터 양산에 들어갈 예정이다. 아울러 2019년 삼성전기로부터 모바일용 무선전력전송 및 근거리무선통신(NFC) 칩 코일 사업을 210억 원에 인수했고, 2021년 4월에는 자회사 위츠가 역시 삼성전기의 와이파이 통신 모듈 사업부문을 1,055억 원에 인수했다. 켐트로닉스는 2021년에 삼성전자의 무선충전기 세트업체로 선정되었다.

061

[투자 해시태그] #블랙박스 #커넥티드 #사물인터넷

팅크웨어
KQ
084730

31.6% 유비벨록스[KQ]
이흥복 19.6%
NHN[KP] 8.8%
7.8% 민영기 비특수관계인

설립/상장	1997.03/2006.05
시가총액/순위	1,585억 원/코스닥 632위
상장주식수	10,425,682주
수익률(3/6/12개월)	+0.00/+32.93/+94.87
목표주가	20,350원
외국인보유비율	2.95%
주요 사업	차량용 블랙박스 및 지도 제작

경영실적/지표

연도별	2018	2019	2020	2021.1Q
매출액(억 원)	1,944	1,822	1,976	469
영업이익(억 원)	77	78	125	14
당기순이익(억 원)	19	41	86	15
영업이익률(%)	3.97	4.3	6.32	2.96
ROE(%)	1.7	2.76	5.56	6.27
부채비율(%)	36.62	39.9	42.93	44.62
EPS(원)	235	389	815	141
PER(배)	33.15	18.36	15.09	17.19
BPS(원)	15,415	15,768	16,647	16,800
PBR(배)	0.51	0.45	0.74	0.95
주당배당금(원)	–	–	–	–

최근 3년간 주가 추이

국내보다는 해외 블랙박스 시장 성장성 주목

▶ 글로벌 블랙박스 시장 전망

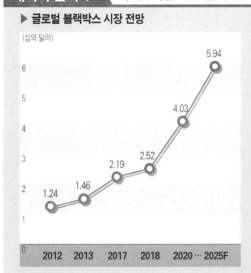

▶ 팅크웨어 블랙박스 수출액 추이 및 매출 비중

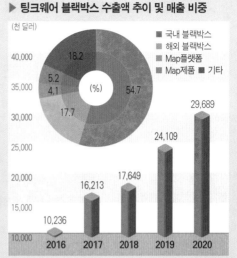

- 한국은 블랙박스 시장이 성숙기에 접어든 반면, 북미와 유럽, 일본 등은 여전히 블랙박스 시장 성장성이 높게 전망됨 → 해외 주요 국가의 블랙박스 보급률은 승용차 기준 20%에 미치지 못함.
- 범죄 및 사건사고 예방을 위해 블랙박스 장착 의무를 법제화하는 국가들이 늘고 있는 등을 감안하건대, 블랙박스를 주력 사업으로 하는 팅크웨어의 해외 실적 수혜 예상.

블랙박스 관련 국내외 계열사 통한 외형 성장

▶ **팅크웨어 계열사 현황** (단위: 억 원)

회사명	주요 사업	자산총액
유비벨록스	스마트카드 판매/관리 시스템	1,142
→ 유비벨록스모바일	모바일 서비스	61
→ 라임아이	모바일 서비스(LBS)	23
→ 페이잇	스마트카드 및 소프트웨어	12
→ 팅크웨어	내비게이션 제품 및 소프트웨어	2,172
→ 아이나비시스템즈	지도 플랫폼 개발 및 공급	102
→ 팅크웨어모바일	가전, 태블릿 사업	18
→ 비글	지도 개발 및 공급	10
→ 인솔라인	택시 콜솔루션 개발/관제 서비스	5

* 2020년 12월 31일 기준 유비벨록스와 팅크웨어를 제외한 회사는 모두 비상장

- 팅크웨어는 유비벨록스의 종속 계열사인 동시에 아이나비시스템즈, 팅크웨어모바일, 비글, 인솔라인 등 국내 자회사와 해외 현지에서 블랙박스 제품 등을 판매하는 현지 법인 등 계열사 보유.
- 팅크웨어는 계열사를 통해 신규 공급처를 확보하면서 수익성 개선에 집중 → 지도 플랫폼 개발사인 '아이나비시스템즈'는 최근 국내 1위 대리운전 콜 중개업체인 바나플을 비롯해 티머니온다택시, 마카롱택시 등 모빌리티업체에 지도 데이터를 공급하고 있고, 아울러 스파이더크래프트, NHN, 포티투닷(42dot) 등과 함께 라이더 전용 지도 플랫폼 개발.

블랙박스
브랜드파워 1위 프리미엄

투자포인트 01 최대주주가 된 유비벨록스와의 시너지

팅크웨어는 '아이나비'라는 브랜드로 잘 알려진 국내 차량용 내비게이션 1위 업체다. 1997년 설립된 이래 국내 내비게이션 시장을 주도해왔다. 2006년 코스닥에 상장했으나 2008년 이후 경쟁이 치열해지면서 정체에 빠졌다. 이때부터 차량용 블랙박스, 위치기반서비스(LBS) 사업 등으로 경영 다각화를 시도했다. 2010년 5월 내비게이션과 연동 가능한 제품을 출시하면서 블랙박스 사업에 진출했다. 2011년에는 모바일용 콘텐츠 및 솔루션, 차량용 IT, 스마트카드 전문업체인 유비벨록스가 팅크웨어의 최대주주 지분을 인수하며 계열사로 편입했다. 내비게이션과 블랙박스 전문업체 팅크웨어의 하드웨어와 유비벨록스의 소프트웨어 기술로 시너지가 예상된다.

투자포인트 02 블랙박스 기술 진화 및 수요 증가 최선호주

폭발적인 성장을 이어가던 팅크웨어의 블랙박스 사업이 정체기를 맞았던 이유는 블랙박스 시장의 진입장벽이 낮아 경쟁이 격화됐기 때문이다. 그럼에도 블랙박스 시장 자체는 여전히 성장 추세다. 최근 운전 관련 분쟁 증가와 차량 안전의식 확산, 교통법규 준수의식 강화, SNS 영상 공유 확대 등으로 블랙박스의 활용 범위가 커지고 있다. 정부의 첨단안전장치 탑재 의무화와 더불어 자율주행차 시대가 도래하면서 후측방 카메라, 실내카메라, 안전운전 지원 단말기 등 각종 차량용 디바이스 수요 증가로 차량 내·외부 정보를 수집할 수 있는 블랙박스의 중요성이 강조되고 있는 것이다. 통신 기능, 고해상도(4K), 야간화질개선(NV), 차량정보 연동 자가진단(OBD) 기능 등 안전

성과 편의성 관련 기술이 탑재된 고사양 블랙박스 수요가 증가하면서 블랙박스 시장은 당분간 높은 성장을 이어갈 전망이다.

투자포인트 03 🔊 사물인터넷 통신망 활용한 커넥티드 솔루션 출시

팅크웨어는 현재 차선이탈경보(LDWS), 전방추돌경보(FCWS), 앞차출발알림(FVSA) 등 첨단운전자보조시스템(ADAS) 솔루션을 탑재한 블랙박스를 시판하고 있다. 2018년에는 국내 최초로 사물인터넷 통신망(NB-IoT)를 활용해 실시간 주차 및 차량 위치 확인이 가능한 통신형 솔루션 앱 '아이나비 Connected'를 출시하고 계속 업데이트 중이다. 상용차 전용 5채널 블랙박스, 오토바이 전용 블랙박스, 자전거 전용 블랙박스 등 다양한 제품군도 선보였다. 베스트바이와 아마존 등 글로벌 유통업체와 폭스바겐, 볼보, 포드, GM 등 글로벌 완성차업체에 납품하는 등 B2B 및 B2C 공급처도 확대해 나가고 있다. 향후 통신사 및 보험사와 연계하여 5G, 인공지능(AI), 빅데이터(Cloud) 등의 기술을 탑재한 지능형 커넥티드 서비스를 지원할 예정이다.

투자포인트 04 🔊 '아이나비' 브랜드파워 수년간 1등 수성

팅크웨어의 대표 브랜드 '아이나비'는 한국능률협회컨설팅(KMAC)이 조사한 '2021 한국산업의 브랜드파워(K-BPI)' 조사에서 내비게이션 부문 15년 연속, 블랙박스 부문 9년 연속 1등 브랜드로 선정됐다. 브랜드 인지도 및 충성도 부분에서 높은 점수를 얻은 것이다.

투자포인트 05 🔊 2021년 호실적 예상

팅크웨어는 2021년 1분기 연결 기준 매출액 469억 원, 영업이익 14억 원을 달성하면서 연간 실적에 청신호가 켜졌다. 전년 동기 대비 매출액(385억 원)이 21.7% 증가했고, 영업이익(1억5,300만 원)은 무려 806.5% 급증한 것이다. 국내 통신형 블랙박스 판매와 지도 플랫폼 매출 호조에 따른 결과로 분석된다. 블랙박스의 해외 매출도 꾸준하게 증가할 것으로 예상된다. 팅크웨어의 1분기 호실적은 하반기까지 이어질 전망이다.

062

앤씨앤
KQ
092600

39.2% → 김경수 및 관계인

100% → 넥스트칩
'APACHE' 개발·양산
(IPO 준비 중)

설립/상장	1997.05/2007.06
시가총액/순위	1,020억 원/코스닥 915위
상장주식수	20,947,500주
수익률(3/6/12개월)	+0.11/+7.30/+97.02
목표주가	7,110원
외국인보유비율	0.69%
주요 사업	블랙박스 및 영상보안용 반도체 제조

경영실적/지표

연도별	2018	2019	2020	2021E
매출액(억 원)	588	785	878	1,304
영업이익(억 원)	-165	-116	-119	13
당기순이익(억 원)	-157	-69	-169	-
영업이익률(%)	-28.00	-14.75	-13.56	1.00
ROE(%)	-36.68	-15.64	-45.91	-
부채비율(%)	65.48	73.45	306.07	-
EPS(원)	-891	-330	-760	53
PER(배)	-8.08	-6.67	-5.67	89.50
BPS(원)	1,995	2,028	1,284	-
PBR(배)	3.61	1.08	3.36	-
주당배당금(원)	-	-	-	-

최근 3년간 주가 추이

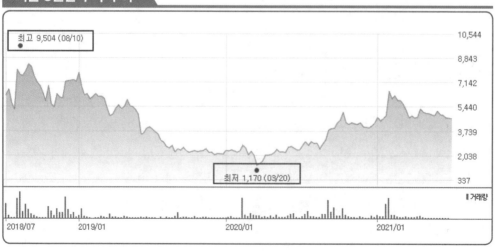

최고 9,504 (08/10)
최저 1,170 (03/20)

10,544
8,843
7,142
5,440
3,739
2,038
337

거래량

2018/07　　2019/01　　2020/01　　2021/01

▶ 앤씨앤 매출액(연결) 추이 및 전망

▶ 앤씨앤 영업이익(연결) 추이 및 전망

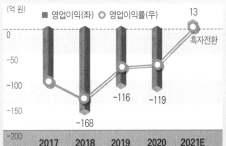

▶ 앤씨앤 분기별 매출액(별도) 추이

▶ 넥스트칩 분기별 매출액(별도) 추이

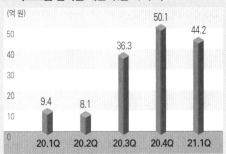

- 앤씨앤은 2020년 연결기준 매출액이 전년 동기보다 11.8% 늘어난 878억 원으로 창사 이래 최대 실적 기록 → 매출 비중이 78%인 블랙박스 사업 호조 영향.
- 증권가에서 예상한 앤씨앤의 2021년 매출액, 영업이익은 각각 1,304억 원, 13억 원으로, 흑자전환 전망.
- 연결기준 영업손실이 119억 원으로 수년째 적자가 이어진 이유는, 자율주행 카메라용 반도체를 개발하는 넥스트칩과 자율주차 소프트웨어에 주력하는 베이다스 등 자회사의 R&D 투자비용 때문.
- 앤씨앤의 별도기준 영업이익은 51억 원으로 물적분할 이후 2년 연속 흑자. 앤씨앤은 2019년 넥스트칩 분할 후 별도 재무제표 상으로는 흑자 달성하면서 투자자들 사이에서 관리종목 지정 우려를 떨쳐낸 바 있음.

▶ 넥스트칩 핵심 브랜드 'APACHE4', 자율주행차 적용 예

자율주행용 카메라 센서 핵심 기술 보유

투자포인트 01 차량용 카메라 센서 특화

앤씨앤은 1997년 '넥스트칩'이라는 상호로 설립돼 폐쇄회로 카메라시스템(CCTV)용 영상신호처리(ISP) 반도체를 설계했다. CCTV 영상보안 분야 기술을 바탕으로 2009년 부터 차량용 반도체 사업으로 확장했다. 이후 자율주행 자동차에는 카메라가 많이 탑재된다는 점에서 카메라에 내장되는 반도체 센서 시장의 성장가능성에 주목했다. 그리고 2011년 차량 내·외부에 설치되는 카메라용 ISP 반도체를 개발·출시했다. 2015년 이후 영상보안 사업이 성장 한계에 부딪히자 사업 전환을 가속화한 것이다. 베이다스, 바이오버드(현 앤씨비아이티)를 투자·인수해 자회사로 편입하면서 자율주행 시장에서 사업 다각화를 꾀하고 있다.

투자포인트 02 HD급 반도체 제품으로 현대차향 매출 발생

2019년에 블랙박스 제조 자회사 앤커넥트를 합병하면서 상호를 앤씨앤으로 변경하고 블랙박스 사업에도 힘을 쏟고 있다. 또 자동차전장 사업부문을 분할해 신설법인을 설립하면서 과거의 회사명 넥스트칩를 부활시켰다. 넥스트칩 부활 이후 실시한 유상 증자에 벤처금융사 투자를 유치해 연구개발 자금 180억 원을 조달했다. 앤씨앤은 넥스트칩을 중심으로 차량용 반도체 업체로 변신하는 사업재편 전략을 추진하고 있다. 넥스트칩은 2015년부터 개발한 HD급 해상도 반도체 ISP 제품이 2020년 말부터 현대자동차 '아반떼'와 '싼타페' 등의 최신 모델에 적용되는 등 자동차전장 분야에서 본격적인 실적을 내기 시작했다.

넥스트칩은 2020년 2월 '기업 활력 제고를 위한 특별법'(기업활력법) 지원 대상으로 선정되었다. 기업활력법은 과잉공급 업종에서 벗어나 신산업에 진출하기 위해 사업 재편을 진행하는 기업을 정부가 선정해 5년간 R&D 자금 등을 지원한다. 넥스트칩은 '차량 주행 중 카메라를 통해 물체 인식률을 획기적으로 개선한 AI 기반 자율주행차량용 영상식별 시스템 반도체 설계·생산 사업'에서 혁신성과 시장성 등을 인정받았다. 이를 계기로 미래 운송 수단으로 주목받고 있는 자율주행차의 핵심 부품인 카메라 센서 개발과 양산에 본격적으로 나설 계획이다.

투자포인트 04 🤙 **'APACHE4', 국내외 메이저 완성차업체 납품 임박**

넥스트칩이 보유한 자율주행 핵심 기술은 첨단운전자지원시스템(ADAS) 알고리즘을 탑재한 반도체 프로세서 칩이다. 이것은 카메라에 탑재해 촬영한 영상을 분석하는 기능을 한다. 차선, 보행자, 주변 차량을 감지하고 도로 표지판을 인식하는 등 자율주행 시스템의 눈 역할을 하는 매우 중요한 부품이다. 프로세서 칩의 핵심 브랜드인 '아파치(APACHE)'는 2019년 'APACHE4' 제품 개발을 마친 뒤 일본 자동차 부품업체의 후방 스마트카메라에 채택돼 공급을 앞두고 있다. 국내외 메이저 완성차업체들로부터 수주를 확보하면 2023년 본격적인 양산에 이어 매출로 실현될 전망이다. 후속 제품 'APACHE5'는 2021년 2월에 2차 시제품이 개발되었다. 'APACHE5' 역시 2023년부터 매출을 실현할 것으로 예상된다.

투자포인트 05 🤙 **넥스트칩, 2022년 상장 목표**

넥스트칩은 자율주행용 전장부품 'APACHE5' 개발 완료 이후 2022년 상장을 목표로 하고 있다. 대표 주관사로 선정된 증권사와 함께 기술특례 및 소부장 특례 상장 등을 검토 중이다. 넥스트칩은 분할신설 이후 빠른 성장을 이어가고 있다. 2019년 물적분할 당시 연매출 37억 원에서 2020년에는 104억 원으로 증가했고, 적자 규모도 매년 감소 추세를 보이고 있다.

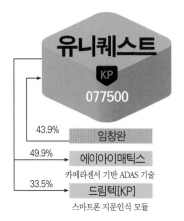

063

유니퀘스트
KP
077500

43.9% → 임창완

49.9% → 에이아이매틱스
카메라센서 기반 ADAS 기술

33.5% → 드림텍[KP]
스마트폰 지문인식 모듈

설립/상장	1995.11/2004.08
시가총액/순위	3,020억 원/코스피 490위
상장주식수	27,329,225주
수익률(3/6/12개월)	+7.89/-16.33/+6.49
목표주가	16,050원
외국인보유비율	44.93%
주요 사업	반도체IC, 전기 및 영상 관련 부품 판매

경영실적/지표

연도별	2018	2019	2020	2021E
매출액(억 원)	2,656	3,353	4,028	5,248
영업이익(억 원)	72	69	90	197
당기순이익(억 원)	106	224	205	338
영업이익률(%)	2.7	2.05	2.24	3.75
ROE(%)	6.55	12.68	10.8	15.49
부채비율(%)	69.16	63.08	60.54	58.43
EPS(원)	442	935	878	1,376
PER(배)	14.45	7.14	16.75	8.39
BPS(원)	7,029	8,003	8,610	9,554
PBR(배)	0.91	0.83	1.71	1.21
주당배당금(원)	100	150	125	162

최근 3년간 주가 추이

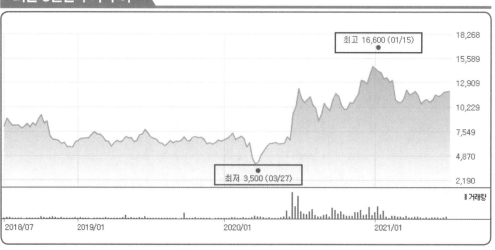

최고 16,600 (01/15)

최저 3,500 (03/27)

■거래량

2018/07　2019/01　2020/01　2021/01

자회사, 에이아이매틱스 흑자전환

▶ 유니퀘스트 매출액 추이 및 전망

▶ 유니퀘스트 영업이익 추이 및 전망

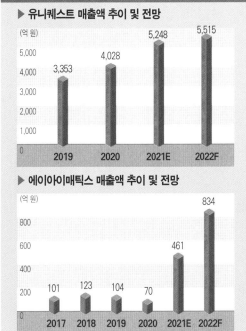

▶ 에이아이매틱스 매출액 추이 및 전망

▶ 에이아이매틱스 영업이익 추이 및 전망

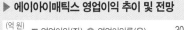

- 유니퀘스트는 2020년 연결기준 매출액 4,028억 원, 영업이익 90억 원 기록. 전년 동기 대비 각각 20.2%, 31.3% 증가한 수치 → 코로나19 영향에도 불구하고 스마트폰 수요 회복 및 차량용 반도체 부족 사태 등 주요 전방산업의 업황 호조가 실적 성장으로 이어짐.
- 2021년에도 실적 호조가 이어질 전망인데, 무엇보다 자회사 에이아이매틱스가 미국 차량관제시스템 기업 포지셔닝 유니버셜(PUI)과 2021년 상반기 계약 체결로 하반기부터 매출이 발생하며 성장을 이끌 것으로 예상.
- 에이아이매틱스의 PUI 계약은 연간 2만 대 이상의 AI 카메라를 5년 동안 독점적으로 PUI의 FMS 서비스 대상 차량 50만 대에 공급. 이에 따라 에이아이매틱스의 영업이익이 2020년 약 57억 원 적자에서 2021년 흑자전환 이후 2022년 300억 원대 이상 실현 예상.

차량관제시스템(FMS)의 높은 성장성 주목

▶ FMS 솔루션 사업 개요

▶ 북미 FMS 시장 규모 추이 및 전망

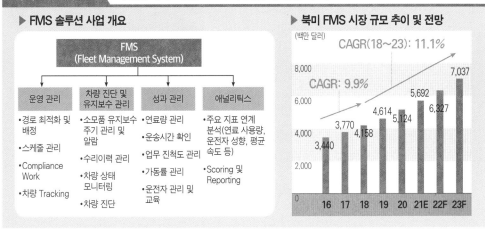

지능형 모빌리티
전문그룹의 탄생

투자포인트 01 🔊 에이아이매틱스 자회사로 편입

1995년 설립된 유니퀘스트는 비메모리 반도체 부품 및 기술을 전문으로 유통하는 기업이다. 국내외 50여 개 반도체IC 및 솔루션 업체로부터 네트워크 장비 칩셋, 가전 부품, 전장용 통신 모듈 등의 제품을 공급받아 다시 국내 및 해외 고객사에 납품한다. 2009년 스마트폰 지문인식 모듈·주변기기 제조업체인 드림텍의 지분을 인수해 자회사로 편입했고, 2016년에는 AI 기반 첨단운전자보조시스템(ADAS) 기술을 보유한 PLK테크놀로지(현 에이아이매틱스)를 자회사로 편입해 증권가에서 주목받았다. 드림텍은 2019년에 코스피 입성에 성공했다.

투자포인트 02 🔊 ADAS에서 FMS로 사업의 무게중심 이동

2000년 현대차 사내벤처로 시작해 2003년에 설립된 PLK테크놀로지는 카메라 센서 기반 ADAS 기술을 현대·기아차 등 글로벌 완성차회사에 공급하면서 국내 ADAS 시장을 이끌고 있다. 2017년에 카메라 센서만으로 '자동 긴급 제동 시스템(AEB)'을 구현하며 기술력을 입증한 바 있다. 유니퀘스트가 인수한 후 2020년 1월 에이아이매틱스(A.I.MATICS)로 사명을 변경했다.

기존 카메라 센서를 기반으로 한 영상인식 기술에 AI 분석 알고리즘을 결합해 기술력을 강화하면서 ADAS 사업 의존도를 낮추고 사업다각화를 추진하고 있다. 에이아이매틱스는 2021년 1월 미국 차량관제시스템(FMS) 업체인 '포지셔닝 유니버셜(PUI)'과 AI 기반 FMS 계약을 체결했다. PUI에 5년간 독점으로 매년 2만 대 이상 AI 카메라를 공급하고 이용자들에게 월 정액료를 받아 클라우드 서비스를 제공한다. 에이아이매틱스는 이 계약으로 북미 AI 비디오 텔레매틱스 시장에 진입한 첫 한국기업이 됐다.

투자포인트 03 신기술 전문업체의 공격적인 인수

에이아이매틱스는 2021년 5월 모빌리티 전용 사물인터넷(IoT) 통신 솔루션 전문기업 아이오티링크, 차량관제 솔루션 전문기업 이트레이스의 지분 인수 예정을 발표했다. 아이오티링크는 '카카오T블루' 가맹사업에 단말 플랫폼 공급, 전기차 E-call 플랫폼 개발 등의 실적을 보유하고 있다. 아이오티링크의 통신 솔루션과 유니퀘스트의 AI 솔루션을 결합함으로써 고객사가 플랫폼 택시 및 공유차 등에서 효율적인 운영과 차별화된 서비스를 제공할 수 있게 됐다.

이트레이스는 20여 년간 차량 관제 분야에서 기술과 경험을 축적한 회사다. 국내에서 처음으로 상용 화물차 관제를 시작해 대형 유통사, 콜드체인(저온물류시스템), 위험물 물류회사 등에 '배송관리 시스템'(TMS)과 연계된 물류정보 관제서비스를 제공한다. 또한 이트레이스는 차량 관제와 사물인터넷 센서를 결합한 차세대 스마트물류 시스템을 통해 물류관리의 생산성 향상, 비용절감, 친환경 등 시너지를 창출하게 되었다. 업계에서는 에이아이매틱스가 보유한 AI 기술을 적용할 경우, 화물운전자의 사고 예방 등 안전성에도 기여할 것으로 보고 있다.

투자포인트 04 모빌리티 솔루션 전문그룹으로 경쟁력 강화

에이아이매틱스의 아이오티링크 및 이트레이스의 인수가 성공적으로 마무리되면 각 회사가 보유한 기술을 바탕으로 서비스를 고도화해 글로벌 모빌리티 및 FMS 시장에서 차별화된 솔루션을 제공함으로써 경쟁력을 얻게 된다. 차량 내·외부 영상인식, 빅데이터 기반 운전성향분석 등 AI 토털 솔루션 서비스까지 업그레이드해 제공할 수 있다. 유니퀘스트그룹으로서는 새로운 사업영역 확장과 고객 다변화, 매출 실적 증대가 기대된다. 유니퀘스트의 미래 비즈니스 로드맵에는 물론 에이아이매틱스의 상장도 포함된다.

064

[투자 해시태그] #로봇용감속기 #승강기용권상기 #텔레매틱스

해성티피씨
KQ
059270

60.0% → 티피씨[KQ]
↑ 22.6%
이정훈
40.0% → 티에스 우리-충남 11호 턴어라운드투자조합

설립/상장	1997.01/2021.04※
시가총액/순위	963억 원/코스닥 964위
상장주식수	4,630,000주
수익률(3/6/12개월)	2021.04 상장
목표주가	22,500원
외국인보유비율	0.17%
주요 사업	승강기용(엘리베이터, 에스컬레이터) 감속기(권상기) 및 로봇용 고정밀 감속기

※1991.07 해성산업으로 설립, 1997.01 법인전환

경영실적/지표

연도별	2018	2019	2020	2021E
매출액(억 원)	155	153	167	238
영업이익(억 원)	-5	-13	-3	21
당기순이익(억 원)	-9	-15	9	18
영업이익률(%)	-3.2	-8.35	-2.08	8.7
ROE(%)	-4.58	-7.46	-4.47	-
부채비율(%)	76.84	79.06	80.41	-
EPS(원)	-264	-422	-239	-
PER(배)	-	-	-	-
BPS(원)	5,869	5,438	5,256	-
PBR(배)	-	-	-	1.7
주당배당금(원)	-	-	-	-

최근 3년간 주가 추이

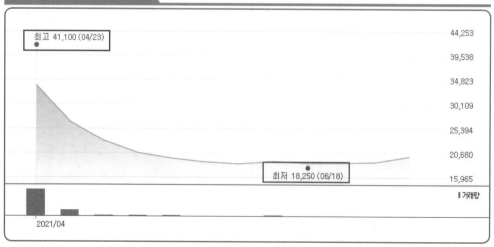

최고 41,100 (04/23)

최저 18,250 (06/18)

44,253
39,538
34,823
30,109
25,394
20,680
15,965

■거래량

2021/04

감속기, 로봇 제조의 핵심 기술

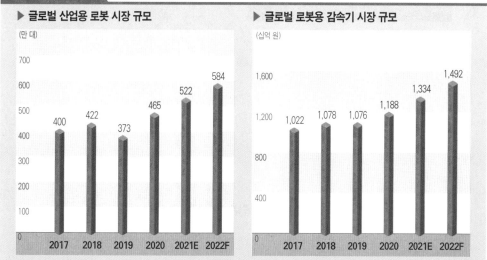

▶ 글로벌 산업용 로봇 시장 규모

▶ 글로벌 로봇용 감속기 시장 규모

- 로봇은 구부러진 관절마다 감속기 부품이 필요 → 전 세계적으로 자동차 조립라인 등에서 수요가 많은 산업용 로봇은 대개 6관절로 이뤄져 있어 산업용 로봇 시장이 성장할수록 로봇용 고정밀 감속기 수요가 늘어남.
- 일반적으로 산업용 로봇 1대에 5~6개의 감속기 부품이 들어가는 점을 고려할 경우, 2020년 기준 약 163만 개의 로봇용 감속기 수요 예상.
- 로봇용 감속기의 가격은 모델별로 차이가 크지만, 평균 판매단가는 약 73만 원 내외임을 감안할 경우, 2022년 글로벌 로봇 감속기 시장 규모는 1조5,000억 원에 육박할 전망.

감속기 부문 실적이 기대되는 이유

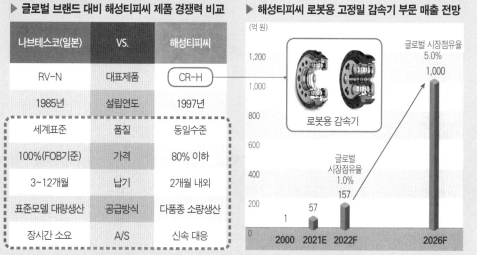

▶ 글로벌 브랜드 대비 해성티피씨 제품 경쟁력 비교

나브테스코(일본)	VS.	해성티피씨
RV-N	대표제품	CR-H
1985년	설립연도	1997년
세계표준	품질	동일수준
100%(FOB기준)	가격	80% 이하
3~12개월	납기	2개월 내외
표준모델 대량생산	공급방식	다품종 소량생산
장시간 소요	A/S	신속 대응

▶ 해성티피씨 로봇용 고정밀 감속기 부문 매출 전망

- 글로벌 로봇용 감속기 시장에서 일본 경쟁사에 대응할 수 있는 해성티피씨의 경쟁력은, 같은 품질에 가격은 80% 이하이며 납기가 짧고 신속한 A/S가 가능하다는 점.
- 해성티피씨는 현재 1% 미만인 로봇용 고정밀 감속기 글로벌 시장점유율을 2026년까지 5%대로 늘린다는 목표 → 이 경우 로봇용 고정밀 감속기 매출 1,000억 원 달성.

로봇용 감속기 시장 성장의 최선호주

투자포인트 01 승강기용 감속기 국내 시장점유율 독보적 1위

해성티피씨는 1997년 법인전환 이전부터 주로 승강기용 감속기 사업을 영위해왔다. 전체 매출의 80% 이상이 엘리베이터와 에스컬레이터 등 승강기용 감속기(권상기)에서 발생한다. 국내 기어드(Geared)식 승강기용 권상기 분야에서 시장점유율 74.9%로 독보적인 1위에 올라있다.

감속기는 쉽게 말해 속도를 줄이는 장치다. 엘리베이터 줄이 너무 빨리 풀리면 아래로 내려갈 때 속도가 빨라져 위험을 초래한다. 크레인의 와이어가 너무 빨리 내려가면 중량화물이 바닥으로 추락하는 것과 다르지 않다. 감속기는 빠르게 회전하는 모터의 회전수를 적절하게 줄이는 장치다. 감속기는 승강기용부터 로봇, 싸이클로이드, 곤도라, 풍력발전, 선박터닝기어, 정밀기어, 굴삭기회전축 등 다양한 산업에서 활용되는 핵심 장비로, 해성티피씨는 약 30종의 감속기 라인업을 갖추고 있다.

투자포인트 02 높은 성장이 예상되는 로봇용 감속기 시장

해성티피씨가 신규 투자를 늘리는 분야는 로봇용 고정밀 감속기다. 로봇은 구부러진 관절마다 감속기 부품이 필요하다. 일반적으로 자동차 조립라인 등에서 작동하는 산업용 로봇은 6관절 로봇이므로 산업용 로봇 시장이 성장할수록 로봇용 고정밀 감속기 수요도 늘어나게 된다. 스마트팩토리 확대도 로봇 감속기 수요 증가가 예상되는 대목이다. 글로벌 로봇용 감속기 시장 규모는 2017년부터 1조 원대를 유지하면서 꾸준히 성장 추세에 있다.

해성티피씨의 당면 목표는 글로벌 로봇용 감속기 시장 공략이다. 글로벌 로봇용 감속기 시장의 75% 이상을 스미토모, 나브테스코, 하모닉드라이브 등의 일본 기업들이 과점하고 있다. 자동화, 로봇, 검사장비 등의 핵심 부품인 국내 감속기 시장 규모는 2019년 기준 약 1,160억 원 규모로 아직 영세한데, 그나마 이 가운데 약 76%가 일본 업체에 의존하고 있다.

글로벌 로봇용 감속기 시장에서 일본 경쟁사에 대응할 수 있는 해성티피씨의 경쟁력은, 같은 품질에 가격은 80% 이하이며 납기가 짧고 신속한 A/S가 가능하다는 점이다. 해성티피씨는 현재 1% 미만인 글로벌 로봇용 고정밀 감속기 시장점유율을 2026년까지 5%대로 늘린다는 계획이다. 해성티피씨의 주가는 영세한 국내 시장보다는 거대한 글로벌 시장에서 언제부터 이익 실현을 할 수 있는가에 달렸다. 투자적 관점에서 해성티피씨의 해외 영업을 주목할 필요가 있다.

해성티피씨는 2013년부터 수익성 악화로 2015년 12월 인천지방법원으로부터 회생절차개시결정이 내려지면서 법정관리에 들어갔다. 2017년 12월에 티피씨·TS인베스트먼트 컨소시엄이 지분 60%를 총 280억 원에 인수해 경영권을 양수받았다. 컨소시엄은 채무를 변제하고 구조조정을 하는 등 정상화에 나섰고, 2018년 1월 회생절차가 종결되었다.

해성티피씨는 2021년 4월 코스닥에 기술특례 방식으로 상장했다. 로봇용 감속기 기술의 경쟁력을 인정받은 것이다. 해성티피씨는 일반·기관 합해 모두 100만 주를 공모했다. 공모가는 13,000원으로 총 130억 원을 모집했다. 총 공모주식 수의 25%인 25만 주를 대상으로 진행된 일반투자자 대상 공모청약은 2053.27대 1의 경쟁률을 기록했다. 청약증거금은 약 3조3,366억 원이 모였다.

벤처캐피탈 TS인베스트먼트가 '티에스 우리-충남11호턴어라운드 투자조합'을 통해 해성티피씨의 지분 31.1%를 가지고 있다. TS인베스트먼트 보유 지분의 25%는 6개월, 75%는 1년의 의무보유예수 기간이 설정된 것으로 알려졌다.

레인보우
로보틱스
KQ
277810

22.3% 오준호
38.5% 특수관계인
85.9% 오앤드리메디컬로봇
레이저토닝로봇 제조

설립/상장	2011.02/2021.02※
시가총액/순위	3,491억원/코스닥 270위
상장주식수	15,870,214주
수익률(3/6/12개월)	+7.91/(2021.02 상장)
목표주가	27,480원
외국인보유비율	0.08%
주요 사업	인간형 이족보행 로봇 및 부품, 소프트웨어 등

※2021.02 기술특례 기업으로 상장

경영실적/지표

연도별	2018	2019	2020	2021E
매출액(억 원)	11	17	54	130
영업이익(억 원)	-33	-54	-13	21
당기순이익(억 원)	-32	-55	-14	21
영업이익률(%)	-318.01	-318.91	-24.85	16.15
ROE(%)	-24.99	-55.9	-19.27	-
부채비율(%)	-	6.53	14.7	72.91
EPS(원)	-252	-428	-108	138
PER(배)	-	-	-	72.6
BPS(원)	907	623	502	-
PBR(배)	-	-	-	-
주당배당금(원)	-	-	-	-

최근 3년간 주가 추이

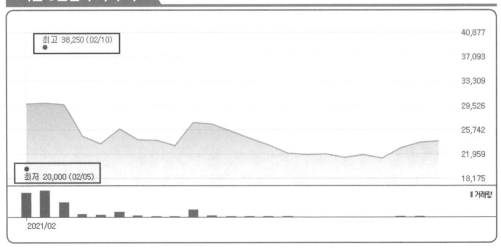

최고 38,250 (02/10)

최저 20,000 (02/05)

40,877
37,093
33,309
29,526
25,742
21,959
18,175

거래량

2021/02

▶ **글로벌 산업용 로봇 및 협동로봇 시장 규모**

(억 달러) (%)

■ 산업용 로봇 ■ 협동로봇 ○ 협동로봇 비율(우)

	2015	2016	2017	2018	2019	2020	2021E	2022F	2023F	2024F	2025F
산업용 로봇	111	120.6	132.3	144.2	157.5	172.4	187.5	202.7	215.7	230.2	245.2
협동로봇	1.0	2.6	6.8	13.8	23.2	35.2	47.0	58.1	69.5	81.6	92.1
협동로봇 비율	0.9	2.2	5.1	9.6	14.7	20.4	25.1	28.7	32.2	35.4	37.4

- 협동로봇은 사람과 같이 움직이는 경량 산업용 로봇으로 활용되는 데, 기존 산업용 로봇보다 가격이 저렴하고 다양한 형태의 공장 여건에 맞도록 최적의 자동화 시스템을 구현하는 데 적합.
- 글로벌 협동로봇 시장에서는 화낙(FANUC) 20.4%, 야스카와(YASKAWA) 15.3%, 가와사키(KAWASAKI) 8.5% 등 일본 기업들이 시장점유율을 주도. 특히 화낙의 매출액은 약 7조 2,000억 원에 달함(2018년 기준).
- 국내 로봇 기업들의 합산 매출액은 2018년 기준 5조8,019억 원으로, 특히 협동로봇의 경우 코로나19 이후 의료 부문 및 다양한 비대면 서비스 영역에서 수요 확대 전망.

레인보우로보틱스가 개발한
국내 최초 인간형 이족보행 로봇 '휴보'

▶ **레인보우로보틱스 매출 추이 및 전망**

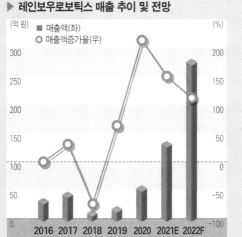

(억 원) (%)

■ 매출액(좌)
○ 매출액증가율(우)

▶ **레인보우로보틱스 영업이익 추이 및 전망**

(억 원) (%)

■ 영업이익(좌)
○ 영업이익률(우)

16.15

- 레인보우로보틱스는 2020년 기준 매출액이 54억2,696만 원으로 전년 동기 16억9,398만 원 대비 220.4% 증가(이하 연결 기준). 같은 기간 영업이익은 -13억4,880만 원으로 전년 동기 -54억227만 원에 비해 적자 폭이 크게 감소. 2021년 이후 매출액이 큰 폭으로 증가하고 영업이익도 흑자전환 예상.

인간형 로봇과 협동로봇
최고 성장주

투자포인트 01 🖐 **국내 최초 인간형 로봇 '휴보' 제조사**

레인보우로보틱스는 2011년 한국과학기술원(KAIST) 휴머노이드(인간형 로봇) 로봇연구센터 연구원들이 스핀오프하여 법인을 설립하면서 시작되었다. 2015년 세계재난로봇대회로 알려진 미국 'DARPA 로보틱스 챌린지' 최종 예선(DRC Trials 2015)에서 보스턴 다이내믹스의 로봇 '아틀라스 팀'을 누르고 우승하며 이족보행 로봇 분야에서 국제적인 인지도를 획득했다. 2016년 LKH엔지니어링을 흡수합병한 뒤 2018년에 레인보우로보틱스로 사명을 변경했고, 2019년 12월에는 '올해의 대한민국 로봇기업'으로 선정되었다.

레인보우로보틱스는 2004년 국내 최초로 인간형 이족보행 로봇 '휴보(HUBO)'를 개발한 것으로 유명하다. 전체 임직원의 65%가 R&D 인력으로 구성된 연구·개발 중심 기업이다. 주력 사업은 휴머노이드, 즉 인간형 로봇을 주문생산하는 것이다. 2020년까지 인간형 로봇 판매 대수는 총 25대, 누적매출액은 약 102억 원이다.

투자포인트 02 🖐 **기술 내재화로 제조원가 절감**

레인보우로보틱스는 2018년부터 산업용 협동로봇 연구개발을 시작해 2020년 1월부터 제품 판매를 시작했다. 사람과 함께 있는 공간에서 조립과 이동, 용접은 물론 칵테일 제조 같은 섬세한 작업까지 수행하는 협동로봇을 출시해 2020년에 34억 원의 매출을 올렸다.

레인보우로보틱스는 인간형 로봇 제작 과정에서 얻은 기술력을 바탕으로 구동기, 제어기, 센서, 감속기, 브레이크 등 핵심 부품과 소프트웨어 등을 자체 기술을 통해 내재화해 로봇 제조원가를 크게 절감했다. 레인보우로보틱스 협동로봇의 가격은 2,000만 원대 초반으로 3,000만 원대 중반인 경쟁사 제품보다 저렴하다.

투자포인트 03 🖖 협동로봇으로 미국 NSF 인증

정부는 제3차 지능형 로봇 기본 계획을 통해 2023년까지 누적수량 70만 대의 협동로봇을 보급할 계획이다. 국내 협동로봇 시장은 2018년 1조5,623억 원에서 2022년 6조5,725억 원 규모로 급성장할 전망이다.

2021년 4월에 레인보우로보틱스의 협동로봇 'RB-N 시리즈' 3종 모두가 미국위생협회(NSF)의 특수목적용 식품 가공처리기기 및 관련 부품에 대한 안전성 인증(NSF/ANSI 169)을 획득했다. 로봇에 옷을 입히거나 부가장치를 하지 않고도 로봇을 바로 현장에 투입해 사용할 수 있게 된 것이다. 로봇팔 단일제품으로 NSF 인증을 받은 것은 레인보우로보틱스가 세계에서 처음이다. 해당 인증을 받은 제품만이 북미 시장 수출이 가능하다. 'RB-N 시리즈'는 유럽 CE 인증(ISO 10218-1)과 국내 자율안전확인 인증까지 취득함으로써 저변을 넓혀 보급할 수 있는 기반을 마련했다.

체크포인트 🖖 기술특례로 코스닥 상장

2021년 2월 레인보우로보틱스는 기술력과 미래 성장성을 인정받아 코스닥에 기술특례로 상장했다. 공모가 10,000원에 모두 265만 주를 공모했고, 모집자금은 총 265억 원이었다. 총 공모주식 수의 20%인 53만 주를 대상으로 진행된 일반투자자 공모청약은 1,201.26대 1의 경쟁률을 기록했는데, 2020년 말 현대자동차그룹이 미국 로봇제조업체 보스턴 다이내믹스를 인수하면서 로봇에 관한 관심이 높아진 영향으로 보인다. 공모 후 주주 비중은 최대주주 및 특수관계인 60.7%, 1% 이상 주주 18.7%, 1% 미만 주주 3.0%, 우리사주조합 1.7%, 상장주선인 0.5%, 공모주(일반/기타) 15.3%이다. 상장 첫날 레인보우로보틱스 주가는 2만6,000원에 거래를 마쳐 '따상'을 기록했다. 한때 최고 38,250원까지 올랐다가 조정에 들어갔다.

영림원소프트랩
KQ
060850

13.9% 권영범
5.4% 한수연
5.2% 푸드앤갤러리

설립/상장	1993.05/2020.08
시가총액/순위	1,053억 원/코스닥 901위
상장주식수	8,131,000주
수익률(3/6/12개월)	-6.46/-13.07/(2020.08 상장)
목표주가	18,000원
외국인보유비율	10.27%
주요 사업	전사적자원관리(ERP) 솔루션 개발 · 유지 관리 서비스

경영실적/지표

연도별	2018	2019	2020	2021E
매출액(억 원)	304	380	439	504
영업이익(억 원)	15	43	43	59
당기순이익(억 원)	-36	43	49	57
영업이익률(%)	4.81	11.24	9.71	11.71
ROE(%)	-	61.06	22.20	-
부채비율(%)	457.07	201.45	55.47	-
EPS(원)	-611	714	686	701
PER(배)	-	-	20.63	18.76
BPS(원)	708	1,578	4,149	-
PBR(배)	-	-	3.41	-
주당배당금(원)	-	-	80	-

최근 3년간 주가 추이

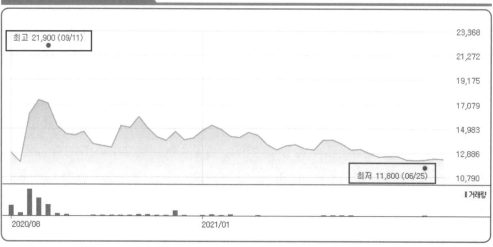

최고 21,900 (09/11)

최저 11,800 (06/25)

거래량

2020/08   2021/01

ERP 유지보수 관리 매출로 안정적인 실적 유지

▶ 국내 ERP 시장 규모 추이

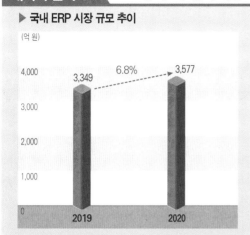

▶ 국내 ERP 시장점유율 및 영림원소프트랩 매출 비중

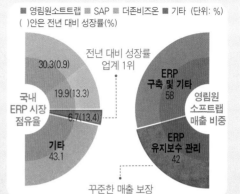

- ERP(Enterprise Resource Planning, 전사적자원관리)란 통합적인 컴퓨터 데이터베이스를 구축해 회사의 자금, 회계, 구매, 생산, 판매 등 모든 업무의 흐름을 효율적으로 자동 조절해주는 전산 시스템.
- ERP는 초기 구축비용이 적지 않은 전사관리시스템인 만큼 벤더의 중도 변경이 어려워 고객 이탈이 적음.
- 영림원소프트랩의 매출 비중 가운데 ERP 유지보수 관리가 42%를 차지해 꾸준한 매출 보장.
- 영림원소프트랩의 국내 ERP 시장점유율은 6.7%로 높지 않지만, 전년 대비 성장률(13.4%)은 업계 1위.

국내외 다양한 산업별 고객사 보유

▶ 영림원소프트랩 고객사 레퍼런스 분포도

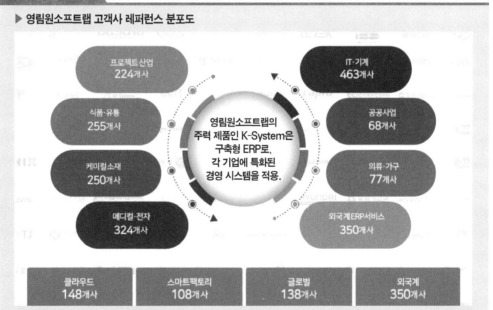

- 영림원소프트랩의 주 고객군에 해당하는 매출액 1,500억 원 이하 중소기업의 ERP 구축률은 48.9%로 향후 성장 잠재력 충분.
- 영림원소프트랩은 국내외 중견기업 위주로 다양한 산업별 고객사 보유. 일본과 인도네시아 등 해외 시장 본격 진출하면서 수출을 통한 매출 기대.

ERP 기술력에
해외 영업력까지 갖춘
저평가주

투자포인트 01 기업의 필수 전산 시스템인 ERP, 성장가치 높다

영림원소프트랩은 ERP 솔루션 개발 및 유지보수 관리를 주요 사업으로 영위하는 회사다. ERP(Enterprise Resource Planning)란 우리말로 '전사적자원관리'를 뜻하는 데, 좀더 쉽게 설명하면 통합적인 컴퓨터 데이터베이스를 구축해 회사의 자금, 회계, 구매, 생산, 판매 등 모든 업무의 흐름을 효율적으로 관리해주는 전산 시스템을 가리킨다. ERP는 초기 구축비용이 적지 않은 만큼 벤더의 중도 변경이 어려워 고객 이탈이 적은 편이다. 따라서 한 번 시스템 구축 계약을 체결하면 장기간 고객군에 포함되어 유지보수 관리 매출을 꾸준히 올릴 수 있다.

투자포인트 02 지난 5년간 매출에서 연평균 20% 성장률 기록

영림원소프트랩은 2017년부터 2020년까지 매출 기준으로 연평균 20% 내외의 안정적인 성장을 이어왔다. 2021년에는 500억 원 매출액 달성이 가능할 것으로 예상된다. 영림원소프트랩은 매출액이 1천억 원 이하의 소기업이지만 지난 수년 동안 안정적인 매출과 영업이익을 실현한 점은 투자적 관점에서 매력적이다. 기업의 경영진이 무리한 투자로 비용 손실을 내지 않고 주력 사업에 집중하고 있는 것이다.

영림원소프트랩의 클라우드 ERP 제품인 'SystemEver'의 시장 반응도 긍정적이다. 'SystemEver'는 초기 구축비용이 K-System에 비해 저렴한 대신 사용료가 월마다 과금되는 제품으로, 시스템 구축기간이 K-System에 비해 짧다. 매력적인 상품성으로 고객 확보에 보다 유리해진 것이다.

투자포인트 03 높은 유지보수 관리 매출로 안정적인 실적 보장

영림원소프트랩의 주력 제품인 'K-System'은 구축형 ERP로, 각 기업에 특화된 경영 시스템을 적용한 서비스다. 구축비용은 수억 원대로 기업마다 다르다. 구축기간은 6개월 안팎인데, 구축 이후 매년 유지보수 관리 수요가 발생한다. 유지보수 금액은 초기 구축비용의 10% 수준이다.

영림원소프트랩의 매출 비중을 살펴보면, ERP 구축 등(58%)에서 발생하는 매출을 제외하면 ERP 유지보수 관리를 통한 매출이 42%나 차지한다. ERP 구축 고객만 어느 정도 확보하면 유지보수 관리 매출이 꾸준히 따라붙게 되는 안정적인 수익구조를 갖추고 있는 것이다.

투자포인트 04 일본, 인도네시아 등 글로벌 사업 주목

영림원소프트랩의 주가 상승 모멘텀은 해외 ERP 구축 경험을 바탕으로 한 글로벌 사업에 있다. 일본의 경우, 2017년 현지법인 설립 이후 2019년 SW 공급업체 10곳과 파트너십을 체결했다(2025년 1,000여 개 중소기업 확보 목표). 인도네시아에서도 2018년 클라우드 ERP 제품 론칭 및 2025년 시장점유율 5% 확보를 목표로 하고 있다.

▶ **영림원소프트랩 주요 국가별 글로벌 고객 현황**

주요 국가별 고객 수

(단위 : 개)

★	베트남 77
●	중국 39
◉	일본 7
◐	인도네시아 6
●	기타 9

■ 고객사례
● 자사 및 R&D센터 보유
◆ 파트너 보유

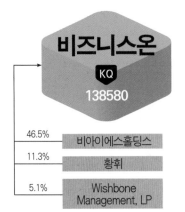

비즈니스온

KQ

138580

46.5%	비아이에스홀딩스
11.3%	황휘
5.1%	Wishbone Management, LP

설립/상장	2007.12/2017.11
시가총액/순위	2,304억 원/코스닥 451위
상장주식수	11,376,440주
수익률(3/6/12개월)	-1.09/+31.12/+69.78
목표주가	28,500원
외국인보유비율	8.35%
주요 사업	전자세금계산서 발급, 전자계약 서비스 및 지능형 빅데이터 기술 개발·관리·서비스

경영실적/지표

연도별	2018	2019	2020	2021E
매출액(억 원)	150	157	184	309
영업이익(억 원)	57	62	55	92
당기순이익(억 원)	53	44	30	82
영업이익률(%)	37.74	39.52	29.72	29.81
ROE(%)	15.70	12.14	–	12.30
부채비율(%)	12.37	71.87	15.01	–
EPS(원)	555	462	309	689
PER(배)	27.05	30.62	56.09	33.16
BPS(원)	3,710	3,905	5,473	5,839
PBR(배)	4.04	3.62	3.17	3.91
주당배당금(원)	234	285	300	300

최근 3년간 주가 추이

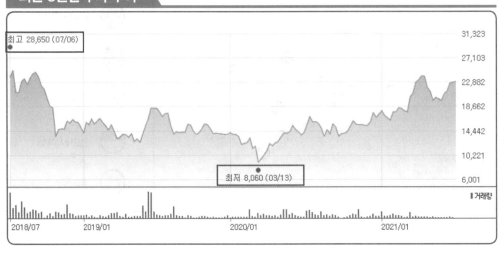

최고 28,650 (07/06)

최저 8,060 (03/13)

거래량

2018/07 2019/01 2020/01 2021/01

데이터 분석 1   스마트빌 매출 및 높은 영업이익률 주목

▶ 비즈니스온 매출액 추이

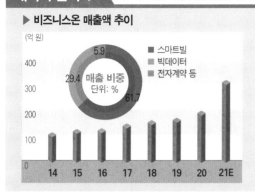

▶ 비즈니스온 영업이익 및 영업이익률 추이

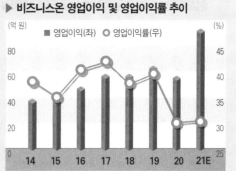

데이터 분석 2   외국인 지분율이 증가할수록 주가 상승

▶ 외국인 지분율에 따른 비즈니스온 주가 변동 추이

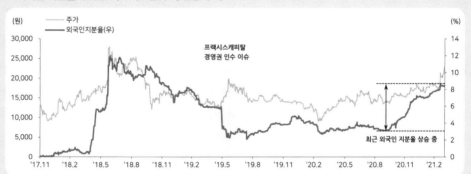

• 비즈니스온이나 더존비즈온과 같은 핀테크 종목들은 외국인 지분율이 증가할수록 주가 상승 경향 보임. 비즈니스온의 외국인 지분율은 2020년 평균 3.8%에서 2021년 2월 기준 8.4%로 상향 추세(데이터 그래 프 및 분석 코멘트 2021년 4월 5일자 메리츠증권 이상현 애널리스트 리포트 인용).

데이터 분석 3   언택트 환경 보편화로 전자문서 수요 급증

▶ 비즈니스온 투자 SWOT 분석

Strength
• 전자세금계산서 서비스 제공 국내 시장 선도
• 전자문서 솔루션 SmartBill, SmartMI, SmartEcontract 개발 및 서비스 제공
• 블록체인 기반 전자계약시스템 개발 및 서비스 제공
• 비대면 업무 언택트 서비스 제공 확대

Weakness
• 국내 영업 편중, 수출 매출 취약
• 자사 제품 해외 입지 저조
• 해외 특허출원 현황 저조

Opportunity
• 2020년 '전자문서 및 전자거래기본법' 업계 우호적 개정
• 비대면 업무 증가 및 언택트 워크 시대 개막

Threat
• 데이터 정보 유출 가능성
• 전자문서 위조 및 변조 위험
• 사용자 신원확인 입증 곤란

전자세금계산서
400만 고객의 숨은 강자

투자포인트 01 👆💬 **전자세금계산서＋빅데이터 특화 기술 보유**

비즈니스온은 전자세금계산서 발급 서비스를 기반으로 전자계약, 통합관리(매입통합), 지능형 빅데이터 등을 주요 사업으로 영위하는 회사다. 매출 비중은 2020년 기준 스마트빌(61.7%)과 빅데이터(29.4%)가 대부분을 차지한다. 비즈니스온은 전자세금계산서 시장에서 연매출 100억 원대의 안정적인 실적을 실현하고 있으며, 약 400만 고객을 보유하고 있다. 아울러 클라우드 플랫폼 기반의 실시간 빅데이터 분석 정보 서비스를 고객 기업의 거래처 리스크 관리, 미수채권 관리, 신규 거래처 발굴 및 시장조사 등에 활용한다.

국내 전자세금계산서 시장은 전자세금계산서를 통한 부가가치세 신고를 기반으로 하는데, 부가가치세는 GDP와 높은 상관관계가 있음에 주목할 필요가 있다. 2020년 국내 전자세금계산서 시장은 전년 대비 4.4% 성장한 1,465억 원으로 추산된다.

투자포인트 02 👆💬 **삼성그룹 등 국내 굴지의 대기업 집단을 고객군으로 확보**

비즈니스온의 전자세금계산서 브랜드인 '스마트빌'은 공공기관, 대기업, 중소기업 및 벤처기업 등 400만 고객을 확보한 검증된 서비스 상품으로 평가받는다. 국내 굴지의 대기업 집단들이 비즈니스온의 솔루션을 내부 ERP와 연계하여 서비스를 제공받고 있다. 대표적인 그룹 고객사로는 삼성그룹 전체, 두산그룹, 현대그룹, 농심그룹, 코오롱그룹 등이 포진해 있다. 비즈니스온의 스마트빌이 삼성그룹을 비롯한 다수 대기업 집단으로부터 선택받은 데는 '전자문서의 실시간 처리 기술'이 한몫했다. 전자세금계산서는 상거래 시에 세금계산서 처리 후 비용에 대한 지급을 받는 문서로, 매출자 입장에서는 상당히 민감하게 여길 수밖에 없다. 실시간 전자문서 처리 서비스는 고도의 기술 및 전문인력을 필요로 하므로 진입장벽이 매우 높다. 국내에서는 비즈니스온이 독보적인 기술력을 보유하고 있는 것으로 알려져 있다. 이처럼 시장에서 우위를 점할 수 있는 기술력은 기업가치에 매우 중요한 요소로 작용하면서 주가 상승의 모멘텀 역할을 한다.

체크포인트 🔊 **사세 확장을 위한 무리한 M&A**

비즈니스온은 ERP 연동 구축을 통한 전자세금계산서 솔루션 중심의 사업에서 디지털 증빙 관리 및 세무신고 등의 인접 프로세스와 연말정산 서비스(YETA)에 이르기까지 사업영역을 확대하여 재무/세무 토털 서비스에 적극 나서고 있다. 기존 전자세금계산서 사업영역에 국한된 실적 성장의 한계를 극복하기 위한 복안이다.

비즈니스온은 신속한 기술력 확보를 위해 적극적인 M&A에 나서고 있다. 글로핸즈 전자계약 서비스 플랫폼 업체(취득금액 약 60억 원, 지분율 86%), 플래닛파트너스 빅데이터 업체(양수금액 270억 원, 지분율 100%), 넛지파트너스 재무 솔루션 업체(양수금액 100억 원, 지분율 80%) 등을 잇달아 인수했다. 하지만, 자본 및 매출 규모가 크지 않은 상황에서 무리한 사세 확장은 오히려 투자자들의 불안을 키워 주가를 떨어트리는 요인으로 작용할 수 있다. [데이터분석3] 투자 SWOT 분석에서 밝혔듯이, 사업 구조가 국내 시장에 편중된 점도 기업의 성장에서 아쉬운 대목이다.

▶ **비즈니스온의 재무/세무 통합 서비스 솔루션**

휴폐업	전자세금계산서 솔루션		재무 솔루션	
휴폐업 조회	**전자세금계산서 발행**	**세금계산서 통합관리**	**e-Account 솔루션**	**e-Tax 솔루션**
▪ 데이터 연동을 통한 맞춤형 서비스 구현 ▪ SAP CBO 테이블 內 휴폐업 데이터 저장 ▪ 일 Batch 대량 조회 및 실시간 단 건 조회 제공 ▪ 계산서 발행 전 거래처 사전 Filter 가능	▪ 높은 안정성과 Reference 다수 ▪ 전자세금계산서 I/F 모듈 매출 발행 함수 제공 ▪ 매출/매입 관리 화면 제공 (ABAP 템플릿) ▪ 안정적인 대량발행 기능	▪ 전자세금계산서 통합관리 ▪ 국세청 홈택스 자동 수집 (Scraping) 기능 ▪ 전표-세금계산서 (N:N 대사 기능)	▪ Web 구축을 통한 전표입력 편의성 제공 ▪ 전자 증빙 (계산서, 법인카드, 영수증 등) ▪ 전표 전자결재 연동 (그룹웨어 연계) ▪ 전자증빙-전표 분석 정보 제공	▪ 부가세/원천세 전자 신고 기능 ▪ SAP Package 제공 (구축 기간, 비용↓) ▪ 전자 입력을 통한 부가세/원천세 전자 신고 가능 ▪ 국세청 Up-Load 자료 제공 (통합 전자 신고 파일 생성)

세틀뱅크
KQ
234340

38.6% → 민앤지[KQ]
모바일 부가서비스

1.8% → 이경민 → 24.3%

설립/상장	2010.10/2019.07
시가총액/순위	3,118억 원/코스닥 299위
상장주식수	9,435,000주
수익률(3/6/12개월)	+6.83/+3.77/+32.56
목표주가	42,000원
외국인보유비율	6.78%
주요 사업	가상계좌, 펌뱅킹, 간편현금결제, PG 등 디지털금융 서비스

경영실적/지표

연도별	2018	2019	2020	2021E
매출액(억 원)	572	656	781	939
영업이익(억 원)	132	134	107	169
당기순이익(억 원)	120	129	113	170
영업이익률(%)	23.04	20.49	13.64	18.00
ROE(%)	25.15	15.54	–	13.89
부채비율(%)	106.71	52.96	70.74	108.83
EPS(원)	1,438	1,466	1,227	1,805
PER(배)	–	19.72	27.02	18.52
BPS(원)	6,609	12,344	13,347	–
PBR(배)	–	2.34	2.48	2.28
주당배당금(원)	–	380	350	

※2018, 2019, 2021은 별도기준

최근 3년간 주가 추이

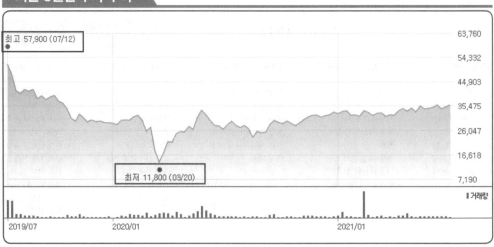

최고 57,900 (07/12)

최저 11,800 (03/20)

거래량

간편현금결제 및 지역화폐 시장 성장

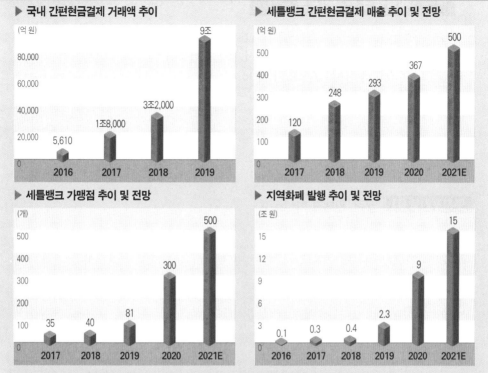

▶ 국내 간편현금결제 거래액 추이
(억 원)
- 2016: 5,610
- 2017: 1조8,000
- 2018: 3조2,000
- 2019: 9조

▶ 세틀뱅크 간편현금결제 매출 추이 및 전망
(억 원)
- 2017: 120
- 2018: 248
- 2019: 293
- 2020: 367
- 2021E: 500

▶ 세틀뱅크 가맹점 추이 및 전망
(개)
- 2017: 35
- 2018: 40
- 2019: 81
- 2020: 300
- 2021E: 500

▶ 지역화폐 발행 추이 및 전망
(조 원)
- 2016: 0.1
- 2017: 0.3
- 2018: 0.4
- 2019: 2.3
- 2020: 9
- 2021E: 15

- 국내 간편현금결제 시장점유율 97%, 가상계좌 시장점유율 68%로 압도적 1위.
- 최근 간편결제 서비스가 의료시설, 레저 및 여행, 문화활동, 메이크업샵, 새벽배송 등 다양한 가맹점으로 확대되면서 디지털금융 최선호주로 등극.
- 은행 간 지역화폐 부문 원가 협상이 성공적으로 마무리 되면서 향후 지자체의 지역화폐 활성화에 따른 간편결제 서비스 사업에서 이익 증가 예상.

디지털금융 기업의 주가는 고객사에 좌우

▶ 세틀뱅크 사업부문별 고객사 레퍼런스 현황

- 4대 주력 사업인 간편현금결제, 가상계좌, 펌뱅킹, PG 부문에서 탄탄한 고객사 레퍼런스 보유.
- 세틀뱅크와 같은 디지털금융 전문기업의 주가 상승 모멘텀에서 고객사 현황이 매우 중요하게 작용하는 점에 주목.

간편현금결제와 가상계좌 독보적 1위 사업자

투자포인트 01 👉 **핀테크 최선호주**

세틀뱅크는 간편현금결제, 가상계좌, 펌뱅킹, 전자결제(PG) 서비스를 주력 사업으로 영위하는 핀테크 전문업체다. 최대주주이자 모회사로 모바일 부가서비스 기업 민앤지(지분율 38.6%)를 두고 있다. 매출 비중은 대부분 간편현금결제(43.38%)와 가상계좌(35.79%)에서 발생하는 데, 간편현금결제의 경우 국내 시장점유율 97%로 거의 완벽한 독점적 지위를 영위하고 있다. 가상계좌도 시장점유율 68%로, 역시 1위에 올라있다. 최근 간편결제 서비스가 의료시설, 레저 및 여행, 문화활동, 메이크업샵, 새벽배송 등 다양한 가맹점으로 확산되면서 간편현금결제 시장에서 독점적 지위를 누리는 세틀뱅크가 핀테크 최선호주로 주목받고 있다.

투자포인트 02 👉 **가맹점 순증 효과가 본격적으로 실적에 반영**

세틀뱅크는 국내 은행권과 2년에 걸친 개발 끝에 2015년 4월 은행 펌뱅킹 기반의 실시간 출금이체 서비스를 활용한 '간편현금결제 서비스'를 업계 최초로 론칭했다. 서비스 출시 이후 제휴기관 급증으로 1년 만에 월 거래액 125억 원을 기록한 뒤 지금까지 꾸준한 성장을 이어오고 있다. 2021년 1분기 누적 거래액이 23조 원으로 2020년 4분기 대비 10% 상승했다. 시장의 호재를 반영해 세틀뱅크의 실적도 크게 올랐다. 증권가에서는 세틀뱅크의 2021년 예상 실적을 매출액 939억 원(전년 대비, +20.2%), 영업이익 169억 원(전년 대비, +45.4%)으로 보고 있다. 대형 페이업체의 고객 유입 등 가맹점 순증 효과(2019년 81개→2020년 300개)가 2021년부터 본격적으로 실적에 반영될 전망이다.

지역화폐, 현금결제 소득공제율 호재

정부는 코로나19 여파로 깊은 침체에 빠진 지역경제를 살리기 위해 지역화폐 발행에 적극 나서고 있다. 최근 은행 간 지역화폐 원가 협상이 성공적으로 마무리됨에 따라 향후 지자체를 중심으로 지역화폐 발행 규모가 큰 폭으로 늘어날 전망이다. 지역화폐 서비스는 세틀뱅크를 포함한 일부 업체만 제공하는 특화된 사업이다. 정부가 현금결제 활성화를 위해 신용카드 대비 2배 높은 소득공제율을 적용하고 나선 것도 세틀뱅크로서는 더할 나위 없는 호재다. 업계는 현금결제 거래액 규모가 2020년 기준 10조 원대까지 가파르게 성장했다고 보고 있다.

체크포인트 단기 호재 반갑지만 장기 대응 중요

현금결제 시장 규모가 10조 원까지 성장했지만, 연간 880조 원에 이르는 신용카드 결제 규모에 비하면 여전히 갈 길이 멀다. 신용카드 결제가 대세인 국내 상황에서 간편현금결제가 성장하는 데 한계가 있다는 지적이 제기되는 이유다. 결국 세틀뱅크로서는 미래 먹거리를 위한 투자와 신사업 진출을 서두르지 않으면 머지않아 실적 둔화에 봉착할 수도 있겠다.

▶ 세틀뱅크 간편현금결제 사업 구조

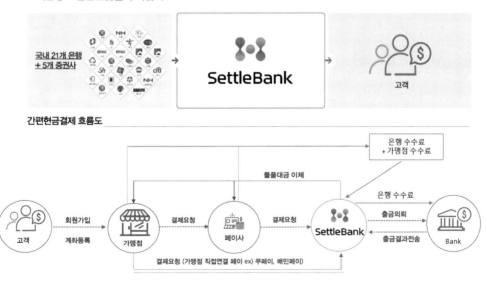

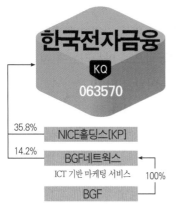

한국전자금융
KQ
063570

35.8% NICE홀딩스[KP]

14.2% BGF네트웍스
ICT 기반 마케팅 서비스
100%
BGF

설립/상장	2000.01/2006.07
시가총액/순위	2,500억 원/코스닥 414위
상장주식수	34,147,728주
수익률(3/6/12개월)	+9.05/+28.50/+15.93
목표주가	10,000원
외국인보유비율	5.97%
주요 사업	CD VAN 관리, ATM 등 금융기관 자동화기기 및 무인자동화기기(키오스크) 사업

경영실적/지표

연도별	2018	2019	2020	2021E
매출액(억 원)	2,944	2,789	2,722	2,850
영업이익(억 원)	249	156	118	267
당기순이익(억 원)	123	10	20	210
영업이익률(%)	8.46	5.58	4.33	9.37
ROE(%)	15.11	1.72	2.23	12.99
부채비율(%)	149.03	183.09	203.32	–
EPS(원)	621	78	101	624
PER(배)	14.48	99.82	56.50	11.43
BPS(원)	5,192	5,096	5,106	5,704
PBR(배)	1.73	1.53	1.12	1.25
주당배당금(원)	110	110	110	110

최근 3년간 주가 추이

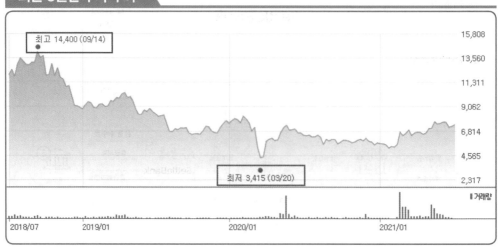

언택트 활성화로 무인자동화기기 수요 급증

▶ **한국전자금융 성장 사업군 매출 추이**

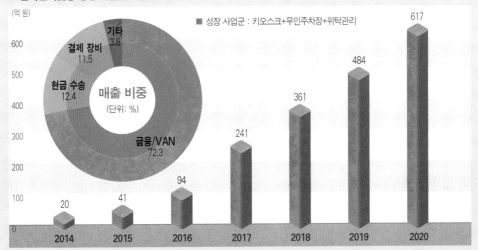

(억 원)

■ 성장 사업군 : 키오스크+무인주차장+위탁관리

매출 비중 (단위: %)
- 기타 3.8
- 결제 장비 11.5
- 현금 수송 12.4
- 금융/VAN 72.3

2014	2015	2016	2017	2018	2019	2020
20	41	94	241	361	484	617

- 한국전자금융의 주가 상승 모멘텀은 성장 사업인 키오스크와 무인주차장 등 무인자동화기기 관련 다양한 포트폴리오를 보유하고 있는 것임.
- 코로나19 여파로 비대면 환경에서의 비즈니스가 확산되면서 무인자동화기기 수요 급증으로 수혜 예상.

코로나19 종식 이후 대외활동 증가 → 무인주차장 실적 상승

▶ **한국전자금융 무인주차장 사이트 성장 추이**

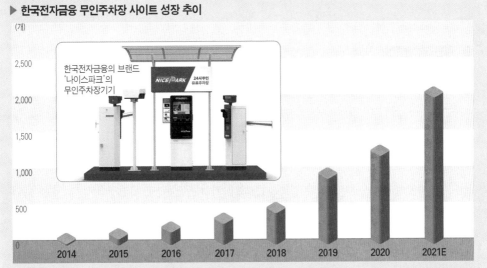

(개)

한국전자금융의 브랜드 '나이스파크'의 무인주차장기기

NICEPARK 24시무인 유료주차장

2014	2015	2016	2017	2018	2019	2020	2021E

- 한국전자금융의 무인주차장 사이트는 2019년 800여 개에서 2020년 말 기준 1,400여 개로 600개 순증. 2021년에도 약 700개 증가 예상.
- 한국전자금융의 무인주차장 사업 매출액은, 2019년 305억 원에서 2020년 400억 원 규모로 추산되는바, 사이트 증가 대비 매출액 증가율이 낮은 이유는 소형 사이트 위주로 증설되었기 때문. 코로나19 종식으로 대외활동이 정상화되면 무인주차장 실적 상승 예상.

키오스크, 무인주차, ATM 등 언택트 호재 풍부

투자포인트 01 비대면, 인건비 상승으로 무인자동화기기 시장 성장

한국전자금융은 CD VAN, ATM 등 금융기관 자동화기기 종합 관리를 주력 사업으로 하는 회사로, 2000년 한국신용정보의 금융사업본부가 분사하여 설립했다. 한국전자금융은 금융 자동화기기 관리 이외에 주차장의 위탁관리 및 무인운영 서비스를 제공하는 무인주차와 무인자동화기기(키오스크)를 신규 사업으로 영위하고 있다. 코로나19 여파 및 인건비 상승에 따른 부담으로, 비대면 환경에서의 비즈니스가 확산되면서 무인주차 및 무인자동화기기 시장이 커지고 있어 향후 이에 따른 수혜가 예상된다.

투자포인트 02 무인주차 → 무인전기차충전 → 차량공유 등으로 확장

최근 주차원 인건비 부담을 줄이고, 24시간 365일 가동에 따른 매출 효과를 누리기 위해 기존 유인주차장을 무인화하는 사례가 크게 늘어나고 있다. 한국전자금융이 역점을 두고 있는 무인주차장 사이트 사업(나이스파크)의 경우, 2019년 900개 사이트에서 2020년 1,200개, 2021년 2,000개 사이트로 급증하고 있다. 무인주차장 사업은 인공지능(AI), 사물인터넷(IoT), 클라우드 기술과의 접목을 통해 전기차 무인충전, 차량공유 등 다양한 사업으로 확장이 가능하다. 이에 따라 향후 스마트 모빌리티 시장에서의 성장성도 기대를 모은다. 한국전자금융은 철도역사, 대학교, 병원, 오피스빌딩, 건물 부설공간 및 나대지 등 주차 수요가 발생하는 모든 곳에서 주차장 운영서비스를 제공한다. 사업 모델은 크게 2가지로, 주차장을 매입하거나 공간을 빌려 한국전자금융이 직접 주차장을 운영하면서 주차요금을 매출로 인식하는 경우, 주차장 운영을 대행하면서 용역료를 수취하는 경우가 있다.

다양한 오프라인 매장마다 키오스크 설치 급증

비대면 라이프스타일이 확산되면서 다양한 매장마다 키오스크 설치가 보편화되고 있다. 이에 따라 삼성전자와 CJ올리브네트웍스 등 대기업들도 앞다퉈 키오스크 시장에 진출하고 있다. 한국전자금융의 키오스크 사업은 안정적인 성장 궤도에 진입해 매년 200억 원 매출 실현이 가능해질 전망이다. 현재 일반형(음식점, 프랜차이즈향) 시장에서 월 150대 이상씩 꾸준히 판매되고 있으며, 수익성이 높은 특수형(유통, 레저, 공항, 터미널, 병원) 시장에서의 수요도 기대해 볼 만하다. 2대 주주인 BGF네트웍스를 통해서 무인편의점 판매 루트도 타진 중인데, 실현 가능성이 높다. 코로나19 집단면역이 이뤄지는 2021년 하반기부터 오프라인 매장 고객 증가에 따른 키오스크 수요가 큰 폭으로 증가할 경우 한국전자금융의 수혜가 예상된다.

▶ **한국전자금융의 키오스크 적용 매장**

일반형

프랜차이즈
커피/음료
분식/패스트푸드

일반음식점
일식/중식/한식/양식

단체급식(구내식당)
기업체/학교

특수형

유통업체
푸드코트
상품권

병원
처방전
순번대기

입장권
놀이공원
레저/스포츠

TAX REFUND
세금 환급

교통발매기
시외/고속
통합발매기

▶ **국내 키오스크 시장 규모**

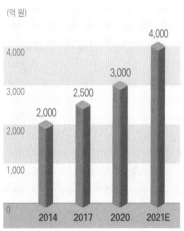

(억 원)

- 2014: 2,000
- 2017: 2,500
- 2020: 3,000
- 2021E: 4,000

알서포트
KQ
131370

29.7% 서형수
15.4% NTT DOCOMO
일본 최대 통신 기업

설립/상장	2010.07/2011.01
시가총액/순위	4,347억 원/코스닥 204위
상장주식수	53,267,083주
수익률(3/6/12개월)	+11.79/−29.13/+28.63
목표주가	14,000원
외국인보유비율	20.25%
주요 사업	원격제어 및 원격지원 소프트웨어 개발 · 공급

경영실적/지표

연도별	2018	2019	2020	2021E
매출액(억 원)	247	285	464	500
영업이익(억 원)	55	58	185	192
당기순이익(억 원)	50	89	−12	166
영업이익률(%)	22.18	20.36	39.84	38.40
ROE(%)	9.73	14.87	−2.08	24.91
부채비율(%)	9.70	26.71	25.33	−
EPS(원)	94	162	−24	317
PER(배)	22.20	16.45	−556.88	28.15
BPS(원)	1,035	1,191	1,154	1,448
PBR(배)	2.02	2.23	11.48	6.17
주당배당금(원)	10	20	30	30

최근 3년간 주가 추이

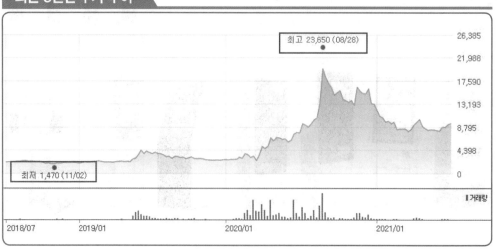

최고 23,650 (08/28)
최저 1,470 (11/02)

재택근무 보편화로 원격기술 솔루션 시장 급성장

▶ 원격근무 솔루션을 포함한 글로벌 UC&C 시장 규모 추이 및 전망

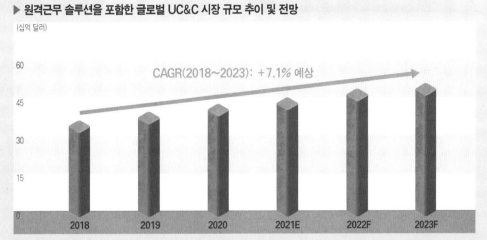

- UC&C(Unified Communications & Collaboration)란, 단순한 영상회의에서 벗어나 다양한 비즈니스를 수행할 수 있는 통합 커뮤니케이션이자 협업 플랫폼을 의미.
- 글로벌 UC&C 시장은 해마다 꾸준히 성장해 2023년경 483억 달러에 이를 전망.
- 전 세계적으로 UC&C 수요가 증가하면서 음성 및 영상 관련 CPaaS(Communications Platform as a Service) 시장의 가파른 성장 주목. CPaaS 시장의 연평균 성장률(2018~2023년)은 39%로 2023년 시장 규모가 386억 달러에 이를 전망.
- 원격기술에서 세계적인 기술력을 보유한 알서포트는 UC&C 시장 성장의 최선호주로 꼽힘.

높은 영업이익률 및 일본향 매출 상승 주목

▶ 알서포트 실적 추이 및 전망

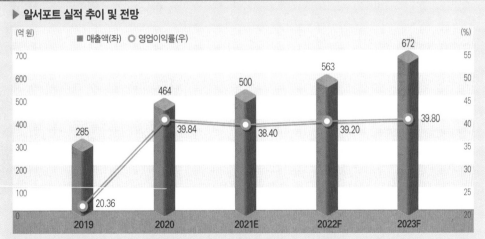

- 알서포트는 원격기술 소프트웨어 부문에서 국내 및 일본 시장점유율 1위 영위.
- 알서포트의 실적 중 특히 40%에 가까운 영업이익률 주목 → 높은 시장지배력을 갖춘 기업일수록 고마진 이익 실현이 가능해 영업이익률이 높아짐. 높은 영업이익률은 주가 상승 모멘텀으로 작용.
- 알서포트의 주력 제품 중 원격제어 프로그램인 '리모트뷰'의 일본에서의 고성장 주목 → 2대 주주인 일본 최대 통신 기업 NTT도코모를 통한 레퍼런스 확보로 일본 현지 리모트뷰 수요 급증.

원격지원 기술로
재택근무 최선호주

투자포인트 01 👉 원격지원 시장점유율 1위

알서포트는 2001년에 설립된 원격지원 솔루션 기업이다. 주력 제품으로는 고객의 PC와 스마트폰을 원격으로 지원하는 '리모트콜(리모트콜 모바일팩)', 외부 통신망으로 고객의 PC를 제어하는 '리모트뷰', 그리고 화상회의 시스템인 '리모트미팅' 등이 있다. 최대주주로 서형수 대표이사(29.7%)와 일본 최대 통신회사인 NTT도코모(15.43%)가 등재되어 있다. 국내를 넘어 일본에서도 원격지원 소프트웨어 시장점유율 1위를 영위하고 있다. 알서포트는 증권가에서 코로나19 여파에 따른 재택근무 최대 수혜주 가운데 하나로 꼽힌다. 2021년 1분기에도 매출이 전년 대비 47%, 영업이익은 무려 177% 급증했다.

투자포인트 02 👉 5G 인프라로 원격지원에 최적화된 환경

원격지원 솔루션은 원거리에 있는 사람이나 장비를 인터넷을 통해 연결하여 문제를 해결하거나 실시간으로 자료를 공유하며 회의할 수 있도록 도와주는 서비스다. 기존의 단순한 영상회의 중심에서 벗어나 다양한 비즈니스를 가능하게 하는 전문화된 통합 커뮤니케이션 및 협업 플랫폼인 UC&C(Unified Communications & Collaboration)로 진화하면서 시장이 가파르게 성장하고 있다. 원격근무 솔루션을 포함한 글로벌 UC&C 시장 규모는 지난 5년 동안 해마다 7%씩 성장을 이어가며 2023년 483억 달러에 이를 전망이다. 국내에서는 외국에 비해 상대적으로 원격근무나 재택근무가 보편화되지 못하다가 코로나19를 기화로 시장이 폭발적으로 성장하고 있다. 특히 한국은 5G를 기반으로 한 통신 인프라가 잘 갖춰져 있기 때문에 원격지원 시장이 성장하기에 최적의 환경을 갖추고 있다.

알서포트는 일본에서 시장점유율 1위에 올라있는 매우 드문 한국 기업이다. 일본 최대 통신회사인 NTT도코모가 최대 고객사이기도 하다. 2012년에 알서포트 지분 15.8%를 취득하며 파트너십을 구축한 바 있다. 이에 따라 안정적인 고객처를 기반으로 꾸준한 매출 성장이 가능하다. 일본에서의 호실적 덕분에 알서포트의 주력 제품인 '리모트콜'의 해외 매출액은 2020년 기준 147억 원을 달성했다. 전년 대비 37% 상승한 성적이다. 원격제어 솔루션인 '리모트뷰'의 일본 내 실적은 더욱 눈부시다. 2020년 기준 238억 원으로 '리모트콜'의 매출을 훌쩍  넘어섰다. 전년 대비 무려 389%나 급증했다. 알서포트는 '리모트콜'과 '리모트뷰'에 이어 '리모트세미나'를 출시했다. 글로벌 기업들이 선호하는 대규모 접속 가능 솔루션을 장착한 것으로, 1천 명 이상의 동시 접속이 가능하다.

원격지원 솔루션 전문기업
알서포트의 화상회의 프로그램인
'리포트미팅'

Chapter 4

바이오

의	료	기		기
백				신
세	포	치	료	제
의	료	정		보
코	스	메	슈	티 컬

차바이오텍
KQ
085660

6.6% 차광렬

99.9%
(차광렬 및 특수관계인)

6.1% 케이에이치그린

설립/상장	2002.11/2005.12
시가총액/순위	1조4억 원/코스닥 59위
상장주식수	53,357,233주
수익률(3/6/12개월)	+56.72/+45.39/+51.43
목표주가	32,620원
외국인보유비율	7.00%
주요 사업	세포치료제 연구사업 및 제대혈 은행, 줄기세포 보관사업 등

경영실적/지표

연도별	2018	2019	2020	2021.1Q
매출액(억 원)	4,886	5,346	6,647	1,678
영업이익(억 원)	190	58	-24	50
당기순이익(억 원)	361	524	-342	43
영업이익률(%)	3.89	1.09	-0.37	2.97
ROE(%)	8.75	13.17	-5.1	-4.33
부채비율(%)	72.20	74.53	106.27	103.99
EPS(원)	468	884	-355	34
PER(배)	43.17	16.35	-56.41	–
BPS(원)	6,231	7,187	6,757	6,942
PBR(배)	3.24	2.01	2.97	2.71
주당배당금(원)	–	–	–	–

최근 3년간 주가 추이

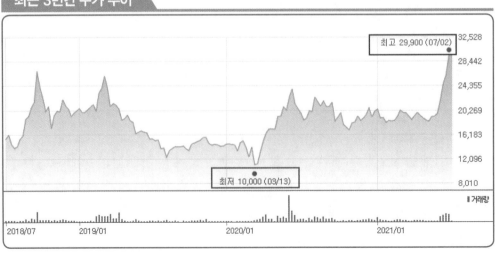

최고 29,900 (07/02)

최저 10,000 (03/13)

거래량

2018/07　　2019/01　　2020/01　　2021/01

차헬스케어 통해 해외 의료법인 지배

▶ **차바이오텍 연결기준 사업구조** (2020년 말 기준)

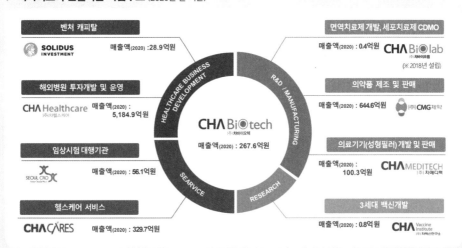

- 차바이오텍의 최대주주는 차광렬 차병원그룹 총괄회장으로, 차회장은 '케이에이치그린'이라는 가족회사를 통해 차병원그룹을 지배.
- 차바이오텍은 자회사 차헬스케어를 통해, LA차병원, 싱가포르법인, 호주법인, 대만법인, 일본법인, 차움의원 등을 지배 → 2018년 호주 유명 난임센터인 City Fertility Centre를 인수했고, 2019년에는 동남아 3개국에 60여 개의 클리닉을 보유한 싱가포르 메디컬그룹의 지분 24%를 추가 확보해 최대주주에 오름.

차바이오텍 국내 최다 줄기세포 파이프라인 보유

▶ **글로벌 줄기세포 시장 규모 추이 및 전망**

- 글로벌 줄기세포 시장 규모는 2017년 628억 달러에서 2025년 연평균 25.8% 성장률을 보이며 3,944억 달러로 성장 전망. 북미 지역이 전체 시장의 30% 이상을 차지하고 있지만, 최근 중국과 일본의 줄기세포 산업이 약진하면서 아시아 시장도 급성장세를 나타냄.
- 국내 줄기세포 시장은 2017년 14.5억 달러에서 연평균 26.7% 성장을 거듭해 2025년 96억 달러 규모에 이를 전망 → 차바이오텍은 뇌졸중, 무릎관절연골결손, 알츠하이머, 퇴행성 요추 추간판 만성 요통, 황반변성증, 간헐성파행증 등 국내 최다 세포치료제 파이프라인 보유.

NK세포치료제의
높은 성장성으로
주가와 실적 반등

투자포인트 01 👉 **2021년 흑자전환 예상**

차바이오텍은 세포치료제 연구개발, 제대혈은행, 줄기세포 보관 등을 주요 사업으로 하고 있다. 만능줄기세포 유래 2종과 성체줄기세포 파이프라인 5종, 면역세포 유래 세포치료제 1종의 파이프라인을 보유하면서 국내 최다 줄기세포(1, 2상 완료) 파이프라인을 구축하고 있다.

차바이오텍은 2020년 연결기준 매출액 6,647억 원(+25% yoy)로 창사 이래 최대 매출을 기록했음에도 영업손실 24억 원으로 적자전환했다. 해외 의료 네트워크 매출이 상승한 반면, 코로나19 영향으로 미국 병원 환자 보호비용 부담이 증가했다. 아울러 임상과 연구개발 비용 및 미국 자회사 마티카바이오테크놀로지의 운영비용 등으로 손실을 봤다.

차바이오텍은 2021년 1분기 연결기준 매출액이 전년 동기보다 8% 증가했고(1,678억 원), 영업이익도 50억 원으로 (분기) 흑자전환했다. 해외 의료 네트워크 사업이 호조세를 이어간 덕분이다. 퇴행성 허리디스크 세포치료제 임상 2a상, 항암 면역세포치료제 임상 1상, 미국 자회사의 CDMO 사업 등이 순조롭게 전개될 경우, 2021년 이후 흑자 기조를 이어갈 전망이다.

투자포인트 02 👉 **SCM생명과학과 CMO 계약 체결**

차바이오텍은 2021년 4월에 (1)첨단바이오의약품 제조업 허가, (2)인체세포 등 관리업 허가, (3)세포처리시설 허가 등 위탁개발생산(CDMO) 사업과 세포·유전자 치료제 연구개발에 필요한 3가지 허가를 모두 취득했다. 특히 인체세포 등 관리업 허가를 받음으로써 혈액·지방·태반·탯줄 인체세포를 모두 취급할 수 있게 됐다.

차바이오텍은 2021년 3월에 세포치료제 개발기업인 SCM생명과학과 완제품 위탁생산(CMO) 계약을 체결했다. 이로써 SCM생명과학은 골수유래 세포치료제 2가지 품목을 차바이오텍 자회사인 차바이오랩의 의약품제조시설을 통해 생산한다. 2가지 품목은 식품의약품안전처로부터 개발단계 희귀의약품 지정을 받았기 때문에 임상 2상을 마치면 조건부 품목허가가 유력한 치료제다.

투자포인트 03 👉🎙️ NK세포치료제 'CBT101', 미국 FDA 희귀의약품 지정

차바이오텍은 2020년 9월 고형암 환자를 대상으로 NK세포를 이용한 항암면역세포치료제 'CBT101' 임상 1상을 식약처로부터 승인받았다. CBT101은 환자 혈액에서 선천면역에 중요한 자연살해(NK, Natural Killer)세포를 추출한 뒤 체외에서 증식시켜 투여하는 면역세포치료제다. NK세포를 이용하는 CBT101은 기존 T세포 치료제와 달리 비정상세포를 인식해 세포사멸을 유도한다. CBT101은 2020년 11월에 처음으로 환자에 투여됐다. CBT101은 미국 FDA으로부터 희귀의약품으로 지정됐다. 이로써 세금 감면 및 시판 허가 승인 후 7년간 독점권 부여 등 다양한 혜택을 누리게 됐다.

투자포인트 04 👉🎙️ 자회사 차백신연구소 코스닥 기술특례 상장 눈앞

차바이오텍이 최대주주로 지분 46.0%(2021년 3월 기준)를 보유 중인 자회사 차백신연구소가 코스닥 기술특례 상장을 앞두고 있다. 기술성 평가에서 각각 'A'와 'BBB' 등급을 받았다. 차백신연구소는 '면역증강제 플랫폼'이라는 독보적인 기술을 보유하고 있다. 이 기술은 항체 생성을 활성화하는 기능(체액성 면역)과 세포에 감염된 바이러스를 제거하는 기능(세포성 면역)을 동시에 유도하므로, 체액성 면역 기능이 대부분인 다른 면역증강제에 비해 효과가 탁월하다. 차백신연구소는 이를 통해 만성 B형간염 치료용 백신 'CVI-HBV-002'의 국내 임상 2b상을 진행 중이다. 이러한 기술력을 인정받아 투자기관으로부터 총 373억 원의 자금을 유치하고 상장을 준비 중이다. 차백신연구소의 당기순손실은 약 64억 원이다.

바텍
KQ
043150

46.4% 바텍이우홀딩스
77%
6.3% 노창준
30.3% 레이언스[KQ]
의료장비 제조·판매

설립/상장	1992.04/2006.09
시가총액/순위	4,753억 원/코스닥 169위
상장주식수	14,854,256주
수익률(3/6/12개월)	+20.45/+65.26/+82.31
목표주가	45,500원
외국인보유비율	24.18%
주요 사업	치과용 디지털 방사선 촬영 장치(엑스레이) 개발 및 제조

경영실적/지표

연도별	2018	2019	2020	2021E
매출액(억 원)	2,344	2,717	2,443	3,115
영업이익(억 원)	394	429	316	526
당기순이익(억 원)	292	356	-218	476
영업이익률(%)	16.79	15.78	12.93	16.88
ROE(%)	13.13	14.49	-10.28	15.28
부채비율(%)	-	52.5	54.62	-
EPS(원)	1,835	2,281	-1,630	2,969
PER(배)	11.77	12.8	-13.77	12.43
BPS(원)	14,752	16,730	14,979	17,916
PBR(배)	1.46	1.75	1.5	2.06
주당배당금(원)	100	100	100	100

최근 3년간 주가 추이

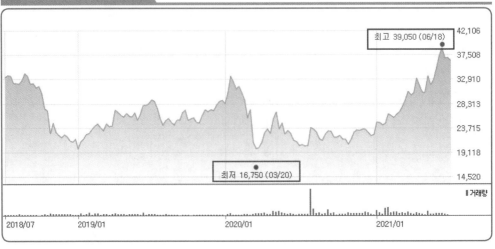

최고 39,050 (06/18)
최저 16,750 (03/20)

데이터 분석 1 구강 방사선 촬영장치 국산화 추세

▶ 글로벌 구강 방사선 촬영장치 시장 규모

(억 달러)
■ 구장외 ■ 구강내

CAGR=11.5%(2013~2022)
CAGR=8.31%(2013~2022)

연도	구장외	구강내
2013	6.96	6.39
2014	7.76	6.92
2015	8.65	7.5
2016	9.64	8.12
2017	10.75	8.80
2018	12.55	9.74
2019	13.76	10.63
2020	15.31	11.49
2021E	16.92	12.33
2022F	18.53	13.11

- 구강내 방사선 촬영장치는 치아 및 치아 주위 조직의 뼈, 잇몸 등의 구조와 치주질환 진단 등에 사용되며, 전 세계 모든 치과에 보급되는 장비로, 다른 치과용 방사선 장비의 보조 촬영기기로도 사용되기 때문에 지속적인 교체 및 신규 수요가 발생.
- 구강외 방사선 촬영장치는 센서, 엑스레이 발생장치 등 외부에 위치하는 장비를 통칭하며, 주로 구강내 촬영장 치로 촬영이 불가능한 두개골이나 안면 부위 관찰을 위해 사용 → 최근 심미적 목적의 치과치료 시장이 커짐에 따라 반사효과 누림.
- 국내 시장의 경우, 구강 방사선 촬영장치의 국산화 수요가 커지는 추세 → 국내 시장점유율 66%를 차지하는 바텍 수혜.

데이터 분석 2 치과용 방사선 촬영장치 시장 과점 구조

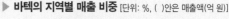

▶ 치과용 방사선 촬영장치 세계 시장점유율 (단위 : %)

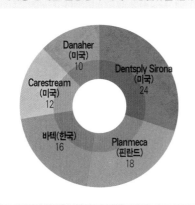

Danaher (미국) 10
Dentsply Sirona (미국) 24
Carestream (미국) 12
바텍(한국) 16
Planmeca (핀란드) 18

▶ 바텍의 지역별 매출 비중 [단위: %, ( )안은 매출액(억 원)]

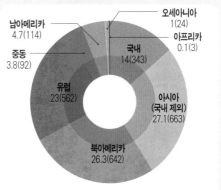

남아메리카 4.7(114)
오세아니아 1(24)
아프리카 0.1(3)
중동 3.8(92)
국내 14(343)
유럽 23(562)
아시아 (국내 제외) 27.1(663)
북아메리카 26.3(642)

- 세계 치과용 방사선 촬영장치 산업은 바텍을 포함한 상위 5개 기업들이 전체 시장의 80%를 과점. 국내 시장 의 경우, 한때 수입 제품이 대부분을 차지했지만, 바텍이 수입수요를 상당 부분 대체함.
- 바텍은 아시아(한국 제외) 27.1%, 북미 26.3%, 유럽 23.0% 등 3개 지역에서의 매출이 전체 매출의 76.4% 를 차지(수출 비중 86.0%).
- 바텍은 덴탈 이미징 장비 시장 세계 3위, 덴탈용 3D CT 분야 세계 1위 영위. 국내 시장에서도 70%의 점유율 로 압도적인 1위 차지.

치과용 엑스레이
국내 1위 기업

투자포인트 01 🖐️ 수입수요를 대체하면서 급성장

바텍은 덴탈 이미징 분야의 글로벌 리딩 기업이다. '덴탈 이미징(Dental Imaging)'이란 치과용 방사선 촬영장치를 말한다. 바텍은 1992년 계측장비 등의 제조·판매를 목적으로 설립해 의료기기와 산업용 엑스레이 등을 제조했다. 경기 변동에 민감한 산업용 엑스레이가 외환위기로 큰 타격을 받자 사업 전환을 모색한 것이다. 반도체 등의 불량 유무를 검사하는 산업용 엑스레이 장비를 통해 기술력을 쌓아온 바텍은, 시장 규모가 더 크다고 판단한 치과용 디지털 엑스레이 시장에 전략적으로 진출했다. 세계 치과용 방사선 촬영장치 산업은 글로벌 기업들에 의한 과점 형태로, 바텍을 포함한 상위 5개 기업이 시장점유율 80%를 차지한다. 국내 시장의 경우 한때 수입 제품이 대부분이었지만, 바텍이 수입수요를 대체하면서 국내 시장점유율 66%를 차지하고 있다.

투자포인트 02 🖐️ 덴탈 이미징 국내 시장 1위 기업

바텍은 2003년 국내 최초로 치과용 디지털 파노라마 엑스레이 'Pax-300'을 개발했고, 2005년에는 세계 최초로 파노라마와 세팔로, CT 기능을 하나의 장비에 탑재한 '3 in 1 디지털 엑스레이'를 출시했다. 이 제품으로 국내 시장 50% 이상을 석권했다. 2016년에는 세계 최초로 의료분야에서 탄소나노튜브(CNT) 기반 디지털 엑스레이 기술을 상용화해 양산에 성공했다. '이지레이 에어' 시리즈다. 바텍의 CNT 엑스레이 영상 장비는 저선량·초경량을 강점으로 2020년 기준 누적 판매 수량 16,000대 기록을 세웠다. '이지레이 에어' 제품은 매출의 80%가 해외에서 발생한다.

바텍의 강점은, 방사선 촬영장치의 핵심 부품, 하드웨어, 소프트웨어 등 관련 기술을 최대한 내재화하고 연구개발 초기 단계부터 최종 양산까지 체계적인 관리를 통해 지식재산권을 보호함으로써 권리 손실을 최소화하고 있는 것이다. 바텍이 15%대 안팎의 영업이익률을 유지하는 이유다.

투자포인트 03 | 미국 FDA 시판 허가 획득

2020년 12월 치과 클리닉 현장에서 손쉽게 이동 촬영할 수 있는 포터블 디지털 엑스레이인 '이지레이 에어 P'가 차세대 세계일류상품에 선정됐다. 2021년 2월에는 의료용 포터블 엑스레이 '이지레이 엠'이 미국 FDA에서 시판 허가를 받았다. '이지레이 M'은 포터블 디지털 엑스레이 기술을 활용해 흉부 전·후와 사지말단 등 다른 신체 부위도 촬영할 수 있다.

바텍은 2021년 4월에 국토교통과학기술진흥원의 '2021년 지능형 휴대수하물 보안검색 기술 개발사업'을 컨소시엄의 일원으로 수주했다. 치과에서만 사용하던 탄소나노튜브 디지털 엑스레이를 보안검색에 적용한 국내 첫 케이스다.

체크포인트 | 수직계열화를 이룬 그룹 내 밸류체인의 명과 암

바텍이 속한 바텍네트웍스그룹은 디지털 엑스레이의 핵심 부품인 디텍터 등을 제조하는 코스닥 상장사 레이언스, 치과 진단용 소프트웨어 세계 1위 기업인 이우소프트 등을 계열사로 두고 있다. 바텍이엔지는 금속부품 조립·가공 등 제조설비를 담당하고, 바텍엠시스는 유통 서비스를 맡고 있다. 그룹 내 사업구조는 단계별로 구축된 상호 보완적인 밸류체인으로 연결되어 있으며 최종적으로 바텍이 2D·3D 진단 장비 완제품을 생산한다.

업계에서는 덴탈 이미징 장비 부품의 국산화율이 93%에 이르는 것은 바텍이 부품 제조부터 완성품 판매까지 수직계열화를 이루고 있기 때문이라고 평가한다. 하지만, 그룹이 밸류체인으로 상호 밀접하게 연결되면서 계열사간 의존도가 높아진 점은 경영 리스크를 키울 수 있다는 지적이 제기된다.

073

[투자 해시태그] #의료용레이저기기 #혈관치료기기 #피부과/안과/성형외과

루트로닉
KQ
085370

21.5% — 황해령
70.6% — 소액주주

설립/상장	1997.07/2006.07
시가총액/순위	3,338억 원/코스닥 278위
상장주식수	25,975,714주
수익률(3/6/12개월)	+40.28/+54.01/+137.18
목표주가	21,500원
외국인보유비율	8.46%
주요 사업	레이저의료기기

경영실적/지표

연도별	2018	2019	2020	2021E
매출액(억 원)	921	1,153	1,156	1,524
영업이익(억 원)	-124	-26	62	243
당기순이익(억 원)	-154	-204	-154	204
영업이익률(%)	-13.42	-2.28	5.37	15.96
ROE(%)	-11.3	-16.73	-14.56	18.87
부채비율(%)	66.08	78.35	80.94	-
EPS(원)	-574	-782	-586	796
PER(배)	-14.79	-11.67	-16.4	18.54
BPS(원)	5,072	4,412	3,812	4,599
PBR(배)	1.6	2.07	2.52	3.10
주당배당금(원)	-	-	-	-

최근 3년간 주가 추이

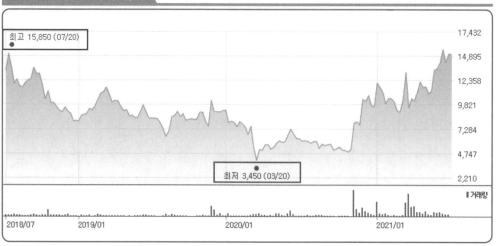

최고 15,850 (07/20)

최저 3,450 (03/20)

거래량

2018/07   2019/01   2020/01   2021/01

17,432
14,895
12,358
9,821
7,284
4,747
2,210

피부과·성형외과·안과 증가할수록 레이저기기 수요 증가

▶ **국내 의료용 레이저기기 시장 규모 추이 및 전망** (출하금액 기준)

- 인구의 고령화, 남성 수요층 확대, 여성 경제력 향상에 따라 레이저 의료기기를 이용한 안락한 시술을 선호하는 성향이 갈수록 두드러짐. 이에 따라 피부과, 성형외과, 안과 등 병·의원들은 개원 시 고사양의 레이저 의료기기 구비를 기본으로 하는 추세.
- 의료용 레이저기기를 사용하는 전국의 피부과, 성형외과, 안과 병·의원의 증가세는 국내 의료용 레이저기기의 성장세를 이끔.
- 국내 피부과의원은 1,279개, 안과의원은 1,598개, 성형외과의원은 954개로, 지난 10년 동안 각각 35.3%, 34.4%, 22.8% 증가하여 전체 의원 증가율(19.5%)을 상회함.
- 국내 피부과의 90%가 루트로닉의 의료용 레이저기기 사용.

수출, R&D, 지식재산권 파워

▶ **루트로닉 글로벌 지역별 매출처 비중**   ▶ **루트로닉 연구개발 투자비**   ▶ **루트로닉 지식재산권 현황**

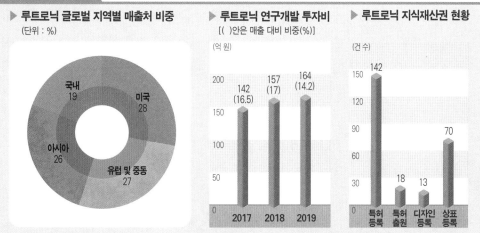

- 루트로닉은 해외법인 6곳 가운데 판매법인 4곳을 통해 전 세계 65개국에 제품을 판매하며 80개국 약 15,000개 병원을 거래처로 확보 → 수출 비중이 매출의 80% 이상 차지.
- 루트로닉은 매출액 대비 평균 14% 이상을 연구개발에 투자 → 연구개발본부를 6개 분야(RF첨단기술, 레이저광학기술, 지능형제어기술, 첨단광학연구, 기반기술융합, 연구기술기획)로 나눠 운영.
- 루트로닉은 2020년 12월 키프리스(KIPRIS) 기준으로, 총 142건의 등록 특허와 18건의 출원 특허를 보유하여 기술 권리장벽 구축.

의료용 레이저기기
국내 1위 기업

투자포인트 01 👉 국내 피부과의 90%가 루트로닉 레이저기기 사용

루트로닉은 국내 의료용 레이저기기 시장 1위 기업이다. 1997년 맥스엔지니어링으로 설립해 1999년에 국내 최초로 의료용 레이저기기를 개발했다. 2006년에 루트로닉으로 상호를 변경해 코스닥에 상장했다. 2013년에 당뇨병성황반부종 치료를 목적으로 개발한 SRT 레이저 제품이 국내 기업 최초로 식약처 제조허가를 받았다.

루트로닉은, (1)피부과에서 여드름을 치료하거나 점을 뺄 때 이용하는 레이저, (2)화상 등으로 생긴 피부 흉터 혹은 자외선에 의해 붉게 변한 피부를 치료할 때 사용하는 레이저, (3)안과용 레이저 및 혈관치료 등 다양한 의료기기를 생산한다.

국내 피부과의 90%가 루트로닉의 의료용 레이저기기를 사용하고 있고, 국내 대학병원도 대부분 루트로닉의 고객이다. 특히 경쟁사 대비 평균 2배 이상 높은 R&D 투자를 통해 530건 이상의 지식재산권을 보유하고 있다.

투자포인트 02 👉 전 세계 80개국 15,000개 병원이 고객

루트로닉은 사업 초기부터 미국 시장을 중점적으로 공략했다. 그리고 최근 수년 동안은 미국뿐 아니라 유럽, 일본 등 선진국 시장에서 영업력을 강화해 왔다. 해외법인 6곳 가운데 판매법인 4곳을 통해 전 세계 65개국에 제품을 판매하며 80개국 약 15,000개 병원이 고객이다. 수출 비중이 매출의 80% 이상을 차지한다.

루트로닉은 2020년 12월 프랑스 대형 프랜차이즈 미용병원 라제오와 미용의료기기 120대를 수출하는 계약을 체결했다. 대상 제품은 '클라리티2', '라셈드' 등 피부미용

성형 클리닉에서 사용되는 루트로닉의 베스트셀러 레이저기기다. 이들 제품은 국내 식품의약품안전처 및 미국 FDA, 유럽 CE 인증을 받았다.

투자포인트 03 | 2020년 흑자전환, 2021년 이익 300% 가까이 증가 예상

루트로닉은 2020년 재무제표 연결기준 매출 1,156억 원을 기록했다. 영업이익은 62억 원으로 흑자전환했다. 해외 매출액 증가, 특히 적자상태였던 미국법인 실적이 개선된 영향이 컸다. 매출채권 대손상각비와 연구개발비, 손상차손 등 대규모 일회성 비용이 반영되어 순이익은 154억 원 적자를 냈으나 전년 대비 적자 폭이 감소했다.

루트로닉은 2021년 1분기에 사상 최대 분기매출을 기록했다. 증권가에서는 루트로닉의 2021년 예상 매출액이 전년 대비 32.9% 증가한 1,524억 원, 영업이익은 전년 대비 298% 늘어난 243억 원을 예상한다(컨센서스 기준). 2020년에 출시한 소모품기기 매출액이 전체 매출 비중의 30%까지 반영되면서 실적 상승을 이끌 전망이다.

투자포인트 04 | 혈관치료 의료기기 신제품 미국 FDA 승인

루트로닉은 2021년 5월 혈관치료 의료기기 신제품 '더마브이'가 미국 FDA의 승인을 받았다. 더마브이는 혈관 굵기나 위치에 따라 진동(펄스) 폭 조절이 가능하다. 또 피부 냉각 기술 및 실시간 온도 감지 기술을 탑재해 시술 부작용도 줄였다. 혈관치료기기는 기술 진입장벽이 높은 만큼 미국 FDA의 승인은 전 세계적으로 루트로닉이 기술력을 인정받았음을 의미한다.

체크포인트 | 2021년 4월 투자주의 환기종목 지정

루트로닉은 2020년 별도기준 재무제표 관련 감사 결과 '내부회계관리제도 비적정'으로 2021년 4월 투자주의 환기종목에 지정되었다. 자산건전성 재평가에 따른 대규모 일회성 비용 반영에 따른 것으로 알려졌다. 투자에 앞서 매출채권 대손상각비, 연구개발비 등 비용구조의 불확실성을 체크해 둘 필요가 있다.

074

[투자 해시태그] #현장진단키트 #코로나19신속항원검사 #SK텔레콤

나노엔텍
KQ
039860

28.4% SK텔레콤[KP]
68.7% 소액주주

설립/상장	1987.11/2000.08
시가총액/순위	2,246억 원/코스닥 463위
상장주식수	26,796,327주
수익률(3/6/12개월)	+23.37/+2.90/-31.24
목표주가	14,250원
외국인보유비율	1.75%
주요 사업	랩온어칩(Lab-On-a-Chip) 기술 기반 현장 진단의료기기(POCT) 개발

경영실적/지표

연도별	2018	2019	2020	2021.1Q
매출액(억 원)	258	263	294	113
영업이익(억 원)	28	31	34	21
당기순이익(억 원)	33	57	27	32
영업이익률(%)	10.96	11.62	11.56	19.01
ROE(%)	11.24	15.1	6.33	9.83
부채비율(%)	19.95	13.68	16.11	17.25
EPS(원)	129	218	103	118
PER(배)	32.93	25.72	84.09	42.63
BPS(원)	1,337	1,546	1,698	1,811
PBR(배)	3.17	3.63	5.08	393
주당배당금(원)	–	–	–	–

최근 3년간 주가 추이

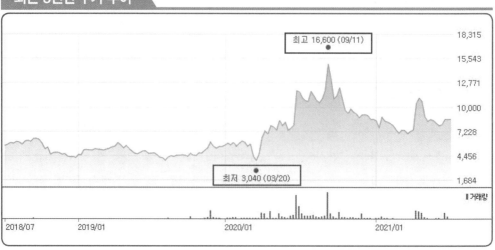

최고 16,600 (09/11)

최저 3,040 (03/20)

18,315
15,543
12,771
10,000
7,228
4,456
1,684

▌거래량

2018/07   2019/01   2020/01   2021/01

코로나19 여파로 체외진단기기 시장 급성장

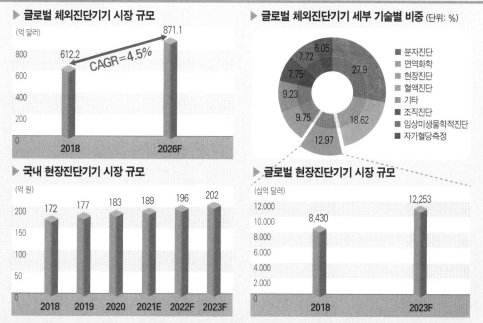

▶ **글로벌 체외진단기기 시장 규모**

(억 달러)

CAGR=4.5%

- 612.2 (2018)
- 871.1 (2026F)

▶ **글로벌 체외진단기기 세부 기술별 비중** (단위: %)

- 분자진단 27.9
- 면역화학 18.62
- 현장진단 12.97
- 혈액진단 9.75
- 기타 9.23
- 조직진단 7.75
- 임상미생물학적진단 7.72
- 자가혈당측정 6.05

▶ **국내 현장진단기기 시장 규모**

(억 원)

- 172 (2018)
- 177 (2019)
- 183 (2020)
- 189 (2021E)
- 196 (2022F)
- 202 (2023F)

▶ **글로벌 현장진단기기 시장 규모**

(십억 달러)

- 8,430 (2018)
- 12,253 (2023F)

- 글로벌 현장진단기기(POCT) 시장은 코로나19 여파로 초기 단계에서 질환의 신속한 진단 필요성이 증가함에 따라, 2018년 84억300만 달러에서 연평균 7.8%의 높은 성장률로 2023년에 122억530만 달러에 이를 전망. 특히 단순하고 저렴한 방식의 현장진단기기 수요가 커짐에 따라 나노엔텍 수혜 예상 → 나노엔텍은 약 3분 만에 코로나19를 95% 정확도로 진단할 수 있는 신속 항원검사키트 'FREND COVID19 Ag' 출시.
- 국내 체외진단 전체 시장 규모는 2018년 9,575억 원 규모에서 연평균 성장률 7.7%로 증가하여 2023년 1조 3,894억 원에 이를 전망.

나노엔텍 양호한 재무상태 유지

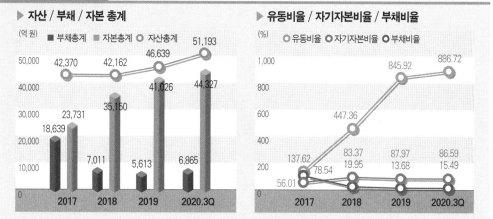

▶ **자산 / 부채 / 자본 총계**

(억 원) ■ 부채총계 ■ 자본총계 ○ 자산총계

	2017	2018	2019	2020.3Q
부채총계	18,639	7,011	5,613	6,865
자본총계	23,731	35,150	41,026	44,327
자산총계	42,370	42,162	46,639	51,193

▶ **유동비율 / 자기자본비율 / 부채비율**

(%) ○ 유동비율 ○ 자기자본비율 ○ 부채비율

	2017	2018	2019	2020.3Q
유동비율	137.62	447.36	845.92	886.72
자기자본비율	78.54	83.37	87.97	86.59
부채비율	56.01	19.95	13.68	15.49

- 나노엔텍은 연구개발 비용으로 부채 부담이 높은 여타 바이오 회사들과 달리 2020년 기준 부채비율이 16.11%로 건전한 재무구조 유지.
- 나노엔텍은 SK텔레콤을 지배회사로 두고 있기 때문에 든든한 연구개발 자원 및 수주 기대.

코로나19 현장진단 의료기기 최선호주

투자포인트 01 SK텔레콤이 체외진단기기 시장 진출 위해 인수

나노엔텍의 출발점은 1987년에 설립된 네트워크 보안 회사 퓨쳐시스템이다. 2006년에 디지탈바이오테크놀러지와 포괄적 주식교환을 통한 합병으로 바이오 시장에 진출하면서 사명을 나노엔텍으로 변경했다. 나노엔텍은 2007년에 보안 사업부문을 별도 회사 퓨쳐시스템으로 분리해 독립시켰다.

2014년 모바일 헬스케어 사업 진출을 꾀하던 SK텔레콤이 총 300억 원을 들여 나노엔텍 경영권을 인수했다. SK텔레콤은 나노엔텍의 기술과 자사의 통신 서비스를 결합해 체외진단 사업에 진출했다. 특히 2015년 진단키트 핵심 원료 회사인 바이오포커스를 인수한 이후 고강도 구조조정에 들어가 수익성이 떨어지는 아이템들은 과감히 정리했다. 자회사였던 바이오포커스는 2016년 나노엔텍에 흡수합병되었다.

나노엔텍은 SK텔레콤의 인수로 기업집단 SK의 계열사로 편입되면서, SK바이오사이언스, SK바이오팜 등과 함께 SK그룹의 바이오 사업을 담당하게 되었다. 대기업군 바이오 계열사들과의 시너지가 기대된다.

투자포인트 02 장비 납품 이후 소모품 수주가 꾸준한 사업구조

나노엔텍의 2020년 기준 제품 유형별 매출 비중을 보면, 소모품(69.0%)과 장비(26.2%)가 대부분을 차지한다. 주력 제품이 일회용 소모품인 진단키트이므로 소모품 부문이 압도적이다. 장비 납품 이후 소모품 수주가 지속적으로 들어오는 사업구조다. 소모품 부문을 세부적으로 들여다보면, 현장진단 의료소모품인 형광면역 진단키트 FREND

가 30.2%로 매출 비중이 가장 높고, 이어 혈액제재 분석키트 ADAM-rWBC(27.5%), 생명과학 소모품인 세포계수키트(10.2%) 순이다.

투자포인트 03 ⟩ 미국 FDA 승인으로 기술력 인정

나노엔텍의 주력 장비제품은 크게 ADAM 시리즈(자동세포계수기), FREND 시리즈(면역진단기기), Neon(유전자전달장치) 등이다. ADAM 시리즈 가운데 대표 제품인 ADAM-rWBC는 백혈구수를 자동으로 카운팅한다. 또 ADAM-CD34는 조혈줄기세포 카운팅 장비다. 모두 세계 유일의 장비로 기술력을 인정받고 있다. FREND는 환자가 있는 현장에서 소량의 혈액만으로 즉시 정확한 검사결과를 알 수 있는 '랩온어칩(Lab-On-a-Chip)' 기반의 정량분석 면역진단기기다. 2020년 12월 나노엔텍은 약 3분 만에 코로나19를 95% 정확도로 진단할 수 있는 신속 항원검사키트 'FREND COVID19 Ag'를 출시하기도 했다.

투자포인트 04 ⟩ 팬데믹 이후에도 진단기기 수요 줄지 않을 전망

나노엔텍은 진단키트를 활용한 현장진단(POCT) 전문기업으로, '랩온어칩'이라는 핵심 기술을 보유하고 있다. 랩온어칩이란 연구실에서 수행하는 생체검사 프로세스를 하나의 플라스틱 칩에 담아 다양한 진단에 응용하는 기술이다. 자그마한 플라스틱 칩이 첨단 바이오 진단기기가 되어 연구실이 아닌 현장에서 바로 진단 및 실험에 활용되는 것이다. 이를 구현하려면 나노엔텍과 같이 초소형정밀기계기술(MEMS)과 바이오 기술을 유기적으로 융합한 Bio-MEMS 핵심 기술을 보유하고 있어야 한다. 나노엔텍은 이 플랫폼을 이용해 주로 백혈구, 줄기세포 등 세포계수 및 단백질을 측정하는 바이오 진단기기를 제조한다.

나노엔텍 제품의 핵심은 대형 장비를 소형화하고 대중화한다는 데 있다. 원래 단순한 혈액검사라도 대형 병원 혹은 혈액검진센터로 보내야 하지만, 나노엔텍의 소형 진단기기를 사용하면 저렴한 비용으로 중소형 병원이나 현장에서 검진이 가능하다. 업계에서는 코로나19 집단면역이 형성되더라도 독감이나 신종플루처럼 계속해서 검사와 백신을 맞아야 하기 때문에, 나노엔텍의 소형 진단기기 수요가 꾸준할 것으로 보고 있다.

비트컴퓨터
KQ
032850

24.3% 조현정
74.6% 소액주주

설립/상장	1983.08/1997.07
시가총액/순위	1,531억 원/코스닥 649위
상장주식수	16,623,293주
수익률(3/6/12개월)	+13.54/-6.31/-11.49
목표주가	17,500원
외국인보유비율	1.39%
주요 사업	의료정보시스템, 디지털헬스케어 및 IT 교육사업

경영실적/지표

연도별	2018	2019	2020	2021.1Q
매출액(억 원)	328	374	373	76
영업이익(억 원)	-22	61	55	12
당기순이익(억 원)	-2	71	65	10
영업이익률(%)	-6.62	16.25	14.64	15.32
ROE(%)	-0.55	15.57	12.49	13.62
부채비율(%)	33.25	27.41	29.06	27.74
EPS(원)	-14	427	389	63
PER(배)	-359.93	10.23	28.5	21.37
BPS(원)	2,558	2,982	3,324	3,328
PBR(배)	1.98	1.46	3.34	2.72
주당배당금(원)	0	61	61	-

최근 3년간 주가 추이

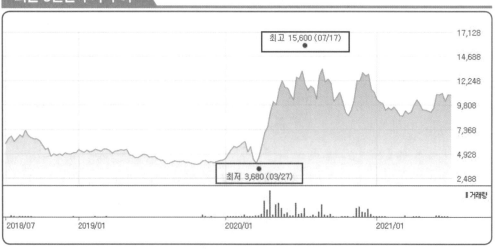

최고 15,600 (07/17)
최저 3,680 (03/27)

의료정보 플랫폼 사업 급부상

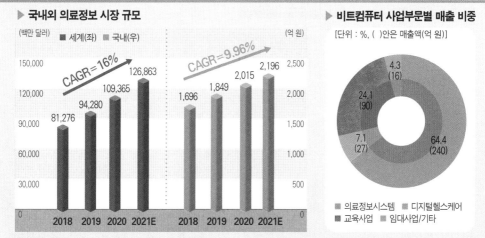

▶ 국내외 의료정보 시장 규모

▶ 비트컴퓨터 사업부문별 매출 비중

- 스마트 디바이스의 보급이 늘면서 개인건강기록(PHR), 유전자 검사 등을 활용한 개인 맞춤형 의료정보 플랫폼 사업 급부상.
- 비트컴퓨터는 2020년에 라이프시맨틱스와 공동으로 정부 과제 수행의 일환으로 개인건강기록(PHR) 기반 진료지원 서비스를 개발하고 수도권 소재 5개 의원급 의료기관에서 건강검진 환자 대상으로 실증 서비스까지 완료.
- 의사는 환자 내원 시 진료 정보를 활용해 환자에게 맞춤형 의료서비스 제공이 가능. 환자는 건강정보와 진료기록, 처방전 등을 모바일기기로 쉽게 확인.
- 질환 예측 알고리즘을 통해 8개 질환의 2년 후까지 발병 위험도 예측.

데이터 분석 2 비트컴퓨터 재무상태 양호

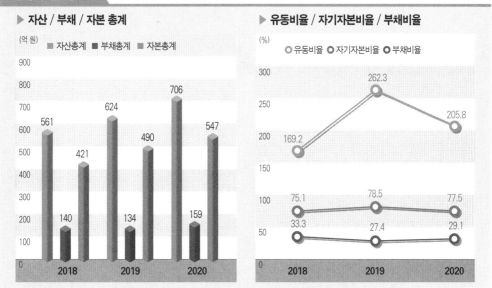

▶ 자산 / 부채 / 자본 총계

▶ 유동비율 / 자기자본비율 / 부채비율

- 비트컴퓨터는 양호한 이익창출력을 기반으로 2020년 말 기준 순자산 규모가 706억 원으로 증가.
- 주요 재무안정성 지표는 부채비율 29.1%, 자기자본비율 77.5%, 유동비율 205.8%로 양호하며, 2020년 말 현금성 자산과 단기금융상품 보유액이 149억 원으로 채무 상환능력 충분.

의료정보와 원격의료
최선호주

투자포인트 01 🖐 국내 최초 의료정보 서비스 기업

비트컴퓨터는 1983년 국내 대학생(조현정 대표이사 회장) 벤처기업 1호로 설립하여 30년 이상 전자의무기록(EMR)을 개발해 병원에 공급해온 회사다. 창업주가 대학교 재학 중에 병원용 전산 프로그램을 만들어 판매한 것이 시초다. 1985년 법인전환 후 약국 자동화 사업을 시작했고, 의료보험 관리 전산 프로그램을 개발해 종합병원 등에 납품했다. 2002년에 미국 나스닥 기업 CyberCare와 원격진료 전략적 제휴를 맺었고, 리드텍코리아의 EMR(전자의무기록) 사업을 인수했다. 2010년에 국내 최초로 스마트폰 약품정보 앱 서비스를 개시하기도 했다.

투자포인트 02 🖐 클라우드 기반 EMR 시스템 '클레머' 주목

비트컴퓨터는 EMR 소프트웨어 고도화를 위해 클라우드 부문에 역량을 집중하고 있다. 2017년에 국내 최초로 클라우드 기반 EMR 시스템 '클레머'를 선보였다. 클레머는 의사가 내린 처방을 진료 지원부서에 전달하는 처방전달시스템(OCS), EMR, 약품정보 서비스 '드러그인포', 의료보험 청구 심사 서비스 및 전사적 자원관리(ERP) 기능까지 갖추고 있다.

클레머를 통해 고객 측은 시스템 구축 및 운용비용을 크게 줄이게 되었고, 서비스 제공자인 비트컴퓨터는 건별 공급 계약과 EMR 신규 구축에 의한 매출보다 훨씬 안정적인 수익을 창출하게 되었다(클레머는 월 사용료를 과금하는 방식이다). 클레머는 2019년 아산재단 산하 병원 2곳에 공급하는 등 꾸준한 실적을 쌓고 있다.

원격의료 최대 수혜주

한국은 현행법상 원격의료가 금지되어 있다. 코로나19 사태로 보건복지부가 한시적으로 전화 의료상담만 허용하고 있다. 그럼에도 불구하고 비트컴퓨터는 2000년부터 비대면 원격의료 서비스에 연구개발과 투자를 집중해 오고 있다. 이를 바탕으로 우크라이나 키예프시립병원 원격의료시스템 구축을 비롯해 몽골, UAE, 브라질 등 원격의료가 허용된 해외에서 꾸준한 실적을 올리고 있다. 국내에서도 916개 기관에 원격의료 시스템 구축 실적을 보유하고 있다. 비트컴퓨터는 원격의료가 법 개정으로 허용될 경우, 최대 수혜주가 될 전망이다.

투자포인트 04 정부의 화상진료장비 구축 실증사업 수주

2020년 11월 비트컴퓨터는 전국의 의원급 의료기관 5,000곳에 비대면 화상진료장비를 구축하는 실증지원 사업을 수주했다. 이 사업은 보건복지부가 K-뉴딜 사업 가운데 비대면 산업 육성을 위해 추진하는 것이다. 비트컴퓨터는 환자가 진료에 필요한 정보를 의료기관에 사전등록하고 화상진료 플랫폼을 통해 비대면으로 진료가 이뤄질 수 있도록 시스템을 구축했다. 또한 의료기관 EMR 시스템과 연동될 뿐 아니라 병원의 예약·접수 앱과 연계해 편의성과 접근성을 높인 점도 특징이다. 이 플랫폼을 활용하면 상대적으로 인프라가 부족한 의원급 의료기관에서도 비대면 진료가 활성화될 수 있다.

투자포인트 05 의료정보 관리 소프트웨어 개발업체 '자인컴' 인수

비트컴퓨터는 2020년 6월에 의료정보 관리 소프트웨어 개발업체 자인컴을 인수했다. 자인컴은 병원 등 약 200여개 의료기관에 EMR 등 의료정보 관리시스템을 구축해온 회사다. 증권가에서는 자인컴의 성장을 주목하고 있다. 매출이 2016년 27.6억 원에서 2019년 37.1억 원으로 134% 증가했고, 당기순이익은 2016년 1.6억 원에서 2019년 5억 원으로 312% 급증했다. 비트컴퓨터로서는 기술경쟁력을 갖춘 개발업체의 인수로 시장점유율 및 실적 향상에 큰 보탬이 될 전망이다.

076

큐렉소
KQ
060280

35.5% → 한국야쿠르트
40.8% ↑ 팔도
100% ↑ 윤호중

설립/상장	1992.02/2002.07
시가총액/순위	3,237억 원/코스닥 286위
상장주식수	33,437,417주
수익률(3/6/12개월)	+12.10/+52.15/+53.87
목표주가	13,350원
외국인보유비율	0.90%
주요 사업	의료로봇, 임플란트, 무역

경영실적/지표(IFRS 별도)

연도별	2018	2019	2020	2021E
매출액(억 원)	339	344	393	484
영업이익(억 원)	-38	-43	5	57
당기순이익(억 원)	-294	-259	4	52
영업이익률(%)	-11.34	-12.55	1.32	11.78
ROE(%)	-41.81	-45.47	0.94	11.0
부채비율(%)	4.73	7.15	9.12	-
EPS(원)	-898	-777	12	156
PER(배)	-7.17	-6.11	502.16	61.47
BPS(원)	2,099	1,318	1,341	-
PBR(배)	3.07	3.6	4.68	6.7
주당배당금(원)	-	-	-	-

최근 3년간 주가 추이

최고 12,300 (04/23)
최저 2,335 (03/27)
거래량

2018/07 2019/01 2020/01 2021/01

큐렉소 흑자전환, 의료로봇 사업 이익 실현 본궤도 진입

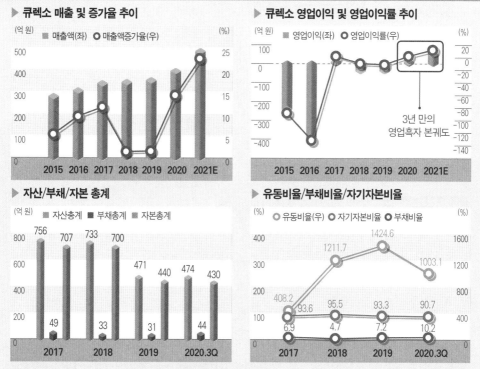

▶ 큐렉소 매출 및 증가율 추이

(억 원) ■ 매출액(좌) ○ 매출액증가율(우) (%)

▶ 큐렉소 영업이익 및 영업이익률 추이

(억 원) ■ 영업이익(좌) ○ 영업이익률(우) (%)

3년 만의 영업흑자 본궤도

▶ 자산/부채/자본 총계

(억 원) ■ 자산총계 ■ 부채총계 ■ 자본총계

	2017	2018	2019	2020.3Q
자산총계	756	733	471	474
	707	700	440	430
부채총계	49	33	31	44

▶ 유동비율/부채비율/자기자본비율

(%) ○ 유동비율(우) ○ 자기자본비율 ○ 부채비율 (%)

	2017	2018	2019	2020.3Q
유동비율	408.2	1211.7	1424.6	1003.1
자기자본비율	93.6	95.5	93.3	90.7
부채비율	6.9	4.7	7.2	10.2

- 큐렉소는 2017년 이후 3년 만에 영업흑자를 기록함으로써, 지난 10여 년간 의료로봇 연구개발에 집중해온 결실을 맺음.
- 의료로봇의 국내외 공급 확대 및 R&D 등 비용 감소에 따른 수익성 개선으로 2021년 호실적 예상.
- 큐렉소는 장기간 영업적자를 기록하면서도 부채비율 등 재무상태가 양호한 수준을 유지.
- 특히 1,000%가 넘는 유동비율 및 10% 언저리에서 유지되는 부채비율 주목 → 회사의 유동성 구조 풍부.

전 세계 의료로봇 시장 높은 성장세

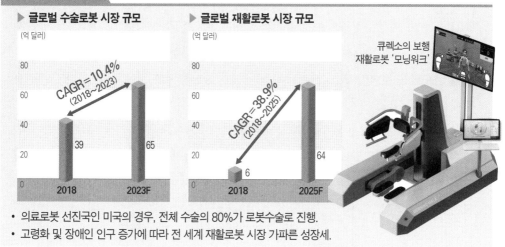

▶ 글로벌 수술로봇 시장 규모

(억 달러)

CAGR=10.4%
(2018~2023)

39 → 65

2018 / 2023F

▶ 글로벌 재활로봇 시장 규모

(억 달러)

CAGR=38.9%
(2018~2025)

6 → 64

2018 / 2025F

큐렉소의 보행 재활로봇 '모닝워크'

- 의료로봇 선진국인 미국의 경우, 전체 수술의 80%가 로봇수술로 진행.
- 고령화 및 장애인 인구 증가에 따라 전 세계 재활로봇 시장 가파른 성장세.

의료용 로봇시장에서
성장성이 가장 높은 기업

투자포인트 01 ☞ 수술로봇 원천기술 보유

큐렉소의 모체는 1992년부터 만화사업을 영위하던 도서출판 대원이다. 〈소년챔프〉, 〈팡팡〉, 〈이슈〉 등 잡지를 창간해 1990년대 중반 만화잡지 전성기를 주도했다. 2002년 코스닥에 입성할 당시에는 디지털콘텐츠 제작에 주력했다.

2006년 미국 바이오 업체로부터 특허권 등 산업재산권을 양수하면서 업종을 전환해 사명을 코암나노바이오로 바꿨다. 같은 해 코암나노바이오는 최대 전환사채권자인 노바트릭스로부터 의료수술로봇 '로보닥' 관련 산업재산권을 무상으로 증여받으며 로봇에 관한 원천기술을 확보했다. 상호도 큐렉소로 바꾸고 의료로봇 사업을 전개하기 시작했다. 코암나노바이오의 만화 관련 출판사업부는 별도 법인 대원씨아이로 분리했다.

투자포인트 02 ☞ 현대중공업 의료로봇 사업 인수

2011년 제3자 배정 유상증자로 한국야쿠르트 계열사가 된 큐렉소는 2017년경 사업에서 큰 전기를 맞았다. 현대중공업의 의료로봇 사업부문을 현물출자방식으로 111억원에 양수받은 것이다. 2018년 300억 원 규모의 유상증자를 시행하면서 로봇 자체 개발에 본격 나섰다.

한국야쿠르트는 큐렉소 인수 이후 2018년까지 총 1,600억 원가량을 로봇 사업에 투자했다. 큐렉소는 2020년 12월에 보건복지부의 '혁신형 의료기기 기업 인증'을 획득했다. 아울러 2020년 이후부터 본격적으로 국내 및 해외 의료시장에 로봇 제품을 공급하고 있다.

투자포인트 03 👉 **다양한 의료로봇 포트폴리오 구축**

큐렉소가 영위하는 사업부문은 크게 3가지다. 우선 의료로봇 부문은 척추수술로봇 '큐비스-스파인', 인공관절 수술로봇 '큐비스-조인트', 보행재활로봇 '모닝워크' 등과 기타 의료기기를 병원 및 병원 외 의료기관, 국내외 대리점 등에 공급한다. 임플란트 부문은 인공관절 보형물인 임플란트를 대리점 계약으로 수입해 병원 및 유통업체에 공급한다. 무역 부문은 발효유, 음료, 라면의 원재료를 구매한 뒤 가공 및 보관을 거쳐 판매한다. 한국야쿠르트와 팔도가 주 거래처다.

투자포인트 04 👉 **3년 만의 흑자전환**

큐렉소는 2017년 이후 3년 만에 영업흑자를 기록했다. 지난 10여 년간 의료로봇 연구개발에 집중해온 결실이다. 증권가에서는 큐렉소가 2021년에 매출액 484억 원 (+23.1% yoy), 영업이익 57억 원(+1,040% yoy)을 기록할 것으로 예상하고 있다(컨센서스 기준). 큐렉소는 2020년 한 해 동안 큐비스-조인트 8대, 큐비스-스파인 3대, 모닝워크 5대, 인모션 2대 등 총 18대의 의료로봇을 공급했다. 지역별로는 국내 13대, 해외 5대 다. 2021년 들어서는 4월 기준으로 의료로봇 8대 수주를 확보했다. 큐비스-조인트 4대, 큐비스-스파인 1대, 모닝워크 S200 3대. 공급처는 강북삼성병원, 부산대학교병원, 경북권역재활병원 등 전국의 중대형 병원들이다.

체크포인트 👉 **150억 원 전환사채 발행**

큐렉소는 본격적으로 의료로봇 영업활동에 들어가면서 제품의 생산 및 재고 확보가 절실해지고 있다. 큐렉소는 이를 위한 자금 융통으로 2021년 5월에 150억 원 규모의 사모 전환사채를 발행했다. 의료로봇 생산, R&D 투자, 헬스케어 신규 사업 진출, 해외 인·허가 획득 및 시장 진출을 위한 선제적 투자에 자금을 활용할 계획이다. 사채 전환가액은 주당 10,459원, 전환청구기간은 2021년 5월 20일부터 2026년 4월 20일 까지이고, 만기일은 2026년 5월 20일이다. 사채가 모두 주식으로 전환되면 총 발행 주식 수 대비 4.29%인 1,434,165주가 신규 발행된다.

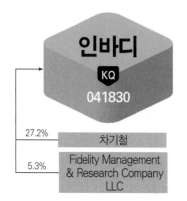

077

인바디
KQ
041830

27.2% 차기철

5.3% Fidelity Management & Research Company LLC

설립/상장	1996.05/2000.12
시가총액/순위	4,023억 원/코스닥 229위
상장주식수	13,683,782주
수익률(3/6/12개월)	+50.49/+76.95/+93.69
목표주가	38,500원
외국인보유비율	23.57%
주요 사업	체성분 분석기 개발 · 판매

경영실적/지표

연도별	2018	2019	2020	2021E
매출액(억 원)	996	1,171	1,071	1,328
영업이익(억 원)	237	276	191	324
당기순이익(억 원)	196	204	176	281
영업이익률(%)	23.76	23.6	17.83	24.4
ROE(%)	17.04	15.47	12.09	17.17
부채비율(%)	5.74	10.78	10.63	–
EPS(원)	1,438	1,493	1,280	2,046
PER(배)	15.1	15.84	13.55	14.88
BPS(원)	9,241	10,502	11,520	13,511
PBR(배)	2.35	2.25	1.51	2.25
주당배당금(원)	120	140	140	–

최근 3년간 주가 추이

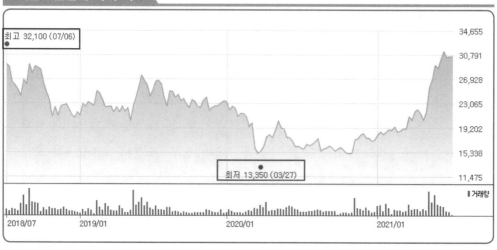

최고 32,100 (07/06)

최저 13,350 (03/27)

34,655
30,791
26,928
23,065
19,202
15,338
11,475

■ 거래량

2018/07 2019/01 2020/01 2021/01

▶ **인바디 지역별 매출 비중** (단위: %)

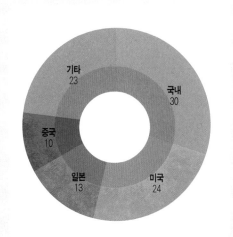

▶ **인바디 해외 매출 추이**

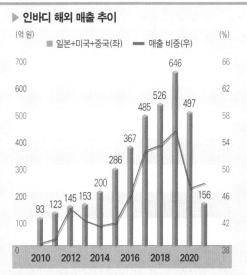

(억 원) ■ 일본+미국+중국(좌) ━ 매출 비중(우) (%)

- 2021년 3월 기준 미국, 일본, 중국, 말레이시아, 인도, 네덜란드, 멕시코 등 총 7개국 법인이 해외영업 담당. 그 가운데 미국, 중국, 일본에서 대부분의 해외 매출 발생. 해외 매출 비중은 2020년 기준 69.5%.
- 인바디는 글로벌 기업용 체성분 분석기 시장의 60% 이상을 차지하면서 세계 1위 영위 → 특히 전 세계 병원, 진료센터, 피트니스센터 등 B2B 시장에서 독보적인 입지 구축.
- 해외 매출 비중이 높기 때문에 환율 변동에 따른 손실 우려 있음.

▶ **제품별 매출 비중 추이**

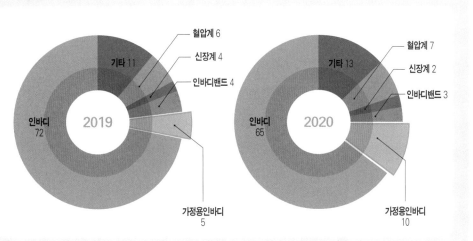

- 인바디의 제품별 매출 비중에서 가정용(B2C) 시장 비중이 증가하고 있는 부분 주목.
- 가정용 시장은 글로벌 체성분 분석기 시장 내 비중이 전체의 90%에 이를 만큼 절대적임.
- 그동안 B2B 시장에 집중해온 인바디가 가정용 시장에서 전체 매출의 절반 가량을 올릴 경우, 높은 실적 성장 예상.

'홈트족' 열풍으로
가정용 체성분 분석기 호조

투자포인트 01 👉 **체성분 분석기 B2B 시장 세계 1위 기업**

인바디는 체성분 분석기 전문기업이다. 2014년 바이오스페이스에서 인바디로 사명을 변경했다. 2019년에는 연간 매출 1,000억 원을 돌파했다. 인바디 브랜드 'InBody'는 국내보다 해외에서 더 유명하다. 세계 어디서나 인바디하면 체성분 분석기를 지칭할 정도로 대명사가 되었다. 오차범위 1.5% 이내, 재현도 99%의 높은 신뢰도를 가진 제품이라는 평가를 받고 있다. 인체 내 영양, 수분 균형 등을 다루는 체성분 관련 논문은 99% 이상 인바디 장비를 활용한다.

인바디는 글로벌 기업용 체성분 분석기 시장의 60% 이상을 점유하고 있는 세계 1위 기업이다. 특히 병원, 진료센터, 피트니스 센터 등 B2B 시장에서 독보적인 입지를 구축했다. 전체 매출의 80% 가량이 B2B에서 나온다.

투자포인트 02 👉 **70%에 이르는 해외 매출 비중**

인바디는 해외시장 공략을 위해 무엇보다 먼저 학계에 인바디의 성능을 알리는 데 주력했다. 체성분 분석과 관련된 각종 학회 세미나, 행사 등에 적극적으로 참여해 제품을 홍보했다. 오피니언 리더인 학자들로부터 우선 인정을 받아야 병원 관계자들을 설득해 고가의 장비 도입을 수주할 수 있다고 보았기 때문이다. 결과적으로 이러한 마케팅 전략은 주효했다. 2021년 3월 기준 미국, 일본, 중국, 말레이시아, 인도, 네덜란드, 멕시코 등 총 7개국 법인이 해외영업을 담당하고 있다. 해외 매출 비중은 2020년 기준 69.5%에 달한다.

코로나19 대란에도 실적 감소 폭 선방

코로나19의 악조건 속에서도 인바디는 선전한 것으로 보인다. 인바디는 2020년 매출 1,071억 원을 기록했다. 해외 매출이 전년 대비 18% 줄어든 744억 원으로 부진했다. 미국 시장이 코로나19의 직격탄을 맞으면서 매출이 전년 대비 20% 감소했기 때문이다. 다만 유럽 매출 성장과 가정용 시장 매출이 전 세계적으로 고르게 늘어나 전년 대비 감소 폭을 줄였다. 인바디는 핵심 고객인 피트니스 센터, 헬스클럽 등이 코로나19로 거의 휴업인 상황 속에서도 2020년 매출 감소 폭을 8%로 최소화했다. 코로나19로 인해 집에서 혼자 운동하는 이른바 '홈트족'이 급증한 가운데 가정용 체성분 분석기 '인바디 다이얼'의 판매가 호조를 보였다. 2020년 기준 '인바디 다이얼'의 전체 판매량은 수출분을 포함해 약 6만 대인 것으로 추정된다. 증권가에서는 인바디의 2021년 매출액을 전년 대비 20% 가량 성장한 1,328억 원으로 예상하고 있다(컨센서스 기준).

B2C 시장 본격 진출로 높은 실적 기대

인바디는 현재 가정용(B2C) 시장을 본격적으로 공략하는 전략을 추진하고 있다. 가정용 시장은 글로벌 체성분 분석기 시장 내 비중이 전체의 90%에 이를 만큼 절대적이다. 그동안 B2B 시장에 집중해온 인바디가 가정용 시장에서 전체 매출의 절반 가량을 올릴 경우, 높은 실적 성장을 이루게 된다. 인바디의 가정용 제품으로는 '인바디 다이얼'(가정용 체성분분석기), '인바디밴드', '혈압계', '휴대용 신장계' 등이 있다. 인바디는 2000년대 초반 '웨어러블' 개념이 도입되기도 전에 이미 암밴드 형태의 기기로 체성분을 측정할 수 있는 헬스케어용 암밴드 기술을 개발해 특허를 취득했다. 손목시계 형태의 인바디밴드에 두 손가락을 갖다대면 체지방률, 근육량, 심박수 등을 바로 알 수 있는 기술이다.

모바일로 데이터 연동이 가능한 가정용 체성분 분석기 '인바디 다이얼'

인터로조
KQ
119610

26.9% 노시철
40.8% 소액주주

설립/상장	2000.10/2010.07
시가총액/순위	2,997억 원/코스닥 321위
상장주식수	12,011,995주
수익률(3/6/12개월)	+18.04/+27.17/+18.53
목표주가	31,950원
외국인보유비율	6.97%
주요 사업	콘택트렌즈 제조, 판매

경영실적/지표

연도별	2018	2019	2020	2021E
매출액(억 원)	794	926	882	1,166
영업이익(억 원)	171	226	151	265
당기순이익(억 원)	146	176	115	213
영업이익률(%)	21.56	24.43	17.17	22.76
ROE(%)	13.05	13.89	8.67	16.81
부채비율(%)	20.42	37.78	43.9	–
EPS(원)	1,218	1,462	961	1,969
PER(배)	19.16	17.64	22.22	13.16
BPS(원)	10,173	11,190	11,729	12,434
PBR(배)	2.29	2.3	1.82	2.08
주당배당금(원)	275	283	292	296

최근 3년간 주가 추이

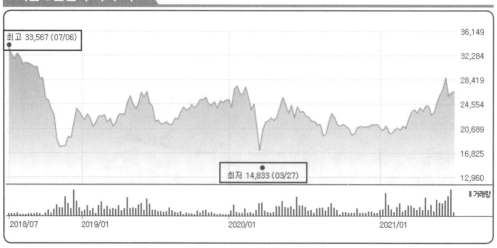

최고 33,567 (07/06)
최저 14,833 (03/27)

코로나19 이후 실적 반등 예상

▶ 인터로조 매출액 및 증가율

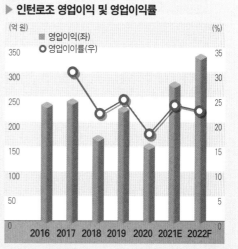

▶ 인턴로조 영업이익 및 영업이익률

- 인터로조는 2020년 연결기준 매출이 882억 원(-4.7% yoy), 영업이익은 151억 원(-33.1% yoy)으로 감소 → 코로나19에 따른 국내외 경기침체 및 중국 채권회수 지연 등의 영향.
- 2021년 이후에는 실적 반등 요인 다수 → 최근 뷰티용 컬러렌즈 시장이 커지고 있는 추세에 맞춰 출시한 신제품 판매 호조.
- 기술 및 생산설비의 진입장벽이 높은 만큼 수익성에서 유리한 콘택트렌즈 산업의 특성을 감안하건대, 코로나 19 이후 경기가 회복될 경우 기술력과 생산능력 및 해외 영업력까지 갖춘 인터로조의 실적 반등 예상됨.

데이터 분석 2 중국과 미국 등 해외 시장 주목

▶ 글로벌 콘택트렌즈 시장 규모

▶ 콘택트렌즈 수출 규모 및 증감율 추이

- 콘택트렌즈는 내수 시장 규모가 한정적인 만큼 인터로조로서는 실적 상승을 위해 해외 시장 공략이 중요 → 2016~2019년 연평균 수출액 성장률은 약 17% 수준.
- 인터로조의 해외 매출처 중 비중이 큰 곳은 일본(31%)과 유럽(19%)이지만, 향후 중국과 미국 시장이 실적 상승을 견인할 것으로 예상 → 인터로조는 중국 현지 판매법인을 통해 온라인판매, 안경원, PB 등 다양한 판매 채널 확보. 미국의 경우 FDA 승인이 완료되는 2022년부터 본격적인 매출 실현이 가능할 전망.

콘택트렌즈 시장에서
기술력과 해외 영업력 보유

투자포인트 01 진입장벽과 수익성이 높은 고부가가치 산업

콘택트렌즈는 각막에 직접 접촉하기 때문에 의료기기로 분류된다. 제조·판매업을 영위하려면 생산설비와 기술 및 제품 등에 대한 엄격한 안전기준을 통과해야 한다. 이로 인해 높은 진입장벽으로 신규 업체의 진출이 쉽지 않다. 다만 생산비용 중 원재료 비중이 크지 않아 일단 생산시설을 갖추고 일정 수준의 매출이 확보되면 높은 수익성을 기대할 수 있는 고부가가치 산업이다.

인터로조는 콘택트렌즈 제조·판매 업체로, 2010년 코스닥에 상장했다. 국내에서는 자체 브랜드, 해외의 경우 OEM/ODM 중심으로 사업을 영위하고 있다. OEM/ODM 공급 국가는 50개 이상으로 파악되며, 일본, 유럽, 중국, 브라질 등에서 제품 인증 및 판매 허가를 받았다. 2020년 기준 전체 매출에서 수출 비중은 69.4%다. 대표 브랜드는 '클라렌'으로, 시력교정부터 뷰티, 다초점, 블루라이트 차단, 원데이~1개월 착용 등 다양한 제품 라인업을 보유하고 있다.

투자포인트 02 FDA 승인 앞둔 미국 시장 진출 주목

글로벌 콘택트렌즈 시장은 아큐브, 알콘, 쿠퍼비전, 바슈롬 등 글로벌 대형 브랜드가 80% 이상을 장악하고 있다. 인터로조의 글로벌 순위는 7~8위권이다. 국내 콘택트렌즈 시장점유율은 12% 안팎이다. 국내 콘택트렌즈 시장 규모는 약 2,500억 원으로 추산된다.

인터로조는 내수 시장 규모가 한정적인 만큼 실적 상승을 위해서는 해외 시장이 중요하다. 2016~2019년 연평균 수출액 성장률은 약 17% 수준이다. 인터로조의 주요 해외 매출처는 현재 일본(31%)과 유럽(19%)이지만, 향후 중국과 미국 시장이 실적 상승을 견인할 것으로 보인다. 인터로조는 중국 현지 판매법인을 통해 온라인판매, 안경원, PB 등 다양한 판매 채널을 확보하고 있다. 미국의 경우 FDA 승인이 완료되는 2022년부터 본격적인 매출 실현이 가능할 전망이다. 인터로조는 수요 증대에 대비해 생산능력도 확대하고 있다. 경기도 평택에 제3공장이 완공되어 2021년 초부터 가동을 시작했다. 이로써 인터로조의 생산능력은 연간 2,000억 원대로 확대되었다.

투자포인트 03 ☞ 실적 반등 요인 다수 기대

인터로조의 2020년 연결기준 매출이 882억 원(-4.7% yoy), 영업이익은 151억 원(-33.1%, yoy)으로 감소했다. 코로나19 및 국내외 경기침체로 매출이 줄었고, 중국 채권회수 지연 등으로 영업이익이 감소했다. 하지만 2021년 이후에는 실적 반등 요인이 적지 않다. 특히 신제품 컬러렌즈에 대한 기대가 크다. 최근 뷰티용 컬러렌즈 시장이 커지고 있어 판매 호조가 예상된다.

코로나19 여파로 비대면 라이프스타일이 보편화되면서 콘택트렌즈의 온라인 판매 허용에 대한 기대감이 커지고 있다. 국내에서 콘택트렌즈는 해외의 경우와 달리, '의료기사 등에 관한 법률'에 따라 안경원과 안과, 약국에서의 대면 판매만 허용되고 있다. 향후 뷰티용 콘택트렌즈 등 일부 품목을 중심으로 온라인 판매가 허용될 경우, 인터로조의 실적 상승이 예상된다.

투자포인트 04 ☞ 뷰티 시장 본격 진출

인터로조는 2020년 12월 '클라렌 오투오투 컬러 M' 신제품 출시와 더불어 신규 사업의 일환으로 아이 메이크업 전문 브랜드 '오투오투'를 동시에 론칭했다. 콘택트렌즈를 기반으로 뷰티 시장에 본격적으로 뛰어든 것이다. 코로나19의 영향으로 마스크 착용이 일상화되면서 아이 메이크업에 대한 소비자의 관심이 높아지고 있는 점에 주목했다. 아이섀도우 3종, 마스카라 2종, 아이라이너 2종, 리무버패드 등 모두 8종의 제품을 판매 중이다. 화장품 제조는 국내 업체 코스맥스가 담당한다.

079

오스코텍
KQ
039200

14.9% 김정근
64.3% 소액주주

설립/상장	1998.12/2007.01
시가총액/순위	1조1,128억 원/코스닥 51위
상장주식수	29,914,859주
수익률(3/6/12개월)	+2.71/-36.36/+73.24
목표주가	57,800원
외국인보유비율	7.76%
주요 사업	신약 개발, 기능성 소재, 치과용 뼈이식재 사업

경영실적/지표

연도별	2018	2019	2020	2021.1Q
매출액(억 원)	187	44	435	9
영업이익(억 원)	62	-199	16	-104
당기순이익(억 원)	43	-250	-20	-101
영업이익률(%)	33.03	-454.53	3.64	-1,167.92
ROE(%)	10.28	-45.98	-8.35	-16.64
부채비율(%)	35.98	33.16	33.45	34.07
EPS(원)	127	-784	-145	-315
PER(배)	178.45	-30.76	-452.29	-161.10
BPS(원)	1,621	1,708	1,750	1,468
PBR(배)	13.94	14.11	37.48	27.22
주당배당금(원)	–	–	–	–

최근 3년간 주가 추이

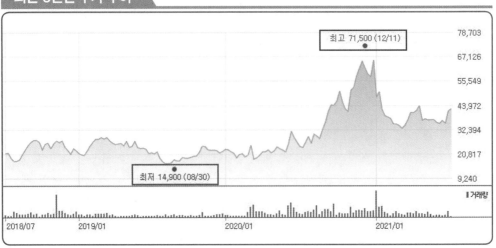

최고 71,500 ⟨12/11⟩
최저 14,900 ⟨08/30⟩

78,703
67,126
55,549
43,972
32,394
20,817
9,240

거래량

2018/07　　2019/01　　2020/01　　2021/01

오스코텍의 주가와 실적은 무조건 임상에 달렸다!

▶ **오스코텍 주요 파이프라인 임상 현황**

분야	상품명	타깃	적응증	임상단계						파트너사
				물질개발	전임상	임상 1상	임상 2상	임상 3상		
면역질환 치료제	세비도프레닙 (SKI-O-703)	SYK	RA							
			ITP							
항암제	레이저티닙 (GNS-1480/ YH25448)	EGFR (T790M)	NSCLC (단일요법)							유한양행/얀센
			NSCLC (병용요법)							유한양행/얀센
	SKI-G-801	FLT3/AXL	AML							
			고형암							
중추신경계 치료제	ADEL-Y01	Tau	AD, 타우병증							

주: RA(Rheumatiod Arthritis, 류머티스 관절염), ITP(Immune Thrombocytopenic Purpura), 면역성(특발성 혈소판 감소 자반증),
 AML(Acute Myeloid Leukemia, 급성골수성백혈병), NSCLC(Non small Cell Lung Cancer, 비소세포폐암), AD(Alzheimer Disease, 알츠하이머병)

- 오스코텍의 주가와 실적은 현재 임상 중인 3개의 파이프라인에 의해 좌우.
- 2021년 1월에 SYK저해제의 류머티스 관절염 환자 대상 임상 2a상 유효성 입증 실패로 주가 하방 압력에 고초를 겪음.
- 오스코텍의 주가 상승을 이끌 모멘텀으로, (1) SYK 저해제로 추가 적응증 대상 임상 실시, (2) 2021년 하반기에 면역원성혈소판감소증 임상 2a상 결과 발표, (3) 2021년 하반기에 레이저티닙 2차 치료제 임상결과 등에 주목.

실적 역성장에도 목표주가 반등 예상

▶ **오스코텍의 임상 관련 이슈에 따른 시가총액 변화 추이**

- 오스코텍은 2020년 연결기준 매출액 435억 원으로 전년 대비 895% 증가했고, 영업이익도 16억 원으로 전년 대비 흑자전환했지만, 2021년에는 전년도의 마일스톤 수익 등 특수한 요인이 없어 역성장이 예상됨.
- 증권가에서는 오스코텍의 실적 역성장에도 불구하고, 레이저티닙의 혁신치료제 지정(BTD), 비소세포폐암 치료제 등의 가치를 인정받아 2021년 하반기 목표주가를 상향 조정함.

마일스톤 추가 인식으로
주가 상승 모멘텀 충분

투자포인트 01 👉 비소세포성 폐암 신약물질 원개발사

오스코텍은 합성신약, 천연의약품 신약물질, 치과용 뼈이식재 등을 개발하는 바이오 회사다. 미국 보스턴에 R&D 자회사인 '제노스코'가 있다. 오스코텍은 현재 크게 4개의 임상단계 파이프라인을 보유하고 있다. 오스코텍의 임상 파이프라인은 면역질환과 암질환에 대한 표적치료제로 구성되어 있다.

이 가운데 EGFR 이중돌연변이 저해제 '레이저티닙'(성분명)은 오스코텍이 제노스코와 함께 원개발사로서 개발한 비소세포성 폐암(NSCLC) 치료용 신약물질이다. 임상시험 승인 전 선도물질 단계에서 국내 제약사 유한양행에 기술이전 되었고, 유한양행이 임상 1/2상 진행 중이던 2018년 다국적 제약사인 얀센으로 12억5,500만 달러에 다시 기술이전(라이선싱)되어 크게 주목받았다. 레이저티닙은 유한양행이 1차 치료제 단독 투여 글로벌 3상을 진행 중이다. 얀센은 이중항체(JNJ-372)와 병용투여 글로벌 임상 2상을 완료해 3상에 진입한 상태이다.

투자포인트 02 👉 임상 결과에 따라 실적 롤러코스터

오스코텍은 여느 바이오회사처럼 파이프라인의 임상 결과에 따라 실적이 급등락을 반복한다. 2011년에 오스코텍은 창사 이래 최대 매출액(260억 원)을 기록했다. 그 당시 화장품 사업이 전체 매출의 60% 이상을 차지하며 크게 기여했다. 하지만 신약 개발에 집중하기 위해 2016년에 화장품 사업을 매각하면서 오스코텍의 외형은 급격히 줄어들었다.

2017년 매출액이 39억 원까지 줄어든 오스코텍은 2018년에 다시 반등에 성공하며 매출액을 187억 원까지 끌어올렸다. 오스코텍과 자회사 제노스코가 함께 유한양행에 기술이전한 폐암 치료 신약 '레이저티닙'이 얀센에 다시 팔렸기 때문이다. 오스코텍과 제노스코는 유한양행이 얀센에게서 받은 기술수출 계약금 5,000만 달러 가운데 40%에 해당하는 1,700만 달러를 받았다. 이 금액은 모두 2018년 수익으로 인식됐다.

투자포인트 03 👉 레이저티닙의 글로벌 상업화 기대

2019년에 매출액 44억 원으로 또 다시 급락했던 오스텍은 2020년에 연결기준 매출액이 435억 원으로 10배 이상 급등했다. 영업이익(16억 원)도 흑자전환했다. 레이저티닙과 얀센바이오테크의 항암제 '아미반타맙'(성분명)의 병용요법 글로벌 임상 1/2상 및 글로벌 임상 3상 투약 개시에 따라 오스코텍이 유한양행으로부터 총 3,400만 달러를 마일스톤으로 받았고, 이는 모두 수익으로 일괄 인식됐다. 2021년 1월 식약처는 국내 임상 2상 결과를 근거로 레이저티닙(상품명 '렉라자')을 NSCLC 2차 치료제로 조건부 허가했다. 미국 시장 출시는 2022년으로 예상된다. 이와 별개로 유한양행은 레이저티닙 단독요법 관련 글로벌 임상 3상을 자체 진행하고 있다. 오스코텍은 글로벌 기술수출에 성공한 파이프라인의 마일스톤 덕분에 최대 매출 달성이라는 경험을 했다. 레이저티닙이 글로벌 상업화에 성공하면 추가 마일스톤과 경상기술료 등 안정적인 수익 창출이 기대된다. 증권가에서는 주가 반등 모멘텀으로 판단하고 있다.

체크포인트 👉 일부 파이프라인 임상 실패로 주가 하방 압력

오스코텍은 2021년 1월 류머티스 관절염 치료제로 개발하는 세비도프레닙(SKI-O-703)이 임상 2a상에서 1차 평가지표를 달성하지 못했다고 발표했다. 유효성 입증에 실패한 것이다. 이로 인해 오스코텍 주가는 하방 압력을 받았다. 다만 아직 모멘텀을 얻을 기회는 있다. 세비도프레닙은 류머티스 관절염 치료제 외에도 면역혈소판감소증 치료제로 임상 중이기 때문이다. 2021년 하반기에 자가면역질환 치료제로 적응증을 확장한 추가 임상 실시 가능성과 면역혈소판감소증 임상 2상 결과 발표 등에 기대를 걸고 있다.

080

[투자 해시태그] #피부뼈이식재 #퇴행성관절염 #코스메슈티컬

엘앤씨바이오

KQ

290650

29.1% 이환철

45.4% 글로벌의학
연구센터

설립/상장	2011.08/2018.11
시가총액/순위	6,804억 원/코스닥 111위
상장주식수	21,877,008주
수익률(3/6/12개월)	+1.67/-3.04/+4.53
목표주가	40,870원
외국인보유비율	6.36%
주요 사업	인체조직 이식재, 인체조직 기반 의료기기, 코스메슈티컬 제조

경영실적/지표

연도별	2018	2019	2020	2021E
매출액(억 원)	212	292	330	424
영업이익(억 원)	55	90	73	121
당기순이익(억 원)	51	85	121	155
영업이익률(%)	25.79	30.98	22.21	28.54
ROE(%)	–	13.11	18.64	–
부채비율(%)	8.67	9.88	31.55	–
EPS(원)	276	331	492	–
PER(배)	23.75	25.79	70.17	
BPS(원)	2,417	2,635	2,642	
PBR(배)	2.71	3.24	13.06	
주당배당금(원)	–	33	50	–

최근 3년간 주가 추이

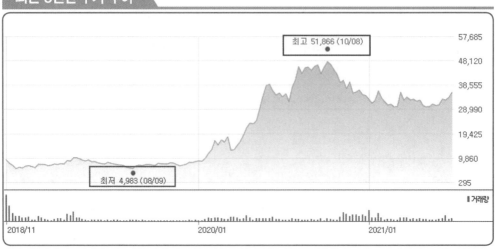

최고 51,866 (10/08)

최저 4,983 (08/09)

57,685
48,120
38,555
28,990
19,425
9,860
295

거래량

2018/11   2020/01   2021/01

　다양한 인체조직이식재의 수입 수요를 국산화로 대체

▶ 엘앤씨바이오 인체조직이식재 제품 포트폴리오

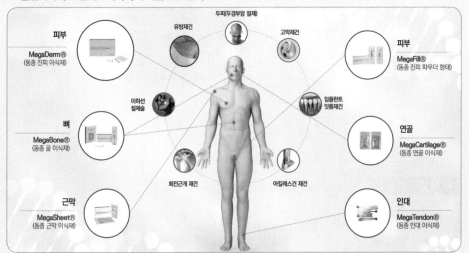

- 과거 수입에 의존해오던 인체조직이식재(피부이식재, 뼈이식재)의 국산화에 성공하면서 수입수요를 국내 공급으로 대체.
- 유방재건용 매출액이 2017년 20억 원 안팎에서 2020년 103억 원으로 5배 급증 주목.
- 중국 1위 임상대행회사(CRO)인 타이거메드, 중국국제금융공사(CICC)와 공동으로 설립한 합작회사(JV) '엘앤씨바이오차이나'를 통해 장쑤성 쿤산시에 있는 관푸 메디컬 파크에 현지 생산공장 설립 → 다양한 인체조직이식재 포트폴리오 기술력을 앞세워 한화 131조 원 규모로 추산되는 중국 의료기기 시장 진출.

　거대해지는 퇴행성관절염 및 뷰티 메디컬 시장 주목

▶ 국내 퇴행성관절염 시장 규모　　　▶ 국내 피부이식재 시장점유율 (단위: %)

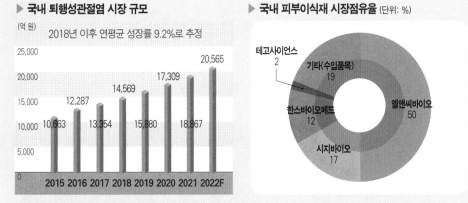

- 퇴행성관절염 치료제 '메가카티(MegaCarti)' 국내 임상 중 → 성공할 경우 1조8,000억 원을 웃도는 국내 퇴행성관절염 시장의 최대 수혜 종목으로 등극.
- 메가카티는 세계 최초로 인체 유래 동종연골세포를 기반으로 개발하는 무릎연골 골관절염 치료제.
- 국내 피부이식재 시장점유율 50%로 1위 영위.
- 피부 분석 솔루션 개발사 '룰루랩'에 20억 원 선제적 기술투자 단행 → 피부·성형 등 고부가가치를 창출하는 '뷰티 메디컬 산업' 본격 진출.

엘앤씨바이오 투자리포트

인체조직이식재 국산화 최선호주

투자포인트 01 🤙 **피부이식재 국내 시장점유율 1위 기업**

2005년부터 '인체조직 안전 및 관리 등에 관한 법률'이 국내에 시행되면서 인체조직이식재의 제조가 가능해졌다. 당시 피부이식재와 뼈이식재 등 인체조직이식재는 전량 수입에 의존해야 했다. 인체조직이식재는 공급의 한계와 수입업체의 고가 전략 때문에 화상외과와 성형외과 등에서만 일부 사용되었다.

엘앤씨바이오는 피부이식재와 뼈이식재의 국산화에 성공한 회사다. 엘앤씨바이오는 빠르게 수입을 대체하면서 국내 공급을 확대해 2018년 코스닥 상장 직후 사상 최대 규모의 영업이익을 기록했다. 아울러 국내 피부이식재 시장점유율 50%로 1위 기업으로 성장했다.

투자포인트 02 🤙 **퇴행성관절염 치료제의 높은 임상 성공 가능성**

엘앤씨바이오는 현재 퇴행성관절염 치료제 '메가카티(MegaCarti)', 동종 콜라겐필러(MegaAdipoECM), 인체조직 기반 온도감응성 유착방지재 '메가쉴드(MegaShield)' 등의 연구 및 임상을 진행 중이다. 이 가운데 메가카티는 세계 최초로 인체 유래 동종연골세포를 기반으로 개발하는 무릎연골 골관절염 치료제다. 전용 의료기기로 인체 무릎관절 연골인 초자연골을 직접 주입하는데, 시술 후 빠르게 통증이 완화되고 주입된 연골의 자가화로 연골 수복이 쉽다. 기존 줄기세포 치료제보다 수술 후 일상 복귀기간이 훨씬 짧을 뿐 아니라 치료비용도 저렴하다.

메가카티는 정부의 의료기기 임상시험지원 대상에 선정되어 총 임상비용의 75%인

7.5억 원을 지원받는다. 국내 퇴행성 관절염 시장은 2018년 기준 총 387만 명의 환자가 진료를 받아 1조4,500억 원의 진료비가 지급된 바 있다.

피부 분석 솔루션 회사 '룰루랩'에 선제적 기술투자

엘앤씨바이오는 2020년 9월 자회사 글로벌의학연구센터와 함께 바이오 벤처기업인 '룰루랩'에 20억 원을 투자했다. 룰루랩은 삼성전자 C-Lab에서 스핀오프한 기업으로, 인공지능(AI) 기술을 활용한 피부진단을 주력 사업으로 한다. 룰루랩은 AI 기술을 활용해 피부를 분석하고 피부에 알맞은 제품을 찾아주는 피부 분석 솔루션을 개발 중이다. 피부를 스캔해 10초 안에 분석하고 개인의 피부에 맞는 화장품을 추천해주는 솔루션 '루미니(LUMINI)' 등을 개발했다.

룰루랩은 피부 분석에 필요한 빅데이터가 필요하다. 엘앤씨바이오의 자회사 글로벌 의학연구센터는 피부 관련 샘플 빅데이터를 보유하고 있어 룰루랩에 데이터 제공이 가능하다. 피부이식재 관련 노하우를 보유한 엘앤씨바이오 입장에서는 향후 신규 사업 추진을 염두에 둔 선제적 투자다. 엘앤씨바이오는 보유 중인 현금 및 현금성자산을 활용해 신기술을 보유한 기업들에 기술투자를 진행해오고 있다.

지난 5년 간 이어진 사상 최대 매출액 달성

엘앤씨바이오는 기업공개(IPO) 이전부터 꾸준히 매출과 영업이익을 달성해 왔다. 과거 연결기준 매출액 추이를 살펴보면, 2016년 118억 원, 2017년 179억 원, 2018년 212억 원, 2019년 292억 원, 2020년 330억 원으로 해마다 사상 최대 실적을 경신해왔다. 엘앤씨바이오의 2020년 연결기준 영업이익률은 무려 22.2%에 이른다.

엘앤씨바이오는 2021년에도 매출액 424억 원, 영업이익 121억 원(컨센서스 기준)으로 사상 최대 실적을 이어갈 전망이다. 2021년 상반기에 중국에 조인트벤처(JV) 설립 및 인력 확충, 공장 착공을 위한 초기 투자와 부산 판매 자회사 설립 등 비용 부담이 적지 않게 발생했으면서도 당초 예상 영업이익을 초과 달성할 것이란 분석이 제기되고 있다. 증권사마다 엘앤씨바이오의 목표주가를 상향 조정하는 이유다.

쎌바이오텍

KQ

049960

18.5% 정명준

5.8% FIDELITY MANAGEMENT & RESEARCH COMPANY

설립/상장	1995.02/2002.12
시가총액/순위	1,842억 원/코스닥 563위
상장주식수	9,400,000주
수익률(3/6/12개월)	+2.00/−13.19/+24.39
목표주가	26,450원
외국인보유비율	11.33%
주요 사업	프로바이오틱스 유산균 제품 제조

경영실적/지표

연도별	2018	2019	2020	2021.1Q
매출액(억 원)	625	460	456	106
영업이익(억 원)	217	58	37	14
당기순이익(억 원)	194	72	32	28
영업이익률(%)	34.66	12.61	8.04	13.53
ROE(%)	19.8	6.91	3.13	2.94
부채비율(%)	6.08	4.54	5.32	5.11
EPS(원)	2,062	769	339	294
PER(배)	13.6	24.63	69.27	58.95
BPS(원)	14,076	14,320	14,130	14,069
PBR(배)	1.99	1.32	1.66	1.31
주당배당금(원)	600	600	450	−

최근 3년간 주가 추이

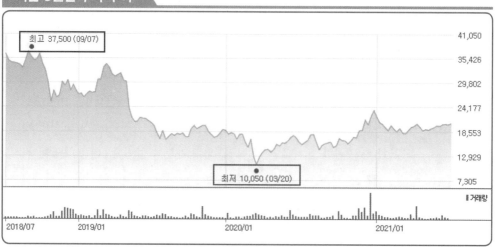

프로바이오틱스 균주가 장까지 살아서 도달하는 핵심 기술

▶ 쎌바이오텍 듀얼코팅 기술 글로벌 특허 현황

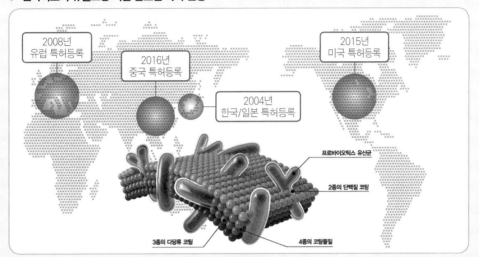

- 쎌바이오텍은 국내 유일의 듀얼코팅 기술을 개발해 1998년부터 듀얼코팅 프로바이오틱스를 첨가한 의약품 및 건강기능식품 등을 출시.
- 쎌바이오텍의 듀얼코팅 기술은 미생물 코팅 방법을 통해 프로바이오틱스 균주가 장까지 살아서 도달하게 하는 핵심 기술.
- 듀얼코팅은 쎌바이오텍의 프로바이오틱스 브랜드 '듀오락'의 모든 제품에 적용 → 유럽, 일본, 미국, 중국 등 해외 선진국에서 특허 취득.

마이크로바이옴 및 건강기능식품 시장 성장세 주목

▶ 국내 건강기능식품 시장 규모 추이

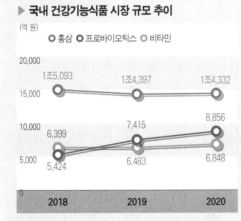

▶ 글로벌 마이크로바이옴 시장 규모

- 국내 3대 건강기능식품으로 꼽히는 홍삼, 프로바이오틱스, 비타민 중에서 프로바이오틱스의 성장세가 가장 돋보임.
- 인간의 몸속에 있는 미생물 군집의 유전정보 기술을 뜻하는 마이크로바이옴의 시장 성장세 주목 → 쎌바이오텍은 한국인의 대장에 서식하는 김치유산균의 유전자를 재조합해 'P8'이라는 항암 단백질을 장내에서 분비시키는 '마이크로바이옴' 기반의 대장암 치료제 임상 준비 중. 글로벌 대장암 치료제 시장은 약 12조 원 규모 형성.

유산균 듀얼코팅 기술 보유,
프로바이오틱스
수출 1위 기업

투자포인트 01 👉 **국내 유산균 시장 개척자**

쎌바이오텍은 프로바이오틱스 연구개발 및 제조업체다. 다양한 프로바이오틱스의 종균 개발에서 완제품까지 생산체제를 구축하고 자체 개발한 듀얼(이중)코팅 기술을 이용해 프로바이오틱스 제품경쟁력을 높여 왔다. 프로바이오틱스 완제품을 OEM · ODM 형태로 국내외 식품·제약 회사에 공급하는 B2B 사업 및 자체 브랜드 '듀오락' 제품을 판매하는 B2C 사업을 병행하고 있다. 국내 시장 공급은 물론 '유산균 종주국' 덴마크를 비롯해 40여 개국에 프로바이오틱스 유산균 원말 및 완제품을 수출한다.

쎌바이오텍은 2000년대 초반 국내 유산균 의약품 시장이 아직 초기 단계였던 시기에 시장 규모가 큰 유럽, 미국, 일본 등 해외 선진국으로 진출했고, 2007년 연매출 100억 원을 돌파했다. 수출 물량이 꾸준히 늘어나 매출의 40% 정도가 해외에서 발생하는 것으로 추산된다.

투자포인트 02 👉 **일본, 유럽, 미국, 중국 등에서 듀얼코팅 특허 등록**

1995년 2월 쎌바이오텍 설립 당시 국내 프로바이오틱스 시장은 '크리스챤 한센' 등 외국기업들이 장악하고 있었다. 쎌바이오텍은 국내 유일의 듀얼코팅 기술을 개발해 1998년부터 듀얼코팅 프로바이오틱스를 첨가한 의약품 및 건강기능식품 등을 출시했다. 쎌바이오텍의 듀얼코팅 기술은 미생물 코팅 방법을 통해 프로바이오틱스 균주가 장까지 살아서 도달하는 핵심 기술이다(듀얼코팅은 2010년 1월부터 쎌바이오텍의 프로바이오틱스 브랜드 '듀오락'의 모든 제품에 적용되고 있다).

듀얼코팅은 2004년 한국과 일본에서 특허 등록했고, 2008년 유럽에서도 특허 등록을 마쳤다. 2015년에는 글로벌 건강기능식품 최대 격전지인 미국에서도 특허를 취득했다. 2016년 중국에서도 특허를 취득함으로써 전 세계를 대상으로 마케팅을 펼칠 수 있는 기반을 마련했다.

투자포인트 03 ☞ 마이크로바이옴 기반 대장암 치료제 임상 준비 중

쎌바이오텍은 2021년 3월 식품의약품안전처에 대장암 치료제 신약 'PP-P8'의 임상 1상을 신청했다. 'PP-P8'은 한국인의 대장에 서식하는 김치유산균의 유전자를 재조합해 'P8'이라는 항암 단백질을 장내에서 분비시키는 '마이크로바이옴' 기반의 경구용 유전자 치료제다. 즉 유전자 재조합 유산균이 환자의 장에 정착하면 항암물질인 단백질 'P8'이 장내에서 연속해 발현된다.

'PP-P8'은 한국, 일본, 유럽에서 관련 특허를 취득했고, 미국과 중국 등에서는 특허 출원 중이다. 'PP-P8'의 임상 1상은 서울대학교병원과 협업해 약 30명 정도의 대장암 환자를 대상으로 진행된다. 쎌바이오텍은 마이크로바이옴 신약 개발을 통해 연간 약 12조 원으로 추정되는 세계 대장암 치료제 시장 공략을 목표로 하고 있다.

체크포인트 ☞ 빠른 실적 회복이 관건

쎌바이오텍은 2018년 매출액 625억 원을 정점으로 매출 성장세가 꺾였다. 2019년에 주 거래처인 암웨이의 공급물량이 빠지며 매출이 역성장했다. 2020년은 코로나19 여파로 국내 약국 판매 부진 및 해외 신규 거래처 확보 지연이 겹쳐 2년 연속 감소세를 보였다. 2021년 1분기에도 전년 동기 대비 11.8% 감소한 매출 실적을 나타냈다. 이로 인해 2021년 5월 쎌바이오텍의 코스닥 시장 소속부가 우량기업부에서 중견기업부로 변경되었다. 현재 한국거래소에서 최고 등위인 우량기업부 소속을 유지하기 위해서는 기업규모와 재무요건, 시장건전성 등 일정 요건을 모두 충족해야 한다. 쎌바이오텍으로서는 해외 여러 국가의 특허와 대장암 치료제 후보물질 개발이라는 매력적인 주가 상승 모멘텀을 보유하고 있지만, 실적 부진이 걸림돌이다.

동국제약

KQ

086450

19.8% 권기범

50.8%

19.7% 동국헬스케어홀딩스

51.1% 동국생명과학

조영제 제조, IPO 준비중

설립/상장	1968.10/2007.05
시가총액/순위	1조2,716억 원/코스닥 41위
상장주식수	44,460,000주
수익률(3/6/12개월)	−0.53/−4.27/+12.79
목표주가	38,500원
외국인보유비율	19.85%
주요 사업	의약품 제조 및 판매(일반의약품 인사돌, 오라메디, 마데카솔 등)

경영실적/지표

연도별	2018	2019	2020	2021E
매출액(억 원)	4,008	4,823	5,591	6,343
영업이익(억 원)	551	686	847	975
당기순이익(억 원)	494	591	579	768
영업이익률(%)	13.75	14.22	15.15	15.37
ROE(%)	16.27	16.66	14.45	16.83
부채비율(%)	44.82	41.24	52.17	–
EPS(원)	1,048	1,245	1,236	1,653
PER(배)	–	14.31	23.66	16.88
BPS(원)	7,000	8,115	9,199	10,668
PBR(배)	1.65	2.2	3.18	2.62
주당배당금(원)	104	160	180	205

최근 3년간 주가 추이

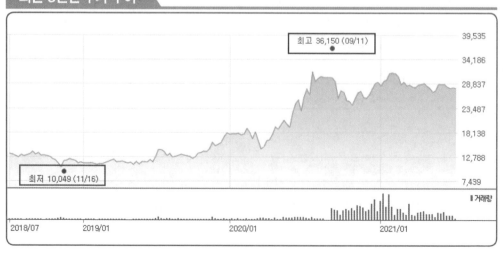

최고 36,150 (09/11)

최저 10,049 (11/16)

거래량

39,535
34,186
28,837
23,487
18,138
12,788
7,439

2018/07   2019/01   2020/01   2021/01

각 사업부 및 자회사까지 꾸준한 실적 성장세

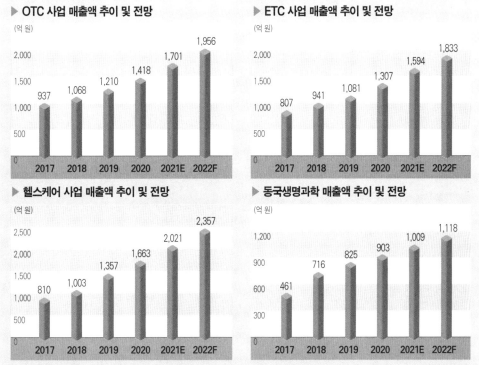

▶ OTC 사업 매출액 추이 및 전망

▶ ETC 사업 매출액 추이 및 전망

▶ 헬스케어 사업 매출액 추이 및 전망

▶ 동국생명과학 매출액 추이 및 전망

- 일반의약품(OTC), 전문의약품(ETC), 헬스케어 사업 및 자회사 동국생명과학까지 꾸준한 실적 성장세로 증시에서 투자자들의 신뢰 두터움.
- 동국제약은 10조 원 규모의 중국 약국 화장품 시장 본격 진출을 통해 헬스케어 사업에서 30% 안팎의 고성장 이어갈 것으로 예상.

2025년 매출 1조 원 클럽 가입 기대

▶ **동국제약 연결기준 매출액 추이 및 전망** [( )안은 전년 대비 증감률(%)]

- 동국제약은 2020년 코로나19 여파에도 연결기준 매출액 5,591억 원 달성한데 이어 2021년에도 6,343억 원으로 10% 이상 증가율을 지속해나갈 것으로 예상. 이러한 페이스로 성장할 경우 2025년 매출 1조 원 달성이 가능할 전망.
- 매출 규모가 커질수록 기업가치 향상으로 주가 상승 견인 → 증권사마다 목표주가 상향 조정.

헬스케어 사업으로
2025년 매출 1조 원 달성

투자포인트 01 👉 **장기 스테디셀러 일반의약품 라인업 구축**

동국제약은 '인사돌', '오라메디', '마데카솔' 등 생활에 밀접한 일반의약품(OTC) 판매로 유명한 제약사다. 1968년에 설립되어 역사가 50년을 넘었지만, 2007년에야 비로소 코스닥에 상장했다.

1974년 프랑스 라로슈 나바론사의 잇몸질환 치료제 수입으로 국내 판매가 시작된 '인사돌'은 1985년부터 TV 광고를 시작하며 본격적으로 마케팅에 돌입했다. '인사돌'은 1987년부터 국내 공장에서 자체 생산에 들어갔다. 상처 치료제 '마데카솔'은 1978년 자체 생산으로 론칭해 1990년 '복합마데카솔'로 상품명을 바꿔 재출시했고, 2009년에는 식물 성분이 강화된 '마데카솔케어'를 출시했다. 동국제약의 강점은 '인사돌', '마데카솔', '오라메디' 등으로 이어진 탄탄한 일반의약품 라인업에 있다. 2020년 연결기준 매출액 5,591억 원 중에서 일반의약품 사업은 1,355억 원으로 24.2%를 차지한다.

투자포인트 02 👉 **기능성 화장품 코스메슈티컬, 헬스케어 사업 견인**

동국제약의 성장동력으로는 헬스케어 사업이 꼽힌다. 헬스케어 사업의 주력은 기능성 화장품인 코스메슈티컬(cosmeceutical)이다. 동국제약은 2015년에 마데카솔 성분을 기초로 한 기능성 화장품 브랜드 '센텔리안24'를 론칭했다. 2019년에는 화장품 부문에서만 832억 원의 매출이 발생했다. 헬스케어 사업 전체에서는 1,300억 원대 매출을 달성해 OTC 및 ETC(전문의약품) 매출을 뛰어넘으며 캐시카우로 자리잡았다. 2020년 헬스케어 사업 매출은 1,651억 원으로 전년보다 23.5% 급증했다. 매출 비중도 29.5%로 늘었다.

투자포인트 03 🔊 **10조 원 규모 중국 약국 화장품 시장 본격 진출**

동국제약은 2021년 1분기부터 10조 원 규모로 추정되는 중국의 '더마코스메틱' (dermocosmetic), 즉 약국 화장품 시장 진출에 본격 나섰다. 이미 2020년에 중국 시장 진출을 위한 주요 제품 허가 절차를 완료했고 테스트 마케팅을 통해 시장성을 가늠했다. 주요 온라인 플랫폼의 플래그십 스토어를 비롯해 오프라인 매장 200여 곳 등 판매 채널도 확보했다. 업계에서는 동국제약의 2021년 헬스케어 예상 매출액 2,000억 원 중에서 중국 시장 매출 비중이 10% 이상이 될 것으로 예상한다. 동국제약은 중국 화장품 시장 본격 진출을 통해 헬스케어 사업이 30% 안팎의 고성장을 이어갈 전망이다.

투자포인트 04 🔊 **자회사 동국생명과학, IPO 준비중**

동국제약은 자회사 동국생명과학의 기업공개(IPO)를 추진하고 있다. NH투자증권을 IPO 대표주관사로, KB증권을 공동주관사로 선정했다. 동국생명과학은 앞으로 2년 이내에 IPO를 실현할 계획이다. IPO로 확보된 자금은 향후 인공지능(AI), 바이오, 체외진단 및 성장잠재력이 있는 의료기기 시장 진출을 비롯해 바이오 기업과의 전략적 제휴와 M&A 등에 충당할 방침이다.

동국생명과학은 동국제약의 조영제 사업부문을 분리해 2017년 5월 설립했다. 코로나19 영향에도 불구하고 국내 조영제 시장점유율 1위를 고수하고 있다. 동국생명과학의 2020년 별도기준 매출액은 1,096억 원으로 전년 대비 11.1% 증가했고, 영업이익도 84억 원으로 전년 대비 21.3% 상승했다. 최근 인수한 안성공장에서 2022년부터 조영제 원료와 완제의약품이 본격 출하되면 생산원가가 낮아져 이익 규모가 크게 늘어날 것으로 예상된다.

동국제약 역시 2020년 코로나19 여파에도 연결기준 매출액 5,591억 원을 달성했다. 2021년에는 6,343억 원으로 사상 처음으로 6,000억 원대를 넘어설 전망이다(컨센서스 기준). 동국제약은 2025년 매출 1조 원 달성을 목표로 하고 있다.

피엔케이피부
임상연구센타

KQ

347740

54.7% ── 대봉엘에스
         ↑ 22.6%
         박진오
33.8% ── 소액주주

설립/상장	2010.10/2020.09
시가총액/순위	1,711억 원/코스닥 609위
상장주식수	7,502,644주
수익률(3/6/12개월)	+8.28/+3.29/(2020.09 상장)
목표주가	36,400원
외국인보유비율	0.69%
주요 사업	화장품, 미용기기, 건강기능식품 등에 대한 인체적용시험 수행

경영실적/지표

연도별	2018	2019	2020	2021E
매출액(억 원)	100	125	147	223
영업이익(억 원)	46	57	72	113
당기순이익(억 원)	39	54	67	99
영업이익률(%)	45.61	45.41	49.17	50.67
ROE(%)	27.4	26.58	16.77	16.35
부채비율(%)	10.55	14.17	7.67	–
EPS(원)	689	951	1,023	1,320
PER(배)	–	–	22.28	17.24
BPS(원)	2,831	4,011	7,513	8,847
PBR(배)	–	–	3.03	2.57
주당배당금(원)	–	–	–	–

최근 3년간 주가 추이

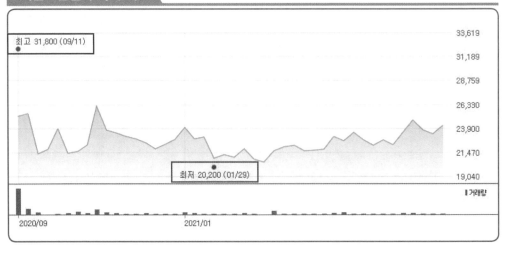

최고 31,800 (09/11)

최저 20,200 (01/29)

거래량

2020/09   2021/01

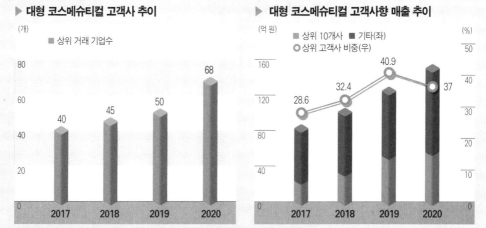

▶ 대형 코스메슈티컬 고객사 추이

(개)
■ 상위 거래 기업수

▶ 대형 코스메슈티컬 고객사향 매출 추이

(억 원)   ■ 상위 10개사 ■ 기타(좌)
          ○ 상위 고객사 비중(우)   (%)

주: 대형 고객사는 매출총액 평균 1,500억 원 이상/매출액 500억 원 이상 제약사 등으로 구성

- 대형 화장품 업체 내부에는 자체 연구 및 시험 시설이 있지만, 실증데이터의 객관성을 확보하기 위해 대부분의 인체적용시험을 피엔케이피부임상연구센타 등의 외부기관에 의뢰.
- 2020년 기준 매출총액 1,500억 원 이상(또는 매출액 500억 원 이상)의 화장품 회사 및 제약사 고객 수는 68개로 추정되며, 매출 비중은 37%로 매년 증가 추세.

▶ 중국 화장품 시장 규모 추이 및 전망

- 중국은 2021년 1월부터 화장품법을 개정해 화장품 검사 등록제와 광고 실증제를 시행 → 중국에서 유통되는 기능성 화장품이 20종으로 세분화되어 효능 및 효과에 대한 과학적 증거자료를 마련해야 함.
- 중국 내 화장품 품질관리체계가 더욱 엄격해지면서 인체적용시험 서비스 시장 급성장 예상.
- 피엔케이피부임상연구센타는 중국 진출 본격 준비 중 → 중국 현지 전문가와 법인 설립 등의 컨설팅 완료 및 2021년 하반기 중국 법인 설립, 2022년 화장품 검사기관 인증 획득 계획.
- 중국 화장품 시장은 2021년 4,852억 위안(약 82조4,841억 원) 규모로 성장 예상.

인체적용시험 등
고부가가치 사업으로
실적 고공행진

투자포인트 01 👉 **의약품 및 화장품 원료 인체적용시험 국내 1위 기업**

피엔케이피부임상연구센타는 원료의약품과 화장품 소재 등을 제조하는 대봉엘에스가 2010년 중앙대학교 의학연구소와 전략적 협정을 맺고 설립한 국내 최초 산학 제휴 기업이다. 원료 제조·분석 관련 노하우와 의약품·화장품 시험 경험 기술을 바탕으로 피부에 사용되는 소재나 제품의 안전성, 기능, 효능 등을 검증하는 '인체적용시험'을 주력 사업으로 한다.

피엔케이피부임상연구센타의 인체적용시험 수행건수는 2017년 1,142건에서 2019년 1,361건으로 늘었다. 국내 인체적용시험 분야 시장점유율 약 20%로 업계 1위를 지키고 있다. 2012년 표시광고실증제 도입 및 2017년 화장품법 개정으로 동물실험을 시행한 화장품의 유통 판매 금지에 따른 수혜를 톡톡히 누렸다.

투자포인트 02 👉 **대형 화장품 업체 및 제약사, 대학병원 등 거래처 확대**

피엔케이피부임상연구센타는 인체적용시험이나 피부조직 세포 검사에 그치지 않고, 화장품과 관련된 당국의 품질검사와 제재에 대한 자문, 마케팅 콘셉트 설정에 이르기까지 종합 컨설팅 서비스를 제공한다. 화장품의 온라인 판매 증가 추세도 호재다. 법 개정으로 홈쇼핑 등 화장품 온라인 광고에 효능 입증을 의무화했기 때문이다. 주요 고객사는 아모레퍼시픽, LG생활건강, AHC, 로레알 등 대형 화장품 업체들인데, 최근 제약사와 대학병원 등에서 인체적용시험 의뢰도 증가하고 있다. 대규모 화장품회사 및 제약사 위주의 거래처만 68개에 이른다.

투자포인트 03 👉 **50%에 가까운 영업이익률 주목**

인체적용시험은 기술집약형 사업이기 때문에 이익률이 높은 것이 특징이다. 피엔케이피부임상연구센타는 50%에 가까운 영업이익률을 바탕으로 실속있는 성장을 이어가고 있다.

매출액이 2017년 83억 원, 2018년 100억 원, 2019년 125억 원, 2020년 147억 원으로 연평균 20.7%라는 높은 성장률을 기록하고 있는 것도 주목할 만하다. 업계에서는 기능성 화장품인 코스메슈티컬과 가정용 피부 미용기기 및 건강기능식품 시장이 성장함에 따라 인체적용시험 수요가 더욱 증가할 것으로 보고 있다.

피엔케이피부임상연구센타는 2010년부터 국가별, 인종별 피부 특성 데이터를 축적해 약 500만 건의 빅데이터를 확보하고 있다. 이를 기반으로 개인별 맞춤형 화장품 기술을 활용해 B2C로 사업을 확대할 계획이다. 아울러 미세먼지 차단 시험인 안티-폴루션 테스트 및 홈뷰티 미용기기인 LED 마스크 피부효능 시험법을 최초로 개발하는 등 기업가치를 끌어올리는 모멘텀이 풍부하다.

투자포인트 04 👉 **2021년에도 사상 최대 실적 경신 기대**

피엔케이피부임상연구센타는 2020년 9월에 기업공개(IPO)를 거쳐 코스닥에 입성했다. 공모주식 수는 총 2,233,000주이고, 공모가 18,300원에 공모금액은 409억 원이었다. 일반 청약공모주는 20%에 해당하는 446,600주로 약 82억 원 모집에 7조 원이 넘는 자금이 몰려 1,727대 1의 경쟁률을 기록했다. 신주모집을 통해 회사에 투입되는 자금은 245억 원이고, 최대주주인 대봉엘에스가 구주 매출로 163억 원을 가져갔다. 대주주의 구주 매출을 제외한 신규 유입 자금은 설비투자와 영업양수, 운영자금 등으로 사용할 계획이다.

피엔케이피부임상연구센타는 2021년 5월 한국거래소 코스닥시장본부의 벤처 정기 요건을 충족해 중견기업부에서 한 단계 위인 벤처기업부로 소속을 변경했다. 피엔케이피부임상연구센타는 2020년에 사상 최대 실적을 기록한 데 이어, 2021년 1분기에도 높은 성장세를 이어갔다. 2021년 4월부터 부평 드림센터가 가동해 생산능력이 기존에 비해 170% 이상 늘어남에 따라 2021년에도 실적 고공행진이 예상된다.

클래시스
KQ
214150

51%	정성재	
23.1%	특수관계인	
21.4%	소액주주	

설립/상장	2007.01/2017.12※
시가총액/순위	1조128억 원/코스닥 62위
상장주식수	64,716,864주
수익률(3/6/12개월)	+25.68/+19.16/+30.60
목표주가	24,800원
외국인보유비율	7.50%
주요 사업	미용 의료기기, 개인용 뷰티 디바이스 및 화장품 사업

※케이티비스팩2호와 합병 상장일

경영실적/지표

연도별	2018	2019	2020	2021E
매출액(억 원)	475	811	765	977
영업이익(억 원)	175	417	406	538
당기순이익(억 원)	149	334	382	437
영업이익률(%)	36.81	51.41	53.11	55
ROE(%)	34.51	48.06	36.06	30.52
부채비율(%)	48.26	29.28	11.13	–
EPS(원)	242	534	590	681
PER(배)	16.85	26.49	26.11	26.29
BPS(원)	824	1,366	1,913	2,550
PBR(배)	4.96	10.36	8.05	7.02
주당배당금(원)	14	46	60	64

최근 3년간 주가 추이

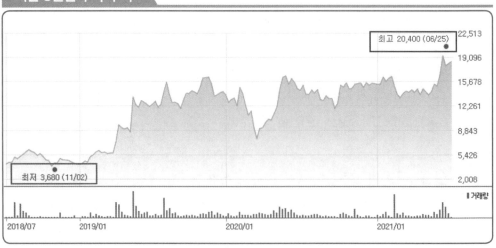

최고 20,400 (06/25)

최저 3,680 (11/02)

거래량

높은 소모품 판매 비중으로 선순환 실적 구조 유지

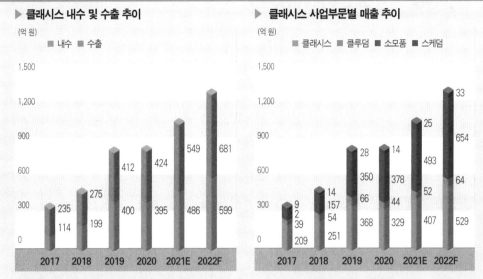

▶ 클래시스 내수 및 수출 추이

(억 원) ■ 내수 ■ 수출

연도	내수	수출
2017	114	235
2018	199	275
2019	400	412
2020	395	424
2021E	486	549
2022F	599	681

▶ 클래시스 사업부문별 매출 추이

(억 원) ■ 클래시스 ■ 클루덤 ■ 소모품 ■ 스케덤

연도	클래시스	클루덤	소모품	스케덤
2017	209	39	9	2
2018	251	54	157	14
2019	368	66	350	28
2020	329	44	378	14
2021E	407	52	493	25
2022F	529	64	654	33

- 국내 의료기기 상장업체 중 가장 독보적인 수익성 보유 → 전체 매출총이익률이 60%대 유지 → 매출 비중 49%에 육박하는 소모품의 높은 수익성에 기인.
- 장비 판매에서 시작해 인지도 확산에 따라 소모품 판매로 이어지는 선순환 실적 구조 주목.
- 국내 의료기기 업계의 대표적인 성장주인 만큼 마케팅/인건비 등 비용 투자가 적지 않지만, 높은 외형 성장으로 판관비율 축소 추세 → 2018년 36%에서 2021년 21%까지 판관비율 감소 예상.

다양한 미용 의료기기 레퍼런스 및 생산능력 보유

▶ 클래시스 미용 의료기기 제품 레퍼런스

브랜드	제품	기술
클래시스 (CLASSYS)	슈링크	집속초음파(HIFU)
	알파	냉각제어(Cooling)
	토너브	레이저
	사이저	집속초음파(HIFU)
클루덤 (Cluederm)	울핏	집속초음파(HIFU)
	아쿠아퓨어	유공압제어
	리핏	고주파(RF)
	쿨포디	냉각제어(Cooling)

▶ 클래시스 생산 CAPA 및 가동률

(대) ■ 생산실적(좌) ○ 가동률(우) (%)

- 클래시스의 연간 생산실적은 56,000대 수준으로 지난 2019년 가동률이 이미 90% 가까이 도달함.
- 최근 서울 강동구 문정동 소재 생산부지 추가 매입(140억 원 규모)으로 신제품 생산 및 해외 발주 증가세에 적절하게 대응 → 생산 면적이 기존 대비 약 33% 커질 것으로 추산.
- 2019년 9월 미사 제2공장 가동 이후 대량 생산에 따른 효율화로 원가 절감에 성공 → 최근 생산부지 추가 매입으로 원가 절감 효과가 더욱 커질 것으로 예상 → 이익 증가 기대.

해외에서 더 유명한
글로벌 미용 의료기기 회사

투자포인트 01 👉 초음파 미용 의료기기 글로벌 선두 기업

클래시스는 의료기기 전문기업으로 2007년 1월에 설립했다. 2017년 12월 기업인수목적회사(SPAC)인 케이티비스팩2호와 스팩 합병 상장했다.

클래시스는 5,000억 원 규모로 추산되는 글로벌 초음파 미용 의료기기 시장에서 미국의 '울쎄라'와 선두 다툼을 벌이고 있다. 클래시스는 의료기기로 분류되는 고강도 집속초음파(HIFU) 기술이 적용된 슈링크(Shrink) 등의 제품을 국내외 병·의원 피부과 등에 공급하고 있는데, 2021년 5월 기준 슈링크의 글로벌 누적 판매 대수는 7,000대를 기록했다.

클래시스의 에스테틱샵용 미용기기 '클루덤' 브랜드도 주목을 끈다. 2017년 미국의 코스메슈티컬 브랜드 '스케덤(SKEDERM)'을 인수해 화장품 및 개인용 뷰티 디바이스 분야에 진출해 국내외 시장을 공략하고 있다.

투자포인트 02 👉 지난해 이연수요로 2021년 실적 반등 예상

클래시스는 2020년 실적이 전년 대비 밑돌았다. 연결기준 매출액 765억 원으로 -5.7% 역성장한 것이다. 2020년의 부진은 전적으로 코로나19 여파 때문이다. 특히 미국 지역의 락다운과 국내 확진자 수 급증이 겹치면서 실적이 크게 부진했다. 또 브라질과 태국을 비롯한 해외 지역 병·의원과 클리닉이 영업을 중단하는 사례가 늘면서 슈링크 시술이 불가능한 경우가 속출했다. 다만 매출 감소 폭이 크지 않았고 수익성에서는 흑자를 유지했던 점은 고무적이다.

2021년부터는 전 세계적으로 백신 접종이 증가하면서 국내외 고객사 주문이 회복되고 있어 향후 실적 향상에 대한 기대감이 높다. 2020년 일시적으로 감소한 슈링크 시술의 이연수요 효과와 이에 따른 소모품의 매출 증가 등이 2021년 실적에 반영될 것으로 예상된다.

투자포인트 03 ☞ 전 세계 50개국 이상에서 제품 판매

클래시스는 의료기기와 소모품 매출이 동시에 발생하는 매출 구조를 지니고 있다. 소모품 매출 비중은 2020년 기준 49.4%에 이른다. 기기와 소모품 모두 꾸준한 실적을 올리고 있다. 2020년 연결기준 매출 비중을 살펴보면, 국내가 44.2%, 수출이 54.8%를 차지한다. 클래시스의 제품은 전 세계 50개국 이상에서 판매되고 있다. 지역별로는 브라질이 전체 매출액의 12%(수출액의 22%)로 가장 높고, 일본, 러시아, 태국, 호주, 대만 등 미용 의료 선진국에서 판매가 이어지고 있다.

클래시스는 2021년 5월 중소벤처기업부가 지정하는 글로벌 강소기업에 선정되었다. 글로벌 강소기업으로 선정되면 2024년까지 해외 마케팅, 연구개발, 생산공정, 품질 등과 관련해 지원 혜택을 받는다. 또 2021년 4월에는 한국발명진흥회와 서울지식재산센터가 주관하는 '글로벌 IP 스타기업'에 선정되기도 했다. 글로벌 IP 스타기업은 3년간 종합지원을 받는다. 한편, 클래시스가 해외에 출원한 지식재산권은 270여 건에 육박한다.

투자포인트 04 ☞ 시가총액 1조 원 규모 주목

클래시스의 시가총액은 약 1조 원 규모로, 코스닥에서 제약·바이오 부문 미용 의료기기 업체로는 가장 높다고 할 수 있다. 대부분의 제약·바이오 기업들과 달리 외부 자금 유입이나 상장을 통해 오너가의 지분율이 희석되지 않고 높은 수준을 유지하고 있는 점도 특징이다. 정성재 대표와 특수관계인 지분율은 2021년 3월 말 기준 74.1%에 달한다. 2021년 2월 특수관계인 보유주식이 시간외 대량거래(블록딜)를 통해 약 710만 주(11%) 매각되어 한때 주가가 하락하기도 했지만, 유통 가능 주식 수가 약 25%로 증가해 거래안정성 측면에서 긍정적이라는 평가를 받고 있다.

085

제이시스메디칼

KQ

287410

25.4%	강동환
12.7%	이종호
7.6%	이명훈
21.0%	소액주주

설립/상장	2004.08/2020.09※
시가총액/순위	3,977억 원/코스닥 235위
상장주식수	70,634,472주
수익률(3/6/12개월)	+60.53/+38.04/+104.97
목표주가	8,500원
외국인보유비율	0.27%
주요 사업	미용 의료기기 제조 및 유통

※유안타제3호와 합병 상장

경영실적/지표

연도별	2018	2019	2020	2021E
매출액(억 원)	285	368	508	749
영업이익(억 원)	−21	27	114	197
당기순이익(억 원)	−31	11	75	51
영업이익률(%)	−7.37	5.47	22.54	26.29
ROE(%)	1.00	–	190.55	17.10
부채비율(%)	7.68	−403.69	130.95	–
EPS(원)	−1	26	128	57
PER(배)	−1,637.63	–	–	110.75
BPS(원)	1,810	−170	240	430
PBR(배)	1.13	–	–	14.73
주당배당금(원)	–	–	–	–

※2018, 2019는 합병 전 제이시스메디칼 실적

최근 3년간 주가 추이

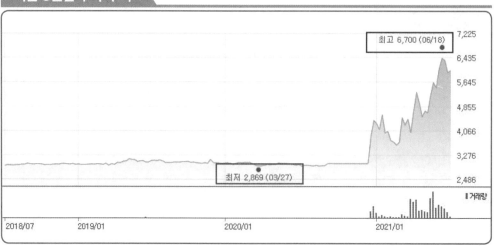

미국 사이노슈어(Cynosure)와의 견고한 파트너십

▶ 제이시스메디칼 해외 영업 레퍼런스 및 수출액 추이

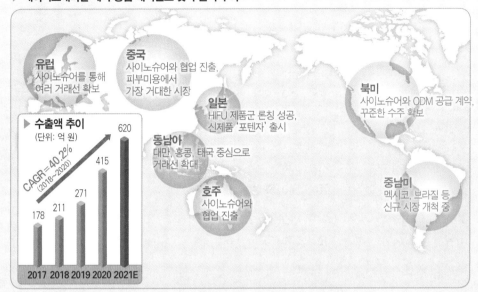

- 제이시스메디칼의 매출 대부분이 해외에서 발생 → 해외 매출 비중 80% 이상.
- 미국, 아시아, 중동, 유럽 등 해외 50여개국에서 대리점 및 딜러들을 통해 판매망 구축.
- 미국의 사이노슈어와 2019년 연간 350대 규모의 '포텐자' ODM 공급 계약 체결 → 2020년 4월까지 5개월간 135대 납품.

소모품 매출 비중이 올라갈수록 영업이익률 상승

▶ 소모품 매출 비중과 수익성 비교

▶ 제이시스메디칼 제품별 매출 비중 (단위: %, 2020 기준)

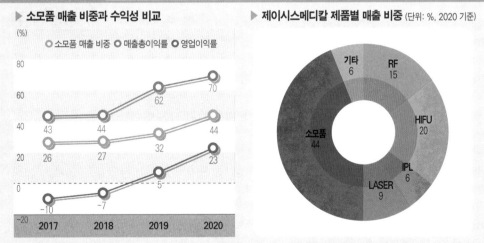

- 2018년 출시된 '울트라셀 큐플러스'와 2019년 출시된 '포텐자'의 기기 누적 설치 대수가 증가할수록 이들 의료기기와 함께 사용되는 카트리지, 핸드피스, 팁 등 소모품 매출 비중도 동반 상승.
- 소모품은 의료기기 대비 원가율이 낮아 소모품 매출 비중이 올라갈수록 수익성에 유리 → 소모품 매출 비중은 2018년 27%에서 2020년 44%로 2배 이상 증가.

사이노슈어와의
전략적 제휴로
해외 실적 호조

투자포인트 01 👉 **코로나19 여파에도 실적 호조**

2004년에 설립한 제이시스메디칼은 글로벌 피부미용 의료기기 기업이다. 고강도집속초음파(HIFU), 고주파(RF), 아이피엘(IPL) 레이저 등 다양한 기술을 기반으로 한 피부미용 의료기기를 개발해 국내외 의료기관에 공급한다. 주력 제품은 '울트라셀 큐플러스'와 '포텐자' 등이다.

'울트라셀 큐플러스'는 HIFU(하이푸) 기술을 이용한다. HIFU는 고강도의 초음파를 한곳에 모을 때 발생하는 고열을 이용해 조직을 태워 없애는 치료 기술이다. 피부 색소 침착을 개선하거나 여드름 등의 피부질환을 치료한다. 또 하나의 주력 제품 '포텐자'는 고주파 의료기기다. 미세 바늘(마이크로니들)을 통해 피부의 진피층에 고주파를 쏴 조직을 응고시킨다. 코로나19 여파에도 제이시스메디칼은 '울트라셀 큐플러스'와 '포텐자'의 판매 호조에 힘입어 지속적인 매출 신장세를 보이고 있다.

투자포인트 02 👉 **미국 사이노슈어와의 협업으로 해외 영업망 확대**

제이시스메디칼은 글로벌 의료기기 회사인 미국 사이노슈어(Cynosure)와 협업을 통해 해외 판매망을 강화하고 있다. 북미와 유럽, 아시아까지 판매망을 확대하는 것이다. 특히 전 세계 피부미용 시장 중 규모가 가장 큰 중국에서의 실적이 가장 기대를 모은다. 사이노슈어와는 2019년 연간 350대 규모의 '포텐자' 제조자개발생산(ODM) 공급계약을 맺은 바 있다. 2020년 4월까지 5개월간 135대를 납품했다. 코로나19 영향으로 납품이 한때 지연됐다가 2020년 하반기부터 정상화되었다.

2019년 제이시스메디칼은 매출액 368억 원, 영업이익 27억 원으로 흑자전환했다. 2020년에는 코로나19 영향에도 불구하고 창사 이래 최대 실적을 달성했다. 2020년 연결기준 매출액은 508억 원으로 전년 대비 37.9% 증가했다. 영업이익은 무려 316.6% 상승한 114억 원, 당기순이익은 75억 원으로 전년 대비 584.5% 급증했다. 제이시스메디칼의 실적 호조는, 미국 사이노슈어향 납품 매출이 실적에 반영됐고, 고객사들로부터 주력 제품인 '울트라 셀큐플러스', '포텐자' 등의 추가 발주가 이어졌기 때문이다. 무엇보다 전체 매출 비중에서 40% 이상을 차지하는 카트리지, 팁 등의 소모품 판매 급증이 주효했다. 소모품의 매출 비중 상승은 이익 향상에 직결된다.

2021년 예상 실적은 매출액 749억 원, 영업이익 197억 원이다(컨센서스 기준). 1분기에는 매출액 183억 원, 영업이익 51억 원, 당기순손실 64억 원으로 다소 아쉬운 실적을 냈지만, 사이노슈어와의 파트너십을 기반으로 해외 매출이 호조를 보이고 있어 예상치를 달성할 수 있을 것으로 보인다.

제이시스메디칼은 2021년 3월 기업인수목적회사인 유안타제3호스팩과 합병해 코스닥에 상장했다. 제이시스메디칼은 합병을 통해 외형 성장 및 자금 확보에 유리해졌다. 유안타제3호스팩은 2017년 12월 설립되어 2018년 5월 코스닥에 상장한 회사로 최대주주는 에이씨피씨였다. 합병 형태는 유안타제3호스팩이 제이시스메디칼을 흡수합병해 존속하고 제이시스메디칼은 소멸하는 방식이다. 합병비율은 1:10.9085였다. 존속법인 유안타제3호스팩은 합병 직후 제이시스메디칼로 사명을 변경했다. 합병을 통해 제이시스메디칼로 유입된 자금 규모는 상장제비용 등을 제외한 약 77억 원이다. 자금의 활용계획은 신사옥 이전 40억 원, 시설 투자 3억 원, 임상실험비용 7억 원, 상환자금 21억 원 등이다.

상장 첫날 4,190원에서 출발한 제이시스메디칼의 주가는 안정적인 상승세를 이어가고 있다. 견고한 해외 영업망과 꾸준한 실적 성장이 강점인 만큼 증권가의 목표주가는 상향 조정 분위기다.

Chapter 5

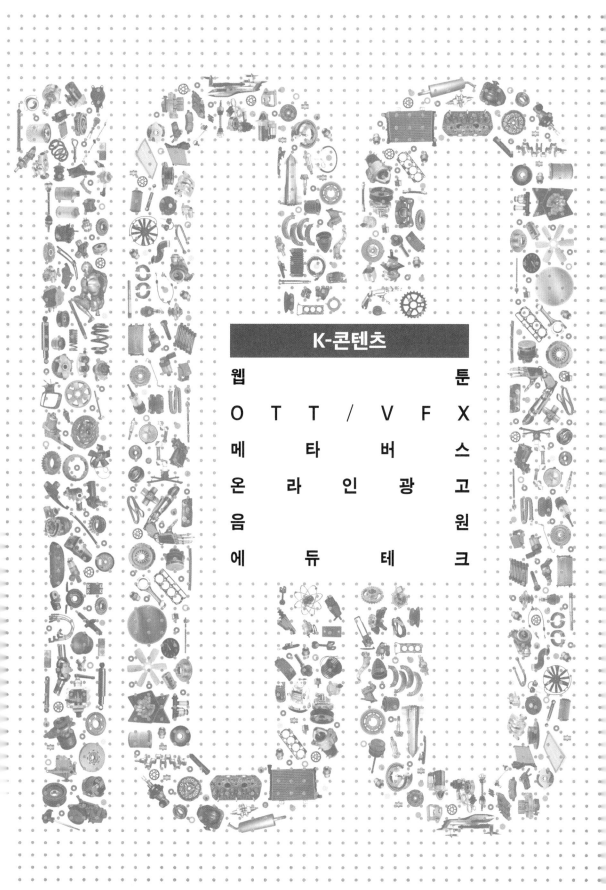

K-콘텐츠

웹   툰
O T T / V F X
메   타   버   스
온   라   인   광   고
음   원
에   듀   테   크

086

키다리스튜디오※

KP
020120

39.4% → 다우데이타
28.5% → 소액주주 ← 34.8%
김익래

설립/상장	1987.07/1996.07
시가총액/순위	4,845억 원/코스피 360위
상장주식수	32,737,832주
수익률(3/6/12개월)	+60.53/+38.04/+104.97
목표주가	21,800원
외국인보유비율	1.09%
주요 사업	웹소설, 웹툰 플랫폼 서비스

※2018.03 다우인큐브에서 상호 변경

경영실적/지표

연도별	2018	2019	2020	2021E
매출액(억 원)	196	267	455	1,239
영업이익(억 원)	3	7	46	165
당기순이익(억 원)	2	23	1	131
영업이익률(%)	1.36	2.63	10.08	13.35
ROE(%)	0.9	–	0.22	39.19
부채비율(%)	12.88	100.17	77.1	110.5
EPS(원)	10	166	3	432
PER(배)	235.41	24.32	3,238.63	34.29
BPS(원)	1,047	1,213	1,469	1,236
PBR(배)	2.15	3.33	6.69	11.98
주당배당금(원)	–	–	–	–

최근 3년간 주가 추이

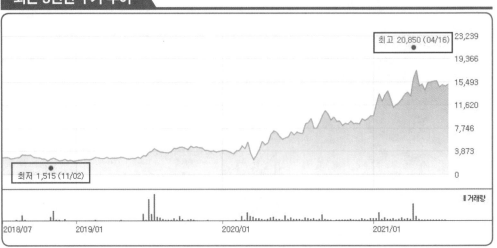

최고 20,850 (04/16)

최저 1,515 (11/02)

거래량

2018/07   2019/01   2020/01   2021/01

레진엔터테인먼트 인수로 주가 상승 모멘텀 강화

▶ **레진엔터테인먼트 인수 이후 키다리스튜디오 주주 및 자회사 현황** (2021년 3월 기준)

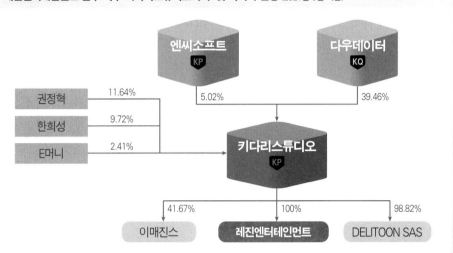

- 키다리스튜디오는 2020년 12월 레진엔터테인먼트와 지분인수 계약을 체결하고 2021년 2월 주식교환 및 이전을 통해 100% 자회사로 편입 완료 → 키다리스튜디오는 레진엔터테인먼트와 1대3.086103801 비율로 주식 교환, 신주는 2021년 3월 15일 상장.
- 레진엔터테인먼트는 2013년 국내 최초로 유료 웹툰 플랫폼 '레진코믹스'를 선보인 회사 → 투자제작사 레진스튜디오를 통해 레진코믹스 대표작들을 영화와 드라마로 제작하는 영상 콘텐츠 사업까지 영역 확대.
- 키다리스튜디오는 레진엔터테인먼트 인수를 통해 네이버, 카카오에 이어 3위 사업자로 자리매김 기대.

데이터 분석 2 인수합병 통한 실적 상승 효과 주목

▶ **키다리스튜디오 실적 및 인수합병 레퍼런스**

(억 원) ■ 매출액(좌) ─ 영업이익률(우) (%)

- **1Q21** 레진엔터 100% 인수 델리툰 유럽 지역 추가 진출
- **4Q20** 델리툰 독일 진출
- **3Q19** 웹툰 스튜디오 양수 델리툰 연결 편입
- **3Q17** 봄코믹스 지분 획득
- 봄코믹스 흡수합병

2017 2018 2019 2020 2021E 2022F

- 키다리스튜디오는 적극적인 인수합병으로 외형 성장 및 실적 상승 이끔.
- 인수합병으로 거둔 '봄툰', '델리툰', '레진' 등 자체 플랫폼이 모두 손익분기점(BEP)을 넘어섰기 때문에 매출이 올라갈수록 이익 레버리지 효과 기대.

레진엔터테인먼트 인수로 기업가치 큰 폭 상승

투자포인트 01 연간 80여 편의 웹툰 제작·서비스

웹툰·웹소설 콘텐츠 플랫폼 회사인 키다리스튜디오는 IT서비스 업체 다우기술과 온라인증권사 키움증권 등을 거느린 다우키움그룹 소속이다. 연간 80여 편의 웹툰을 제작해 자체 플랫폼 및 카카오와 네이버 등에 유통한다.

키다리스튜디오는 1987년에 설립한 엘렉스컴퓨터가 출발점이다. 애플컴퓨터 제품을 한국에서 독점 판매를 했던 곳이다. 1996년 기업공개(IPO)를 거친 뒤 1999년 다우기술과 전략적 제휴를 맺었다. 2000년에 구조조정으로 애플컴퓨터 판매를 중단한 뒤 2001년에 사명을 엘렉스컴퓨터에서 인큐브테크로 변경했다. 2002년에 다우기술이 전환사채 80만 주를 전환하면서 최대주주가 되었고, 2009년부터 전자책을 비롯한 부대사업으로 업종을 다각화했다. 2011년 다우기술에서 다우데이타로 다시 최대주주가 변경되었고, 2012년에 인큐브테크에서 다우인큐브로 상호를 변경했다.

투자포인트 02 엔씨소프트 통해 게임에 웹툰 콘텐츠 적용 기대

키다리스튜디오가 레진엔터테인먼트 지분을 인수해 자회사로 편입하는 과정에서 엔씨소프트가 키다리스튜디오 지분을 취득했다. 지분율 5.04%에 해당하는 키다리스튜디오 보통주 1,643,763주를 취득단가 9,132원에 취득한 것이다. 엔씨소프트는 2014년 레진코믹스에 50억 원을 투자해 일정 지분을 확보하고 있었다. 업계에서는 엔씨소프트의 지분 취득이 키다리스튜디오와의 사업 협력으로 이어질지 관심이 크다. 게임회사인 엔씨소프트가 웹툰 플랫폼인 '버프툰'을 운영하고 있기 때문이다. 키

다리스튜디오가 보유한 콘텐츠 지식재산권(IP)을 활용해 게임 출시도 기대해 볼 수 있다. 엔씨스포트의 웹툰 IP 기반 게임 출시 사례는 아직 없다.

투자포인트 03 반도체 사업 접고 웹툰·웹소설에 주력

키다리스튜디오가 웹툰·웹소설 사업에 나선 것은 2016년 바로북을 흡수합병하면서 부터다. 2018년 봄코믹스를 흡수합병해 웹툰 플랫폼 '봄툰'을 직접 운영하면서 본격적으로 웹툰 플랫폼 사업에 진출했다. 같은 해 다우인큐브에서 키다리스튜디오로 또 다시 사명을 바꿨다. 키다리스튜디오는 2019년 말에 반도체 사업에서 완전히 철수하고 웹툰·웹소설 사업 확장에만 주력하고 있다. 2020년 연결기준 사업부문별 매출 비중은 웹툰 87.4%, 웹소설 12.6%다.

투자포인트 04 손익분기점을 넘겨 레버리지 효과 기대

증권가에서 키다리스튜디오를 긍정적으로 평가하는 요소는 적지 않다. 무엇보다 코로나19 확산을 계기로 웹툰·웹소설 시장이 크게 성장했다. 키다리스튜디오는 콘텐츠 제작과 유통 모두 가능할 뿐 아니라 한국, 미국, 일본, 유럽에 자체 플랫폼을 가지고 있다. 프랑스 자체 플랫폼인 '델리툰'이 대표적인 예이다. 성장세인 글로벌 웹툰·웹소설 시장에서 본격적인 수혜가 기대되는 이유다. 특히 '봄툰', '델리툰', '레진' 등 자체 플랫폼이 모두 손익분기점(BEP)을 넘어섰기 때문에 매출이 올라갈수록 이익 레버리지 효과가 커진다. 자회사 키다리이엔티를 통해 영화 콘텐츠 투자·배급 및 수입업으로의 사업 확장도 주목을 끈다. 키다리이엔티는 영화 '독전', '결백' 등을 국내에 배급한 회사다.

한편, 키다리스튜디오의 자체 플랫폼인 '봄툰'과 '판무림'은 각각 로맨스와 판타지, 무협 등 독자층이 분명한 니치(nichi) 장르를 서비스한다. 니치 장르는 네이버와 카카오 등 대형 플랫폼이 진입하기 꺼리는 분야다. 덕분에 거대 플랫폼과의 소모적인 경쟁을 하지 않아도 된다. 고정 팬이 확고한 마니악(maniac) 장르여서 특별한 마케팅 없이도 효율적인 운영이 가능하다는 점도 매력적이다.

087

대원미디어

KQ

048910

23.9% 정욱

6.0% 안정교

5.6% 정동훈

설립/상장	1977.12/2001.07
시가총액/순위	4,491억 원/코스닥 205위
상장주식수	12,578,946주
수익률(3/6/12개월)	+71.62/+316.13/+550.42
목표주가	46,220원
외국인보유비율	2.09%
주요 사업	만화 출판 및 애니메이션 콘텐츠 관련 종합 엔터테인먼트

경영실적/지표

연도별	2018	2019	2020	2021E
매출액(억 원)	1,634	1,915	2,662	2,691
영업이익(억 원)	64	37	72	127
당기순이익(억 원)	42	32	65	106
영업이익률(%)	3.92	1.91	2.71	4.72
ROE(%)	2.89	1.38	5.03	8.48
부채비율(%)	23.66	34.53	32.46	–
EPS(원)	165	87	326	580
PER(배)	60.38	77.18	28.55	62.82
BPS(원)	6,539	6,499	6,970	7,282
PBR(배)	1.53	1.04	1.33	5.25
주당배당금(원)	100	–	–	–

최근 3년간 주가 추이

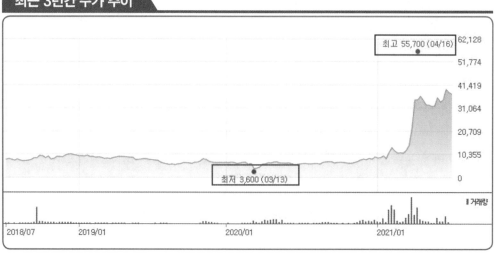

최고 55,700 (04/16)

최저 3,600 (03/13)

거래량

2018/07　　2019/01　　2020/01　　2021/01

카카오와의 협력관계가 주가 상승의 중요한 모멘텀

▶ **대원미디어그룹 지분구조도** (2021.03 기준)

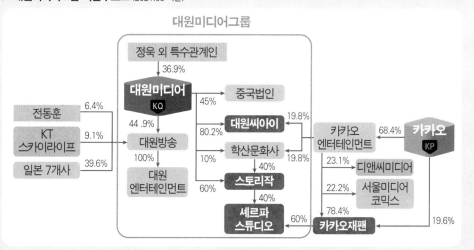

- 2021년 2월 대원미디어의 웹툰 자회사 스토리작과 일본에서 시장점유율 1위 웹툰 플랫폼 '픽코마'를 운영하는 카카오재팬이 합작회사(JV, 조인트벤처) '셰르파스튜디오'를 일본에 설립.
- 대원미디어그룹의 지분구조도에서 카카오와의 관계 주목 → 대원미디어그룹 주요 계열사인 학산문화사와 대원씨아이에 카카오엔터테인먼트가 각각 지분 19.8%를 보유하고 있고, 스토리작 설립 때도 카카오재팬이 지분 40% 투자.
- 합작회사 '셰르파스튜디오' 설립 당시에도 나타났듯이 대원미디어와 카카오의 협력관계 이슈는 대원미디어 주가 상승에 매우 중요한 모멘텀으로 작용.

데이터 분석 2 디지털 콘텐츠 및 상품 유통 호실적 주목

▶ **대원미디어 사업부문별 매출 추이** (단위: 억 원)

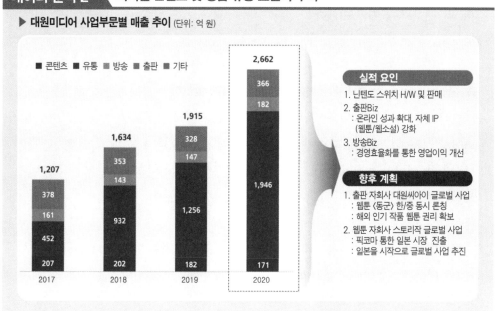

실적 요인

1. 닌텐도 스위치 H/W 및 판매
2. 출판Biz
   : 온라인 성과 확대, 자체 IP
   (웹툰/웹소설) 강화
3. 방송Biz
   : 경영효율화를 통한 영업이익 개선

향후 계획

1. 출판 자회사 대원씨아이 글로벌 사업
   : 웹툰 〈동군〉 한/중 동시 론칭
   : 해외 인기 작품 웹툰 권리 확보
2. 웹툰 자회사 스토리작 글로벌 사업
   : 픽코마 통한 일본 시장 진출
   : 일본을 시작으로 글로벌 사업 추진

카카오와의 윈-윈 효과가
주가 상승 모멘텀

투자포인트 01 👉 '원피스', '드래곤볼' 국내 독점 수입 · 유통사

대원미디어는 1973년 만화영화를 제작하는 원프로덕션으로 출발했다. 1974년 대원동화로 사명을 바꾼 뒤 '은하철도 999', '도라에몽', '짱구는 못말려', '파워레인저', '드래곤볼', '원피스' 등 일본 애니메이션을 국내에 독점 수입 · 유통하면서 사업 기반을 다졌다. 대원동화는 1991년부터 출판 시장에 진출해 '주간 소년 챔프'를 발간했고, 1992년에 도서출판 대원으로 법인을 분리해 1990년대 중반까지 잡지와 출판만화 사업에 매진했다. 2000년 코스닥에 상장하면서 상호도 대원씨아이로 변경했다. 2006년 큐렉소에 인수되면서 한때 코암나노바이오의 출판사업부로 활동하다 다시 대원씨아이로 분리되었고, 2012년에 대원미디어가 대원씨아이 지분 100%를 25억 원에 인수해 되찾는 부침을 겪기도 했다.

투자포인트 02 👉 주가 상승은 온라인 사업에 달렸다

대원미디어는 최근 유통과 온라인 출판 사업 모두 실적 호조를 보이고 있다. 대원미디어의 상품유통 매출은 2020년 연결기준 1,946억 원으로 전년 대비 54.9% 증가했다. 대원미디어의 호실적을 이끄는 것은 자회사 대원씨아이의 웹툰 · 웹소설 콘텐츠 사업이다. 대원씨아이의 온라인 매출 비중은 2017년 28%에서 2021년 50% 이상으로 급증할 전망이다.

대원미디어의 온라인 사업 성장은 즉시 주가에 반영됐다. 지난 2021년 3월 17일 11,000원이던 대원미디어 주가가 4월 7일 27,250원에 거래되더니 4월 16일 55,700원으로 정점을 찍었다. 그 사이 대원미디어는 투자위험종목에 지정되면서 하루 동안 거래정지될 정도로 상승 폭이 컸다. 이후 조정국면에 들어가 2021년 7월 15일 현재 35,000원대에서 횡보합 중이다. 아무튼 현재주가도 3월 중순에 비하면 3배 이상 상승한 셈이다. 대원미디어의 매출 비중 중 온라인 사업이 커질수록 주가가 크게 오르는 모습은, 최근 K-콘텐츠에서 웹툰이 차지하는 위상을 그대로 보여준다.

투자포인트 03 카카오재팬과 합작회사 설립

대원미디어 주가가 급등한 또 다른 이유로는, 2021년 2월 대원미디어의 웹툰 자회사 스토리작과 일본에서 시장점유율 1위 웹툰 플랫폼 '픽코마'를 운영하는 카카오재팬이 합작회사(JV, 조인트벤처) '셰르파스튜디오'를 일본에 설립한 것이다. 카카오페이지에 콘텐츠를 공급하는 대원씨아이에 이어 대원미디어와 카카오의 두 번째 합작이다. 대원미디어와 카카오는 이전부터 깊은 협력관계를 맺어왔다. 대원미디어그룹 주요 계열사인 학산문화사와 대원씨아이에 카카오엔터테인먼트가 각각 지분 19.8%를 보유하고 있고, 스토리작 설립 때도 카카오재팬이 지분 40%를 투자했다.

대원미디어의 주가 상승 포인트로 신작 드라마 '용갑합체 아머드 사우루스'도 거론된다. 대원미디어가 70억 원을 투자해 제작하는 어린이용 특수촬영물이다. 드라마의 영상 수준이 어린이용이라 믿기 어려울 정도로 수준이 높은데, 게임 제작에 사용하는 '언리얼 엔진'을 적용했기 때문이다. 엄청난 조회 수를 기록한 유튜브 티저 영상만으로도 2021년 하반기 방영 시점에 대원미디어의 주가 상승에 대한 기대감을 갖게 한다.

대원미디어가 70억 원을 투자해 제작하는 어린이용 특수촬영물 '용갑합체 아머드 사우루스'. 2021년 하반기 방영 예정으로, 증권가에서 주가 상승 포인트로 주목.

미스터블루
KQ
207760

55.5% ─ 조승진

100% ─ 블루포션게임즈
게임 소프트웨어 개발·공급

설립/상장	2002.11/2015.11※
시가총액/순위	2,736억 원/코스닥 379위
상장주식수	24,761,635주
수익률(3/6/12개월)	+7.77/+0.45/-10.12
목표주가	15,330원
외국인보유비율	0.41%
주요 사업	디지털만화 및 웹툰, 웹소설, 게임 등 온라인 콘텐츠

※2015.11 피합병 후 재상장, 합병법인은 2014.10 설립

경영실적/지표

연도별	2018	2019	2020	2021E
매출액(억 원)	310	639	807	817
영업이익(억 원)	40	139	144	150
당기순이익(억 원)	28	120	122	129
영업이익률(%)	12.76	21.7	17.84	18.36
ROE(%)	9.04	32.13	25.45	21.72
부채비율(%)	37.96	45.21	31.66	-
EPS(원)	113	491	498	521
PER(배)	20.92	14.85	22.18	20.83
BPS(원)	1,316	1,770	2,205	2,641
PBR(배)	1.8	4.12	5.01	4.11
주당배당금(원)	20	25	35	40

최근 3년간 주가 추이

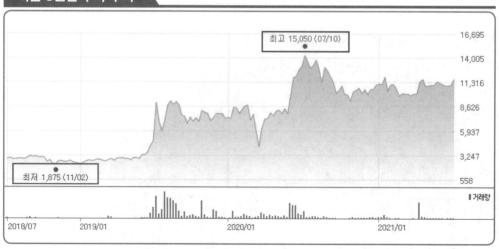

최고 15,050 (07/10)

최저 1,875 (11/02)

16,695
14,005
11,316
8,626
5,937
3,247
558

거래량

2018/07   2019/01   2020/01   2021/01

데이터 분석 1   자체 플랫폼 성장세 주목

▶ 미스터블루 플랫폼 건당 평균결제금액(ARPU) 추이

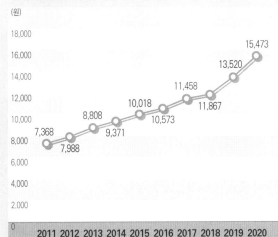

▶ 미스터블루 자체 플랫폼 가입자 수 추이

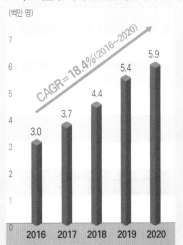

- 미스터블루 웹툰 플랫폼 누적 회원 수는 최근 5년간 연평균 18.4% 증가해 2020년 기준 586만 명 이상 보유. 같은 기간 건당 평균 결제금액은 2016년 10,573원에서 2020년 15,473원으로 46.3% 증가. 다만 카카오재팬의 웹툰 플랫폼 픽코마와 네이버웹툰의 라인망가 등의 성장 속도에 크게 못 미친다는 게 업계의 평가.
- 국내 최다 만화 저작권 보유 → 2020년 6월 말 기준 총 1,605개의 타이틀, 43,517권에 달하는 분량.
- 미스터블루는 국내 동종 플랫폼 업체 중 유일하게 자체 무협 IP를 보유하고 있다는 점에서 자사 무협 콘텐츠 활용에 주목 → 원소스멀티유즈(OSMU) 실현 목표.

데이터 분석 2   모바일게임 사업과의 시너지 효과 기대

▶ 미스터블루 모바일게임 매출 추이

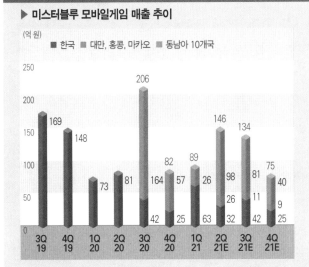

▶ 미스터블루 사업부문별 매출 비중

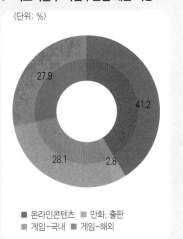

- 미스터블루는 MMORPG 모바일게임 '에오스 레드(EOS RED)'를 국내에 출시하면서 매출이 가파르게 상승 → 2020년 기준 게임 부문 매출이 452억 원으로 전년 대비 38.6% 증가.
- 웹툰과 게임 사업의 시너지 효과는 미스터블루의 주가 상승을 이끄는 모멘텀으로 작용.

무협만화 독보적 1위,
일본 웹툰 시장 진출

투자포인트 01 🖐 **무협 4대 천왕의 포괄적 저작권(IP) 관리**

미스터블루는 디지털 만화 출판사이자 웹툰·웹소설 온라인 콘텐츠공급업자(CP)다. 콘텐츠 제작과 플랫폼 비즈니스를 동시에 진행하고 있어 비교적 안정적인 경영이 가능하다. 미스터블루의 전신은 2002년 설립한 웹툰회사 코믹앤조로, 2003년 온라인 만화 플랫폼 '미스터블루'를 개설한 국내 1세대 만화 콘텐츠 및 플랫폼 기업이다. 2008년에 서비스 상표였던 미스터블루로 상호를 변경했다.

미스터블루는 설립 당시부터 무협만화에 특화된 플랫폼으로 성장했다. 2011년부터 2015년까지 무협만화 대가들의 필명을 내재화했다. 무협 '4대 천왕'인 황성, 야설록, 사마달, 하승남을 포함한 국내 유명 무협만화 작가의 포괄적 저작권(IP)을 인수해 콘텐츠 캐시카우를 확보한 것이다. 탄탄한 독자층을 거느리고 있는 작가를 확보한 것은 다른 유료 플랫폼과 가장 크게 차별화되는 요인이다. 미스터블루는 이들 유명 작가들의 웹툰을 자체 제작해오고 있으며, 2016년 웹툰 플랫폼 서비스를 본격적으로 시작했다.

투자포인트 02 🖐 **픽코마와 라인망가에서 웹툰 서비스**

미스터블루는 최근 세계 최대 만화시장인 일본 진출에 적극적이다. 2020년에 카카오재팬과 신무협 웹툰 '무신전기', 정통 무협만화 '괴'의 독점 서비스 계약을 체결해 카카오재팬이 운영하는 웹툰 플랫폼 픽코마에 공급한다. 픽코마(ピッコマ, Piccoma)는 카카오의 일본 자회사 '카카오재팬'이 일본에서 운영하는 만화출판, 웹툰·웹소설 플랫

폼이다. 일본 내 웹툰 시장점유율 1위에 올라있다.

미스터블루는 무협만화 '염라'(야설록 지음)를 일본의 대표적인 웹툰 플랫폼 라인망가에서 서비스하고 있다. 미스터블루가 자체 제작한 정통 무협만화가 일본 시장에서 서비스되기는 처음이다. 라인망가는 일본에서 이용자가 약 8,400만 명에 달하는 모바일 메신저 '라인'을 통해 서비스한다.

투자포인트 03 ﾞ 게임 사업에서도 실적 고공행진

웹툰이 본업이지만 미스터블루의 또 다른 얼굴은 게임이다. 2016년 엔비어스로부터 온라인게임 '에오스'의 IP 등 자산 일체를 45억 원에 인수하면서 게임 시장에 진출했다. 미스터블루는 2018년에 게임 사업부문을 분할해 자회사 블루포션게임즈를 설립한 뒤 온라인·모바일 게임 서비스에 들어갔다. 미스터블루의 게임 사업은 2019년 폭발적인 성장세를 보였다. 온라인게임뿐이던 에오스 IP를 이용해 모바일 MMORPG게임 '에오스 레드(EOS RED)'를 국내에 출시하면서 매출이 가파르게 뛴 것이다. 2020년 기준 게임 부문 매출은 452억 원으로 전년 대비 38.6% 증가했다. 업계에서는 웹툰 시장에서 무협만화의 강자로 등극한 미스터블루가 모바일게임으로 '퀀텀 점프'에 성공했다는 평가다.

체크포인트 ﾞ 콘텐츠 다양화와 플랫폼 사업 보완은 풀어야 할 과제

미스터블루의 콘텐츠 장르가 무협만화에 집중된 점은 장점이자 단점이기도 하다. 다양성이 부족하고 수출이 어렵기 때문이다. 플랫폼 사업 성적에도 아쉬움이 없지 않다. 급속히 팽창하고 있는 웹툰·웹소설 시장을 고려하면 성장세가 더딘 편이다. 카카오재팬의 웹툰 플랫폼 픽코마와 네이버웹툰의 라인망가 등 거대 플랫폼 업체들의 성장 속도에 한참 못 미친다.

결국 미스터블루는 콘텐츠 다양화를 위해 오렌지스튜디오와 블루코믹스를 설립해 로맨스와 판타지 등 젊은 층을 겨냥한 작품들을 선보이고 있다. 미스터블루 플랫폼에서 인기를 끌었던 웹툰 '겨울지나 벚꽃'이 2021년부터 카카오페이지 연재를 시작했다.

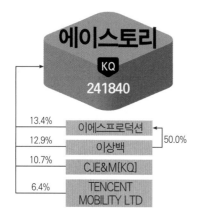

089

에이스토리
KQ
241840

13.4% 이에스프로덕션
12.9% 이상백 ← 50.0%
10.7% CJE&M[KQ]
6.4% TENCENT MOBILITY LTD

설립/상장	2004.01/2019.07
시가총액/순위	3,269억 원/코스닥 299위
상장주식수	9,531,760주
수익률(3/6/12개월)	-31.36/-13.37/+355.86
목표주가	45,030원
외국인보유비율	5.94%
주요 사업	드라마 등 방송 프로그램 제작 및 공급

경영실적/지표

연도별	2018	2019	2020	2021.1Q
매출액(억 원)	464	282	221	162
영업이익(억 원)	12	-11	-9	8
당기순이익(억 원)	23	-12	-74	17
영업이익률(%)	2.55	-3.8	-3.97	4.66
ROE(%)	19.9	-4.61	-21.3	-14.23
부채비율(%)	52.18	4.26	79.64	51.75
EPS(원)	314	-143	-792	182
PER(배)		-62.45	-48.16	-82.46
BPS(원)	1,730	4,143	3,358	4,238
PBR(배)	-	2.15	11.36	11.63
주당배당금(원)	-	-	-	-

최근 3년간 주가 추이

최고 54,000 (04/02)
최저 3,990 (03/20)
거래량
2019/07　2020/01　2021/01

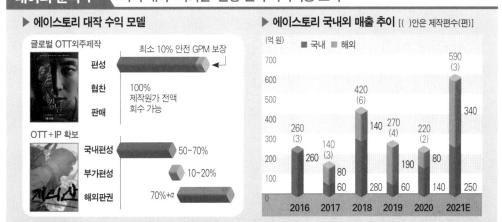

▶ 에이스토리 대작 수익 모델

글로벌 OTT외주제작

편성   최소 10% 안전 GPM 보장

협찬   100%
       제작원가 전액
판매   회수 가능

OTT+IP 확보

국내편성   50~70%

부가편성   10~20%

해외판권   70%+α

▶ 에이스토리 국내외 매출 추이 [( )안은 제작편수(편)]

(억 원) ■ 국내 ■ 해외

- 에이스토리의 차기 대작 '지리산(2021년 하반기 방영 예정)'이 스튜디오드래곤과 208억 원 규모로 국내 방영권 공급계약 체결.
- 글로벌 OTT 업체인 중국 아이치이와 국내 및 중국을 제외한 해외 방영권 라이선스 계약 체결.
- '지리산'은 전지현과 주지훈이 주연을 맡고 '킹덤'의 작가 김은희, '도깨비'의 이응복 감독 등이 참여하며, 320억 원 안팎의 제작비 투입.
- '지리산'으로 에이스토리의 주가가 급등해 한때 시가총액 4,000억 원대까지 수직상승.

▶ '뉴욕타임스', 'BBC'가 주목한 에이스토리의 드라마

시그널 시즌 1 (2016)	백일의 낭군님 (2018)	우리가 만난 기적 (2018)	킹덤 시즌 1&2 (2019 & 2020)	지리산 (2021)
tvN	tvN	KBS2	NETFLIX	iQIY tvN
전세계 리메이크 시즌제 드라마	중국 리메이크 일본 NHK 방영	두번째 IP 확보 작품 미국 리메이크 예정	국내 최초 넷플릭스 오리지널	2021 최대 글로벌 K-텐트폴
BBC "자가격리 중 반드시 봐야할 최고의 드라마"			The New York Times "지난 10년간 제작된 해외 TV쇼 베스트 30"	주연 전지현·주지훈 작가 김은희('킹덤') 감독 이응복('스위트홈') 2021 최대 글로벌 K-텐트폴

'킹덤'에서 '지리산'으로 이어지는 텐트폴 라인업

투자포인트 01 👉 **국내 최초 넷플릭스 오리지널 드라마 '킹덤' 제작사**

에이스토리는 2004년 음악PD 출신 이상백 대표가 최완규 작가, 유철용 PD와 함께 설립한 '작가 중심' 드라마 제작사다. 2018년 텐센트 오리지널 드라마로 납품된 'Shall We Fall in Love?'를 시작으로 글로벌 OTT로 유통채널 다변화에 나섰고, 국내 최초 넷플릭스 오리지널 드라마 '킹덤'으로 성장 랠리에 올라탔다. 뉴욕타임스는 '지난 10년 동안 제작된 해외 TV 쇼프로그램 베스트'에 '킹덤'을 포함시켰다.

투자포인트 02 👉 **2021년 실적 반등 예상**

에이스토리는 2020년 기준 매출액이 221억 원으로 전년 대비 21.8% 줄어든 반면, 당기순손실은 74억 원으로 적자 폭이 늘었다. 제작 준비 중인 드라마의 방영시기가 다음 연도로 이월되면서 매출이 감소했고, 투자금 평가손실(영업외비용)이 발생해 수익이 악화한 것이다. 증권가에서는 글로벌 텐트폴 드라마 제작·판매가 예정된 만큼 2021년 이후 에이스토리의 실적이 퀀텀 점프할 것을 의심하지 않는다. 에이스토리가 시즌제 형식의 글로벌 텐트폴 작품을 해마다 선보일 경우 안정적인 수익구조가 기대된다.

투자포인트 03 👉 **2021년 최고 대작 '지리산' 방영 예정**

에이스토리의 차기 대작 '지리산(2021년 하반기 방영 예정)'이 스튜디오드래곤과 208억 원 규모로 국내 방영권 공급계약을 체결했다. 글로벌 OTT 업체인 중국 아이치이와는 국내 및 중국을 제외한 해외 방영권 라이선스를 계약했다. 전지현과 주지훈이 주연을 맡고 '킹덤'의 작가 김은희, '도깨비'의 이응복 감독 등이 참여한 '지리산'에는 320억 원 안팎의 제작비가 투입된다. '지리산'으로 에이스토리의 주가가 급등해 한때 시가 총액 4,000억 원대까지 수직상승하기도 했다.

한편, 에이스토리는 2022년 공개를 목표로 '지리산' 이상의 대작 드라마를 준비하고 있다. 박재범 작가가 각본을 맡는 것으로 예상된다. 그동안 답보 상태에 있었던 글로벌 시즌제 프로젝트들도 본격 재개될 전망이다. 아울러 '킹덤' IP를 기반으로 한 게임 개발도 진행 중이다. 증권가에서는 '지리산'을 비롯한 향후 프로그램 제작 스케줄을 감안하건대, 에이스토리가 2021년부터 지난 2년간 이어져온 적자에서 탈피할 것으로 전망한다.

투자포인트 04 쿠팡플레이의 첫 예능 'SNL 코리아' 기대

증권가에서 '지리산'만큼 주목하는 에이스토리의 차기작은 시트콤 'SNL 코리아 (Saturday Night Live Korea)'다. 이미 쿠팡플레이와 독점 서비스 계약을 체결했다. 'SNL 코리아'는 쿠팡플레이에서 처음 선보이는 오리지널 예능 콘텐츠다. 쿠팡플레이는 2020년 12월 쿠팡이 출시한 OTT 서비스다. 쿠팡 로켓와우 멤버십(월 2,900원) 서비스 이용자들에게만 무료로 제공하는 동영상 스트리밍이다. 2020년 기준 쿠팡 로켓와우 멤버십 가입자는 470만 명으로 전체 쿠팡 이용객의 32%를 차지한다. 기존 'SNL코리아' 시리즈 제작을 담당했던 안상휘 CP를 비롯해 유성모 PD, 권성욱 PD, 오원택 PD 등 에이스토리 정예 멤버가 투입된다. 신동엽을 비롯한 출연진도 쟁쟁하다. 호스트로 국내외 톱스타와 셀럽들이 물망에 올라 있다.

체크포인트 330억 원 전환사채 발행

에이스토리는 2021년 4월 무기명식 이권부 무보증 사모 전환사채를 발행해 330억 원 규모의 자금을 조달했다. 표면이자율과 만기이자율은 모두 0%, 사채만기일은 2026년 4월 9일이다. 전환가액은 43,372원, 전환에 따라 발행할 주식은 760,859주이며, 주식 총수 대비 7.39%이다. 전환청구기간은 2022년 4월 9일부터 2026년 3월 9일까지다.

090

[투자 해시태그] #겨울연가2 #청춘기록 #동백꽃필무렵

팬엔터테인먼트

KQ

068050

38.9%

박영석

설립/상장	1998.04/2006.07
시가총액/순위	1,899억 원/코스닥 569위
상장주식수	27,247,982주
수익률(3/6/12개월)	-21.58/-0.76/+180.44
목표주가	8,840원
외국인보유비율	0.99%
주요 사업	방송영상물 및 음반 제작

경영실적/지표

연도별	2018	2019	2020	2021.1Q
매출액(억 원)	132	402	247	41
영업이익(억 원)	-7	11	25	9
당기순이익(억 원)	-10	11	18	9
영업이익률(%)	-5.25	2.67	9.93	22.28
ROE(%)	-2.21	2.4	3.11	3.55
부채비율(%)	42.43	62.15	51.68	52.29
EPS(원)	-38	42	66	35
PER(배)	-49.05	63.23	99.86	108.92
BPS(원)	1,705	1,754	2,517	2,552
PBR(배)	1.1	1.5	2.62	3.26
주당배당금(원)	–	–	–	–

최근 3년간 주가 추이

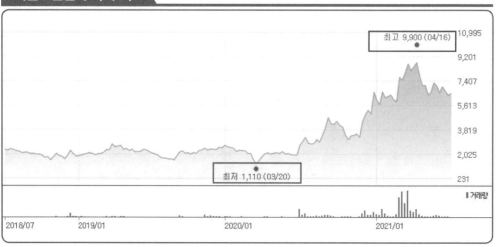

▶ 팬엔터테인먼트 드라마 제작편수 추이 및 최고 시청률 드라마 레퍼런스   ■ 작품편수(좌) ○최고시청률(우)

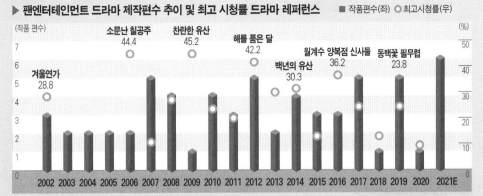

- 글로벌 OTT 플랫폼 등으로 공급 채널이 늘어나면서 드라마 지식재산권(IP)을 방송사가 아닌 제작사가 직접 보유하는 추세로 변화 → 제작 편수 많은 제작사들 실적 호조.
- 팬엔터테인먼트는 연평균 2~3편의 작품을 제작 → 2020년에는 대본 지연 등으로 '청춘기록' 한 작품에 그쳤지만, 2021년에는 공급 예정 작품만 5편이고 여기에 추가로 3편의 편성이 논의 중.
- 증권가에서는 드라마 제작 편수 증가 및 IP 수익 모델 진화에 따른 대표적인 재평가 종목으로 팬엔터테인먼트 주목.

▶ 팬엔터테인먼트 2021년 이후 라인업 (2021.03 기준)

작품명	편성	회차	연출	작가	출연	비고
오케이 광자매	KBS2	52	이진서	문영남	홍은희, 전혜빈	초록뱀미디어와 공동제작
라켓소년단	SBS	16	조영광	정보훈	탕준상, 김상경, 오나라	넷플릭스 동시 전송
찬란한 너의 계절에	협의중	16	섭외중	조성희	캐스팅 진행 중	
너를 기다려	미정	16	섭외중	백미경	캐스팅 진행 중	
반짝이는 워터멜론	미정	16	섭외중	진수완	기획중	'해를 품은 달' 작가의 신작
국민사형투표	미정	미정	섭외중	미정	기획중	웹툰 기반 작품
돌풍	미정	16	섭외중	박경수	기획중	정치 드라마

- 팬엔터테인먼트는 2021년 3월 말 기준 총 30명의 작가(드라마 25명, 영화 5명)와 계약.
- '라켓소년단'은 '겨울연가' 이후 처음으로 팬엔터테인먼트가 지식재산권(IP)을 순수하게 100% 보유한 작품으로 높은 수익성 기대 → 향후 IP를 보유한 작품이 늘수록 매출총이익 증가 예상.
- 팬엔터테인먼트는 '겨울연가2' 제작 준비 중 → 2002년 방영된 '겨울연가'는 약 20억 원의 제작비를 투입해 200억 원 이상의 수익 올림.
- '겨울연가' 방영 20주년인 2022년 방영을 목표로 작가 선정을 마치고 시나리오 작업 중.

'최고 시청률 드라마 제작사'
라는 프리미엄

투자포인트 01 👉 '겨울연가', '해를 품은 달', '동백꽃 필 무렵' 등 히트메이커

1998년 설립한 팬엔터테인먼트는 2002년에 처음 제작한 미니시리즈 20부작 '겨울연가'가 대박을 터트리면서 주목을 끌었다. 이후 2006년 '소문난 칠공주', 2009년 '찬란한 유산', 2012년 '해를 품은 달', 2015년 '킬미 힐미', 2016년 '월계수 양복점 신사들', 2019년 '동백꽃 필 무렵' 등 높은 시청률을 기록한 작품들을 포함해 해마다 3~5편의 드라마를 제작해왔다. 2020년 말 기준 총 59편의 드라마를 제작했고, 2006년에 코스닥에 상장했다.

팬엔터테인먼트의 매출 구조를 살펴보면, 2020년 연결기준 매출액 247억 원에서 드라마 관련 매출이 80.0%, 음반 7.8%, 임대 수입 10.4%다. 임대 수입이 발생하는 부동산은 서울 마포 상암DMC에 소재한 사옥 'The PAN'이다. 지하 5층, 지상 13층 규모로 3개 층을 제외한 나머지 층을 임대하고 있다. 2020년 기준 임대수익은 약 26억 원이다.

투자포인트 02 👉 '청춘기록'으로 2년 연속 흑자

최근 대표작은 2020년 9월 7일부터 10월 27일까지 tvN 월화드라마로 방영된 '청춘기록'이다. 팬엔터테인먼트는 2020년 매출액은 줄었지만 '청춘기록'의 선전으로 영업이익과 순이익이 모두 증가해 2019년 '동백꽃 필 무렵' 덕에 기록했던 3년 만의 흑자를 2년 연속 이어나갈 수 있었다. '청춘기록'은 첫 회 시청률 6.4%로 역대 tvN의 월화드라마 중 첫 회 최고 시청률을 기록했다. 스튜디오드래곤과 공동제작한 '청춘기록'은 약 140억 원 규모의 제작비가 소요된 것으로 추산된다. 각종 VOD와 OTT 등에 공

급되었고, 글로벌 OTT 업체인 넷플릭스를 통해 전 세계에 공개되었다.

드라마 수록곡(OST)은 중국의 음악 스트리밍 플랫폼인 텐센트 뮤직과 유통계약을 체결해 글로벌 시장에 음원을 공급했다. 증권가에서는 '청춘기록'이 이미 방영 전부터 '동백꽃 필 무렵'을 능가하도록 준비한 작품이었던 만큼 넷플릭스 등에 콘텐츠 공급이 이뤄지면서 플랫폼과 시너지 창출이 가능했다고 평가한다.

투자포인트 03 ☞ '라켓소년단', 넷플릭스와 OTT 방영권 계약

팬엔터테인먼트는 2021년 5월에 넷플릭스 월드와이드 엔터테인먼트와 드라마 '라켓소년단' OTT 방영권 라이선스 계약을 체결했다. 계약기간은 2023년 1월 31일까지다. '라켓소년단'은 16부작으로 2021년 5월 31일부터 7월 20일까지 지상파 SBS 월화드라마를 비롯해 넷플릭스, SBS Plus, KT그룹의 SKY, DramaH 등의 플랫폼에서 방영되었다. '라켓소년단'은 '겨울연가' 이후 처음으로 팬엔터테인먼트가 지식재산권(IP)을 순수하게 100% 보유하는 작품이라 수익 극대화가 기대된다. 최근 IPTV, OTT 등으로 방송 채널이 확대되면서 점차 콘텐츠 공급자 우위로 시장 구조가 바뀌고 있다. 팬엔터테인먼트는 적극적으로 IP 보유 전략을 펴고 있다.

투자포인트 04 ☞ 10년간 350억 원의 평가차익 누린 상암DMC 사옥 주목

2007년 현재의 상암DMC 사옥으로 이전한 팬엔터테인먼트는 2010년, 2015년, 2020년 말일을 재평가기준일로 해서 하나평가법인와 삼성감정평가법인이 국제평가기준에 따라 독립적으로 토지를 재평가했다. 대지면적 1972.9m² 규모의 사옥 토지를 재평가한 결과 토지장부가액이 2010년 95억 원에서 181억 원으로 86억 원 증가했고, 2015년에는 201억 원으로 약 20억 원 더 늘었다. 그리고 2020년에는 무려 445억원으로 증가했다. 10년간 총 350억 원의 평가차익을 얻은 셈이다. 재평가차익은 연도말 실적에 '기타포괄손익누계액'으로 반영되므로 부채비율을 떨어뜨려 결과적으로 재무구조 개선에 기여한다. 팬엔터테인먼트의 지난 10년간 총 영업이익이 4억 원 정도인 것을 고려하면 부동산 가격 상승으로 알토란 수익을 창출한 것이다.

091

초록뱀미디어
KQ
047820

77.1%	소액주주
22.9%	초록뱀컴퍼니[KQ]
18.1%	오션인더블유
51%	원성준
31.9%	원영식

설립/상장	1998.05/2002.12
시가총액/순위	4,071억 원/코스닥 232위
상장주식수	164,148,935주
수익률(3/6/12개월)	+9.44/+16.51/+55.59
목표주가	4,190원
외국인보유비율	2.23%
주요 사업	방송프로그램 제작 및 공급

경영실적/지표

연도별	2018	2019	2020	2021.1Q
매출액(억 원)	639	485	467	379
영업이익(억 원)	13	14	-86	21
당기순이익(억 원)	-155	82	-338	-18
영업이익률(%)	2.01	2.89	-18.39	5.64
ROE(%)	-17.9	8.35	-28.82	-30.04
부채비율(%)	85.63	75.48	124.21	117.78
EPS(원)	-198	70	-245	-11
PER(배)	-8.51	17.27	-8.52	-9.28
BPS(원)	801	875	776	773
PBR(배)	2.11	1.39	2.69	2.90
주당배당금(원)	0	0	0	-

최근 3년간 주가 추이

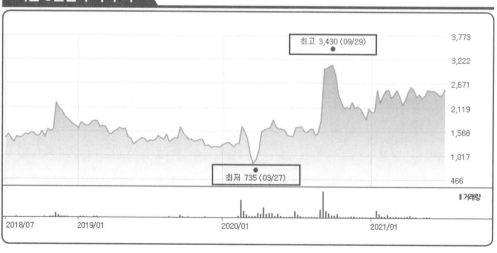

　2021년 실적 고공행진 유력

▶ 초록뱀미디어 분기별 매출

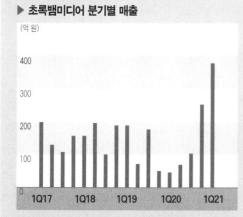

▶ 초록뱀미디어 분기별 영업이익률

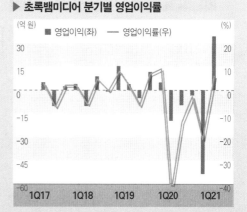

- 초록뱀미디어는 2021년 1분기 연결 매출액 379억 원, 영업이익 21억 원으로 흑자전환 → 중국향 매출이 사라진 2017년 이후 가장 높은 실적 기록.
- 방송 실적의 경우 '펜트하우스2'와 '결혼작사 이혼작곡' 등 외주 작품들만 반영했지만, 높은 시청률에 기반한 협찬과 PPL 등의 부가수익까지 감안할 경우 초과이익 달성 유력.
- 2021년 2분기에는 '오케이 광자매', '펜트하우스3', '결혼작사 이혼작곡2' 실적이 반영되면서 좀 더 높은 이익 기대.
- 2021년 하반기에 예정된 'YOUTH'(BTS 세계관 기반 드라마) 및 '어느날'을 통해 역대 최대 실적 예상.

데이터 분석 2 　고정비 부담 감소, 현금흐름 개선

▶ 초록뱀미디어 최근 드라마 투자 현황 (단위 : 억 원)

연도	작품명	총 제작비	회차	회당 제작비
2020	기억법	90	16	5.6
	펜트하우스 1	134	20	6.7
2021	펜트하우스 2	134	20	6.7
	펜트하우스 3	134	20	6.7
	결혼작사 이혼작곡 1	112	16	7.0
	결혼작사 이혼작곡 2	112	16	7.0
	오케이 광자매	90	50	1.8
	Youth(추정)	300	10	30.0
	어느 날(추정)	200	8	25.0

- 드라마 제작사의 매출은 얼마나 많은 작품을 제작해 방영하는가에 좌우.
- 증권가에서 초록뱀미디어는 2020년 말부터 급부상하고 있는 중소형 제작사들 가운데 가장 저평가된 종목으로 꼽힘.
- 초록뱀미디어의 2021년 드라마 제작 편수는 총 7편으로 경쟁사(3~5편)에 비해 많음.
- 초록뱀미디어의 사업 모델이 외주제작을 기본으로 하기 때문에 시청률이 올라갈수록 외주제작사 몫인 협찬과 PPL의 수익률도 높아짐.

BTS 세계관 드라마로
주가 상승 기대

투자포인트 01 👉 '펜트하우스 시리즈', '결혼작사 이혼작곡' 시청률 호조

초록뱀미디어는 SBS 드라마제작국 프로듀서 출신 김기범 전 대표이사가 2000년에 설립한 초록뱀M&C가 모태다. 2001년 김종학프로덕션 등과 제휴해 드라마 제작업에 진출했다. 2003년 SBS 드라마 '올인'을 외주 제작했고, 2004년 MBC 드라마 '불새'를 통해 도약했다. 2005년에 초록뱀M&C는 부직포 및 펠트제조업을 영위하던 코스닥 상장사 코닉테크의 최대주주가 되면서 코닉테크에 인수합병되는 우회상장으로 코스닥에 상장했다. 상호도 코닉테크에서 초록뱀미디어로 변경했다. 2008년 부직포 사업 부문을 물적분할하고 방송 프로그램 제작에 전념하는 회사로 탈바꿈했다.

초록뱀미디어의 주가는 2021년 최고 시청률을 기록한 '펜트하우스 시리즈 1~3'(SBS 방영)과 '결혼작사 이혼작곡 1'(TV조선 방영) 등을 통해 2020년 86억 원의 영업손실을 얼마나 만회할 수 있을지가 관건이다.

투자포인트 02 👉 BTS 세계관 기반 드라마 'YOUTH'로 고수익 기대

증권가에서 초록뱀미디어를 주목하는 이유는 2021년 하반기에 예정된 신규 드라마 2편 때문이다. 그 가운데 특히 방탄소년단의 세계관을 기반으로 한 드라마 'YOUTH' (연출 김재홍, 극본 김수진·최우주)는 방송 전부터 크게 화제를 모으고 있다. 제작비가 400억 원대로 추정되는 'YOUTH'는 하이브와의 수익 배분을 감안하더라도 기존 작품과 비교해 높은 수익이 예상된다. 'YOUTH'는 위태롭고 미숙한 일곱 소년의 성장기를 다룬 드라마로, 증권가에서 초록뱀미디어를 'BTS 관련주'로 분류시키기도 했다.

실제로 방탄소년단의 디지털 싱글이 미국 빌보드 차트에서 정상을 차지했을 때 초록뱀미디어의 주가가 반등했다.

영국 BBC에서 방영된 드라마 '크리미널 저스티스'를 리메이크하는 '어느날(가제, 옛 그날밤)'은 각 회 60분, 8부작으로 구성된다. 배우 김수현과 차승원의 역대급 캐스팅이 이뤄진 텐트폴급 드라마로, 초록뱀미디어와 더스튜디오M, 골드메달리스트가 공동제작한다. 제작비는 200~300억 원으로 추산되며, 2021년 하반기 방송 예정이다.

투자포인트 03 🤟 2021년 역대 최대 실적 기회

증권가에서는 초록뱀미디어가 2021년 드라마 라인업을 통해 역대 최대 실적을 기록할 것으로 보고 있다. 최근 글로벌 OTT 증가에 따라 한국 드라마 콘텐츠 수요가 급증하면서 초록뱀미디어의 드라마 제작 역량이 제대로 평가받고 있는 것이다. 실제로 증권가에서 초록뱀미디어는 2020년 말부터 급부상하고 있는 중소형 제작사들 가운데 가장 저평가된 종목으로 꼽힌다. 2021년에 드라마 제작 편수가 총 7편으로 경쟁사에 비해 크게 웃돈다. 무엇보다도 초록뱀미디어의 사업 모델이 외주제작을 기본으로 하기 때문에 시청률이 올라갈수록 외주제작사 몫인 협찬과 PPL의 수익률도 높아진다. 드라마 제작 이외에 자회사 더스카이팜의 외식 사업, 부산 엘시티 전망대 임대 사업 등에서 연 매출이 최소 40억 원 발생하는 것도 매력적이다.

투자포인트 04 🤟 드라마 '어느날'로 쿠팡플레이와 100억 원 규모 계약

초록뱀미디어는 2021년 4월에 쿠팡과 드라마 '어느날'의 국내 방송권 독점 공급계약을 체결했다. 계약금액은 100억 원 규모다. '어느날'은 2021년 하반기에 쿠팡의 동영상 스트리밍 서비스(OTT)인 쿠팡플레이에서 방송될 예정이다. 쿠팡플레이가 선보이는 제1호 콘텐츠다. 초록뱀미디어에게는 자체 사전제작 드라마의 OTT향 최초 계약이다. 초록뱀미디어가 드라마의 지식재산권(IP)을 보유하고 직접 OTT향 판매를 주도하는 콘텐츠 제작업의 수익형 모델 추세에 동참한 것이다. 한편, 쿠팡은 2020년 12월 쿠팡플레이로 OTT 시장에 진출해 콘텐츠 투자에 집중하고 있다.

설립/상장	1996.10/2003.11
시가총액/순위	2,634억 원/코스닥 406위
상장주식수	17,738,060주
수익률(3/6/12개월)	−13.99/+27.16/+22.92
목표주가	26,800원
외국인보유비율	8.32%
주요 사업	드라마, 영화 등 영상 콘텐츠 기획·제작, 매니지먼트업

키이스트
KQ
054780

24.4% → 에스엠스튜디오스
SM엔터테인먼트[KQ] — 100%
이수만 — 18.7 %
5.9% → S.M.ENTERTAINMENT JAPAN
※2021.05 기준

경영실적/지표

연도별	2018	2019	2020	2021.1Q
매출액(억 원)	1,037	394	481	110
영업이익(억 원)	−24	−21	17	9
당기순이익(억 원)	−84	−107	87	−23
영업이익률(%)	−2.33	−5.43	3.47	8.35
ROE(%)	−16.51	−17.44	22.42	10.80
부채비율(%)	33.52	59.32	68.33	59.41
EPS(원)	−510	−485	559	−134
PER(배)	−25.9	−24.96	20.74	63.55
BPS(원)	3,009	2,552	2,440	2,386
PBR(배)	4.39	4.74	4.75	7.50
주당배당금(원)	–	–	–	–

최근 3년간 주가 추이

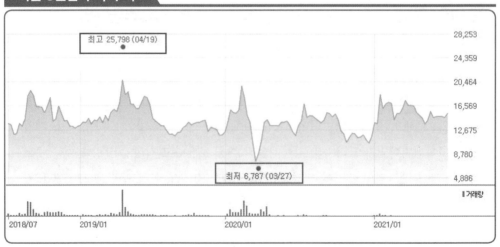

드라마 콘텐츠 부문 매출 비중 주목

▶ **키이스트 사업부문별 매출 전망**

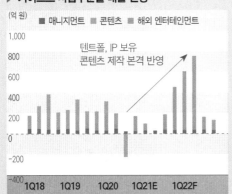

(억 원)
■ 매니지먼트 ■ 콘텐츠 ■ 해외 엔터테인먼트

텐트폴, IP 보유
콘텐츠 제작 본격 반영

1Q18 1Q19 1Q20 1Q21E 1Q22F

▶ **드라마 제작사 PER 비교** (2021년 기준)

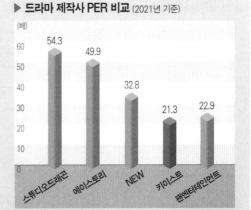

(배)

스튜디오드래곤	에이스토리	NEW	키이스트	팬엔터테인먼트
54.3	49.9	32.8	21.3	22.9

- 키이스트의 매출이 드라마 콘텐츠 부문에서 큰 폭의 성장 예상 → 2021년을 기점으로 드라마 제작편수가 크게 늘어나 향후 3개년 연평균 콘텐츠 매출 비중이 90%까지 확대될 전망 → 글로벌 OTT 등 콘텐츠 공급 채널 증가로 드라마 수요가 크게 늘어나는 시장에 적절하게 대응.
- 증권가에서는 키이스트가 경쟁사인 스튜디오드래곤, 에이스토리 등과 비교해 성장성 대비 저평가되었다고 분석.

제작비 300~400억 원대 텐트폴 작품 예정

▶ **키이스트 2021년, 2022년 드라마 제작 라인업**

시기		제목	채널	연출	작가	특징
2021	1Q	2020-12-11~ 2021-02-06 〈허쉬〉	JTBC	최규식	김정민	-16부작 편성 -최고 시청률 3.4%, 외주제작
		2020-11-17~ 2021-01-12 〈라이브 온〉	JTBC	김상우	방유정	-8부작 편성 -최고 시청률 1.3%, 외주제작
	2Q	–	–	–	–	–
	3Q	〈한 사람만〉	종편	오현종	문정민	-16부작, 제작비 규모 120억원
	4Q	〈경이로운 구경이〉	종편	이정품	성초이	-12부작, 제작비 130억원~150억원 -IP 보유로 중국 및 일본 플랫폼 으로부터 선구매 요청 -6월 크랭크인, 11월 초 방영 예정
2022	1H	〈별들에게 물어봐〉			서숙향	-제작비 400억원 규모 텐트폴 -IP 보유
	2H	〈일루미네이션〉	OTT/종편	SME 공동 제작	정세랑	-제작비 300억원 규모 텐트폴 -OTT 플랫폼에만 송출 시, 오리지널 콘텐츠로 제작해 마진 확보

- 2021년 키이스트의 드라마 라인업 중 가장 주목을 끄는 작품은 2021년 하반기 방영 예정인 JTBC 금토 드라마 '경이로운 구경이'(12부작)로, 배우 이영애가 4년 만에 출연.
- 2022년 라인업 중에서 우주정거장을 배경으로 제작비 400억 원을 투입하는 대작 로맨틱 코미디 드라마 '별들에게 물어봐'(서숙향 작가) 및 제작비 300억 원 규모의 K팝 드라마 '일루미네이션'(정세랑 작가)은 키이스트의 실적과 주가 상승에 중요한 모멘텀이 될 전망.

400억 원 투입 대작 드라마로 성장 모멘텀 마련

투자포인트 01 👉 **SM그룹의 계열회사로 편입**

2006년 배우 배용준은 컴퓨터 소프트웨어 회사 오토윈테크(코스닥 상장사)를 약 90억 원에 인수해 최대주주가 되어 사명을 키이스트로 바꿨다. 이후 배용준이 설립한 연예 매니지먼트 회사 BOF를 키이스트의 자회사로 편입시켰다. 그리고 2010년에 키이스트가 BOF를 흡수합병함으로써 우회상장을 완성했다.

키이스트는 2017년 OCN 드라마 '보이스 시즌 1, 2'가 흥행하면서 성장의 발판을 마련했고, 이어 연매출 1,000억 원대 기업으로 성장했다. 하지만 배용준은 2018년경 자신의 지분을 SM엔터테인먼트에 양도했다. 당시 배용준은 키이스트 지분 양도 대가로 현금 150억 원과 SM엔터테인먼트 신주 350억 원(919,238주)을 받아 SM엔터테인먼트의 3대 주주가 되었다(지분 4.05%). 그리고 키이스트는 SM엔터테인먼트그룹에 소속된 39개의 계열회사 가운데 하나가 되었다.

투자포인트 02 👉 **이영애 주연 드라마 및 400억 원 투자 대작 라인업 주목**

키이스트는 2020년에 '싸이코패스 다이어리', '하이에나', '보건교사 안은영', '라이브 온', '허쉬' 등 총 6편의 드라마를 제작했다. 이어 2021년 키이스트의 드라마 라인업은 4편이다. 2021년 하반기 방영 예정인 JTBC 금토 드라마 '경이로운 구경이'(12부작)는 배우 이영애가 4년 만에 출연하는 작품이다. 역시 JTBC에서 방영 예정인 16부작 '한 사람만'(문정민 작가, 오현종 연출)도 역량 있는 작가와 PD의 작품으로 주목을 끈다. 좀 더 기대를 모으는 건 2022년 라인업이다. 우주정거장을 배경으로 제작비 400억 원을 투입하는 대작 로맨틱 코미디 드라마 '별들에게 물어봐'(서숙향 작가) 및 제작비 300억 원 규모의 K팝 드라마 '일루미네이션'(정세랑 작가)은 키이스트의 실적과 주가 상승에 중요한 모멘텀이 될 전망이다.

투자포인트 03 | 매니지먼트에서 콘텐츠로 사업 비중 이동

키이스트는 2020년 연결기준 영업이익이 17억 원으로 전년(영업손실 15억 원) 대비 흑자전환했다. 드라마 '하이에나' 지식재산권(IP)의 직접 판매 및 총 6편의 드라마 방영 덕분이다. 다만 매출액은 481억 원으로 전년 대비 52% 감소했다. 자회사 스트림 미디어 코포레이션이 SM엔터테인먼트의 사업구조 개편에 따라 SM엔터테인먼트의 일본 자회사 SMEJ, Inc에 합병되면서 연결종속회사에서 떨어져나갔기 때문이다.

키이스트는 2021년을 기점으로 드라마 제작편수가 크게 늘어나 향후 3개년 연평균 콘텐츠 매출 비중이 90%까지 확대될 전망이다. 글로벌 OTT 등 콘텐츠 공급 채널 증가로 드라마 수요가 크게 늘어나는 시장에 적절하게 대응한 것이다. 증권가에서는 키이스트가 경쟁사인 스튜디오드래곤, 에이스토리 등과 비교해 성장성 대비 저평가되었다고 분석한다.

체크포인트 | SM엔터테인먼트에서 에스엠스튜디오스로 최대주주 변경

SM엔터테인먼트는 2021년 4월에 계열회사 구조 개편을 단행했다. SM C&C, 키이스트, 미스틱스토리 등 계열회사 보유 지분 전량을 100% 자회사인 에스엠스튜디오스를 설립한 뒤 현물출자해 에스엠스튜디오스의 자회사로 계열화한 것이다. SM엔터테인먼트의 보유 지분 2,395억 원과 현금출자 50억 원까지 합해 총 2,445억 원을 에스엠스튜디오스에 투입했다. 이번 구조 개편으로 SM엔터테인먼트는 음악 사업 본연에 집중하고 에스엠스튜디오스에서 드라마·예능·뉴미디어 분야를 통합 경영하게 된다. SM엔터테인먼트로서는 계열회사의 사업 리스크 부담에서 한 발 뒤로 물러선 것이다. 이에 따라 키이스트의 최대주주는 2021년 5월 SM엔터테인먼트에서 에스엠스튜디오스와 특수관계인으로 변경되었다.

093

[투자 해시태그] #승리호 #CG/VFX #재벌집막내아들

위지윅스튜디오
KQ
299900

- 17.7% 박인규
- 11.6% 박관우
- 61.1% 소액주주

설립/상장	2016.04/2018.12
시가총액/순위	4,404억 원/코스닥 212위
상장주식수	36,395,221주
수익률(3/6/12개월)	+13.55/+125.47/+212.50
목표주가	19,500원
외국인보유비율	1.40%
주요 사업	영화 · 드라마 CG/VFX 기술 및 영상 기획 · 제작

경영실적/지표

연도별	2018	2019	2020	2021E
매출액(억 원)	236	464	1,102	1,561
영업이익(억 원)	50	66	18	160
당기순이익(억 원)	47	65	32	126
영업이익률(%)	21.22	14.29	1.68	10.23
ROE(%)	18.75	–	-2.24	18.58
부채비율(%)	34.34	54.98	89.42	–
EPS(원)	264	212	-43	359
PER(배)	12.22	25.46	-147.66	38.79
BPS(원)	1,714	2,026	1,903	2,103
PBR(배)	1.88	2.66	3.32	6.62
주당배당금(원)	–	–	–	–

최근 3년간 주가 추이

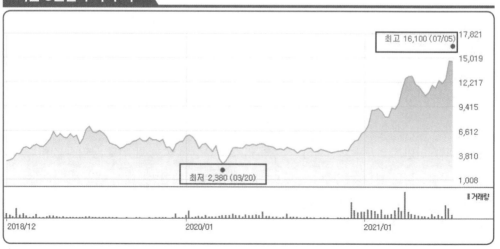

최고 16,100 (07/05)

최저 2,380 (03/20)

거래량

2018/12   2020/01   2021/01

향후 15%대에 이르는 높은 영업이익률 주목

▶ 위즈윅스튜디오 매출(증가율) 전망

▶ 위즈윅스튜디오 영업이익(률) 전망

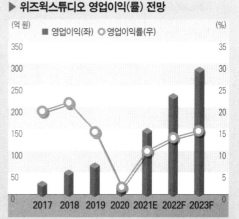

- 위지윅스튜디오의 첫 공식 넷플릭스 진출작 '승리호'의 경우, 제작비 240억 원을 투입해 판권 판매만으로 약 310억 원의 매출을 실현함으로써 47%의 수익을 거둠 → 넷플릭스 오리지널 콘텐츠향 마진이 일반적으로 20% 수준인 점을 감안했을 때 상당히 높은 수익률.
- 향후 위지윅스튜디오가 제작한 영화·드라마 작품들이 글로벌 OTT로 공급이 확대될수록 영업이익률 큰 폭으로 상승 예상.

2021년 1분기 기점으로 실적 회복, 2022년 이후 반등

▶ 위즈윅스튜디오 드라마 제작편수 전망

▶ 위즈윅스튜디오 사업부문별 매출 비중 (단위: %)

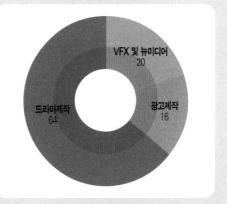

- '디즈니 플러스', '애플 TV+', 'HBO Max' 등 글로벌 OTT들이 국내 진출을 계획하고 있는 만큼 본격적인 오리지널 콘텐츠 확보 경쟁이 예상됨에 따라 영화·드라마 레퍼런스가 많아질수록 위지윅스튜디오의 실적도 가파르게 상승할 전망.
- 자회사 이미지나인컴즈에서 준비 중인 '블랙의 신부'는 150~200억 원의 제작비가 투입될 예정 → 글로벌 OTT에 동시 방영 진행으로 고수익 창출 기대.
- 자회사 래몽래인에서 제작을 진행 중인 '재벌집 막내아들'은 웹소설 플랫폼 문피아에서 1위를 차지한 작품으로, 제작비 200억 원 투입 예정 → 현재 JTBC에 편성이 확정된 상태.

'승리호'로 영화·드라마 CG/VFX 최선호주 등극

투자포인트 01 ☞ 국내 최초 월트디즈니 CG/VFX 공식 협력사

위지윅스튜디오는 2016년 4월 설립한 영화와 드라마, 뉴미디어 등 영상 콘텐츠 CG/VFX 제작 전문기업이다. 2018년에 국내 최초로 월트디즈니 공식 협력사로 선정되어, 영화 '신비한 동물사전2', '앤트맨과 와스프' 등의 작품에 참여했다.

위지윅스튜디오는 종합 스튜디오로서의 면모를 갖추기 위해 드라마와 예능제작사 지분을 인수했다. 이로써 영화 및 드라마 제작(래몽래인, 에이치월드픽쳐스, 이미지나인컴즈, 더블유컬쳐)부터 뉴미디어(엔피, 엑스온스튜디오), 공연(위즈온센, 레드앤블루), 숏폼 콘텐츠(와이랩)에 이르기까지 다양한 프로그램 제작이 가능해졌다. 국내 중소형 콘텐츠 제작사 가운데 CG/VFX 기술까지 보유한 회사는 위지윅스튜디오가 유일하다.

투자포인트 02 ☞ '승리호'의 넷플릭스 공급으로 310억 원 수익

증권가에서 위지윅스튜디오를 주목하게 된 것은 2021년 2월에 공개한 텐트폴 작품 '승리호'를 넷플릭스 오리지널 콘텐츠로 공급한 게 계기가 됐다. 위지윅스튜디오가 드라마 제작사로서 본격적으로 글로벌 OTT 레퍼런스를 확보한 것이기 때문이다. '승리호'는 공개 직후 6일간 전 세계 넷플릭스 영화 시청 순위 1위에 올랐다. 무엇보다 위지윅스튜디오는 '승리호'의 CG/VFX 제작에 직접 참여함으로써 높은 기술력을 인정받게 되었다.

'승리호'는 제작비 240억 원을 투입해 판권 판매만으로 약 310억 원의 매출을 거둔 것으로 추산된다. 50%에 가까운 수익을 낸 것이다. 넷플릭스 오리지널 콘텐츠향 마진이 일반적으로 20% 수준인 점을 감안했을 때 매우 높은 수익률이다.

투자포인트 03 👉 '블랙의 신부', '재벌집 막내아들' 등 텐트폴 라인업

위지윅스튜디오의 2021년 이후 영화와 드라마 제작 라인업도 기대를 모은다. 그 가운데 특히 주목을 끄는 작품으로, '블랙의 신부'와 '재벌집 막내아들'이 있다. '블랙의 신부'는 자회사 이미지나인컴즈에서 준비 중이며, 약 150~200억 원의 제작비가 투입될 예정이다. 특히 '재벌집 막내아들'은 웹소설 플랫폼 문피아에서 1위를 차지한 작품이다. 자회사 래몽래인에서 제작을 진행하고 있으며, 제작비가 200억 원 이상에 이를 전망이다. 현재 JTBC에 편성된 것으로 알려졌다. 글로벌 OTT에 동시 방영을 진행할 경우 추가적인 수익 창출이 가능할 것으로 예상된다.

위지윅스튜디오의 영화·드라마 제작부문 2021년 예상 매출액은 900억 원 안팎으로 추산된다. 향후 '디즈니 플러스', '애플 TV+', 'HBO Max' 등 글로벌 OTT들이 국내 진출을 계획하고 있는 만큼 본격적인 오리지널 콘텐츠 확보 경쟁이 예상됨에 따라 영화·드라마 레퍼런스가 많아질수록 위지윅스튜디오의 실적도 가파르게 상승할 것으로 전망된다.

투자포인트 04 👉 갈수록 높아지는 영화·드라마의 CG/VFX 투자 비중

위지윅스튜디오는 본연의 사업인 CG/VFX에서도 높은 실적 향상이 예상된다. 위지윅스튜디오의 CG/VFX는 레퍼런스만으로도 매력적이다. 국내 대표작으로 '신과함께 : 죄와 벌(2017)', '마녀(2018)', '안시성(2018)' 등이 있으며, 할리우드 영화 '프라이멀(2019)'을 비롯해 '유랑지구(2019)', '음양사(2021)' 등 중국 영화시장에도 진출한 상태다.

최근 웹툰과 웹소설을 기반으로 드라마와 영화를 제작하는 예가 많아지면서 작품당 CG/VFX 비중이 증가하고 있다. '신과함께'와 '승리호' 등은 CG/VFX 비중이 높은 대표적인 작품이다. 업계에서는 '승리호'의 총 제작비 240억 원 중 상당 부분이 CG/VFX 제작에 사용된 것으로 알려졌다. 위지윅스튜디오의 CG/VFX 부문 2021년 예상 매출액은 280억 원을 상회할 것으로 예상된다.

094

덱스터스튜디오

KQ

206560

19.3% — 김용화

61.8% — CJ ENM[KQ]

설립/상장	2011.12/2015.12
시가총액/순위	2,018억 원/코스닥 536위
상장주식수	25,348,136주
수익률(3/6/12개월)	+8.68/+50.00/+85.81
목표주가	12,130원
외국인보유비율	2.25%
주요 사업	영화 시각효과(VFX) 제작 및 영상 콘텐츠 제작

경영실적/지표

연도별	2018	2019	2020	2021E
매출액(억 원)	392	555	263	426
영업이익(억 원)	21	-54	2	56
당기순이익(억 원)	28	-77	-30	36
영업이익률(%)	5.27	-9.66	0.77	13.15
ROE(%)	5.4	-13.02	-5.4	6.09
부채비율(%)	27.82	20.23	19.68	-
EPS(원)	119	-313	-120	142
PER(배)	39.92	-24.61	-47.9	60.62
BPS(원)	2,607	2,279	2,294	2,441
PBR(배)	1.82	3.38	2.51	3.26
주당배당금(원)	-	-	-	-

최근 3년간 주가 추이

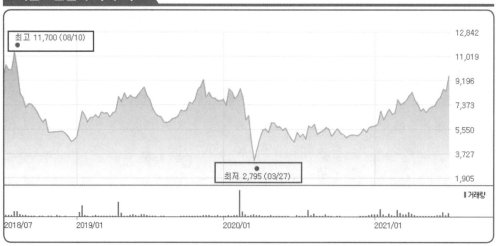

최고 11,700 (08/10)

최저 2,795 (03/27)

거래량

2018/07 2019/01 2020/01 2021/01

데이터 분석 1　　2021년보다 2022년이 더 기대되는 실적

▶ 덱스터스튜디오 매출액 추이 및 전망

[( )안은 전년 대비 증감률(%)]

▶ 덱스터스튜디오 영업이익(률) 추이 및 전망

[( )안은 전년 대비 증감률(%)]

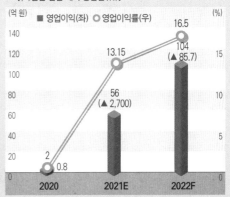

- 덱스터스튜디오의 2021년 예상 실적은 매출액 426억 원, 영업이익 56억 원으로 전년 대비 각각 67%, 2,700% 늘어난 수치(연결기준).
- 코로나19가 꺾여 영화 제작이 분주하게 돌아가면서 CG/VFX 기술 수주가 큰 폭으로 늘어나 덱스터스튜디오의 실적에 온기를 반영할 전망.
- 향후 AR/VR 및 테마파크향 사업에서 매출로 실현되는 부분을 감안하면, 2022년 이후 실적은 훨씬 큰 폭으로 뛸 가능성이 높음.

데이터 분석 2　　영화 제작 업황 회복 및 중국향 테마파크 수주

▶ 덱스터스튜디오 최근 3년간 VFX 수주 현황 (단위 : 억 원)

품목	수주일자	제작비	수주총액	기납품액	수주잔고
에버촉산파크	2018.04.10	–	68	9	59
완다쿤밍파크	2018.05.31	–	62	62	–
승리호(본편)	2019.07.09	240	34	34	–
뱅가드	2019.05.31	–	8	8	–
모가디슈	2019.11.07	150	15	15	–
반도	2019.12.05	210	6	6	–
원더랜드	2020.04.29	100	24	2	22
임모탈	2020.01.22	–	16	16	–
외계인	2020.03.27	–	141	11	130
음양사	2020.05.15	–	20	19	1
해적2	2020.07.21	–	48	8	40
비상선언	2020.07.29	200	28	1	27
사일런스	2020.10.14	200	44	–	44

- 증권가에서 주목하는 덱스터스튜디오의 신사업 중에서 중국향 테마파크에 VFX 기술 수주 주목 → 2021년 2월 중국 헝다그룹과 하이난 세계 동화 테마파크에 43억 원 규모의 콘텐츠 공급 계약 체결. 헝다 테마파크 외에도 광저우, 우시, 쿤밍 등지의 테마파크 콘텐츠를 총 283억 원에 수주.

덱스터스튜디오가 중국 쿤밍테마파크에 설치한 플라잉 씨어터 어트렉션

VFX 기술로 영화에서
테마파크까지 사업 확장

투자포인트 01 ☞ 영화 업계가 인정한 수준 높은 VFX 기술 보유

덱스터스튜디오는 '미녀는 괴로워'(2006년), '국가대표'(2009년), '신과 함께' 시리즈
(2017~2018년) 등을 연출한 김용화 감독이 2011년에 설립한 영상 시각효과(VFX) 회사다.
덱스터스튜디오는 설립 후 10여 년 간 각종 영화제에서 수상한 기술상만 10회에 달할
정도로 수준 높은 VFX 기술로 호평을 받아왔다. 2020년에 영화 '기생충'의 후반 작업을
맡은 자회사 라이브톤이 골든 릴 어워드에서 비영어권 음향편집 기술상을 받기도 했다.

투자포인트 02 ☞ 영화 기획·제작 및 투자를 통해 IP 확보

덱스터스튜디오는 VFX 기술에서 진일보해 콘텐츠 기획과 제작 및 투자로 사업영역을
넓혀나가고 있다. 이미 '신과 함께 2'에서 VFX 작업뿐 아니라 기획·제작 및 투자까지 맡
아 높은 수익을 실현했다. 2020년에는 자회사 덱스터픽쳐스가 '백두산'을 제작하기도 했
다. 자체 지식재산권(IP)을 확보함으로써 OTT를 비롯한 국내외 플랫폼에 콘텐츠를 공급
하는 사업구조로 변화함으로써 장기적으로 안정적인 실적 기반을 갖출 것으로 기대된다.

투자포인트 03 ☞ 중국 헝다그룹의 테마파크에 대규모 VFX 기술 수주

증권가에서 주목하는 덱스터스튜디오의 신사업으로는, VFX 기술을 기반으로 한 AR,
VR, 테마파크 등이다. 최근 덱스터스튜디오는 LG유플러스와 제휴한 네이버웹툰 인기
작품 '유미의 세포들 AR' 및 '신과 함께 VR방탈출' 등 다양한 VR/AR 게임 제작에 나서고

있다. 그 중에서도 가장 기대되는 사업은 단연 테마파크다. 덱스터스튜디오는 2021년 2월 중국 헝다그룹과 하이난 세계 동화 테마파크에 43억 원 규모의 콘텐츠 공급 계약을 체결했다. 2018년 62억 원 규모의 '중국 신화' 구역에 이어 여섯 번째 수주다. 중국 헝다그룹은 27조 원을 투입해 3개의 인공섬으로 구성된 '하이화다오(海花島)'를 하이난에 조성하고 있다. 서울 여의도 면적의 3배 크기다. 덱스터스튜디오는 이곳에 '고대 그리스 신화' 구역의 플라잉 시네마 VFX 콘텐츠를 제작·공급한다. 덱스터스튜디오는 헝다 테마파크 외에도 광저우, 우시, 쿤밍 등지의 테마파크 콘텐츠를 총 283억 원에 수주했다.

투자포인트 04 💬 CJ ENM의 덱스터스튜디오 인수설

덱스터스튜디오는 2020년 2월에 제3자 배정 유상증자를 통해 CJ ENM으로부터 50억 원 규모의 지분투자를 유치했다. 이로써 CJ ENM은 6.8% 지분을 보유한 2대주주가 되었다. 이후 덱스터스튜디오는 CJ ENM과 밀접한 사업관계를 유지하고 있다. 김용화 감독이 덱스터스튜디오와 별도로 설립한 제작사 '블라드스튜디오'에 CJ ENM이 투자를 늘려 아예 종속계열사로 편입했다. 또 CJ ENM의 드라마 제작사인 스튜디오드래곤이 제작한 '아스달연대기'의 VFX를 덱스터스튜디오가 담당했고, 덱스터스튜디오의 자회사 덱스터픽쳐스가 제작한 '백두산'의 투자배급을 CJ ENM이 맡기도 했다. 이처럼 두 회사의 관계가 밀접해지면서, 증권가에서는 CJ ENM의 덱스터스튜디오 인수설이 그치지 않고 있다.

투자포인트 05 💬 2021년 실적 반등, 2022년 이후 큰 폭의 성장

덱스터스튜디오는 2020년에 흑자전환했지만, 매출액은 전년 대비 52.5% 감소한 263억 원에 그쳤다. 코로나19로 제작 일정이 지연된 탓이다. 증권가에서는 덱스터스튜디오의 2021년 연결기준 매출액 426억 원, 영업이익 56억 원을 예상하고 있다(컨센서스 기준). 전년 대비 각각 67%, 2,700% 늘어난 수치다. 코로나19 여파가 꺾여 영화 제작이 분주하게 돌아가면서 CG/VFX 기술 수주가 큰 폭으로 늘어나 덱스터스튜디오의 실적에 온기를 반영할 전망이다.

095

자이언트스텝
KQ
289220

22.5%	허승봉
9.0%	네이버
9.6%	소액주주

설립/상장	2008.06/2021.03※
시가총액/순위	3,630억 원/코스닥 258위
상장주식수	9,427,965주
수익률(3/6/12개월)	+97.27/(2021.03 상장)
목표주가	108,800원
외국인보유비율	0.16%
주요 사업	광고·영상 시각효과(VFX) 및 AI 기반 리얼타임 콘텐츠 솔루션 개발

※기술성장기업 기술평가 특례로 코스닥 상장

경영실적/지표

연도별	2018	2019	2020	2021E
매출액(억 원)	205	212	202	353
영업이익(억 원)	-25	-26	-15	45
당기순이익(억 원)	-22	-31	-14	40
영업이익률(%)	-12.2	-12.5	-7.43	12.83
ROE(%)	-21.32	-37.58	-13.13	22.66
부채비율(%)	42.89	145.62	52.98	–
EPS(원)	-318	-441	-190	425
PER(배)	–	–	–	131.40
BPS(원)	1,403	955	1,855	2,060
PBR(배)	–	–	–	27.09
주당배당금(원)	–	–	–	–

최근 3년간 주가 추이

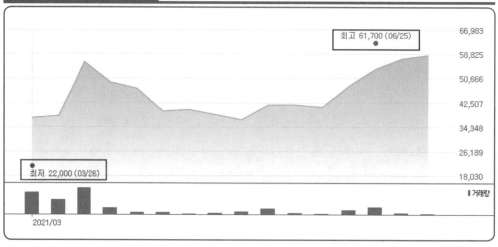

최고 61,700 (06/25)

최저 22,000 (03/26)

거래량

2021/03

영화/드라마 제작비에서 VFX 비중 급상승

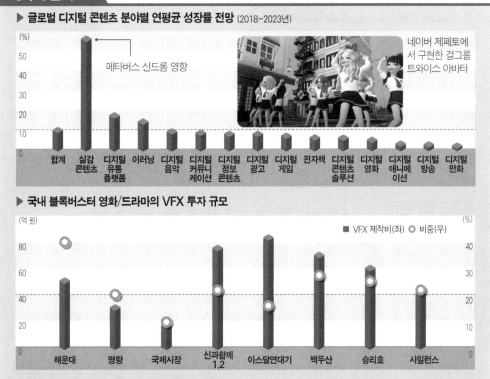

▶ 글로벌 디지털 콘텐츠 분야별 연평균 성장률 전망 (2018~2023년)

메타버스 신드롬 영향

네이버 제페토에서 구현한 걸그룹 트와이스 아바타

(%) 50 40 30 20 10 0

합계 / 실감 콘텐츠 / 디지털 유통 플랫폼 / 이러닝 / 디지털 음악 / 디지털 커뮤니케이션 / 디지털 정보 콘텐츠 / 디지털 광고 / 디지털 게임 / 전자책 / 디지털 콘텐츠 솔루션 / 디지털 영화 / 디지털 애니메이션 / 디지털 방송 / 디지털 만화

▶ 국내 블록버스터 영화/드라마의 VFX 투자 규모

(억 원) ■ VFX 제작비(좌) ◯ 비중(우) (%)

해운대 / 명량 / 국제시장 / 신과함께 1,2 / 아스달연대기 / 백두산 / 승리호 / 사일런스

- 글로벌 디지털 콘텐츠 시장에서 가장 돋보이는 분야는 메타버스로 대표되는 실감콘텐츠로, 2018~2023년 연평균 성장률이 60%에 육박.
- 국내 블록버스터 영화와 드라마에서 자이언트스텝의 주력 사업인 VFX 투자비용이 전체 제작비의 20%를 상회.

메타버스 붐 타고 2023년까지 매출 성장률 30%

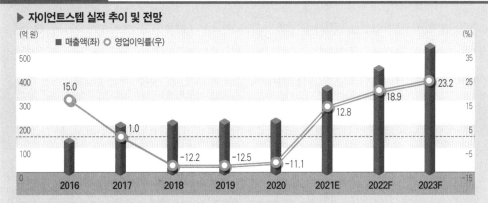

▶ 자이언트스텝 실적 추이 및 전망

(억 원) ■ 매출액(좌) ◯ 영업이익률(우) (%)

500 400 300 200 100 0

15.0   1.0   -12.2   -12.5   -11.1   12.8   18.9   23.2

2016 / 2017 / 2018 / 2019 / 2020 / 2021E / 2022F / 2023F

- 자이언트스텝은 2021년 3월에 이른바 '따상'으로 코스닥에 성공적 입성.
- 향후 자이언트스텝의 관건은 가시적인 실적 성장에 달렸는데, 증권가에서는 글로벌 기업들로 포진된 자이언트스텝의 고객사 레퍼런스 및 전 세계적으로 불고 있는 메타버스 붐을 감안해 2020~2023년 연평균 매출 성장률을 30% 넘게 예상.

디즈니, 넷플릭스 공식 벤더, 메타버스 최선호주

투자포인트 01 👉 디즈니, 넷플릭스, 구글, 유니버셜의 공식 협력사

자이언트스텝은 2008년 출범한 영상 콘텐츠 제작 전문기업이다. TV 광고용 시각특수효과(VFX)로 성장하다 2010년대 중반부터 3D 캐릭터 제작, 실감형 콘텐츠로 사업영역을 넓혔다. 매년 500여 편의 국내외 광고와 뉴미디어, 영화 분야 특수효과를 비롯해 지금까지 총 5,700여 편의 영상을 제작했다. 삼성, 현대·기아차, SM엔터테인먼트 등과 브랜드 프로젝트를 진행하고 있으며, 미국 시장에서는 구글, 디즈니, 넷플릭스, 유니버셜 등의 공식 협력사로 지정되는 등 해외에서도 성과를 내고 있다. 2018년 평창 동계올림픽 개·폐회식 메인 영상제작을 총괄하기도 했다.

투자포인트 02 👉 메타버스 최선호주

증권가에서 자이언트스텝이 자주 회자되는 이유는 메타버스(metaverse) 때문이다. 메타버스란 현실세계를 의미하는 'universe'와 가상을 뜻하는 'meta'의 합성어로, 3차원 가상세계를 가리킨다. 기존 가상현실(VR) 기술이 화면을 통해 가상현실을 보는 것이라면, 메타버스는 아바타 등을 활용해 가상세계에 직접 들어가 참여하는 것이다. 메타버스를 구현하는 핵심 기술이 바로 자이언트스텝의 주력 사업인 VFX이다. 국내 증시에서 메타버스 최선호주로 자이언트스텝이 꼽히는 이유다. 메타버스는 미국 증시에서도 가장 뜨거운 이슈 가운데 하나다. 2021년 3월 뉴욕 증시에 상장된 미국 모바일 게임업체이자 대표적인 메타버스 대장주인 로블록스의 기업가치는 295억 달러(33조4,000억 원)에 달한다.

투자포인트 03 👉 **향후 3년 간 매출 연평균 성장률 34%**

자이언트스텝은 2020년 7월 국내 VFX 업계 최초로 자체 개발 AI 기반의 얼굴 애니메이션 특허를 등록했다. 관련 기술로 네이버로부터 70억 원을 포함해 총 80억 원의 투자를 유치했다. 투자자들의 관심은 자이언트스텝의 꾸준한 성장이다. 2020년 5월부터 SM엔터테인먼트와 신개념 온라인 콘서트인 비욘드라이브(Beyond Live) 콘텐츠를 제작하고 있으며, 2020년 9월 전략적 투자자(SI)인 네이버와 나우(NOW)의 'PartyB'를 통해 XR Live 기술의 상업화를 개시했다. 2021년 하반기에 LED 벽면 스크린에 3D 배경을 실시간으로 구현하면서 연기자의 움직임을 촬영하는 '버추얼 스튜디오'를 새롭게 구축할 예정이다. 증권가에서는 자이언트스텝의 3년간 매출 성장률이 연평균 34.8%에 달할 것으로 예상한다.

투자포인트 04 👉 **기술력과 성장성만으로 코스닥 특례 입성**

자이언트스텝은 2021년 3월 코스닥에 상장했다. 일반·기관 공모 주식수는 약 128만 주, 공모금액은 154억 원, 모집 확정가액은 11,000원이었다. 자이언트스텝은 2018년과 2019년 모두 적자였으나 기술력과 성장성을 인정받아 기술성장기업 특례로 기업공개(IPO)가 가능했다. 공모자금 154억 원은 시설자금(26억 원), 운영자금(10억 원), 타법인 증권 취득 자금(62.8억 원), 기타(연구개발자금 52.6억 원) 등으로 활용할 계획임을 공시했다.

자이언트스텝이 제작한
SM엔터테인먼트의
온라인 콘서트
'비욘드라이브 콘텐츠'

096

와이더플래닛
KQ
321820

15.4% 구교식
15.2% 정수동
16.9% 소액주주

설립/상장	2010.07/2021.02※
시가총액/순위	1,642억 원/코스닥 654위
상장주식수	6,897,482주
수익률(3/6/12개월)	3.79/(2021.02 상장)
목표주가	37,100원
외국인보유비율	1.17%
주요 사업	광고 및 마케팅 관련 데이터 플랫폼 개발·운영

※2021.02 기술성장기업 특례상장

경영실적/지표

연도별	2018	2019	2020	2021E
매출액(억 원)	338	349	290	362
영업이익(억 원)	-5	-24	-40	12
당기순이익(억 원)	-14	-25	-41	15
영업이익률(%)	-1.49	-6.96	-13.9	3.31
ROE(%)	-	183.29	-1,204.45	21.8
부채비율(%)	-333.88	400.08	-566.17	-
EPS(원)	-300	-554	-712	221
PER(배)	-	-	-	107.91
BPS(원)	-1,291	422	-303	2,247
PBR(배)	-	-	-	10.59
주당배당금(원)	-	-	-	-

최근 3년간 주가 추이

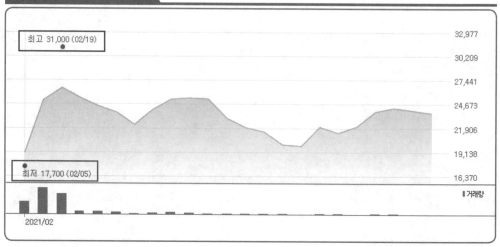

최고 31,000 (02/19)

최저 17,700 (02/05)

거래량

2021/02

32,977
30,209
27,441
24,673
21,906
19,138
16,370

클릭당 과금, 클릭수, 광고주 모두 증가

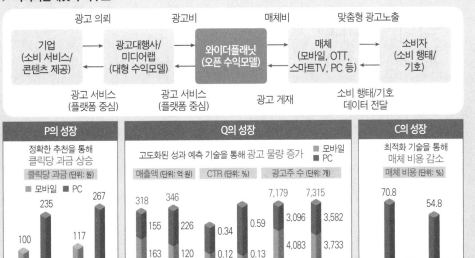

▶ 와이더플래닛 수익구조

- 와이더플래닛의 빅데이터 · AI 플랫폼을 활용하면 약 4,300만 명의 소비자가 언제, 어디서, 어떤 소비 행동 패턴을 보이는지 분석할 수 있고, 소비 행동도 예측.
- 와이더플래닛의 빅데이터 규모는 3.8PB(페타바이트), 매달 분석 페이지 뷰는 약 2,000억 건 → 약 1만 개 기업 고객이 와이더플래닛의 마케팅플랫폼 사용.
- 중국 내 바이두, 알리바바 텐센트의 Adex와 연계된 국내 유일 플랫폼 사업자.

* RTB : 실시간 경매(Real Time Bidding) / CTR : 클릭률(Click Through Ratio)

2021년 1분기 기점으로 실적 회복, 2022년 이후 반등

▶ 국내 프로그래매틱 광고 시장 추이

▶ 와이더플래닛 분기별 실적 추이

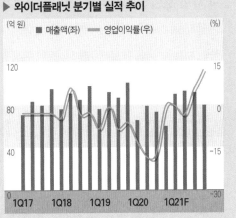

- 국내 프로그래매틱 시장의 성장을 기반으로 와이더플래닛의 실적이 2022년부터 반등 예상.
- 2021년 타깃광고 매출은 전년 대비 32.6% 늘어난 251억 원 전망.
- 빅데이터로 고객의 소비 행태를 파악하는 데이터플랫폼은 2021년 20억 원의 매출 실현 가능.

빅데이터와 AI로
광고 비즈니스 모델을 바꾸다

투자포인트 01 국내 최초 프로그래매틱 광고업체

세계적인 광고 플랫폼업체 오버추어 출신 전문가들이 2010년에 타깃광고 사업을 하는 벤처기업을 설립했다. 와이더플래닛이다. 와이더플래닛은 출범 이후 지금까지 줄곧 광고·마케팅 시장에 특화된 인공지능 플랫폼을 개발·서비스하고 있다. PC나 모바일 등 디바이스에서 얻어지는 이용자의 소비성향 및 카드결제 데이터 등 온·오프라인 소비 행태와 기호 빅데이터를 분석해 핵심 타깃에게 맞춤형 광고를 노출하는 서비스를 제공한다.

흔히 인터넷 쇼핑에서 전에 보았던 물건이나 관심 대상이 배너 광고로 뜨는 것이 와이더플래닛의 타깃 마케팅 서비스를 이용한 것이다. 와이더플래닛은 국내 최초 프로그래매틱 광고업체로서 광고 사용자 클릭 수에 따라 광고주로부터 수익을 받는 형태의 사업 모델을 지속하고 있다. 프로그래매틱 광고는 프로그램이 자동으로 사용자를 분석하고 이를 바탕으로 타깃에 맞춤형 광고를 띄워주는 방식이다. 특정 사용자나 대상, 그룹 등을 목표로 정해 광고 효율성을 높일 수 있다.

투자포인트 02 1만 개 기업 고객이 와이더플래닛의 마케팅플랫폼 사용

와이더플래닛의 빅데이터·AI 플랫폼을 활용하면 약 4,300만 명의 소비자가 언제, 어디서, 어떤 소비 행동 패턴을 보이는지 분석할 수 있고, 소비 행동도 예측할 수 있다. 다루는 빅데이터 규모는 3.8PB(페타바이트)에 이르고 매달 분석하는 페이지 뷰는 약 2,000억 건에 달한다.

와이더플래닛은 기업공개(IPO)를 계기로 사업영역을 B2B에서 B2C로 넓혔다. LG, 신한, 이커머스 플랫폼 등 다수의 기업이 와이더플래닛의 빅데이터를 활용하고 있다. 무엇보다 와이더플래닛은 높은 클릭발생률(CTR)을 보유하고 있다. 쿠팡, 나이키, 신세계 등 대기업과 나스미디어 등 미디어렙 회사 등이 고객이다. 현재 약 1만 개 기업 고객이 와이더플래닛의 마케팅플랫폼을 사용하고 있다. 중국 내 바이두, 알리바바, 텐센트의 Adex와 연계된 국내 유일 플랫폼 사업자이기도 하다.

투자포인트 03   기술성장기업 특례상장으로 코스닥에 입성

와이더플래닛은 2021년 2월 기술성장기업 특례상장으로 코스닥에 입성했다. 기술성 평가에서 국내 최초로 프로그래매틱 광고 업체로서의 사업성을 인정받았다. 2021년 1월 25~26일 양일간 진행한 일반 공모청약은 평균 경쟁률 1357.98대 1을 기록했다. 한국투자증권 한 곳에서만 청약을 진행했고 청약 증거금에 따라 공모주를 나눠주는 비례배정제가 적용돼 경쟁률이 높았다. 일반 청약 증거금은 약 2조1,728억 원이다. 상장 첫날 와이더플래닛 주가는 20,000원에 거래를 마쳤다.

투자포인트 04   2021년 흑자전환, 2022년 큰 폭의 성장 예상

와이더플래닛은 2020년 연결기준 영업손실 40억 원으로 전년 대비 적자 폭이 늘어났다. 같은 기간 매출액은 290억 원으로 16.9% 줄었고, 순손실도 적자 폭이 확대되어 41억 원을 기록했다. 코로나19 여파로 여행, 항공, 레저 산업에서의 마케팅 비용 축소가 매출 감소로 이어졌다. 와이더플래닛은 2021년 1분기에 영업손실이 줄면서 회복세로 돌아섰다. 와이더플래닛의 2021년 1분기 연결 매출액은 전년 동기 대비 10.4% 감소한 68억 원을 기록했다. 영업손실은 9억 원으로 같은 기간 적자가 46.5% 축소됐다. 와이더플래닛은 2022년부터 매출이 큰 폭으로 반등할 전망이다. 증권가에서는 그에 앞서 와이더플래닛이 2021년부터 흑자전환할 것으로 전망하고 있다(컨센서스 기준). 타깃광고 매출은 2021년부터 전년 대비 32.6% 늘어난 251억 원으로 추산된다. 빅데이터를 활용해 고객의 소비 행태를 파악하는 데이터플랫폼 매출 실현도 기대를 모은다.

설립/상장	2000.04/2011.11
시가총액/순위	1,535억 원/코스닥 699위
상장주식수	22,276,078주
수익률(3/6/12개월)	+49.31/+82.41/+130.79
목표주가	10,520원
외국인보유비율	25.80%
주요 사업	온라인광고 대행

경영실적/지표

연도별	2018	2019	2020	2021E
매출액(억 원)	316	367	390	452
영업이익(억 원)	56	77	72	118
당기순이익(억 원)	45	81	79	106
영업이익률(%)	17.71	21.02	18.55	26.02
ROE(%)	8.88	13.02	11.68	14.62
부채비율(%)	56.31	56.11	68.93	–
EPS(원)	191	323	317	431
PER(배)	11.3	10.96	13.1	18.32
BPS(원)	2,337	2,617	2,861	3,153
PBR(배)	0.92	1.35	1.45	2.51
주당배당금(원)	20	30	50	50

최근 3년간 주가 추이

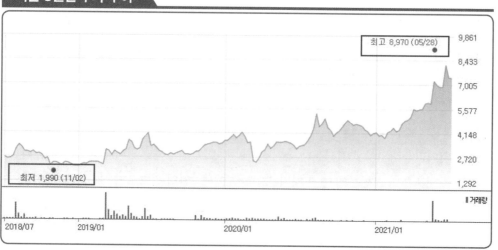

▶ **이엠넷 사업부문 및 광고상품별 매출 현황** (2020년기준)

국가	사업부문	매체	주요 광고상품 브랜드	매출액 (억 원)	비중 (%)	서비스 내용
국내	광고대행	네이버	파워링크, 비즈사이트, 쇼핑검색, 브랜드검색, 신용카드정보검색 등	144	37.0	네이버 및 제휴 사이트에 노출, CPC/CPM방식
		카카오	프리미엄링크, 콘텐츠광고, 모바일검색, 브랜드검색 등	25	6.5	카카오, 네이트에 노출, CPC/CPM방식
		구글	스폰서링크, GDN 등	17	4.4	구글 제휴사이트에 노출, CPC방식
		기타	네이트, 네오클릭, 크리테오, 페이스북, 네트워크상품 등	22	5.6	
	광고관리/프로모션 수익		각 매체 프로모션	26	6.7	
	용역/임대수입		바이럴	19	4.8	
일본	광고대행	야후	야후 리스팅 광고, 인터레스트매치	27	6.9	야후재팬 노출, CPC방식
		구글	애드워즈	57	14.6	구글재팬 노출, CPC방식
		페이스북	페이스북	14	3.6	페이스북
		기타	트위터 등	17	4.5	야후, 구글 이외 매체 파트너 사이트에 노출, CPC/CPM방식
	광고관리/프로모션 수익			16	4.0	
	용역/임대수입/기타			5	1.3	
			계	390	100	

• 이엠넷이 수년 전부터 영입에 공을 들여온 네이버와 구글 등 대형 플랫폼 광고주들의 광고집행 수주가 실적에 반영 → 2020년 4분기부터 최대 분기실적 경신.

▶ **이엠넷 국내 및 일본 광고취급액 추이**

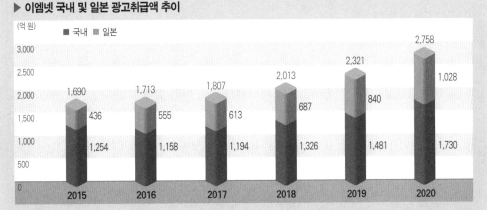

• 이엠넷은 2021년 5월에 일본법인 이엠넷재팬 및 일본 최대 IT기업이자 글로벌 투자회사인 소프트뱅크와 자본 제휴 단행 → 이엠넷은 자사가 보유한 이엠넷재팬 주식 785,000주를 184억 원에 소프트뱅크에 양도 → 소프트뱅크는 이엠넷재팬 지분 41.7%를 보유한 최대주주 등극, 이엠넷은 21.0%를 보유한 2대 주주.
• 2019년 11월 라인과 야후재팬의 경영통합 추진을 발표한 지 약 1년 3개월 만인 2021년 3월 네이버와 소프트뱅크가 지분을 절반씩 보유하는 합작법인 'A홀딩스' 정식 출범 → 이엠넷재팬은 소프트뱅크의 자금력을 바탕으로 네이버 SNS 플랫폼인 라인과 일본 내 최대 미디어 야후재팬을 통해 매체 경쟁력 강화 기대

날로 커지는 디지털 광고 시장의 최선호주

투자포인트 01 👉 **디지털 광고대행사 누적 광고 취급액 국내 1위**

이엠넷은 온라인광고 대행 및 컨설팅 전문업체로, 2000년에 설립해 2011년 동종 업계 최초로 코스닥에 상장했다. 이엠넷은 상장 이후 줄곧 두 자릿수 매출 증가를 기록했다. 이엠넷의 주력 사업은 온라인 및 모바일 광고 집행과 성과관리, 광고 및 캠페인 관련 디자인 제작, 광고분석 솔루션, 프로모션, 용역 서비스 제공 등으로, 매출 대부분이 광고대행업에서 발생한다.

이엠넷은 디지털 광고대행사 누적 광고 취급액 국내 1위에 올라있다. 최근 모바일 광고 비중이 커지면서 중대형 광고주의 광고 집행 규모가 크게 증가한 덕이다. 실제로 월 예산 5,000만 원 이상 광고주의 월간 광고 취급 규모가 2020년 기준 2017년 대비 210%가량 증가했다.

투자포인트 02 👉 **이커머스 자회사 '더브록스', 이익 실현 눈앞**

이엠넷은 사업다각화를 위해 자본금 50억 원 규모의 자회사 '더브록스'를 설립해 이커머스 사업 진출을 준비하고 있다. 이엠넷은 디지털마케팅을 활용하는 새로운 유통망을 만들기 위해 다양한 업체 및 브랜드와 제휴를 해나가고 있다. 자회사 더브록스가 새로운 브랜드와 상품을 출시하고 이엠넷은 20년 이상 디지털마케팅 사업에서 축적된 경험을 활용해 디지털 유통 모델을 만들어나가고 있다. 더브록스의 첫 파트너는 프리미엄 디자이너 네일뷰티 브랜드 '미스터바우어'다. 이엠넷은 2021년 하반기부터 이커머스 사업부문에서도 수익 창출을 기대하고 있다.

투자포인트 03 🔊 **자회사 이엠넷재팬, 도쿄 마더스 시장 상장**

이엠넷의 강점 가운데 하나가 일본 사업이다. 2007년에 설립한 일본지사가 꾸준히 호실적을 실현하자 2013년에 별도 일본법인으로 이엠넷재팬(eMnet Japan)을 설립해 일본에서의 사업을 확장해 나갔다. 이엠넷재팬은 2018년에 도쿄증권거래소 마더스 시장에 상장했다. 이엠넷재팬은 상장 이후에도 성장을 거듭하고 있다. 2020년 매출성장률이 무려 50%에 이를 정도다.

투자포인트 04 🔊 **2021년 실적 반등의 강한 시그널**

이엠넷은 2020년 연결기준 영업수익(매출)이 390억 원으로 전년 대비 6.3% 증가했지만, 영업이익은 72억 원으로 같은 기간 6.2% 감소했다. 코로나19 악재로 광고량이 감소해 매출 증가율이 둔화한 가운데 전문인력에 들어가는 투자비용이 지속해서 발생한 점이 실적 부진의 원인으로 작용했다. 이엠넷은 2021년 1분기에 연결기준 매출액 122억 원, 영업이익 37억 원을 기록했다. 창사 이래 최대 분기실적이다. 전년 동기 대비 매출액과 영업이익이 각각 32.7%, 122% 증가했다. 최대 분기실적을 기록했던 2020년 4분기보다도 각각 7%, 12.9% 증가하면서 매 분기 기록을 경신하고 있다. 같은 기간 당기순이익도 32억 원으로 전년 동기 대비 213.3% 증가했다. 이엠넷은 수년 전부터 대형 광고주 영입에 집중해 왔는데, 2020년 이후 영입된 대형 플랫폼 광고주들의 광고집행 수주가 실적에 반영되기 시작한 것이다.

투자포인트 05 🔊 **시장 호황, 경쟁사 대비 저평가**

2020년 국내 전체 광고시장은 코로나19에도 불구하고 약 14조5,000억 원 규모로 전년 대비 0.8% 성장했다. 이 가운데 디지털 광고시장은 전년보다 11.5% 성장한 약 7조 3,000억 원대로 추산되는 바, 전체 광고시장의 50% 안팎을 차지한다. 온라인 및 모바일 환경에서 광고주 맞춤형 솔루션에 강점이 있는 이엠넷으로서는 호재가 아닐 수 없다. 증권가에서는 이엠넷이 동종 업종 경쟁사인 에코마케팅 및 나스미디어의 자회사 플레이디에 비해 저평가되었다고 분석하고 있다.

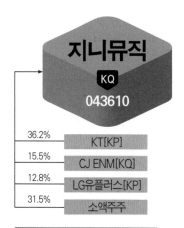

지니뮤직
KQ
043610

설립/상장	1991.02/2000.07
시가총액/순위	4,126억 원/코스닥 227위
상장주식수	58,115,438주
수익률(3/6/12개월)	+1.77/+81.08/+125.90
목표주가	8,900원
외국인보유비율	1.26%
주요 사업	온라인 음악 서비스 및 음악 유통

- 36.2% KT[KP]
- 15.5% CJ ENM[KQ]
- 12.8% LG유플러스[KP]
- 31.5% 소액주주

경영실적/지표

연도별	2018	2019	2020	2021E
매출액(억 원)	1,712	2,305	2,470	2,590
영업이익(억 원)	69	81	115	130
당기순이익(억 원)	59	73	95	100
영업이익률(%)	4.02	3.53	4.64	5.02
ROE(%)	–	4.91	6.02	5.99
부채비율(%)	52.66	51.63	54.61	–
EPS(원)	116	126	163	172
PER(배)	41.45	28.01	23.35	40.10
BPS(원)	2,518	2,644	2,806	2,979
PBR(배)	1.91	1.33	1.36	2.32
주당배당금(원)	–	–	–	–

최근 3년간 주가 추이

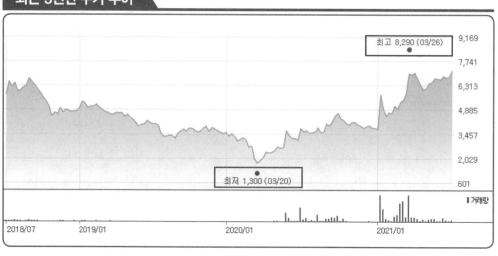

데이터 분석 1 견고한 국내 음원 · 음악 유통 시장 '빅3' 구도

▶ **국내 음원유통 시장점유율** (단위: %)

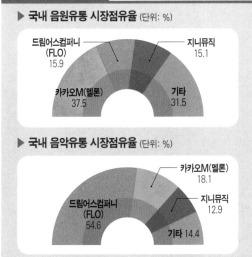

드림어스컴퍼니(FLO) 15.9
지니뮤직 15.1
카카오M(멜론) 37.5
기타 31.5

▶ **국내 음악유통 시장점유율** (단위: %)

카카오M(멜론) 18.1
드림어스컴퍼니(FLO) 54.6
지니뮤직 12.9
기타 14.4

▶ **국내 음원 스트리밍 앱 사용자(MAU) 현황** (단위: 명)

멜론	890만4,675
지니뮤직	460만5,861
플로	294만4,763
유튜브뮤직	271만8,392
네이버바이브	83만8,305
카카오뮤직	75만4,691
벅스	63만7,323

2020년 12월 기준

- 국내 음원 시장은 카카오M(멜론)과 드림어스컴퍼니(FLO) 및 지니뮤직이 견고한 3강 체제 유지해옴.
- 지니뮤직은 CJ그룹 계열회사가 제작하는 콘텐츠에 삽입되는 모든 음악의 국내외 음원유통 판권 보유 → CJ에서 제작한 드라마와 영화 OST, 그리고 '쇼미더머니'나 '고등래퍼' 같은 음악 프로그램의 음원 판권을 국내외에 독점 유통.
- 세계 음원 스트리밍 시장점유율 34%로 1위에 올라있는 스포티파이의 국내 시장 진출로, 국내 음원 시장 지각변동 예고 → 스포티파이는 '이용자 맞춤형 음원 추천' 기능으로 전 세계적인 돌풍을 일으키며 세계 1위 사업자로 자리매김.

데이터 분석 2 해외 음원유통 실적이 성장 포인트

▶ **글로벌 음원 스트리밍 시장 규모**

(억 달러)

2012	2013	2014	2015	2016	2017	2018
10	14	19	29	47	67	89

▶ **지니뮤직 해외 음원유통 매출액 추이**

(억 원)

2017	2018	2019	2020	2021E
21	70	121	192	250

- 글로벌 스트리밍 시장은 2012년 처음으로 총수익 10억 달러를 넘긴 뒤 2018년에 전 세계 음악 시장 191억 달러의 절반에 가까운 89억 달러를 웃도는 시장으로 성장.
- 국내 음원 시장은 '빅 3' 체제가 견고하게 굳어져 있기 때문에 해외 음원유통 시장에서의 실적 성장 가능성 높음.
- 지니뮤직의 해외 음원유통 매출액이 2017년 21억 원에서 2021년 250억 원으로 5년 사이에 무려 10배 이상 급증 예상.

1,300만 가입자를 기반으로 하는 음원유통 최선호주

투자포인트 01 🔊 국내 음원 서비스 '빅 3' 중 하나

지니뮤직은 음악 스트리밍과 다운로드 서비스 및 각종 멀티미디어 콘텐츠를 제공(유통)하는 회사다. KT그룹이 2011년에 출시한 유료 음원 서비스 '지니뮤직'으로 유명해졌다. 2017년 LG유플러스를 대상으로 유상증자를 결정한 후 KT뮤직에서 지니뮤직으로 상호를 변경했다. 2019년에 모바일은 지니뮤직 서비스로, PC는 올레뮤직 서비스로 분리한 음원 서비스를 지니뮤직 서비스로 통합했다. 2018년에 엠넷닷컴(www.Mnet.com)을 운영해오던 CJ ENM의 자회사 CJ디지털뮤직을 흡수합병한 뒤 엠넷닷컴 서비스 역시 지니뮤직 서비스로 통합했다.

지니뮤직은 음악 서비스 플랫폼 운영 및 음악 콘텐츠 투자·유통 사업을 주력으로 하고 있다. 음악 서비스 사업은 웹사이트와 모바일 앱을 통해 음원 스트리밍 및 다운로드 서비스를 제공하는 댓가로 받는 음원 사용료로 매출을 실현한다. 지니뮤직의 B2C 유료가입자는 2015년 43만 명에서 지속적으로 증가해 2019년 기준 124만 명에 이르고 있다.

투자포인트 02 🔊 해외 음원유통 매출, 5년 사이 10배 이상 급증

증권가에서 지니뮤직에 대해서 주목하는 부분은 해외 음원유통 사업이다. 지니뮤직은 CJ그룹 계열회사가 제작하는 콘텐츠에 삽입되는 모든 음악의 국내외 음원유통 판권을 보유하고 있다. 대표적인 예로 CJ에서 제작한 드라마와 영화 OST, 그리고 '쇼미더머니'나 '고등래퍼' 같은 음악 프로그램의 음원 판권을 국내외에 유통하는 것이다. 증권가에서는 국내보다는 해외 시장을 좀 더 주시하고 있다. 최근 한류 콘텐츠가 다양한 OTT 플랫폼을 통해 전 세계로 뻗어나가고 있기 때문이다. 이러한 기류는 지니뮤직의 실적에서 나타나고 있다. 지니뮤직의 해외 음원유통 매출액이, 2017년 21억 원에서 2018년 70억 원, 2019년 121억 원, 2020년 192억 원, 그리고 2021년에는 250억 원으로까지 큰 폭의 성장이 예상된다. 해외 음원유통 매출액이 5년 사이에 무려 10배 이상 급증하는 것이다.

투자포인트 03 🖐 영업이익과 이익률 상승

지니뮤직은 최근 마케팅 비용이 개선되면서 영업이익률이 꾸준히 상승하고 있다. 2018년 4.02%에 그쳤던 영업이익률이 2021년 5.02%까지 올라갈 것으로 전망된다(증권가 컨센서스 기준). 실제로 지니뮤직은 2021년 1분기에 사상 최대 영업이익을 기록했다. 1분기 매출액 610억 원, 영업이익 42억 원으로, 매출은 전년 동기 대비 0.78% 증가하는 데 그쳤지만, 영업이익은 전년 동기 대비 무려 101% 급증했다.

투자포인트 04 🖐 KT의 손자회사로 지배구조 재편

KT는 KT시즌을 100% 자회사로 분사하고 현물출자 방식으로 지니뮤직의 최대주주를 KT시즌으로 변경했다. 'KT → KT시즌 → 지니뮤직'으로 이어지는 지배구조로 재편한 것이다. KT시즌 법인 설립을 위한 현물출자 목적물 가운데 지니뮤직의 주식은 보통주 2,090만4,514주다. KT가 소유하고 있던 지니뮤직 전체 주식의 35.97%가 KT시즌으로 이동하며, 1주당 가격은 7,572원, 양수대금은 1,583억 원이다. 이로써 KT가 KT시즌의 지분 100%를 보유해 자회사로 두고, 지니뮤직은 KT의 손자회사가 된다.

KT는 2021년 1월에 250억 원을 출자해 콘텐츠 전문기업 'KT스튜디오지니'를 설립한 바 있다. 연매출 3조 원, 가입자 1,300만 명을 기반으로 하는 KT는 KT스튜디오지니를 통해 2023년까지 4,000억 원 이상을 투자해 원천 지식재산권(IP) 1,000개와 대작 드라마 100개를 만들 계획이다. KT시즌은 당분간 KT스튜디오지니와 별도 법인으로 운영되는 데, 향후 KT스튜디오지니가 중간지주 역할을 할 가능성이 높다.

멀티캠퍼스
KQ
067280

47.2%	삼성SDS[KP]
15.1%	삼성경제연구소
30.7%	소액주주

설립/상장	2000.05/2006.11
시가총액/순위	2,394 억원/코스닥 451위
상장주식수	5,926,779주
수익률(3/6/12개월)	+18.36/+15.60/+33.73
목표주가	46,920원
외국인보유비율	4.61%
주요 사업	HR 컨설팅, 콘텐츠 개발 및 운영, 시스템 구축 등 전반적인 HRD 아웃소싱

경영실적/지표

연도별	2018	2019	2020	2021.1Q
매출액(억 원)	2,400	2,880	2,600	619
영업이익(억 원)	218	242	137	26
당기순이익(억 원)	176	189	99	20
영업이익률(%)	9.10	8.39	5.28	4.15
ROE(%)	19.36	18.19	8.76	9.76
부채비율(%)	47.56	81.81	60.80	63.84
EPS(원)	2,928	3,143	1,681	324
PER(배)	15.06	11.03	20.41	17.47
BPS(원)	6,156	18,618	19,873	19,793
PBR(배)	2.73	1.86	1.73	1.64
주당배당금(원)	500	600	500	–

최근 3년간 주가 추이

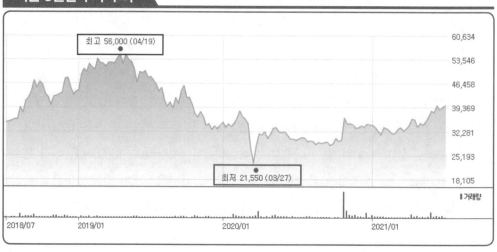

최고 56,000 (04/19)

최저 21,550 (03/27)

거래량

60,634
53,546
46,458
39,369
32,281
25,193
18,105

2018/07　　2019/01　　2020/01　　2021/01

데이터 분석 1   온라인 IT 교육 사업 및 SSAFY 수강생 증가 호재

▶ **멀티캠퍼스 온·오프라인 매출액 추이**

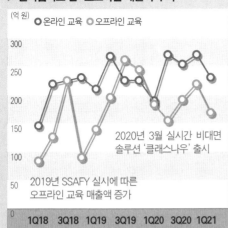

▶ **멀티캠퍼스 SSAFY 수강생 증가 추이 및 전망**

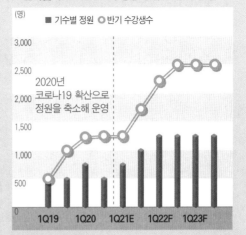

- 언택트 환경이 보편화되면서 온라인 교육이 오프라인 교육 매출을 뛰어넘음.
- 온라인 IT 교육은 리더십이나 인사이트 중심의 통상적인 기업교육 과정에 비해 단가가 높아 고부가가치 창출.
- 온라인 교육 사업은 비용 효율성에서 매우 유리 → 오프라인 교육장 유지에 필요한 경비가 들지 않고 콘텐츠 재판매가 용이해 고정비 레버리지 발생.
- 삼성그룹의 사회적책임 프로그램인 'SSAFY' 정원이 2020년 1,250명에서 2021년 1,750명까지 증가 → 2021년 SSAFY 매출액이 406억 원을 실현한 전년 대비 약 20% 증가할 것으로 예상.

데이터 분석 2   고정비 부담 감소, 현금흐름 개선

▶ **멀티캠퍼스 연간 고정비 추이**

▶ **멀티캠퍼스 연간 현금흐름 추이**

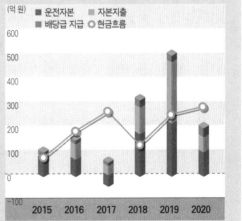

- 멀티캠퍼스의 성장에 걸림돌로 지적되어온 고정비 부담이 2021년부터 크게 개선 → 저수익 콘텐츠들을 정리하는 강력한 비용통제 정책 돌입.
- 2020년 기준 멀티캠퍼스의 영업비용에서 인건비, 상각비, 지급임차료, 전산비 등 고정비성 경비가 차지하는 비중은 약 40%에 이르는 바, 현재 비용구조에서 매출액 2,800억 원대를 회복한다면 영업이익이 200억 원까지 실현 가능.

고정비 개선 및
에듀테크 사업 호재

투자포인트 01 ☞ 삼성이라는 든든한 매출처 보유

멀티캠퍼스는 HR 컨설팅, 교육 콘텐츠 개발 및 운영, 교육 플랫폼 구축 등 기업의 직무교육에 관한 거의 모든 서비스를 제공하는 회사다. 2000년 삼성 인력개발원에서 이러닝사업부를 분리해 설립했다. 설립 초기에는 이러닝 사업만 영위하다가 2006년부터 외국어평가(OPic) 사업에도 진출했다. 2013년에는 삼성경제연구소 'SERI CEO'를 흡수합병했고, 2015년 삼성SDS 교육 콘텐츠 사업을 양수하면서 외형을 키웠다. 특히 삼성이라는 든든한 매출처를 두고 있는 것은 멀티캠퍼스의 안정적인 수익성을 담보하는 무형의 자산이다.

멀티캠퍼스는 2020년에 코로나19 여파로 오프라인 교육 서비스 중단에 따른 실적 부진을 겪었다. 매출액이 전년 대비 9.7% 감소한 2,600억 원, 영업이익 역시 전년 대비 43.2% 감소한 137억 원을 기록했다. 무엇보다 영업이익이 크게 줄어든 것은 인건비와 유·무형자산 상각비가 증가했기 때문이다. 2019년에 B2C 사업 확장을 위해 도심형연수원 한 곳(멀티캠퍼스 선릉)을 추가했고, 맞춤형 교육을 위한 학습관리시스템(러닝 클라우드)을 구축하는 등 대대적인 투자를 단행했다. 하지만 코로나19가 전국으로 확산된 2020년 3월부터 오프라인 교육 일정이 지연 또는 전면 취소되면서 기대했던 투자 효과를 누리지 못했다.

투자포인트 02 ☞ 온라인 IT교육 사업 호조

멀티캠퍼스의 실적 반등은 2021년 1분기부터 시작되었다. 1분기 실적을 살펴보면,

매출액 619억 원(+1.1% yoy), 영업이익 26억 원(+91.1% yoy)을 기록했다. 수도권 사회적 거리두기 2단계가 유지되면서 여전히 오프라인 교육과 외국어생활관 운영에 차질을 빚고 있지만, 비용 효율성이 높은 온라인 교육(이러닝) 매출액이 전년 동기 대비 18.2% 증가했다. 언택트 환경이 보편화되면서 온라인 교육 수요가 늘어난 덕이다. 특히 온라인 IT 교육은 리더십이나 인사이트 중심의 통상적인 기업교육 과정에 비해 단가가 높다. 아울러 오프라인 교육장 유지에 필요한 경비가 들지 않고 콘텐츠 재판매가 용이해 고정비 레버리지가 발생하는 것도 매력적이다.

투자포인트 03 👉 **삼성그룹 SSAFY 정원 증가 및 외국어생활관 실적 회복**

증권가에서 멀티캠퍼스의 2021년 실적 반등이 유력할 것으로 예상하는 데는 여러 이유가 있다. 그 중에서도 특히 삼성그룹의 사회적책임(CSR) 프로그램인 '삼성 청년 소프트웨어 아카데미(SSAFY)' 정원이 2020년 1,250명에서 2021년 1,750명까지 늘어나는 점이 꼽힌다. 2021년 SSAFY 매출액이 406억 원을 실현한 전년 대비 약 20% 증가할 것으로 예상된다. 아울러 코로나19 백신 접종에 따른 집단면역 달성으로 2021년 하반기부터 삼성 계열사 해외파견 임·직원들을 대상으로 하는 외국어생활관 매출액도 점차 회복될 전망이다.

투자포인트 04 👉 **고정비 부담 감소에 따른 이익 증가**

멀티캠퍼스가 항상 고민해온 고정비 부담이 2021년부터 크게 개선되고 있는 점도 호재다. 멀티캠퍼스는 저수익 콘텐츠들을 정리하는 강력한 비용통제 정책에 들어갔다. 멀티캠퍼스 선릉 오픈(리스자산)과 러닝클라우드 투자(무형자산)로 유·무형자산 상각비가 200억 원 안팎까지 늘어나면서 2020년 영업이익을 크게 훼손했지만, 이러한 투자는 매출액에 연동하지 않는 고정비성 경비에 해당한다. 2020년 기준 멀티캠퍼스의 영업비용에서 인건비, 상각비, 지급임차료, 전산비 등 고정비성 경비가 차지하는 비중은 약 40%에 이른다. 현재 비용구조에서 매출액 2,800억 원대를 회복한다면 영업이익이 200억 원까지 올라갈 수 있다.

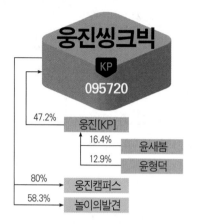

웅진씽크빅
KP
095720

47.2% 웅진[KP]
16.4% 윤새봄
12.9% 윤형덕
80% 웅진캠퍼스
58.3% 놀이의발견

설립/상장	2007.05/2007.05
시가총액/순위	5,180 억원/코스피 347위
상장주식수	115,505,985주
수익률(3/6/12개월)	+2.38/+48.09/+70.35
목표주가	4,940원
외국인보유비율	4.02%
주요 사업	출판 및 교육 서비스

경영실적/지표

연도별	2018	2019	2020	2021E
매출액(억 원)	6,429	6,522	6,461	7,141
영업이익(억 원)	340	217	140	309
당기순이익(억 원)	223	-1,506	4	225
영업이익률(%)	5.29	3.32	2.17	4.32
ROE(%)	7.20	-38.45	0.23	6.12
부채비율(%)	104.79	420.06	77.75	–
EPS(원)	476	-1,343	8	199
PER(배)	5.58	-2.23	354.60	22.05
BPS(원)	7,021	3,541	3,308	3,381
PBR(배)	0.84	0.84	0.83	1.30
주당배당금(원)	–	310	110	97

최근 3년간 주가 추이

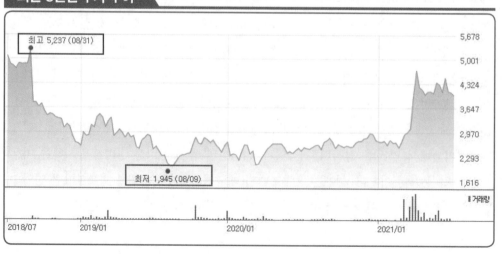

최고 5,237 (08/31)
최저 1,945 (08/09)

5,678
5,001
4,324
3,647
2,970
2,293
1,616

거래량

2018/07 2019/01 2020/01 2021/01

▶ 웅진씽크빅 '스마트올' 월별 매출액 및 누적회원 수 추이

- 코로나19로 오프라인 학원 수업이 크게 제한되면서 웅진씽크빅의 비대면 학습 서비스인 '스마트올' 고성장.
- 스마트올 연간 회원 수는 2019년 1.9만 명에서 2021년 3월 기준 약 12만 명으로 급증.
- '스마트올 중학'은 서비스 개시 불과 2개월만인 2021년 2월 기준 회원 수 2만여 명 기록.

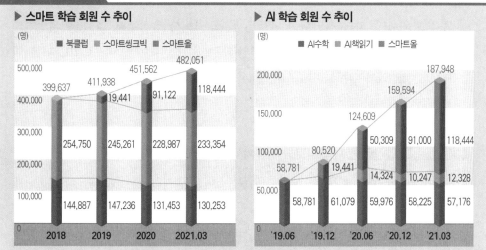

▶ 스마트 학습 회원 수 추이   ▶ AI 학습 회원 수 추이

- 스마트학습에 강점이 있는 웅진씽크빅은 코로나19 여파로 비대면 교육이 보편화되면서 적지 않은 수혜 누림
  → 정부가 추진하는 디지털뉴딜에 최적화된 종목.
- 2021년 3월 기준 웅진씽크빅의 스마트학습 회원 수는 48만 명 돌파.
- AI 학습 회원 수는 2019년 6월 5만 명에서 2021년 3월 19만 명으로 큰 폭으로 증가.

급성장한
비대면 온라인 사교육 시장의
최대 수혜주

투자포인트 01 👆🗨 **AI, 머신러닝 등 첨단 기술을 적용한 교육 서비스 회사**

웅진씽크빅은 유아에서 중등까지 아우르는 교육 콘텐츠 기업이다. 특히 스마트학습
에 강점이 있는 웅진씽크빅은 코로나19 여파로 비대면 교육이 보편화되면서 적지 않
은 수혜를 누리고 있다. 2021년 3월 기준 웅진씽크빅의 스마트학습 회원 수는 48만
명을 돌파했다. 특히 에듀테크 트렌드에 발맞춰 빅데이터, 머신러닝 기술 등을 활용
한 AI 교육 관련 19건의 특허를 보유하고 있다. AI 학습 회원 수는 2019년 6월 5만 명
에서 2021년 3월 19만 명으로 큰 폭으로 증가했다. 웅진씽크빅의 사업부문은 교육문
화, 미래교육, 기타로 구성되어 있다. 교육문화 부문은 대면/비대면 학습지 판매 및
방문학습(공부방) 서비스를 주력으로 한다. 미래교육 부문은 북클럽 서비스와 전집 판
매 등을 영위한다. 기타 사업부는 단행본 출판, 자회사 웅진캠퍼스와 놀이의발견의
연결 실적을 포함한다. 웅진씽크빅의 사업부문별 연간 매출액(비중)은 2020년 기준
교육문화 3,885억 원(60%), 미래교육 2,144억 원(33%), 기타 430억 원(7%)이다.

투자포인트 02 👆🗨 **중등 사교육 시장에서 높은 성장성 기대**

증권가에서 주목하는 웅진씽크빅의 사업은 '스마트올'이다. 스마트올은 태블릿을 활
용한 종합 학습지다. 코로나19로 오프라인 학원 수업이 크게 제한되면서 웅진씽크
빅의 비대면 학습 서비스인 스마트올의 성장성이 부각되었다. 웅진씽크빅은 2019년
11월 '스마트올 초등' 출시 이후 2020년 10월 '스마트올 키즈', 2020년 12월 '스마트
올 중등'을 차례로 론칭했다. 스마트올 연간 회원 수는 2019년 1.9만 명에서 2021년

3월 기준 약 12만 명으로 6배 가까이 증가했다. 스마트올의 ASP가 기존 지면학습지의 ASP보다 높은 점도 매력적이다. 스마트올에서 가장 기대되는 부분은 2020년 12월에 론칭한 '스마트올 중학'이다. '스마트올 중학'은 대치동 유명학원과의 협업을 통해 수학, 국어, 과학 등 중요 과목 위주로 서비스한다. '스마트올 중학'은 서비스 개시 불과 2개월만인 2021년 2월 기준 회원 수 2만 명 안팎의 실적을 올렸다.

투자포인트 03 🖐️ 미국 최대 에듀테크 유니콘 기업 Udemy와 사업 제휴

웅진씽크빅은 미국 에듀테크 유니콘 기업 Udemy와 사업권 계약을 체결했다. 이로써 웅진씽크빅은 Udemy 플랫폼 내 한국어 기반의 교육 콘텐츠 제작과 강사 큐레이팅을 직접 담당하게 된다. Udemy는 2010년에 미국 실리콘밸리에서 설립한 글로벌 온라인 교육 플랫폼 회사로, 2020년 말 기준 약 57,000명의 강사와 15만 개의 온라인 강의를 보유하고 있다. Udemy 회원의 60%가 미국인이 아닌 전 세계인이다.

Udemy 플랫폼 내에서 한국어 기반 강의의 잠재고객은 Udemy 회원 수 약 4천만 명이다. Udemy에서 서비스하는 대부분의 강의가 직장인을 대상으로 하는 것을 감안하건대, 웅진씽크빅은 Udemy와의 사업 제휴를 통해 해외 시장 진출은 물론 성인 회원으로까지 고객군을 확대한 것이다.

투자포인트 04 🖐️ 2021년 실적 반등, 웅진북센 재인수

증권가에서는 웅진씽크빅의 2021년 매출액으로 7,141억 원(+10.5% yoy), 영업이익 309억 원(+120.7% yoy)을 예상하고 있다(컨센서스 기준). 실적 반등의 근거는 스마트올 회원 증가 및 자회사 놀이의발견의 투자비용 감소에 있다. 실적 반등의 시그널은 이미 1분기부터 나타났다. 웅진씽크빅은 2012년 2분기 이래 최고 분기실적을 기록했음을 공시했다. 또 다른 호재도 이어졌다. 웅진씽크빅은 국내 1위 도서 물류업체 웅진북센을 재인수했다. 콜옵션 행사를 통해 지분 72.9%를 539억 원에 취득한 것이다. 지난해 5월 사모투자펀드(PEF) 센트로이드인베스트먼트에게 493억 원에 매각한 뒤 1년만에 되찾게 된 것이다.

저평가 우량주 투자지도

초판 1쇄 발행 | 2021년 7월 30일

지은이 | 한국비즈니스정보
펴낸이 | 이원범
기획 · 편집 | 한국비즈니스정보, 어바웃어북 편집팀
마케팅 | 안오영
표지 및 본문 디자인 | 강선욱

펴낸곳 | 어바웃어북 about a book
출판등록 | 2010년 12월 24일 제2010-000377호
주소 | 서울시 강서구 마곡중앙로 161-8(마곡동, 두산더랜드파크) C동 1002호
전화 | (편집팀) 070-4232-6071 (영업팀) 070-4233-6070
팩스 | 02-335-6078

ⓒ 한국비즈니스정보, 2021

ISBN | 979-11-87150-93-0 03320

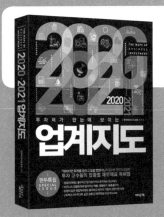

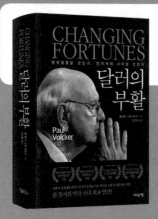

영원불멸할 것인가, 먼지처럼 사라질 것인가

달러의 부활

| 폴 볼커, 교텐 토요오 지음 | 안근모 옮김 | 584쪽 | 33,000원 |

달러의 운명을 바꾼 역사상 가장 위대한 중앙은행장!
'폴 볼커'의 역작, 국내 최초 발간!

'세계의 경제대통령'이자 달러의 운명을 바꾼 역사상 가장 위대한 중앙은행장!
인플레이션 괴물을 물리친 '인플레 파이터'로써 케네디, 닉슨, 카터, 레이건,
오바마 등 역대 미국 대통령들이 가장 신임했던 이코노미스트!
전대미문의 코로나19 쇼크 이후 제로금리에서 마이너스금리로 넘어가는 시대에,
이 책은 통화의 미래를 가장 적확하게 통찰한다!

위기를 조장하는 이코노미스트들의 위험한 선택

샤워실의 바보들

| 안근모 지음 | 324쪽 | 16,000원 |

정부와 중앙은행의 위험천만한 화폐 실험이
경제를 통제불능의 괴물로 만들고 있다!

중앙은행은 시장을 지배하는 神이기를 자처했고, 시장은 그러한 신의 계시를
맹목적으로 따랐다. 그 결과 시장은 거품과 붕괴, 인플레이션과 디플레이션이
끝없이 반복되고 있다. 국내 유일의 '중앙은행 관찰자(central bank watcher)'로
불리는 저자는 정부와 중앙은행에 대한 비판적인 시각을 견지하며 금융위기 이후
주요국의 재정과 통화 정책을 한 편의 다큐멘터리처럼 생생하게 재현했다.

한국의 자본시장은 어떻게 반복되는가

시장의 기억

| 이태호 지음 | 392쪽 | 18,000원 |

"역사는 예측의 강력한 도구다!"

시장은 놀라울 정도로 반복된다. 그렇다면 과거의 타임라인에서 현재 우리에게
필요한 좌표를 찾아낼 수 있지 않을까. 이 책은 일제강점기 쌀 선물시장의
흥망부터 코로나19로 촉발된 팬데믹 시대에 이르기까지 지난 100년 동안
한국 자본시장이 겪은 사건들을 추적하며 시장의 기억에 새겨진 경제위기의
패턴을 되짚는다. 우리는 잊었지만 시장은 기억하는 역사 속 생존 전략은 무엇일까?